ANTON BRUCKNER INSTITUT LINZ

ANTON BRUCKNER
DOKUMENTE UND STUDIEN

Begründet von
FRANZ GRASBERGER

Herausgegeben von
OTHMAR WESSELY
in Zusammenarbeit mit
UWE HARTEN
ELISABETH MAIER
ANDREA HARRANDT
ERICH WOLFGANG PARTSCH

Band 8

**RENATE GRASBERGER - ERICH WOLFGANG PARTSCH
BRUCKNER - SKIZZIERT**

MUSIKWISSENSCHAFTLICHER VERLAG
WIEN 1996

RENATE GRASBERGER
ERICH WOLFGANG PARTSCH

BRUCKNER - SKIZZIERT

Ein Porträt in ausgewählten Erinnerungen und Anekdoten

Unter Mitarbeit von
UWE HARTEN

MUSIKWISSENSCHAFTLICHER VERLAG
WIEN 1996

Einbandgestaltung nach einem Entwurf Gottfried Hattingers
von Renate Grasberger

2., verbesserte Auflage 1996

Satz: Anton Bruckner Institut Linz
Reproduktion und Druck: A. Riegelnik, A-1080 Wien, Piaristengasse 19
© Copyright 1991 by Musikwissenschaftlicher Verlag, Wien
Bestellnummer MV 108
Alle Rechte vorbehalten
ISBN 3-900 270-16-3
Printed in Austria

Inhaltsverzeichnis

VORWORT

Signora Sirelli: *"Was denn - Sie verändern sich   also von einem Mal zum anderen?"*
Laudisi: *"Aber natürlich, Signora, Sie vielleicht nicht? Sie verändern sich nicht?"*
Signora Sirelli (schnell): *"O nein, nein, nein, nein! Ich versichere Ihnen, ich bleibe immer dieselbe."*
Laudisi: *"Für mich bin ich auch immer derselbe, natürlich. Und ich behaupte, daß ihr euch alle irrt, wenn ihr mich nicht so seht, wie ich mich selber sehe. Das schließt natürlich nicht aus, daß bei mir alles ebenso Einbildung sein kann wie bei Ihnen, liebe Signora."*
Sirelli: *"Aber ich bitte dich, was soll denn bei dieser ganzen Sophisterei herauskommen?"*
Laudisi: *"Du meinst, dabei kommt nichts heraus? Hm! Ich sehe doch, wie ihr euch alle anstrengt, um herauszufinden, wer die Leute um euch herum und wie ihre Verhältnisse sind - als ob die Leute und die Verhältnisse an sich so oder so wären!"*
Signora Sirelli: *"Ihrer Meinung nach kann man also nie hinter die Wahrheit kommen?"*

Luigi Pirandello, *So ist es - wie es Ihnen scheint* (1. Akt)

"Ihrer Meinung nach kann man also nie hinter die Wahrheit kommen?" - Jene Frage, die Signora Sirelli ihrem skeptisch-ironischen Gegenüber leicht indigniert stellt und die wir quasi als Leitmotiv für unser Buch gewählt haben, weist auf die Schwierigkeiten, die uns im Laufe der Arbeit begegneten. Während es sich allerdings in Pirandellos Theaterstück um Zeitgenossen handelt, deren Verhalten mehrfach interpretierbar und daher unerklärlich scheint, liegt zwischen Bruckner und unserer Gegenwart bekanntlich eine Distanz von rund hundert Jahren.

Es ist durchaus legitim und verständlich, wenn man als Wissenschaftler eine historische Persönlichkeit möglichst objektiv - von Klischees gereinigt - zu erfassen sucht. Daß dabei nicht nur unumstößliche Fakten wie Taufmatriken, Anstellungsgesuche, autographe Briefe usw. auftauchen, sondern ebenso (und meist häufiger) Erinnerungsberichte, Anekdoten oder anonyme Mitteilungen von diversen Zeitgenossen, erschwert zweifellos das Vorhaben. Dennoch wäre es relativ unergiebig und auch einseitig, lediglich anhand von autographen bzw. amtlichen Zeugnissen ein Persönlichkeitsbild zu entwerfen. Dies käme einem statistischen Meldeblatt gleich, und die darin aufgelisteten chronologisch geordneten Fixpunkte bedürften letzten Endes wiederum einer Interpretation.

Will man nun eine Persönlichkeit im gesamten bzw. im Gefüge ihrer Zeit verstehen, muß man ergänzend auf Berichte "aus zweiter Hand" wohl oder übel zurückgreifen. Schon 1902 hat August Göllerich im Blick auf eine umfangreiche Biographie einen *Aufruf an alle Freunde Anton Bruckners* veröffentlicht und sie eingeladen, Erinnerungen und sonstiges Material über den Komponisten bekanntzugeben. Es bleibt allerdings unbestritten, daß man mit diesem Rezeptionsmaterial nicht unkritisch umgehen darf. Wenn aber derzeit in der Bruckner-Forschung Anekdoten und Erinnerungsberichte wegen ihres verzerrenden Charakters zuweilen a priori abgelehnt werden, sei hier vorwegnehmend die These vertreten, daß sie bei vorsichtiger Handhabung einen nicht zu unterschätzenden Aussagewert besitzen. Er ist offensichtlich umso höher, je besser er sich mit Quellenberichten korrelieren läßt, denen schwerlich ein manipulativer Zweck unterschoben werden kann.

Was uns ziemlich rasch auffiel, war die Ähnlichkeit mancher Anekdoten mit ernstzunehmenden Erinnerungsberichten bzw. Dokumenten. Bei näherer Betrachtung ergaben sich immer mehr Querbeziehungen. War alles Zufall? Hatten wir bloß eine Reihe von negativen Kolportagen vor uns?

Die Problematik regte einen zweiteiligen Aufbau des Buches an: Dokumentation und Interpretation. Der erste Teil ist somit eine Zusammenstellung thematisch geordneter Erinnerungsberichte und Anekdoten, während es im zweiten um Entstehungsprozesse und Grundlagen geht. (Als ergiebiger Spezialfall bot sich der "Musikant Gottes" an.)

Der Leser hat zunächst einmal die Möglichkeit, Berichte von Zeitgenossen und - daran anschließend - unter den gleichen Themenkreis fallende Anekdoten miteinander zu vergleichen. In der Praxis werden die verwischten Grenzen rasch deutlich. Nicht wenige Erinnerungsberichte haben sich - verkürzt bzw. modifiziert - verselbständigt und treten etwa Jahrzehnte später anonym in der Unterhaltungsbeilage einer Tageszeitung als Anekdoten auf. Um sich auf das Wesentliche konzentrieren zu können, haben wir allgemeine Einleitungen zum Teil gestrichen und unseren Kommentar sehr knapp gehalten.

Bruckner - skizziert lautet der Titel - der erste Teil soll ein Porträt aus dem Blickwinkel verschiedenster Persönlichkeiten heraus vermitteln und die Rezeption im Popularbereich aufzeigen.

Aufruf
an alle Freunde Anton Bruckners

Vom Meister selbst als sein Biograph erwählt, und von seinen Erben autorisiert, schreite ich nach jahrelanger Arbeit daran, eine Biographie des österreichischen Symphonikers zu vollenden, welche im Verlage dieser Zeitschrift, bei Schuster & Loeffler, Berlin und Leipzig, erscheinen wird.

An alle, — einzelne, wie Korporationen — die der Sondererscheinung Bruckners im Leben oder in der Kunst näher getreten sind und Erinnerungen an sie bewahren, ergeht hiermit die höfliche Bitte, alles auf Bruckner Bezügliche: Briefe, Kompositionen, Bilder, Broschüren, Studien u. dgl. dem Unterfertigten gefälligst zur Einsichtnahme einsenden zu wollen, um so das Bild des im Leben so wenig Gekannten zu ergänzen und in möglichst mannigfacher Beleuchtung erstehen zu sehen.

Insbesondere richte ich an die Herren Dirigenten und Musik-Forscher, welche sich um die Verbreitung und Würdigung der Werke Bruckners Verdienste erworben haben, das freundliche Ersuchen, ihren Briefwechsel mit Bruckner und Dokumente, welche sein Verhältnis zu seinen Fachgenossen oder Urteile derselben über Bruckners Schaffen aufzuhellen imstande sind, der Biographie zu erschliessen.

Namentlich auch bezüglich der Daten von Erst-Aufführungen Brucknerscher Werke und ihrer Verbreitung im Auslande, wie auch bezüglich der Berichte über die Erfolge Bruckners als Orgel-Improvisator — besonders aus früherer Zeit — wäre es wünschenswert, möglichst viele Beläge zu sammeln.

Bei keinem anderen hat die Mitwelt weniger Notiz von seiner Eigenart genommen, wie bei Bruckner. Kaum sonstwo ist das biographische Material ein so kärgliches wie bei diesem Einsam-Grossen.

Möge daher jeder, der es kann, mithelfen, dem Tondichter, der von allen am meisten erlitten, ein Denkmal treuer Erinnerung zu erbauen!

Für jede Mitteilung, sowie auch für Adressen von ihm vielleicht noch unbekannt gebliebenen Kennern Bruckners dankt im voraus bestens

August Göllerich
Musikdirektor
Linz a. Donau (Oberösterreich)

Abb. 1

Um Mißverständnisse von vornherein auszuschalten: es geht uns wahrlich nicht um eine Neuauflage des "Tonerl von Ansfelden", des "mystischen Bauersmannes" oder wie alle die kitschigen Bezeichnungen lauten. Ebensowenig geht es um eine Apologie der Anekdote. Worum wir uns vielmehr bemühten, war eine kritische Beleuchtung des Sachverhalts. Anders formuliert: wir wollten untersuchen, unter welchen Bedingungen Anekdoten ein (wenn auch begrenzter) Dokumentationswert zukommt. Hierbei kann kein Schiedsspruch über "wahr" oder "falsch" im streng mathematischen Sinne Hauptaufgabe sein, sondern eher eine Betrachtung der Grundlagen, Funktionsweisen und Rezeptionsprobleme, die übergeordnet das Problem des Bruckner-Bildes anspricht. Hält man sich die dabei auftretenden Kommunikationsschwierigkeiten vor Augen, erleichtert dies den Umgang mit den "Sekundär-Quellen". Davon handelt der zweite Teil des Bandes.

Jener Leser, der am Ende einen fröhlichen Kehraus erwartet hat und statt dessen theoretische - darunter erkenntniskritische - Kost serviert bekommt, wird enttäuscht sein. Wir glauben aber, daß grundsätzliche Fragestellungen notwendig sind. Was hat es mit dem Bruckner-Bild auf sich? Wie groß ist die Manipulierbarkeit durch Anekdoten bzw. Stereotypen? Warum wird Bruckner heute auf einmal "ganz anders" gesehen? Es sind genau jene Fragen, auf die wir bei Durchsicht unseres reichhaltigen Materials stießen. Ebenso spielt die allgemeine Erkenntnisstruktur des Menschen für den gesamten Themenkomplex eine nicht unbedeutende Rolle. Vermutlich stellt sie einen der Hauptgründe für unsere Verwirrungen dar. Gleichzeitig gelangen wir auf diesem Weg zu einem komplexen Problemkreis, nämlich den prinzipiellen Möglichkeiten und Grenzen bei der Erforschung einer historischen Persönlichkeit.

Wer also Anekdoten (und "anekdotische Erinnerungsberichte") nicht von vornherein als wertlos einstuft und mit uns der Meinung ist, daß eine komplizierte Materie - trotz Gefahr eines gewissen Dilettantismus - von mehreren Seiten her anzugehen ist, wird im folgenden e i n e n Ansatz dazu finden.

Unserer Kollegin Elisabeth Maier verdanken wir interessante Gespräche und Anregungen, unserem Kollegen Uwe Harten die redaktionelle und typographische Betreuung des Bandes.

Wien, im Sommer 1991   Renate Grasberger
                                            Erich Wolfgang Partsch

Das Motto entnahmen wir Luigi Pirandello, *Dramen*. Erster Band. Albert Langen - Georg Müller. München o. J. In der Übersetzung von Georg Richert.

ERINNERUNGEN UND ANEKDOTEN

Gesammelt und ausgewählt von
Renate Grasberger

Persönlichkeit

Selbsteinschätzung

1 (um 1888)
Bei aller Selbsteinschätzung, die aus diesen Gesprächen hervorgeht, war Bruckner immer wieder der Lernende und an sich Arbeitende. Vor allem lernte er aus den leider so seltenen Aufführungen seiner Werke und war peinlich bemüht, immer wieder Verbesserungen anzubringen. (Göll.-A. 4/2, S. 598 f.)

2 (um 1890)
Wie sehr sich Bruckner für sein ganzes Schaffen vor Gott verantwortlich fühlte, beweist eine kleine Begebenheit, die Kluger erzählt: "Ich traf ihn einst in seiner Wohnung, wie er gerade über einem Zeitungsblatt studierte. Es enthielt eine Kritik, die er nun schon zum so und sovieltenmal durchgelesen hatte. Auf das Blatt weisend, sagte er zu mir: *'Die wollen, daß ich anders schreibe. Ich könnt's ja auch, aber ich darf nicht. Unter Tausenden hat mich Gott begnadigt und dies Talent mir, gerade mir gegeben. Ihm muß ich einmal Rechenschaft ablegen. Wie stünde ich dann vor unserem Herrgott da, wenn ich den anderen folgte und nicht ihm!'"*[1] (Göll.-A. 4/3, S. 114 f.)

3 (um 1887)
Eines Abends erzählte man Bruckner, wie Lichtenberg berichtet, daß in Wiener Musikkreisen die Redensart von den drei großen B in der Musik - Beethoven, Brahms, Bruckner - kursiere. Er aber wollte davon nichts wissen und erklärte, mit Beethoven dürfte er nicht in eine Reihe gestellt werden, mit Brahms wolle er es nicht. (Göll.-A. 4/2, S. 572)

---

[1] In der gesamten Materialsammlung sind nur die von Bruckner überlieferten bzw. ihm zugeschriebenen Äußerungen sowie seine Werktitel kursiv gesetzt.

4 (um 1883)

Wertvoll ist die Mitteilung Marschners, der schon ein reifer Mann von 28 Jahren war, über den Eindruck der äußeren Erscheinung Bruckners. "Sein Auftreten", sagte er, "erschien mir damals imponierend, hohes Selbstbewußtsein und ein Zug von Größe lag darin." ... "Das starke Selbstgefühl, welches ihn begreiflicherweise beseelte, wich oftmals den Empfindungen der Niedergedrücktheit und des ausgesprochenen Zweifels, ob nicht doch seine Gegner in etwas recht hätten. *'Wenn ich mich auch nicht mit Schubert und solchen Meistern vergleichen kann, so weiß ich doch, daß ich "Wer" bin und meine Sachen von Bedeutung sind'*, tröstete er sich dann wieder." (Göll.-A. 4/2, S. 130 und 133)

5

Selbsterkenntnis: *"In Hörsching (1836) habe ich auch Fugen gespielt, ohne sie zu verstehen; ganz mechanisch, wie ein Aff."* (Gräflinger S. 49)

6 (1854)

Aus diesen Tagen wird erzählt, daß Bruckner emsigst Tag und Nacht an der *b-Moll-Messe*[2], seiner ersten "Fest-Messe" zur Verherrlichung des Prälaten Mayer[3] arbeitete. Am Festtage der Inthronisation aber wurde er nicht zur Tafel geladen. Das kränkte ihn sehr und er entschädigte sich dadurch, daß er im Gasthaus Sperl für sich allein eine Tafel bestellte, mit fünf Gängen und dreierlei Arten Wein, indem er zu sich sagte: *"D i e Mess' verdient's!"* (Göll.-A. 2/1, S. 176)

7

Am 31. Juli 1890 spielte Bruckner in Bad Ischl zur Trauung der Erzherzogin Marie Valerie auf besonderen Wunsch die Orgel. Der Obersthofmeister erklärte das eingereichte Thema aus dem *Finale* von Bruckners *I. Symphonie* für unpassend und eine Fantasie über die Volkshymne als zu langweilig. *"Da hab i halt was Bekanntes gspielt"*, erzählte der Meister schmunzelnd, *"nämlich das große Halleluja von Händel und dazu das Kaiserlied, weil i seinerzeit in London damit so an Erfolg ghabt hab!"* Bruckner muß damals ganz großartig gespielt haben. Sogar der Kaiser sprach während der großen Hoftafel mehrmals über diesen unvergeßlichen Eindruck. Bruckner wurde auch den

---

2 Die Uraufführung der *b-Moll-Messe* (WAB 29), Prälat Friedrich Mayer *"zur hochfeierlichen Infulierung"* gewidmet, fand am 14. September 1854 in St. Florian statt.
3 Prälat Friedrich Mayer, 1854 - 1858 Propst von St. Florian.

anwesenden allerhöchsten Herrschaften vorgestellt. Dabei war er so verlegen, daß er der Herzogin von Hannover die ihm zum Gruß gereichte Hand küßte. Ein bitterer Tropfen fiel aber auch in diesen Freudenbecher. Statt der erhofften Auszeichnung bekam er 100 Dukaten in Gold als Ehrensold. Enttäuscht klagte Bruckner: *"Da ham s' ma a Rolln Dukaten gschickt, a Geld ham s' ma gebn! I hab's in die Lad einigfeuert, i waß net, liegt's no(ch) drin oder net!"* (Commenda S. 142 f.)

Lebensart

8

Max v. Millenkovich[-Morold] ... erzählt darüber: "Ich habe in meiner Jugend (in den 80er Jahren) mit Bruckner im Wiener Akademischen Wagnerverein und in Bayreuth persönlich verkehrt. Als blutjunger, unbedeutender Mensch, der im übrigen auch ganz anderen Kreisen als seinem engeren Freundeskreise zugehörte, wurde ich natürlich nicht 'intim' mit ihm; ich beobachtete ihn mehr aus der Ferne und hörte mehr ü b e r ihn als von ihm selbst. Eines aber ist sicher: wenn er k o m i s c h gewesen wäre, so wäre mir dies, gerade weil ich jung und n i c h t mit ihm 'intim' war, gehörig aufgefallen; und wenn er den meisten anderen Leuten, die ihn näher kannten, komisch oder seltsam erschienen wäre, so hätte ich unfehlbar davon gehört und wäre meine Aufmerksamkeit und mein Beobachtungstrieb gewiß besonders erregt worden. Nun ist mir aber n i c h t s Derartiges in Erinnerung verblieben und auch in meinen noch vorhandenen ausführlichen Briefen an meine Eltern über alle meine damaligen Bekanntschaften, künstlerischen Eindrücke u. dgl. m. (einer für mich unschätzbaren Fundgrube zur Wiederbelebung meines Gedächtnisses) kommt n u r - trotz zögernder Vertrautheit mit der Brucknerschen Kunst - die größte Hochachtung vor dem Menschen oder ein gewaltiger Respekt vor dem Herrn Professor Bruckner zum Ausdruck. Was für mich ein vollgiltiger Beweis ist, daß der 'klotzige', 'bäurische' und gar unintelligente (!) Bruckner eine spätere Erfindung ist. Nicht einmal die weiten Hosen machten mich damals an Bruckner irre."

Nach Frau Kathi's Bericht waren seine Kleider während der ganzen 26 Jahre, da sie ihn betreute, von Stefan Janowitz am Kohlmarkt verfertigt. Er ließ sich nie Maß nehmen, die Kleider wurden stets nach einem alten Anzug, den er aus Linz mitgebracht hatte, angefertigt. Als durch das fortschreitende Leiden seine Körperfülle abnahm, waren ihm die Kleider, die nach dem Grundsatz "weit und bequem" angefertigt waren, natürlich überweit und da der Meister damals doch endlich eine Berühmtheit der Residenz war, hat sich das karikierte Bild seiner äußeren Erscheinung erhalten, das man von ihm besonders stark unterstrichen zu zeichnen beliebte.

Als Fußbekleidung trug er stets beinahe viereckige Röhrenhalbstiefel aus Seehundleder mit einer Art Bügelfalte über dem Rist, von denen er damals 11 Paar, bei seinem Tod an die 30 besaß, darunter 2 Paar genagelte Bergschuhe. Als Kopfbedeckung hatte er das *"Hüat'l"*, einen gewöhnlichen, grünlichgelben Filzhut, den *"Hut"*, einen feinen schwarzen Schlapphut von der Firma Franz Topolka, Schottenring 3 und einen *"Cylinder"*, womit ein unförmlicher [sic] Claquehut gemeint war. Freilich erfüllten diese Kopfbedeckungen selten ihre Bestimmung, da sie meist in der Hand geschwungen wurden.

Ein weitausgeschnittenes Hemd mit Umlegkragen und ein schwarzer Schlips vervollständigten die Garderobe des Meisters. (Göll.-A. 4/2, S. 12 ff.)

9 (achtziger Jahre)
Auf modische Kleidung gab Bruckner nichts. Er ließ nie Maß nehmen, sondern die neuen Kleider einfach nach dem Muster der alten anfertigen, die er noch aus Linz mitgebracht hatte. Dauerhaft und bequem mußten sie sein, das war alles, was er von seines Leibes Hülle verlangte. So trug er denn einen breitkrempigen schwarzen Schlapphut, allerdings meist in der Hand und nicht auf dem stets glattgeschorenen mächtigen Cäsarenschädel. Den kurzen Hals umschloß ein flacher weißer Umlegkragen mit schwarzem *"Maschl"*. Der dunkle Lodenanzug mit den kurzen, bis auf die Knöchel reichenden, überweiten Beinkleidern wurde durch derbe Halbstiefel aus Seehundsleder vervollständigt. Allem Zureden zum Trotz blieb Bruckner bis zu seinem Lebensende bei dieser Tracht. (Commenda S. 64)

10 (1895)
Dieses vor dem Wohnzimmer gelegene Gemach diente dem Meister als Ankleide- und Waschraum. Hier war auch seine sehr vielfältige Garderobe untergebracht. Da standen seine weiten, fast viereckigen Halbstiefel aus Seehundleder, welche über dem Rist eine Art Bügelfalte hatten. Es waren deren an die 30 Paar. Hier waren auch seine sackförmigen Hosen und überaus weiten Röcke aufbewahrt.

"Jeder davon", erzählt Dr. Richard Heller, Assistent Schrötters und nunmehr behandelnder Arzt, "trug seinen eigenen Namen, so daß seine treue Pflegerin Frau Kathi ein gutes Gedächtnis haben mußte, um auch immer den richtigen zu bringen. Der eine hieß beispielsweise *'Zottel'*, da er aus Loden war, ein anderer *'G'schnürleter'*, ein dritter *'Gigerl'*, *'der Blaue'*, *'der Weiche'* etc.

Abb. 2
Ludwig Grande, Auf einer Fahrt nach dem Kahlenberge 1885

Ebenso pflegte er seine Hüte separat zu benennen. Das *'Hüaterl'* war sein gewöhnlicher schwarzer Schlapphut, der *'Hut'* sein Sonntagshut und der *'Cylinder'* sein Claquehut, den er zu besonderen Feiertagen und Festlichkeiten trug.
Das Prinzip seiner Kleidungsweise war - weit und bequem, ein Grundsatz,
den er bis ins Extreme ausdehnte." (Göll.-A. 4/3, S. 515 f.)

11

Einmal sandte er eine Hose zum Reparieren und Bügeln. Dabei befanden sich
in einer Hosentasche mehrere Zweikreuzerstücke. Als mein Vater, Karl
Schneidergruber, geb. 1875, als Lehrling dem Meister die gebügelte Hose
und die erwähnten Zweikreuzerstücke brachte, sagte der berühmte Organist
und Komponist zu meinem Vater: *"Weil Du so ein ehrlicher Bub bist, schenke ich Dir diese Münzen."* Dies dürfte ungefähr um 1890 gewesen sein. (ORF
29, Johann Schneidergruber, Puchenau)

12

Gute Freunde ließen ihm einmal Maß nehmen und von einem ersten Wiener
Schneider eine Reihe bester Anzüge nach neuestem Schnitt machen. Sie wurden als Christgeschenk unter den Baum gelegt. Bruckner aber tat nichts dergleichen und erschien nach wie vor in seinen berühmten bodenscheuen Har-
monikahosen. Auf vorsichtige Erkundigungen gab er die überraschende Aufklärung: *"Das neumodische Ginkerlwerk hab i z'erst amal unterm Brunn fest
einweichen lassen, damit die steifen Bügelfalten vergengan, dann hab i die
viel z'langen Hosen unt' abgschnitten und so werdn s'jetzt kleinweis bequem
die Anzüg'!"* Und dabei blieb es! (Commenda S. 64)

13

Als Professor am Wiener Konservatorium empfing Bruckner eines Tages seinen Schüler und Verehrer Gruber in Hemdärmeln. Er war *"ganz aus'n Häu-
sel"*, weil ihm der Schneider die schöne neue Hose so verpfuscht habe, und
bedachte diesen *"Hallawachel"*, der das rechte Hosenbein zu kurz, das linke
aber viel zu lang gemacht, mit seinen kräftigsten - übrigens gänzlich harmlosen - Scheltnamen. Gruber erkannte auf den ersten Blick den "Ernst der
Lage" und erwiderte, nur mühsam ein Lächeln unterdrückend, "Herr Professor, ich glaub, ich kann's richten, daß die Hosen paßt!" Damit schob er die
Schnalle an Bruckners rechtem Hosenträger ein Stück hinauf und die linke ein
Stück herunter, bis beide auf gleicher Höhe waren: *"Jessas, Sie Tausendsas-
sa, jetzt paßt die Hosen akkrat wia angossen!"* bestätigte Bruckner glück-
strahlend und umarmte seinen Retter in der Not. (Commenda S. 52)

14

Meister Bruckner liebte es, zuhause möglichst bequem zu sein, und legte besonderen Wert auf warme Schuhe, sogenannte Patschen. Aber sie mußten vom Hutmacher Viertl (heute Döberl[4]) in Steyr sein, denn Bruckner behauptete: *"Solche Patschen, wias der Viertl hat, solche kriagt ma überhaupt nirgends!"* Viertl wußte natürlich die Schuhnummer Bruckners, wußte Form und Farbe, die Bruckner wollte, und so brauchte der Meister nur zu schicken und er bekam sofort das Gewünschte, ohne erst lange probieren zu müssen. Da war Bruckner einmal längere Zeit in Wien und schrieb eines Tages an Bayer, er möge ihm beim Viertl Patschen besorgen und sie ihm gleich schicken. Zufällig hatte der Viertl keine "Bruckner-Patschen" auf Lager. Er gab aber Bayer die Adresse der Wiener Firma, von der er diese Patschen bezog, damit Meister Bruckner sie direkt in Wien kaufen könnte. Bayer schrieb dies nun dem Meister. Ein paar Tage darauf kam schon ein Brief Bruckners: Warum ihm denn der Viertl auf einmal keine Patschen mehr schicken will? In ganz Wien kriegt man diese Patschen nicht und er kann nur diese tragen. Der Viertl m u ß ihm welche schicken. Was blieb da anderes übrig? Der Hutmacher Viertl schrieb an die Wiener Firma, ließ die Schuhe kommen, packte sie um und schickte sie an Bruckner nach Wien zurück. Und der Meister war zufrieden, weil er wieder seine Viertl-Patschen hatte. (Jula Bayer S. 28)

15 (um 1880)

(Von Hans Deißinger mitgeteilt:) Welche Rolle das Taschentuch in Bruckners Leben spielte, das Monumentale seiner Formen, das Spektrum seiner Farben, die Denkwürdigkeiten seiner Verwendung - wie es etwa nach rauschender *Tedeums*-Aufführung sieghaft über Parkett und Damenchor geschwenkt, Wolken von Duft, von herbem Schnupftabaksaroma durch den Raum verspendete - solches und ähnliches: wieviel ist nicht überliefert, nicht in schmunzelnden Histörchen von Mund zu Mund getragen worden!
Frau H.[5] war Bruckner am Burgring begegnet, der Weg führte sie in die Innere Stadt, und der Freund hatte gebeten, sich anschließen zu dürfen. Er war übelster Laune. Das Zahnweh plage ihn, klagte er, kein Mittel verfange und mit den Ärzten sei es nix. Der Föhn pfiff, blitzend wogte der Menschenstrom an ihnen vorüber. Blaß und grantig wackelte Bruckner nebenher, matt und verkatert, schimpfte über das Wetter, drei Nächte habe er schon nicht ge-

---

4 Döberl, Modegeschäft am Stadtplatz.
5 Mathilde Helm.

schlafen[6], und plötzlich - Frau H. vermeinte, in die Erde versinken zu müssen - zog er sein Taschentuch hervor. Ein Taschentuch, dieses Taschentuch, ein Ungetüm von Taschentuch, dieses rot und blau getünchte, kreuz und quer gewürfelte, schreiend grell umrandete Tuch von den Ausmaßen eines Damenumhängschals. Er blieb nun stehen und wickelte umständlich-unbekümmert seine kranke Wange hinein.

Frau H. war eine Dame von Ordnungssinn und Genauigkeit, von allem peinlich berührt, was gegen Ton und Umgangsform verstieß. Frau H. hatte gesellschaftlich zu repräsentieren, Frau H. wußte Fassung zu bewahren. Aber Frau H. stand nun am Graben in Wien, im ersten Gemeindebezirk, am Stephansplatz, und der Freund stand neben ihr und war damit beschäftigt, sein Antlitz in sein Taschentuch einzuknoten. Und als er damit zu Ende war, als es notdürftig gelungen schien, setzte er sich wieder in Trab. Und also steuerten sie durch die Menschenmenge, steuerten durch die Kärntnerstraße, bogen auf den Opernring ein und schritten Seite an Seite, sie überquerten den Schwarzenbergplatz, vom Staunen rechts, vom Lächeln links gestreift, und endlich waren sie vor Frau H.s Wohnung angelangt. Aufatmend reichte sie ihm die Hand. "Adjö, Doktor! Auf Wiedersehen und gute Besserung!" Und schlüpfte ins Haus. Bruckner blieb stehen und blickte ihr nach. Gedankenvoll stand er, der Abschied mochte ihm kurz und förmlich erschienen sein, und da er aus dem Innern des Treppenhauses das Antlitz der Freundin noch einmal sich zugewendet sah, schlug es wie eine warme Welle in ihm empor, ein Griff, das Taschentuch fuhr aus der Verknotung, mächtig geschwenkt, rief es und winkte ihr noch einmal stürmische Grüße nach. Gleich einer Fahne flog es, leuchtend aufgerollt - und da entwich Frau H. in die Tiefe des Hauses. (Gräflinger S. 67 ff.)

16

Mein Vater (Dr. med. Ludwig Dimitz, Wien-Hietzing) erzählte öfter folgende Begebenheit: mit Frau Pol - in ihren Kreis war er über seinen Firmpaten, der selbst Schriftsteller war, eingeführt worden - besuchte er einmal eine Wagneroper. Es gab stürmischen Beifall. Ein Herr aber in einer Loge fiel ihm besonders auf. Es war Bruckner. Mit einem rotgetupften Taschentuch wischte er sich Tränen aus dem Gesicht und winkte dann voll Begeisterung damit in den Theaterraum hinein. - Er muß sehr schlicht, sehr herzlich und sehr begeisterungsfähig gewesen sein. (Dr. Itha Winkler, Wien)

---

6 Bruckner litt häufig unter starker Migräne.

17

Zu Ihrem Aufruf[7] an die Hörer möchte ich mitteilen, daß mein Vater, Karl Mittermayer, geb. 1864 als der Sohn des Kerkermeisters im Landesgericht Linz (Matthias Mittermayer), von Bruckner folgendes erzählte: Als er schon Lehramtskandidat war, kam der damalige Professor aus Wien, Anton Bruckner, öfter nach Linz, um im Alten Dom zu spielen. Vater meldete sich jedesmal, um beim Orgelaufziehen zu helfen, weil er von der Musik des Meisters so fasziniert war. Er erwähnte auch, daß sich Meister Bruckner, sooft er in Schweiß geriet, mit einem großen roten Taschentuch den Schweiß von der Stirne wischte. Allerdings hat es auch meinen Vater viel Schweiß gekostet, um dem Blasbalg genügend Luft einzupumpen. Doch Meister Bruckner wußte es ihm zu danken mit gütigen Worten. (ORF 37, Maria Mittermayer, Weyer)

18 (um 1891)

Köstlich schildert Sepp Stöger, der damalige Leibfriseur des Meisters, der sich viel später einen Namen als Dialekt-Dichter gemacht hat, diese Pfarrhof-Idylle. Der junge Haarkünstler wurde vom Meister dreimal in der Woche in den Pfarrhof befohlen, wo er seiner Aufgabe oblag. Stöger erzählt darüber: "Wenige werden wissen, daß Dr. Bruckner einen Schnurrbart trug. Fingerbreit durfte er nur sein und mit der Schere immer kurz gestutzt. Es war dies sein 'Salonbärtchen'. Oftmals erzählte er, daß die Prinzessin Valerie, seine über alles verehrte Gönnerin, dieses Bärtchen so nannte. Auch sein Kopfhaar trug er so eigenartig geschnitten, wie vielleicht kaum ein zweiter Mensch auf der Welt. *'Dös nächstimal tuan S' ma d'Haar schneid'n,'* befahl er einmal, *'aber kurz, so kurz als mögli'.* Die amerikanischen Haarschneide-Maschinen waren damals eine besondere Neuheit. Als ich mit einer solchen mein Kunstwerk beginnen wollte, fragte Bruckner empört, was ich tue. 'D'Haar schneid'n mit der Maschin!' gab ich zur Antwort. *'Dös halt i' nöt aus, dös macht mi' nervös, mit der g'wöhnlich'n Scher' will i's,'* rief Bruckner. Gehorsam nahm ich Schere und Kamm, um die Haare à la Fiesko zu schneiden, und wieder war es nicht recht. *'Was tuan S' denn schon wieder da? Ganz kurz hab' i' g'sagt!'* rief er unwillig und erklärte mir dann, daß er die Haare ohne Kamm bei der Haut abgezwickt wünsche. Daß diese Arbeit dem sonst so nervösen Meister angenehm war, ist mir heute noch verwunderlich. Ich brauchte eine geschlagene Stunde dazu. Dabei erzählte er mir von dem bösartigen Musikkritiker Hanslick und anderen Gegnern, von seinen herrlichen Erfolgen im

---

7 Bruckner-Umfrage des Österreichischen Rundfunks (ORF) im Jahre 1978.

Auslande, im Kristallpalast zu London und von Paris. Irgendwo wurden ihm von einer begeisterten Menge die Wagenpferde ausgespannt und der Wagen selbst gezogen. *'Ja, ja, meine Landsleut'*, so klagte er oft, *'werd'n a erst amal kenna, was i' kann, wann i' g'storb'n bin. Bei uns geht's eh an jeden so.'* Auf seinem Klavier war immer eine Partitur mit unendlich vielen Noten. Auf meine besorgte Frage, ob denn doch später einmal irgendwer dös Kratzl- werk (Gekritzel) lesen wird können, lachte er lustig auf und versicherte, daß dies bestimmt der Fall sein werde. Für das Haarschneiden bezahlte er den da- mals fürstlichen Lohn von einem Silbergulden. Als ich mir die abgeschnitte- nen Haare auflas und in Papier verpackte, fragte er: *'Was tan S' denn da?'* 'Aufheb'n tua i' mir s'!' gab ich zur Antwort. Lachend klopfte er mich auf die Schulter: *'Sö san a Schlaucherl. Aber recht ham S', vielleicht gibt Ihnen später amal so a Narr hundert Gulden dafür.'..."* (Göll.-A. 4/3, S. 169 ff.[8])

19 (ca. 1891)
Bruckner weilte im Sommer gerne in Steyr, wo er im geräumigen Stadtpfarr- hofe stets gastliche Aufnahme fand. Bei solchen Gelegenheiten war Sepp Stö- ger sein anerkannter Leibfriseur. Der war selber ein Original und verstand es, den Herrn Professor richtig zu behandeln. Wie in so manchen anderen Dingen des Lebens war Bruckner nämlich auch beim Haarschneiden recht "eigens". Eines Tages konnte es ihm aber auch Stöger nicht mehr nach Wunsch machen. Ärgerlich erhob sich der Meister und ging zu einem ande- ren Haarkünstler. Der versuchte zunächst mit der eben aufgekommenen Haarschneidemaschine, den Wünschen des hohen Gastes gerecht zu werden. Aber Bruckner rief dem Ahnungslosen empört zu: *"Fahrn S' ab mit dem neu- modischen Glanklwerk, Sie Hadrawachl, dös macht mi(ch) nur nervös, schneidn S' mit da gwehnlichen Schar!"* Gehorsam nahm der Meister Schere und Kamm in die Hand, um dem Kopfhaar die gewünschte Form *"à la Fies- co"* zu geben. Aber er traf es wieder nicht, denn Bruckner brummte: *"I(ch) will meine Haar so kurz als mögli(ch) ohne Kampl mit da Schar gleich auf da Haut abzwickt haben!"* Das traf der verschüchterte Nachfahre Figaros nicht. Bruckner stand auf, warf ihm ein Geldstück hin und ging mit halbgeschnitte- nem Kopfhaar, den Hut in der Hand, reuig zu Stöger zurück. Dort trat er mit den Worten: *"Da bin i wieder!"* ein und diesmal bewährte der Leibfriseur die gewohnte Meisterschaft aufs neue. (Commenda S. 147)

---

8 Auer ordnet diesen Bericht der Zeit um 1891 zu. Angeblich soll Stöger erst 1895 einen eigenen Friseursalon gehabt haben.

20

Wieder einmal in Steyr zum Erholungsurlaub angekommen, ging er zu seinem Friseur "Haarschneiden". Freudig begrüßt ihn der Steyrer Haarkünstler mit der frohen Botschaft: "Herr Dokta, jetzt hab'n mir was Neuchs, da brauchen Sie net mehr a Stund' beim Haarschneiden sitzen!" Und zeigt dem Meister die eben erworbene Haarschneidemaschine, Bruckners Zustimmung erhoffend. Aber weit gefehlt! Bruckner schiebt die neueste Maschine beiseite, setzt sich wuchtig in den Stuhl und sagt: *"Geh'n S' mir weiter mit Ihnerer Neuigkeit! Mir schneid'n S' wie allerweil, mit der Scher', zu was zahl' i denn an Gulden?"* Und es blieb dabei. (Unbezeichneter Zeitungsausschnitt, ABIL)

21

Seine äußerliche Erscheinung war durchaus würdig, achtungsgebietend und gewinnend. Er, der Schwergeprüfte, erweckte auch auf der Straße den Eindruck eines geruhsamen Genießers, eines sorglosen Bummlers, den die Moden der Welt nicht interessieren. ... Daß Bruckners Wesen vielfach verkannt wurde, ist zum Teil darauf zurückzuführen, daß es Leute, vornehmlich Schein- und Halbgebildete gab, die, auf gewissenlose Kritiker eingeschworen, Bruckners Musik für verrückt hielten und dabei meinten, daß auch alles andere an Bruckner verrückt sein müsse. Auch sie gefielen sich, den großen Meister zu verspotten und ihn zu einem komischen Kauz zu stempeln. (Schwanzara S. 66 und 68)

22

Es blieb immer ein ungelöstes Rätsel in Bruckners Charakterbild: seine tiefe Demütigkeit (ich wähle absichtlich dieses Wort) neben seinem stolzen Selbstbewußtsein. Ja, diese beiden Seiten seines Charakters traten manchmal so unvermittelt stark nebeneinander, daß sie gerade dadurch in auffallender Größe erscheinen mußten und deshalb an Bruckner manchen irrewerden ließen, der dann das eine für Einfalt, das andere für Eitelkeit zu nehmen geneigt war. (Kluger S. 121 f.)

23 (1891)

(Bericht von Jean Louis Nicodé[9], Dresden:) Voll erregter Spannung betraten wir eines Nachmittags, gegen 5 Uhr etwa, das Haus (Heßgasse 7) und die Stiegen bis zur vierten Etage. Ich klingelte. Nichts rührte sich! Noch einmal.

---

9 Jean Louis Nicodé weilte im März 1891 in Wien anläßlich einer Aufführung seiner Chor-Ode *Das Meer* im Wiener Männergesang-Verein.

Wiederum Stille! Meine Frau wollte schon weggehen; ich dagegen blieb zähe und wartete noch einige Minuten. Darauf erneutes Klingeln. Nachdem wir so etwa 10 - 12 Minuten an dem Wohnungseingang resultatlos zugebracht hatten, hörten wir endlich schlürfende Schritte, und eine Stimme ertönte: *"Wer da?"* - *"Nicodé."* Mit einem freudig ausgerufenen *"Ah!"* wurde sogleich die Tür geöffnet und vor uns stand - Anton Bruckner in Hemdärmeln und Schlappschuhen, eine hoch in der linken Hand emporgehaltene Kerze tragend; er bat uns herzlich, einzutreten, sich über sein Négligé in kindlich unbeholfener Weise entschuldigend. Er führte uns durch einen dunklen Raum (die Küche) in sein (nach der Straße zu gelegenes) Arbeitszimmer, - ein höchst einfach ausgestatteter großer Raum. In der Mitte ein alter Flügel mit Orgel-Pedal und -Bank. In der Nähe desselben, gegen das Fenster zu, stand ein überaus kleines, nur etwa 3/4 Meter langes Tischchen, auf welchem ein übermächtiger Haufen Noten aufgeschichtet lag. An einem dem Instrumente am nächsten gelegenen Eckchen dieses Tisches blieb ein winziger, dreieckiger, leerer Fleck, der mit Tintenkleksen [sic] reichlich bedeckt war. Dieses Fleckchen, kaum viel größer, als um einen Teller drauf zu stellen, war sein - Arbeitstisch! Die daraufliegendenen Manuskriptblätter gehörten meist zur *IX. Symphonie*, an der er eben arbeitete. Nachdem wir uns über sein Befinden - Bruckner laborierte gerade an einem langwierigen katarrhalischen Husten, der ihn auch verhindert hatte, meiner "Meer"-Aufführung beizuwohnen - erkundigt, ich ihm auch über die Erfolge seiner von mir in Dresden aufgeführten Symphonie[10] berichtet hatte, bat ich ihn, uns doch mit seiner im Werden begriffenen *IX. Symphonie* bekannt zu machen. Wie die meisten Orchesterkomponisten, so war auch er begreiflicherweise nicht leicht zur klavieristischen Wiedergabe seines Werkes zu bewegen; aber nach einigem Sträuben tat er es dennoch und spielte uns auf dem alten Klapperkasten in seiner abrupthackenden Weise aus allen Sätzen vor[11]. War auch die Art seines Spieles nicht dazu angetan, sofort größere Eindrücke zu erwecken, so ließ doch manche Stelle leise ahnen, um "was" es sich wieder handelte! Nicht beschwören möchte ich's, aber ich glaube sogar, daß er mir gegenüber damals schon die Äußerung tat: falls er die Vollendung eines selbständigen 4. Satzes nicht mehr erleben sollte, möge sein *"Tedeum"* als Schluß-Satz gelten. - Sichtlich erfreut über mein teilnahmsvolles Interesse, schenkte er mir dann sein Bild

---

10 Es war die Dresdner Erstaufführung der *Siebenten* (WAB 107) am 15. 3. 1887.
11 Aus Nicodés Bericht geht hervor, daß der Meister damals schon Skizzen für die ganze Symphonie niedergeschrieben hatte. Bruckner hatte ähnlich wie Mozart das Werk schon fertig im Kopf, nur die Ausarbeitung war ihm damals schon mühsam. (Göll.-A. 4/3, S. 146, Anm.)

mit eigenhändiger Namensunterschrift, sah uns dann so recht treuherzig-lieb an und fragte, wie lange wir verheiratet seien. *"Ja,"* sagte er, *"ich wollt', ich hätte es auch tun können, doch, diejenige, die ich liebte, mochte mich nicht, und die mich mochte, liebte ich nicht."* Da glänzten seine Augen, und Tränenperlen schimmerten!!

Zum Schluß führte er uns in sein rechts neben dem Arbeitszimmer gelegenes, ebenso großes Schlafzimmer. Er zeigte auf die über seinem Bette angebrachten Bildnisse Beethovens und Wagners, und sagte: *"Das sind meine lieben Meister"*, dabei eine ehrerbietige, fast knieende Bewegung zu den Büsten machend. Stolz, sehr stolz war er auf sein schönes, wie er besonders betonte, *"englisches"*, messingenes Bett, das ihm vor kurzem von Freunden (ich glaube, er sagte von seinen Studenten) geschenkt worden war. *"Das ist mein Luxus"*, sagte er, drückte mit beiden Händen wiederholt auf das Bett und strahlend kam's aus seinem Munde: *"Schaun's wie ma da einifollt!"* Das war sein Schönstes!![12] Ehe wir uns nun aufmachten, ging er an einem am Fenster stehenden Tisch, entnahm den dort gestapelten Zigarrenkisten eine Handvoll Zigarren und gab sie mir. Er dürfe nicht rauchen und er bekäme soviel von seinen Freunden geschenkt! - Wir wünschten ihm baldige gute Gesundheit und noch viele Jahre frohesten Schaffens, worauf er demütig erwiderte: *"Ich möcht' halt schon, wenn's der da Oben nur will!"* Gerührt und ergriffen von dieser Herzenseinfalt, die uns bei diesem Besuche entgegengetreten, nahmen wir von dem uns bis zur Tür geleitenden Meister Abschied. (Göll.-A. 4/3, S. 144-147)

24 (1895)

(Bericht von Dr. Richard Heller:) Seine Lebensweise war ebenso einfach wie er selbst, der große Meister, und wer ihn seine Einbrennsuppe nach Bauernart aus dem flachen Teller schlürfen sah, würde in ihm eher einen in Ehren altgewordenen Großknecht, als den unvergleichlichen Tonkünstler vermutet haben. Bart trug er, so lange ich ihn kannte, keinen und sein verhältnismäßig üppiges weißes Haar ließ er sich stets bis auf die Haut scheeren. Trotz seines

---

12 Einige seiner getreuen "Gaudeamuser" verehrten ihm ein hochmodernes, echt englisches Messingbett mit stark federndem Drahteinsatz. Dieses *"Paradiesbett"* wurde Bruckners Stolz und Glück. Er stellte noch einen Kleiderkasten in den Raum und erkor ihn fortan zum Schlafzimmer. Das Messingbett benannte er seinen *"Luxus"* und lud in seiner kindlichen Freude alle Besucher, gleich, ob Männlein oder Weiblein, dringend ein, sich hineinzulegen, um zu probieren, *"wie es schupft"*. (Commenda S. 83)
Dagegen fand er nichts daran, wenn er seinen Besuchern, ob männlich oder weiblich, sein ihm von Studenten geschenktes *"Paradiesbett"* (das er seinen *"Luxus"* nannte) zeigte, und sie aufforderte, doch einmal zu probieren, *"wie es sich schupft"*. (Göll.-A. 4/2, S. 574)

hohen Alters und seiner Krankheit hielt er aber viel auf Reinlichkeit und äußere Form und war unglücklich, wenn man ihn, bevor er Toilette gemacht, besuchte. Ich mußte daher die Zeit meiner fast täglichen Besuche vorher sagen und er erwartete mich immer vollkommen angekleidet mit der Halsbinde, die er sich selbst band, im Lehnsessel sitzend. Seit seiner ersten schweren Erkrankung[13] hatte er sich das Rauchen abgewöhnt, schnupfte aber noch ziemlich stark Tabak. Zwei Dosen standen immer bereit, eine silberne für sich und eine kleine goldene für seine Besuche, in letzterer eine Mischung, die er *"Göttermischung"* nannte. (Göll.-A. 4/3, S. 516 f.)

25

An einem traulichen Abend im Hamburger Heim eines bekannten Dirigenten[14] kam die Rede auf lustige Bruckner-Geschichten. Wie zum Beispiel Frau Kryzanowsky [recte: Krzyzanowski], deren Sohn Rudolf[15] im Konservatorium bei Bruckner studierte, diesem einen Besuch machte. Das ereignete sich so: Bruckner, der krank gewesen, mußte auf Verordnung des Arztes täglich ein Sitzbad nehmen. Um sich dabei die Zeit zu vertreiben, nahm er ein Notenblatt und komponierte. Darein ganz vertieft, wurde er eines Tages von Frau Kryzanowsky überrascht. Sie pochte an der Tür, und da ein freundliches *"Herein"* von drinnen entgegenklang, trat sie ein und erblickte zu ihrem größten Schrecken Bruckners umfangreiche Gestalt, wie sie Gott, der Herr, geschaffen, in der Sitzwanne. Und nicht genug! Während sie wie angewurzelt dasteht, erhebt sich Bruckner mit einem verbindlichen Lächeln und geht triefend und aller Hüllen ledig - auf die entsetzte Dame zu, die mit einem Schrei aus dem Zimmer stürzt und damit den armen Bruckner erst zu sich und zum Bewußtsein seiner Lage bringt. (Gräflinger S. 26 f.)

26

Mahler hatte einen Jugendfreund, an dem er mit Bewunderung hing. Er hieß Hans Rott[16]. Dieser war es, dessen Symphonie, obwohl die bessere, bei einer Konkurrenz durchgefallen war. Die Mutter dieses Rott klopfte einst an einem

---

13 Um 1891. Zu Bruckners Krankheiten siehe: Anton Neumayr, *Musik und Medizin 2: Am Beispiel der deutschen Romantik.* Wien 1989, S. 261-316.
14 Vielleicht Julius Bernuth (1830 - 1902).
15 Rudolf Krzyzanowski (Eger 5. 4. 1862 - Graz 21. 6. 1911), Kapellmeister, Schüler und begeisterter Verehrer Bruckners, erstellte mit Gustav Mahler den Klavierauszug zur *Dritten Symphonie* (WAB 103).
16 Hans Rott (Wien 1. 8. 1858 - Wien 25. 6. 1884), ein Lieblingsschüler Bruckners, studierte bei ihm "Orgel" am Konservatorium der Gesellschaft der Musikfreunde, war Organist an der Wiener Piaristenkirche und komponierte u. a. eine *Symphonie in E-Dur.*

heißen Sommertag bei Bruckner an, um sich über die Fortschritte ihres Sohnes zu erkundigen. Lautes *"Herein"*, und sie stand im Zimmer. Bruckner aber kam ihr splitternackt aus seinem Tub [engl. für Badewanne] gestiegen, entgegen, um ihr die Hand zu schütteln. Sie entfloh schreiend. Er aber konnte lange nicht begreifen, *"was die Frau denn habe"*? Er hatte in der Arbeit die Außenwelt vergessen. An heißen Tagen pflegte er in der Badewanne - daneben einen Sessel, auf dem die Partitur lag - zu komponieren. (Alma Mahler S. 133)

27

Bruckner hatte eine Sitzbadewanne, und um die Zeit auszunützen, wenn er darin saß, pflegte er zu komponieren. Einmal klopfte es, und auf sein freundliches *"Herein!"* erschien eine vornehme Dame, die beim Anblick seiner umfänglichen Gestalt im Adamskostüm angewurzelt stehen blieb. Bruckner blickt vom Notenpapier auf, erhebt sich und geht ihr mit verbindlichem Gruß und Lächeln entgegen. Die Dame stößt einen Schrei aus und stürzt aus dem Zimmer. Erst jetzt merkte Bruckner, was er verschuldet hatte. (Zimmermann S. 176[17])

28

Der Meister von St. Florian pflegte sogar im Bad zu komponieren. Einmal klopfte es, während Bruckner eben in der Badewanne saß. Der Gast trat ein und der weltentrückte Komponist, der vergessen hatte, daß er so nackt war, wie ihn Gott erschaffen hatte, erhob sich erst mit herzlicher Verbeugung, dann mit kopfschüttelndem Staunen über den Besucher, der plötzlich die Flucht ergriff, ohne daß ihm sein nicht ganz empfangsfähiges Aussehen zum Bewußtsein gekommen wäre. (Unbezeichneter Zeitungsausschnitt, ABIL)

29 (ca. 1877)

(Bericht von Dr. Alexander Fränkel:) Nur unter der Hitze litt er augenscheinlich recht schwer; hiezu kam, daß er eine sehr hochgelegene Wohnung hatte - (in den *"Tuillerien"*, wie er sie nannte, am Schottentor, in den damaligen Oelzelthäusern[18], hatte er ein unentgeltliches Quartier). An recht heißen Sommertagen legte er alles, was irgend den Körper bedeckte, ab. So hielt er sich

---

17 Siehe auch Fellner S. 118.
18 Dr. Anton Oelzelt-Newin hatte Bruckner in einem seiner Häuser eine Wohnung zur Verfügung gestellt. Die Zimmer lagen im 3. Stock des Hauses Heßgasse 7, wo Bruckner Aussicht bis zum Kahlenberg hatte. Dr. Oelzelt hat auch selbst den *"mäßigen Zins"* von 200 Gulden jährlich übernommen (siehe Göll.-A. 4/1, S. 461-465.)

in seiner Wohnung auf, splitternackt bis auf eine Schwimmhose, trank in großen Mengen kalten schwarzen Kaffee, komponierte, und wenn ihn auch in
solcher adamitischer Ausstattung die Hitze trotzdem noch plagte, dann steckte
er von Zeit zu Zeit den Kopf unter die Wasserleitung und nahm dann so er-
frischt die Arbeit wieder auf, bis spät abends. (Göll.-A. 4/2, S. 28 f.)

30 (ca. 1870)
... Kathi Kachelmayr ... war die Frau eines Arbeiters, die dem Meister durch
26 Jahre bis zu seinem Tod treu und aufopfernd die Häuslichkeit besorgte.
Sie kam, gegen einen Monatslohn von 5 Gulden[19], tagsüber zu gewissen Zeiten, um aufzuräumen und ihm auch gelegentlich eine Mahlzeit zu bereiten.
Um 7 Uhr früh mußte Frau Kathi da sein. Das allererste war der Kaffee, den
sie, *"die berühmte Kaffeeköchin"*, kochte. Er trank viel davon, nahm ihn aber
sehr licht, dazu einen *"Zweikreuzerwecken"*, von dem er aber nur die zwei
Zipfeln aß. Die *"Schmolln"* gab er weg. Frau Kathi mußte sie aufheben für
den nächsten Tag, wo sie Bruckner um 11 Uhr zur Vormittagsjause zu einem
Stückerl Fleisch aß, das er abends aus dem Gasthaus mitbrachte. So hielt er
es Tag für Tag.
Den Kaffee durfte sie ihm nie ins Zimmer hineinbringen. Er blieb am Herd
stehen bis Bruckner, schon angezogen, herauskam. Denn Frau Kathi durfte
von seinem Negligé nichts sehen. Während er frühstückte, mußte sich Kathi
zu ihm setzen und ihm erzählen. Wenn sie nichts wußte, jagte er sie hinaus,
wie sie sich ausdrückte. Sein Verhältnis war ihr gegenüber das achtungsvoll-
ste. Wenn er ihr etwas *"Heickles"* erzählte, sagte er: *"Kathi erlaub'n S', daß
i's Ihna erzöhl, Sie san ja a Frau"*. Wahrscheinlich suchte er in seinen vielen
Herzensangelegenheiten bei ihr Rat und Verständnis zu finden. *"Nur einmal
im Leben"*, beichtete er ihr in späteren Jahren, *"wie i' jung war, hab i' a
Madl küßt"* und er bereute es als Sünde tief.
Gleich nach dem Frühstück komponierte er, da durfte Kathi nicht mehr hinein.
Ähnlich wie bei Beethovens Häuslichkeit führte auch Bruckners impulsives
Wesen oft zu erregten Szenen mit Frau Kathi; dann blieb sie am nächsten Tag
gerne aus, Bruckner blieb dann nichts anders übrig, als sie wieder einzuho-
len. Anfangs jagte er sie selbst oft aus. Einmal wollte er sie gar beim Fenster
hinunterwerfen - wie Händel die italienische Prima-Donna -, weil er im
Nachthemd eine Nadel fand, die Frau Kathi beim Flicken darin vergessen

19 Katharina Kachelmaier erhielt - so geht es auch aus Bruckners Taschennotizkalendern
hervor - von 1876 bis zu seinem Ableben monatlich 7 Gulden.

hatte. Er meinte, sie wolle ihn erstechen. Schon sperrte er die Türe zu, als Frau Kathi schrie: "Na, da wern's halt eing'sperrt". Daraufhin kam er zu sich, bat um Verzeihung und ließ ihr zur Versöhnung ein gutes Nachtmahl kochen. Oft, wenn er sie durch sein aufgeregtes Benehmen *"zrütt"* hatte, lief sie ihm davon, dann holte er sie wieder von ihrer Wohnung ab. Wenn er gut aufgelegt war, besonders in der letzen Zeit, sagte er *"Du"* zu ihr...

Es gab auch Zeiten, besonders wenn er mitten in der Komposition eines Werkes stak, daß er sich die Mahlzeiten von Frau Kathi bereiten ließ.

An Dienstagen, Freitagen und Samstagen sollte er um 11 Uhr im Konservatorium sein. Er ging jedoch nie vor 11 Uhr weg und fuhr dann im Einspänner hin, so daß er knapp vor Ablauf des akademischen Viertels dort eintraf. Oft ließ er sich später unwohl melden. Kathi mußte dann zum Billeteur Binder (ebenerdig bei der Portier-Loge) gehen, es zu melden.

An den anderen Tagen gab er Privatstunden oder komponierte bis 2 Uhr oder auch 3 Uhr, während Frau Kathi das Mittagessen kochte. Kathi kochte gerne zum Geselchten aus St. Florian oder Vöcklabruck Grießknödel mit Sauerkraut, was er besonders liebte. An einem Freitag gab es Rahmstrudel, *"abg'schmalzene Nudln"*, auch eine *"Schokoladesupp'n"*, wie er sagte, seltener *"Einbrennsuppe"*, sehr oft ausgedünstete Milchnudeln, von ihm *"Reg'nwürmer"* benannt, *"Kirschenschober"*, freie Bildung nach *"Heuschober"*, eine Art Gugelhupf mit Kirschen.

War ein schulfreier Tag, dann gab er sich seiner Arbeit so hin, daß er das von Kathi bereitete Essen unbeachtet ließ und oft erst um 11 Uhr nachts, dann meist nur zur *"Kugel"* am Hof zum Speisen und Bier ging. Mit einem Riesenappetit holte er dann Mittag und Abend-Mahlzeit ein, indem er sich gern drei Portionen Nudlsuppe und entsprechende Mengen Fleischspeisen geben ließ. (Göll.-A. 4/1, S. 121-124)

31 (nach 1845)

Im Anfang seiner Florianer Tätigkeit war es, daß der arme hungrige Bruckner bei einer großen kirchlichen Feier alle Register der Orgel zog und seinem Kummer und seiner Unzufriedenheit kraftvoll und dröhnend durch die immer sich wiederholende C-dur-Tonleiter, auf- und abwärts gespielt, Ausdruck verlieh. Er hatte kaum sein Spiel beendet, hörte er hinter sich den Mesner atemlos sagen: "Gschwind, Bruckner, in die Sakristei; der Herr Prälat[20] läßt Ihna ruafn." Bruckner nickte verständnisvoll und lief eiligst zu dem noch in vollem

---

20 Prälat Michael Arneth, 1823 - 1854 Propst von St. Florian.

Ornate wartenden Prälaten, der ihn sofort mit einer Flut von Vorwürfen empfing: "Ja, was fällt denn dir ein? - Kannst du nichts anderes spielen? - Heute
hat ja alles gelacht in der Kirche, meine Herren, die anderen Leute, die was
von Musik verstehen. Du hast ja nichts als Skalen gespielt. Hinauf - hinunter,
hinauf - hinunter. Wenn das noch einmal vorkommt, so sind wir geschiedene
Leute. Was soll denn das überhaupt heißen?" *"Ja, Euer Gnaden, das ist - die
Kost. Nur die Kost ist dran schuld. Bei so einer Kost kann mir nichts anderes
einfallen, als harmonisierte Skalen über drei Manuale. Ich sitz nämlich ganz
am End von der Tafel, und wenn zu mir endlich die Schüsseln kommen, so ist
nix mehr drinnen, als höchstens ein paar Knöcherln oder ein paar Fleischfet-
zen in der Soße. Für das kann ich nix anderes spielen."* (Gräflinger S. 52 f.)

32 (nach 1845)

... Zu seinem Organisteneinkommen gehörte da neben erst 30 Gulden und
dann 80 jährlichen Gulden auch freie Verpflegung. Die ließ aber bei den Herren Prälaten oft sehr zu wünschen übrig. Denn er saß im Speisesaal auf dem
letzten Platz, wo allemal die geringsten Bissen für ihn übrigblieben. Seinem
Ärger darüber machte er dadurch Luft, daß er beim Gottesdienst dann mit ei-
nemmal anders spielte, als man von ihm gewöhnt war: keine glänzenden
Phantasien mehr, sondern eines Tages lauter auf- und absteigende Tonleitern!
Zur Rede gestellt, gab er zur Antwort: *"Wie die leibliche, so auch die geistige Kost! Auch die künstlerische Produktion ist von der Ernährung abhängig!"*
Von dem Tag an wurde es besser mit der Verpflegung. (Fritz Alfred Zim-
mer, *Die Tonleitern.* Unbezeichneter Zeitungsausschnitt, ABIL)

33

Friedrich Klose, ein Lieblingsschüler Anton Bruckners, wurde eines Tages
vom Meister zum Mittagbrot eingeladen. Bruckners Wirtschafterin, die Kathi, öffnete, zog Klose aber gleich beiseite, um ihm zu sagen, daß er nicht
länger als bis vier Uhr bleiben möge, weil da der Herr Doktor sein Gebet
verrichte, was er niemandem gern sage. Als Meister und Schüler bei Tisch
saßen, kam die Kathi mit einer Riesenschüssel Milchknödl herein. Bruckner
hob den Deckel und schnüffelte am herausquellenden Dampf. Dann verzog er
die Nase, schaute etwas windschief zur Kathi hinüber und sagte recht kleinlaut: *"I mein, d' Supp' is net gut, Kathi ...?"* Da kam er bei der Kathi aber
schlecht an. Sie stemmte die Fäuste in die Hüften und sagte: "Die Supp'n is
gut, Herr Doktor, und die Supp'n wird g'gess'n!" Da blickte Bruckner den
Schüler mit seinen großen Kinderaugen an und meinte nun auch begütigend:
"D' Supp'n is gut, Klose, ess'n ma also d' Supp'n!"

Abb. 3 Gehäuse der Orgel in St. Florian

Es blieb kein einziger Knödl übrig. Bruckner hätte es übrigens auch allein geschafft, denn viel und gut zu essen, war einer seiner wenigen irdischen Freuden. (Herzfeld S. 106)

34

(Bericht von Friedrich Klose:) Bei meinem zweiten Besuche traf ich Bruckner, obwohl die Uhr schon 3 Uhr zeigte, noch vor dem gedeckten Tische sitzend, sein Mittagmahl erwartend. Gleich darauf trat seine Haushälterin, die wohlbekannte Frau Kathi, mit einer dampfenden Suppenschüssel herein, schöpfte dem Meister ein großes Quantum Milchsuppe heraus. Es war ein sehr heißer Junitag. Bruckner betrachtete das Gebräu etwas mißtrauisch, roch daran und wandte sich dann zu mir: *"I mein', die Supp'n riecht net gut!"* Aber energisch fiel Frau Kathi ein: "Die Supp'n i s gut, Herr Doktor, und die wird 'gess'n", worauf der Herr Doktor gehorsam nicht nur den einen, sondern noch einen zweiten Teller Suppe auslöffelte und nachher noch, ebenfalls auf höheren Befehl, eine große Portion Milchnockerl verzehrte. (Amalie Klose S. 1202)

35 (um 1882)

Ein weiterer Beweis, daß von der Lächerlichkeit seiner äußeren Erscheinung und einer geringen Intelligenz keine Rede sein konnte - dies hat erst journalistische Effekthascherei in die Welt gesetzt - ist der jahrelange Verkehr des Meisters mit einer Tafelrunde von Ärzten im Restaurant Riedhof in der Josefstadt... Als Arzt vermutet Fränkel die Ursachen des späteren schweren Leidens in dem regelmäßig abendlichen Genuß des Bieres. Bruckner trank aber nur *"Seidl"*, das ist 1/3 Liter *"mit recht viel Schaum"*. Selbst wenn er 10 Seidl konsumierte, so waren das, den ganzen Abend hindurch, eine Menge, die für einen starken Esser, wie es Bruckner war, nicht übermäßig genannt werden kann, zumal es nur ausnahmsweise vorkam und er tagsüber keinen Alkohol zu sich nahm. Dieser Konsum brachte auch, wie Fränkel erklärt, "seiner Psyche keine Nachteile", doch trug er bei, im Alter seinen kräftigen Organismus zu zerstören...

[Bericht von Dr. Alexander Fränkel:] ... Er war als unser Tischgenosse uns gegenüber von einer geradezu peinlichen Bescheidenheit; immer wieder glaubte er hervorheben zu müssen, daß er es sich zur großen Ehre anrechne, als *"armer Musikant"* von so *"gelehrten"* Herren so freundlich, rücksichtsvoll und freundschaftlich aufgenommen zu sein. Unseren medizinischen Gesprächen lauschte er mit gespanntester Aufmerksamkeit und mit rührendem teilnahmsvollen Interesse um die Menschen, von deren Krankheitszuständen,

Operationen etc. wir sprachen. Er kam immer wieder darauf zurück und wurde nicht müde, sich über den Zustand der besprochenen Kranken durch Fragen im Laufenden zu halten, freudig bewegt, wenn er gute Auskunft erhielt, in tief trauriger Verstimmung, wenn er erfahren mußte, daß die ärztliche Kunst versagte. Das ging so weit, daß wir schließlich aus Schonung ihm manche traurige Wahrheit vorenthielten. Bruckner gab sich, wenn er medizinische Belehrung suchte, keineswegs mit leichthin gegebener Auskunft zufrieden; er wollte gründlich unterrichtet sein und so mußte oft genug, zumal wenn es sich um anatomische Information handelte, auch die Illustration helfen. Der ihm auf diese Weise vermittelte Einblick in den Bau des menschlichen Körpers eröffnete ihm förmlich eine neue Welt, von der er bis dahin auch nicht eine Ahnung hatte; Bruckner bekundete aber nicht nur für unsere medizinischen Gespräche - auch dann, wenn sie streng wissenschaftlicher Art waren - lebhaftestes Interesse und suchte auf diesem Gebiet in unserem Kreis Aufklärung, sondern war für alle Zweige des Wissens von größter Aufnahmsfähigkeit, und da er uns schon für seinen gelehrten Areopag hielt, waren wir oft berufen, so gut wir es eben konnten, gegenüber manchen Fragen Stand zu halten, die er den verschiedensten Zweigen der zeitgenössischen geistigen Bestrebungen entnahm. Es fiel unser Verkehr gerade in die Zeit des großen Aufschwungs der Elektrotechnik, und mir selbst war einmal der Vorzug beschieden, ihm in der damals ersten Ausstellung für angewandte Elektrizität als Cicerone zu dienen. Ich war bemüht, nach Maßgabe meines allerdings sehr geringen Sachverständnisses ihm die Phänomene an der Hand der Ausstellungsobjekte tunlichst zu erklären. Daß Bruckner über das, was man gemeinhin "Bildung" nennt, nur in bescheidenstem Maße verfügte, muß ohne weiteres zugegeben werden. Soweit Bildung mit Angelerntem identifiziert wird, konnte er ja seinem ganzen Entwicklungsgang nach nicht viel davon besitzen. Wer ihn aber näher kannte, dem wurde es bald klar, wie sehr erweiterungsfähig sein geistiger Horizont und wie anpassungsfähig sein Intellekt war. Ein Büchermensch war er freilich nicht; er nahm aber verständnisvoll auf, was die Außenwelt seinen Sinnen zuführte und was er gleichsam peripathetisch erlernen konnte, das eignete er sich mit großer Leichtigkeit an. Wenn auch die Summe des Wissens, das er mit sich führte, kein großes Gewicht hatte, so war seine Intelligenz eine die Durchschnittsbegabung weit überragende. Das ungesucht Eigenartige seines ganzen, äußeren Menschen, zusammengehalten mit der ganz ungewöhnlichen Schlichtheit, Bescheidenheit und Wahrhaftigkeit seines Wesens mußte sofort auffallen. Wurde man dann im weiteren Verkehr gewahr, welchen höchsten, künstlerischen Zielen, um ihrer selbst willen dieser einfache Mann wie einem ganz Selbstverständlichen zustrebte, keinen Augenblick an der hiezu erforderlichen Kraft zweifelnd, oder ganz verzagend, nur erfüllt von seiner Aufgabe, so mußte man sagen, daß in diesem Manne das Bedeutende sich in ganz ungewöhnlicher Erscheinung kundgab, wie eine durchaus ursprüngliche, ganz natürliche Funktion eines hiezu prädestinierten Organismus. Seine Schaffenskraft - das war klar - konnte die elementare Äußerung einer ein- und angeborenen Anlage sein... Melancholie und Märtyrerpose trug er keine zur Schau - und was das Erfreulichste war, seine Schaffensfreudigkeit blieb ungemindert. Unbeirrt und unentwegt ging er auf sein hohes Ziel los. Was er persönlich dazu tat, um dem ausbleibenden Erfolg einigermaßen nachzuhelfen, ist besonders geeignet, seine Naivität in das richtige Licht zu stellen. So die Wirkung, die er sich dadurch erhoffte, daß er einzelne seiner Kompositionen hoch- und höchstgestellten Persönlichkeiten widmete, oder gar, daß er die Gunst Hanslicks dadurch zu gewinnen glaubte, daß er dessen Frau höchst persönlich unter Überreichung eines Blumenstraußes seine Glückwünsche zum Namenstag darbrachte. Auch auf das zeitweilige Erscheinen Billroth's[21] an unseren Riedhof-Abenden setzte er Hoffnungen... (Göll.-A. 4/2, S. 14-24)

36 (um 1882)

(Bericht von Dr. Alexander Fränkel:) Eines Abends kam Bruckner recht kleinlaut an unseren Tisch und erzählte, wie ihn Wallmann in's Gebet genommen. Ich dachte, zu Gott weiß welcher Enthaltsamkeit Bruckner fortan in punkto Alkohol verurteilt worden sei und staunte nicht wenig, daß die ganze Buße, die ihm Wallmann[22] auferlegt, in der Verminderung der abendlichen Dosis auf "10 Seidl" Bier bestand. Fürwahr ein milder Richter, dieser Dr. Wallmann! Bruckner empfand aber auch diese sit venia verbo-Einschränkung als ein hartes Los. *"Decem seitliatus sum!"* rief er ein ums andere Mal wehmütig. Ich habe ihm nicht nachgezählt, wie er's damit gehalten hat. Und doch! Ich habe die feste Überzeugung, und seine Todeskrankheit spricht entschieden dafür, daß er durch dieses viele Trinken sich ein vorzeitiges und recht trauriges Ende bereitet hat. Sonst machte er ja einen gesunden und unverbrauchten Eindruck und seine im Ganzen recht unregelmäßige Lebensführung schien ihm recht wenig anzuhaben. (Göll.-A. 4/2, S. 28)

---

21 Theodor Billroth (1829 - 1894), bedeutender Chirurg in Wien, mit Johannes Brahms befreundet.
22 Dr. Heinrich Wallmann (Mattsee 10. 7. 1827 - Wien 4. 7. 1898), Pseud.: Heinrich von der Mattlg, Arzt und Schriftsteller, Textdichter von Bruckners Chören *Am Grabe* (WAB 2), *Zur Vermählungsfeier* (WAB 54), *Abendzauber* (WAB 57), *Das hohe Lied* (WAB 74), *Nachruf* (WAB 81) und *Sängerbund* (WAB 82).

37 (um 1887)

Wenn, wie Dr. Marschner berichtet, der berühmte Meynert[23] und andere Ärzte, die mit Bruckner verkehrten, dessen Nervenabnormitäten wesentlich auf Alkoholismus zurückführen wollten, so war dies gewiß nicht richtig. Die Herren wußten nichts von jener schweren Nervenerkrankung. Marschner berichtet zwar, daß Bruckner abends ziemlich viel trank, bis zu 12 Seidel Pilsner Bier, doch war dies bei dem starken Esser, der das Bier überdies mit *"recht viel Schaum"* wünschte (das 1/3-Liter-Glas war nur etwa halb voll), in der Zeit von einigen Stunden nicht so viel, daß man von Alkoholismus hätte sprechen können, umso weniger, als der Meister tagsüber streng enthaltsam lebte. Daß *"12 Seidel"* doch nur ausnahmsweise getrunken wurden, ist anzunehmen, sonst hätte Bruckner den Konsum dieser Menge nicht einmal ausdrücklich in seinen Kalender-Aufzeichnungen vermerkt. Es berichtet auch keiner der Gewährsmänner, Bruckner einmal angetrunken gesehen zu haben. (Göll.-A. 4/2, S. 564 f.)

38 (nach 1891)

Bruckner war schon leidend und mußte strenge Diät halten, als er einmal mit Bayer zusammen einen Ausflug mit Wagerls[24] Gefährt nach dem lieblichen Ternberg machte. Bayer hatte vom Arzt den Auftrag bekommen, auf Bruckner aufzupassen, daß er ja nichts Unrechtes esse. Bruckner war verhältnismäßig wohl und guter Laune, es war ein herrlicher Spätsommertag und das so reizend ins Grüne gebettete Ternberg gefiel dem Meister über alle Maßen. Bruckner wußte von Bayers "Überwachungsamt" und als sie auf eine Jause in den Gasthof Derfler gingen, sagte er gleich zur Wirtin: *"Hättns net a schens Gselchts, da Herr Bayer da hat so an Gusta auf a guats Gselchts, Bayer, da hams sicher a schens Gselchts!"* Als Bayer sich überreden ließ und sich eines bestellte - schwer wird es ihm nicht gefallen sein, denn Geselchtes gehörte ja auch zu seinen Lieblingsspeisen - und die Wirtin ein herrliches Stück brachte, da meinte Bruckner: *"Is das appetitlich! Na, a klans Stückerl kann i scho kosten!"* Es schmeckte ihm ausgezeichnet. Er schnitt sich noch ein Stückerl herunter und sagte: *"Dö zwa klan Stückerl kennan ma do net schaden!"* Als

---

23 Theodor Meynert (Dresden 15. 6. 1833 - Klosterneuburg 31. 5. 1892), 1873 o. Prof. für Psychiatrie an der Universität Wien, 1892 wirkl. Mitglied der Akademie der Wissenschaften, gehörte zum Kreis der medizinischen Freunde Bruckners, die sich regelmäßig im Riedhof trafen.
24 *"Wagerl"* war der Spitzname von Karl Almeroth, der Bruckner mit seinem Wagen öfters transportiert hatte.

er sich das dritte Stück abschneiden wollte, warnte ihn Bayer: "Diät halten, Herr Doktor, Diät halten! Wann das der Arzt erfahrt, aus is's!" *"Mir sagn eahms halt net"*, erwiderte Bruckner, *"der brauchts do goar net zwissen!"*, und nahm wieder ein Stückerl und noch eines und immer wieder, bis er das ganze Geselchte aufgegessen hatte! ... Der Meister mußte leider diesen Diätfehler arg büßen. Sein Befinden war am nächsten Tag weitaus schlechter. "Der Herr Professor wird wohl wieder etwas Unrechtes gegessen haben?" fragte ihn der Arzt. *"I? I hab ma nix Unrechts bstellt!"* sagte Bruckner fast gekränkt. *"I net, aber da Bayer hat si a Portion Gselchts gebn lassen, der Bayer, i net!"* - Daß es aber e r gegessen hat, das hat er wohlweislich verschwiegen. Es war aber auch ein herrliches Stückerl *"Gselchts"* gewesen! (Jula Bayer S. 34 f.)

39 (um 1887)
Im Winter pflegten Mayfelds[25] gerne einige Monate im Hotel "Elisabeth" in Wien zu verbringen. Einmal wollte Frau v. Mayfeld Bruckner, dem "Gourmand", eine besondere Freude zu machen und führte ihn zum "Möbus", einem feinen Restaurant am Graben. "Jetzt bestellen Sie sich, was sie wollen", sagte sie. Dieser bestellte sich *"G'selcht's mit Knödln und Kraut"*, wovon er 3 Portionen vertilgte. (Göll.-A. 4/2, S. 564)

40 (April/Mai 1885)
Josef V. Wöß nahm nach den Proben zur Erstaufführung des *Te Deum*[26] im Wagner-Verein mehrmals an der Tischrunde bei Gause (nahe an der Schenke stand ein Tisch für etwa sechs Personen mit Sofa und Stühlen) in der Johannesgasse teil. Als dies das erstemal geschah, war der Meister noch nicht anwesend. Auf die Frage, wo er denn geblieben sei, antwortete man, er müsse nach einer anstrengenden Arbeit, wie Dirigieren, Orgelspielen, stets ein frisches Hemd anziehen, das zu diesem Zweck in einem Nebenraum bereit liege, da er fürchterlich transpiriere. Wöß erzählt dann weiter: "Wenn dann unser Meister am Tisch erschien und Platz nahm, stellte der Kellner automatisch einen großen, tiefen Teller Suppe vor ihn. Diese Suppe mit einem Stück Brot bildete sein ganzes Abendessen. (Auch das Vielessen geschah daher nur

---

25 Moritz (und Betty) von Mayfeld (Wien 1. 2. 1817 - Schwanenstadt, OÖ 31. 8. 1904), Statthalterei-Rat und Musikkritiker in Linz.
26 Uraufführung des *Te Deum* (WAB 45) in Wien am 2. 5. 1885 im Akademischen Richard Wagner-Verein mit zwei Klavieren. Dirigent war Bruckner selbst. Am 10. 1. 1886 wurde das Werk in einem Gesellschaftskonzert unter der Leitung von Hans Richter aufgeführt.

ausnahmsweise. D. H.) Dann kam das erste Seidel Pilsner Bier. Bruckner rauchte nicht, hatte aber immer eine silberne Schnupftabakdose bei sich, aus der er fallweise eine tüchtige Erfrischungsportion hervorlangte. Er war durchaus kein Trinker. Ich habe ihn niemals nur im geringsten angeheitert gesehen. Aber sein Körper verlangte nach solcher schweißerzeugender Tätigkeit gebieterisch nach Flüssigkeitsersatz." (Göll.-A. 4/2, S. 565, Anm.)

41 (um 1887)

Die Abendstunden bei Gause in Gesellschaft seiner jungen Freunde waren die einzigen Erholungsstunden und er konnte sehr böse werden, wenn einer der Schüler, die er bestellt hatte, bei seinem oft späten Kommen noch nicht da war. Eckstein, der damals eine Fabrik[27] leitete, konnte sich mit seiner Berufstätigkeit entschuldigen, alle anderen Entschuldigungen galten nicht. Als Klose einmal zu spät erschien und sich damit entschuldigte, daß er eine Vorstellung des "Faust" im Burgtheater besucht habe, rief ihm der Meister, gereizt durch das lange Warten, zu: *"Ja, will er denn a Dichter wer'n!"* (Im Ärger gebrauchte Bruckner immer die Anrede aus der Theresianischen Zeit, "er" statt "Sie" oder "Du".) Ärgerlich konnte Bruckner auch werden, wenn Löwe, wie es meist geschah, am Tisch einschlief. *"Da nimm i' m' an wegen der G'söllschaft mit, und iatz schlaft a schon wieder"*, sagte er dann zu den anderen. Er wollte immer durch Schnurren oder Witze unterhalten sein, doch, was sehr erschwerend war, mußten sie *"zimmerrein"* sein. Klose bereitete sich manchmal auf die Abende vor, indem er alte Witzblätter durchsah, um abends des Meisters Wohlgefallen zu gewinnen. Der aufopferndste Tischgenosse war Joseph Schalk...

War Bruckner müde, dann nahm er sich *"ein Wagerl"*, um nachhause zu fahren. Er wollte aber immer nur 50 Kreuzer zahlen, während die Taxe 60 Kreuzer betrug. Da geschah es oft, daß der Zahlkellner (Carl Pfarrhofer, später Wirt in der Alsergasse 63) dem Kutscher insgeheim das "Sechserl"[28] d'raufzahlte, um die Verhandlungen abzukürzen, denn er erhielt von Bruckner stets ein großes Trinkgeld.[29] Beim Einsteigen schüttelte er dem Zahlkellner und dem Piccolo stets die Hand. Ersterem zeigte er stets die guten Kritiken, die über seine Werke erschienen, damit er sie genau lese. Gewöhnlich

---

27 Pergamentfabrik in Perchtoldsdorf bei Wien.
28 Sechserl = 10 Kreuzer.
29 Oft redete er sich in volle Wut gegen die Kellner hinein und machte sie schrecklich aus. Dann tat's ihm wieder leid und er gab ihnen 2 Gulden Trinkgeld. (Göll.-A. 4/2, S. 572, Anm.)

aber ging Bruckner, stets in Begleitung eines seiner Tischgenossen, durch die innere Stadt nachhause. (Göll.-A. 4/2, S. 571 ff.)

42

Zu Bruckners Lieblingsschülern gehörte der später bekanntgewordene Musiker Friedrich Klose. Dieser junge Schweizer wollte sich auch einmal das Wiener Burgtheater ansehen, Bruckner dagegen wollte ihn zu seinem Bierabend mitnehmen. Klose sträubte sich jedoch, bis Bruckner schließlich ärgerlich ausrief: *"Was rennen'S denn allaweil ins Burgtheater, wolln S' denn a Dichter wern?"* (Fellner S. 118)

43 (um 1887)

Als Junggeselle war Bruckner zeitlebens auf Gasthausverpflegung angewiesen. Seinem einfachen Wesen gemäß bevorzugte er stets die "Hausmannskost" der oberösterreichischen Heimat. *"Hausgeselchtes mit Grießknödeln und Sauerkraut"* war sein erklärtes Leib- und Lieblingsessen. Das war so allgemein bekannt, daß er in Steyr einmal drei Tage lang hintereinander in Privathäusern damit bewirtet wurde.

In den verschiedenen Linzer Gaststätten hatte er besondere Hausgerichte. Noch in den Wiener Jahren dachte er immer mit Freude und Sehnsucht an solche Linzer Leckerbissen. Bruckner aß untertags wenig, am Abend aber konnten ihm die Portionen nicht groß genug sein: *"Wann i arbeiten soll, muaß i auch gfuttert werdn!"* pflegte er zur Entschuldigung zu sagen. So löffelte er beim "Schwarzen Bock" in Linz seelenruhig drei Teller Krebsensuppe und ließ sich zwei Portionen gefüllte Kalbsbrust oder am Freitag einen Eierfisch von acht (!) Eiern dazu trefflich munden. In ein anderes Linzer Gasthaus ging er *"wegen der Fleckerlspeis"*. Wieder wo anders hatte es ihm das *"Beinfleisch"* angetan. Dort ließ er sich als *"Nachspeis"* einmal sechzehn (!) große *"Zwetschkenpovesen"* gut schmecken. *"Abgschmalzene Nudeln"*, *"Erdäpfelnudeln"*, *"Zwetschkenknödeln"* (jeder mit zwei Früchten gefüllt), *"Apfelschlangel"* und *"Apfelradeln"* waren weitere Linzer Lieblingsspeisen Bruckners. Als Tischgetränk bevorzugte er in der Heimat Apfel- oder *"Landlbirn"*-Most, in Wien Pilsner Bier.

Bruckner pflegte abends erst spät ins Gasthaus zu kommen, saß aber dann als richtiger "Pickan" noch lange mit den Freunden beisammen. Wenn dann in schon recht vorgerückter Stunde einer aus der Gesellschaft zum Heimweg rüstete, widersprach er: *"Gehts, bleibts noch a wengerl da, es is soviel lustig!"* Dabei nickte er schon alle Augenblicke vor Müdigkeit ein und schnarchte laut. (Commenda S. 40 f.)

44

Frau Marianne Lassmann aus Linz teilte uns mit, daß ihr Großvater, Professor Franz Charwat, der in einer Realschule im fünften Wiener Gemeindebezirk unterrichtete, mit Anton Bruckner befreundet war. Die beiden Herren trafen sich täglich zum Stammtisch in der Paniglgasse.[30] Die Großmutter von Frau Lassmann, die ein ziemlich strenges Regiment geführt zu haben scheint, kam regelmäßig um sechs Uhr abends, um ihren Mann aus dem Gasthaus abzuholen. Bruckner trat dann meist aus dem Lokal und sagte entschuldigend zu Frau Charwat: *"Heut' is ein Krügerl mehr word'n!"* Als sie ihn bei einer dieser Gelegenheiten einmal fragte, wann ein Stück von ihm aufgeführt werde, antwortete Bruckner: *"Ach, mich versteh'n ja die Leut' nicht!"* - Außerdem erfuhr Frau Lassmann von ihren Großeltern, Bruckner sei immer sehr eigenartig gekleidet gewesen; so trug er zum Beispiel auffällige Stiefel, in die er ein rotes Taschentuch gesteckt hatte. (ORF 134, Marianne Lassmann, Linz)

45 (ca. 1870)

Meine Mutter, deren Urgroßmutter mit Bruckner an einer Schule wirkte (der Ort ist ungewiß), kennt auch eine von ihrem Großonkel überlieferte Anekdote aus Bruckners Lehrzeit: Bruckner wohnte bei einem Oberlehrer, dessen Gattin nicht gerade sanftmütig war. Als er eines Nachts später als gewöhnlich nach Hause kam, schlug ihm die Frau, in der Meinung, ihre eheliche Hälfte vor sich zu haben, im dunklen Flur einen nassen Lappen ins Gesicht.

... Von meinem Onkel erfuhr ich folgende Begebenheit, welche ihm P. Otto (Fehringer), der selbst ein Original gewesen sein muß, persönlich erzählt hat. P. Otto, der bei Bruckner die Baßgeige spielen lernte, begleitete den Meister zum großen Orgelwettbewerb nach London, wo Bruckner den unbestrittenen ersten Platz errang. Nach der musikalischen Darbietung wandte man sich den kulinarischen Genüssen zu. Was sich dabei ereignete, gibt die Schilderung P. Ottos wieder, welche ich möglichst wortgetreu zitieren möchte: "Da haben wir gefressen und gesoffen. Zuerst ist der Toni hinausgegangen und hat gespieben, dann bin ich hinausgegangen und habe gespieben. Dann ist es weitergegangen." (ORF 45, Dr. Roland Weichesmüller, Amstetten)

46

Durch die Entdeckung eines bis [etwa] 1930 unbekannten Brucknerbildes kam ich in brieflichen und persönlichen Verkehr mit dem Sohn des Photohausinha-

---

30 Das Wirtshaus "Zum goldenen Sieb" (Wien 4, Paniglgasse 17) wurde vor allem von Studenten besucht, vielleicht auch von Bruckner vom nahegelegenen Konservatorium aus.

bers A. Huber[31] in Wien. Sein Vater wurde damals 74 Jahre alt und hat Bruckner sowohl durch die verschiedenen photographischen Aufnahmen als auch durch den Besuch bei "Gause", der Gaststätte in der Johannesgasse, wo Bruckner als Stammgast verkehrte, kennengelernt. Einer der besten Freunde Bruckners war der Großspediteur Schneider. Eines Abends wurde bei "Gause" der Namenstag des alten Huber gefeiert. Es wurde in der Runde angestoßen und ein kräftiges "Prost, Toni!" ausgebracht. Bruckner saß am Nebentisch und rief - als er dies hörte - herüber: *"Ich bin auch ein Toni!"* Dadurch wurde die Bekanntschaft wieder aufgefrischt und in feuchtfröhlicher Stimmung wurde Namenstag gefeiert.

Bruckner aß gern eine dick eingekochte Nudelsuppe. Die wurde ihm in einem großen Topf serviert, er füllte sich drei- bis viermal den Teller. Er löffelte mit vergnügter Seelenruhe und ließ sich durch nichts stören. Nach einer Weile schaffte sich Bruckner das erste Krügel Pilsner an. Das Bier mußte mit so viel Schaum auf einem Suppenteller kredenzt werden, daß auch der Boden des Tellers damit bedeckt war. War das Krügel leer, wurde ein Stamperl Kognak nachgetrunken, dann durfte erst die zweite Halbe vorgesetzt werden. Freund Schneider bestellte auch bei besonderen Anlässen, Bruckner zu Ehren, eine Flasche "Schampus". Da war es nun typisch für die Art Bruckners, daß die Champagnerflasche nicht auf den Tisch gestellt werden durfte, sondern die Entstöpselung schon draußen bei der Schank vorgenommen und der Champagner in Weinstutzen serviert werden mußte. Das war dem alten Huber noch in bester Erinnerung. Er hat es seinem Sohn erzählt, der mir davon Mitteilung machte. (Gräflinger S. 16 f.)

47 (um 1865)

In den letzten Linzer Jahren unterrichtete Bruckner die Tochter eines Statthaltereirates im Klavierspiel und Gesang. Dabei wurde er manchmal von der gräflichen Familie der Nachmittagsjause beigezogen. Bei solchen Gelegenheiten wirkte Bruckners übertriebene Höflichkeit unwillkürlich recht komisch. Jeden Schluck Kaffee und jedes Stückerl Gugelhupf ließ sich Bruckner förmlich aufnötigen, obwohl er sonst gewaltig in die Schüssel zu hauen pflegte. Er glaubte aber, daß dieses Zieren zum guten Ton gehöre. So tat er denn so förmlich und redete so gezwungen, daß die Kinder des Hauses ein ums andere Mal in ihre Servietten hineinkicherten. Als er nun wieder einmal ebenso

---

31 Anton Paul Huber (Deutschkreutz 27. 10. 1852 - Groß-Stelzendorf 9. 2. 1936), seit 1899 Hofphotograph; Ateliers in Wien 1, Goldschmidgasse Nr. 4 und Singerstraße Nr. 1; in Wien 4, Margarethenstraße Nr. 36.

herzlich wie dringlich zum Zulangen aufgefordert wurde, stieß Bruckner in seiner Verlegenheit schließlich die seltsame Entschuldigung hervor: *"Dank schön, dank tausendmal, i kann wirkli(ch) nimmer, gnädige Frau Baronin, wirkli(ch) nimmer, mir graust schon!"* (Commenda S. 44)

48

Am 29. September 1887 wurde Bruckners *Tedeum* von der Liedertafel "Frohsinn" in Linz unter Wilhelm Floderer zur Orgeleinweihung im Neuen Dom das erste Mal während des Gottesdienstes gebracht...

Bei der Aufführung saß Bruckner selbst an der neuen Orgel, spielte mit aufgekrempelten Hemdärmeln und riß alles zur Bewunderung hin durch seine herrlichen Improvisationen. Noch ganz erfüllt von der Schönheit und Kraft des im Kirchenraum doppelt eindrucksvollen *Tedeums*, geleiteten die Liedertafler ihr Ehrenmitglied die Wendeltreppe vom Musikchor hinab. Bruckner dankte *"tausendmal"*, daß sie gerade wie 1869 seine *e-moll-Messe* nun auch das *Tedeum* so würdig gebracht hätten. Seine Augen leuchteten dabei vor Stolz und Glück. Da tat eine Sangesschwester die Frage: "Worüber freuen Sie sich nun am meisten, Herr Professor?" Der Meister antwortete, ohne zu zögern: *"Daß i beim 'Schwarzen Bock' jetzt meine Knödeln kriag!"* (Commenda S. 128)

49 (ca. 1885)

Bruckner war einst beim Fürsten Hohenlohe zum Souper eingeladen. Im Laufe des Mahles kamen einige exotische Gänge auf die Tafel, die der große Kontrapunktist, der bekanntlich ein Freund einfacher, kräftiger Hausmannskost war, nur mit gerechtem Mißtrauen kostete. Zu irgendeiner Speise wurde eigens Kaviar gereicht. Bruckner wies die Delikatesse mit den dem Servierenden halblaut zugeraunten Worten: *"Na, den schwarzen D[reck] iß i net"*, zurück. (Gräflinger S. 57 f.)

50 (ca. 1850)

(Bericht von Anny v. Newald-Grasse:) Es war in Sankt Florian und Bruckner kam eben in das Haus des Bezirksrichters Josef Marböck zum Musikunterricht, als ihm der jüngste Sprößling des Hauses über den Weg lief. Bruckner, der die Kinder sehr liebte, hob den kleinen Buben in die Höhe, schupfte ihn ein paarmal und küßte ihn dann herzlich. Der kleine undankbare Wicht aber rief empört: "Oh, du riechst ja nach Wein!" Lachend sagte der erstaunte Bruckner: *"Jetzt schauts da her! Jetzt weiß der Schnipfer gar, daß ich grad ausn Stift komm!"* (Gräflinger S. 51)

51 (ca. 1891)

Minister Dr. v. Hartel, der mit dem Meister jahrelang im selben Hause, Heßgasse 7 wohnte, charakterisiert ihn folgendermaßen:

"Es ist mir nicht bald in meinem Leben ein so rührend bescheidener Mann
begegnet, wie er. Ich möchte sagen ein nur zu bescheidener, der den devoten,
auf Handküsse abgerichteten Schulmeister von ehedem nicht auszuziehen vermochte und dadurch der Anerkennung und Schätzung seines inneren Wertes
selbst am meisten im Wege stand. Er war auch zugleich einer der empfind-
lichsten Menschen, den ein scharfes Urteil über seine Persönlichkeit oder seine Werke in die lebhafteste Unruhe versetzte, sowie er auch für jedes noch so
geringe Lob von Dankbarkeitsgefühlen überquoll. Und die Dankbarkeit bestimmte auch sein Verhältnis zu mir, indem er beflissen war, für die gering-
fügigste Dienstleistung überschwängliche Erkenntlichkeit an den Tag zu legen. Aus diesem seinem Wesen erklärt sich auch sein minderfreundliches
Verhältnis zu anderen Persönlichkeiten, die seinen Bestrebungen entgegentra-
ten oder über den Wert seiner Leistungen minder günstig urteilten, indem es
ihm unmöglich war, sich zu der Erkenntnis aufzuschwingen, daß solche Be-
urteilungen auch auf sachlichen Erwägungen beruhen. Ich habe mir oft aber
stets vergebens Mühe gegeben, ihn darüber zu belehren und durch solche Be-
lehrungen zu beruhigen." (Göll.-A. 4/3, S. 129 f., Anm.)

52 (ca. 1880)

Frau Professor Papier, die bekannte Wiener Gesangmeisterin, die in diesen
Tagen ihren siebzigsten Geburtstag feiert, hatte in den Achtziger- und Neunzigerjahren in ihrer Wohnung auf der Wieden stets rege musikalische Gesel-
ligkeit gepflegt...

"Auch Anton Bruckner war ein lieber Freund unseres Hauses. Ich erinnere
mich genau an seinen ersten Besuch. Ich hatte in einem seiner Chorwerke das
Altsolo übernommen, und er kam, mir eine offizielle Dankvisite abzustatten.
Langsam stieg er die Treppen hinauf, blieb stehen und hatte seine Plage mit
den neuen Glacéhandschuhen, die er mir zu Ehren anlegte. Er war der Haus-
meisterin aufgefallen, wie er auf dem Stiegenabsatz stand und sich mit den
Handschuhen abmühte. Er sagte der Frau, daß er die Kammersängerin Papier-Paumgartner aufsuchen wolle; sie wies ihm die Lage unserer Wohnung
und ging dann voraus hinauf, um uns den Besuch anzukündigen: 'A gewisser
Herr Bruckner kommt, und er plagt si so mit die Handschuh.' Mein Mann
und ich gingen ihm auf der Stiege entgegen. Bruckner zog tief den Hut und
küßte mir die Hand. *'Gnädige Frau Kammersängerin ...'* begann er und ne-
stelte noch fortwährend an seinen Handschuhen herum, die er durchaus nicht

über den Handrücken bringen konnte. Wir ließen ihn nicht ausreden, nahmen ihn untern Arm und führten ihn in unsere Wohnung. 'Zuerst, Meister', sagte ich ihm, 'leg'n S' die patscherten Handschuh' ab.' Mit den Handschuhen wich auch die Verlegenheit von ihm, er sprach frei und ungezwungen, es wurde ein anregender Nachmittag. Später ist er dann oft und oft bei uns gewesen; er war ein guter, innerlich tief bewegter Mensch." (*Tagespost*, Linz 21. 9. 1928)

53 (ca. 1890)

Die Tochter Helms, Mathilde, die sich später durch Klavier-Interpretationen der Werke Bruckners verdient machte, schrieb damals folgende Schilderung des Gehabens Bruckners in ihr Tagebuch:

"Wenn er sprach, so brachte er seine Rede in devotestem Tone vor und begleitete dieselbe mit dem lebhaftesten Mienenspiel, welches man dem sonst fast schüchternen Manne nicht zugetraut hätte. Wenn er auf den lieben Gott zu sprechen kam oder auf den 'Meister' (unter diesem verstand er immer seinen angebeteten Richard Wagner), so wurde er ganz feierlich oder sprach im Flüsterton. Wenn er schwieg, bemerkte ich ein auffälliges, nervöses Auf- und Zuklappen des Daumens und Zeigefingers seiner rechten Hand, während er mit der linken öfter hastig zur Stirne fuhr, und Öffnen und Wiederschließen seiner Lippen. Da sprach dann nur sein Blick, der ganz weltabwesend in mystische Fernen schweifte... Seine Gestalt machte einen derbkräftigen Eindruck und steckte in einem übermäßig weiten Gewande, dem Kunstwerk eines heimatlichen Schneiders. Manchmal zog er ein voluminöses blaues, mit weißem Muster gezeichnetes Taschentuch hervor, das er vor den Mund hielt, wenn ihn der Husten gar zu sehr plagte. Mitten in einem Gespräch über Hanslick brach er einmal ab, griff in die Tasche, zog eine Schnupftabaksdose hervor und bot uns mit den Worten: *'Ich hab' Sie ja noch gar nicht schnupfen lassen'* eine Prise an, deren Aufforderung wir Frauen aber begreiflicherweise nicht Folge leisteten. Als Bruckner sich von uns empfahl, ließ er es sich trotz unserer entschiedenen Abwehr nicht nehmen, meinen Eltern und auch mir die Hand zu küssen." (Göll.-A. 4/3, S. 105 f.)

54 (ca. 1888)

Einmal kam Moritz Sechter[32] mit dem für ein biographisches Werk bestimm-

---

32 Moritz Sechter war ein Neffe Simon Sechters.

Fuge.

Von Simon Sechter.

Wie der-je-ni-ge, der lange nicht bei seiner Ge-lieb-ten war, sich nach ihr sehnt, so

sehnen wir uns nach der Fu-ge.

Abb. 4/5

ten Probeabdruck einer Fuge [Simon] Sechters[33] zu Bruckner - der Meister wohnte damals in der Heßgasse - mit der Bitte, er möge die Korrektur übernehmen. Bruckner, der anfangs nicht wußte, daß es sich bloß um die Verbesserung des Bürstenabzuges handle, geriet fast in Hitze und stammelte ganz erregt die Worte: *"Was glauben Sie denn, ich soll eine Fuge meines Meisters verbessern? - Nimmermehr!"* Erst nach den aufklärenden Ausführungen des Bittstellers, daß es sich um die Drucklegung handle und im Satz vielleicht einige Fehler stünden, war Bruckner beruhigt und versöhnt. Er setzte sich an sein Harmonium und spielte die Fuge durch. Wiederholt nickte er dabei, zufrieden lächelnd, mit dem Kopfe und mehr als einmal rief er bei besonders charakteristischen Stellen entzückt aus: *"Ja, ja, da erkenne ich meinen lieben Meister!"* Und als der letzte Ton der Fuge verklungen war, nahm Bruckner das Notenblatt in die Hand und überblickte nochmals die Komposition. Dann meinte er zum Neffen seines Lehrmeisters gewendet: *"Ja, streng war er, furchtbar streng, aber man hat was g'lernt bei ihm."* [Siehe Abb.] Gern erzählte Bruckner auch folgende Begebenheit: *"No als Domorganist bin i' amal zum Sechter und hab' ihm meine Arbeiten vorg'legt. Bei aner Stöll, wo i' mir erlaubt hab' von der Regel abz'geh'n, schaut er mi vorwurfsvoll an, hebt den Zeigefinger und sagt: 'Mir scheint, Sie sind auch einer von Denen ...!'"* (Göll.-A. 4/2, S. 608 f.)

55

Einen großen Spaß bereitete Bruckner in Kremsmünster auch der bäuerliche Jahrmarkt am Pfingstmontag. Er kaufte sich Kindertrompeten und rote große Taschentücher und schleckte "türkischen Honig". Einmal erstand er einen der kleinen Juxkasten, aus denen beim Öffnen ein gehörnter Teufel herausfährt. *"Sehn S', so einer bin ich auch"*, sagte er zu einer ihm befreundeten Dame, und dabei funkelten seine lustigen Augen sie an. (Gräflinger S. 42)

56 (ca. 1875)

Als Bruckner berühmt geworden war, wurde einmal in seinem geliebten Linz eine Messe von ihm aufgeführt. Jetzt galt er nicht mehr als der kleine Domorganist, sondern als der Herr Professor aus Wien, der sogar in Paris und London Triumphe als Orgelspieler eingeheimst hatte. Es wurden große Festlich-

---

33 Simon Sechter (Friedberg, Böhmen 11. 10. 1788 - Wien 10. 9. 1867); anläßlich seines 100. Geburtstages erschien das Buch: Jordan Kaj. Markus, *Simon Sechter. Biografisches Denkmal.* Wien: Hölder 1888, in dem eine Fuge Simon Sechters abgedruckt ist (siehe Abb.).

keiten veranstaltet, Reden gehalten, und Bruckner all die Ehren erwiesen, die seinem Genie zukamen. Den Höhepunkt bildete ein festliches Zusammensein. Hiebei fügte es sich, daß Bruckner ein paar Augenblicke lang mit der Tochter des Bürgermeisters sprach. Sie fühlte sich natürlich auch verpflichtet, mit dem gefeierten Herrn Professor höchst würdevoll umzugehen. Schrecklich leid tat ihr, daß Bruckner schon so bald wieder nach Wien zurück müsse. Ob er denn nicht wenigstens noch ein paar Tage bleiben könne? Da gab Bruckner eine wahrhaft klassische Antwort, die nur einigermaßen im Gegensatz zu dem würdevollen Ton dieses Abends stand: *"Sehn S', mei liabes Fräulein, i würd ja so herzlich gern noch ein paar Tage in meinem lieben Linz bleib'n. Aber wissen S'"*, dies flüsterte er dem Mädchen ins Ohr, *"i hab' nur a Paar Unterhos'n mit!"* (Herzfeld S. 108)

57 (ca. 1880)

Anton Bruckner war, was man ihm zunächst nicht zutraute, ein ausgezeichneter Schwimmer und vor allem Taucher. Es machte ihm Spaß, unter Wasser zu bleiben, bis die Jungen in der Badeanstalt bis 20, 30 oder gar 50 zählten. Unter Wasser schwamm er dann ganz woanders hin, so daß sich seine Freunde schon Sorgen machten. Inzwischen saß er längst im Trockenen.
Auch wenn er von Wien nach Vöcklabruck kam, wo seine Schwester an den Gärtner Hueber[34] verheiratet war, badete er immer in der Traun. Bei seinem ersten Besuch kannte ihn der Bademeister natürlich noch nicht und wußte mit dieser sonderbaren Erscheinung auch nichts Rechtes anzufangen.
Bruckner stellte sich darum vor, und das Bild, wie er im breitgestreiften Badeanzug seine Persönlichkeit umriß, und zwar mit all der ihm eigenen Bescheidenheit und seinem Stolz, diese Szene müssen wir uns gut ausmalen, um die bezwingende Weisheit seiner Worte recht zu erkennen: *"Sie wiss'n wohl net, wer i bin? Ja, i bin dem Kaiser sein Organist und der Gärtnerin Hueber ihr Bruder!"* (Herzfeld S. 107)

58 (ca. 1880)

Da er zeitlebens an "Hitzen" litt, war Bruckner das Baden im Freien stets ein dringendes Bedürfnis. Infolge seiner Leibesfülle schwamm er sehr leicht, sprang auch gern vom *"Trampalin"* (Sprungbrett) in die kühle Flut, wobei er sich ängstlich die Nasenlöcher zuhielt. Geschickt tauchend, blieb er dann lange unter Wasser, worüber die zusehende Jugend sich baß verwunderte. Ein

---

34 Die Schwester Rosalia (Ansfelden 17. 2. 1829 - Vöcklabruck 5. 5. 1898) war mit dem Gärtner Johann Nepomuk Hueber (1827 - 1913) in Vöcklabruck verheiratet.

andermal setzte er sich rittlings mit den Buben auf einen schwimmenden Baumstamm. Wenn die Lauser dann heimlich den Block zu drehen begannen, drohte er: *"Wart's, ös Schlankeln!"* Da lag er auch schon prustend im Wasser.

Das nächste Mal hielt dafür wieder er die Jugend zum besten. So bestieg er zu Vöcklabruck - im sechzigsten Lebensjahr stehend! - einst das Sprungbrett und forderte die anwesenden Jungen auf, laut zu zählen, bis er wieder auftauchen werde. Mit lautem Klatsch platschte er dann ins Wasser der Ager, verschwand und blieb verschwunden. Die Buben zählten laut bis dreißig, bis vierzig, bis fünfzig! Bruckner war noch immer nicht an der Oberfläche erschienen. Der Schlaue war in dem trüben Wasser heimlich unter die Stiege geschwommen, auf welcher die zählende Jugend saß, darunter unbemerkt aufgetaucht und freute sich der gelungenen List.

Schließlich schwamm er von dort abermals unter Wasser ungesehen in die Mitte des Beckens und kam erst bei der Zahl sechzig (!) zum Vorschein. Ein allgemeines staunend-ehrfürchtiges: "Hau!" der Jugend belohnte diese Leistung. Drei- bis viermal wiederholte sich dieses Schauspiel stets mit demselben Erfolg. Dann äußerte Bruckner scheinheilig: *"Es is freili(ch) a weng stark, das lange Tauchen, aber i will in Buabn die Freud net verderbn!"* Dem verblüfften Schwimmeister aber stellte er sich schließlich mit den Worten vor: *"Wissen S', wer i bin? In Kaiser sein Organist und der Frau Gärtnerin Hueber ihr Bruder."* (Commenda S. 101 f.)

59 (ca. 1894)
P. Dopf SJ berichtet eine Bruckneranekdote, die man in seiner Familie erzählt:
Ein Onkel[35] war in Vöcklabruck Lehrling im Blumengeschäft Hueber. Wenn Bruckner kam, um seine Schwester zu besuchen, ließ er sich von dem Lehrling das Bier holen. Als Entlohnung durfte sich der Bub ein Musikstück wünschen. So spielte ihm Bruckner den Radetzky-Marsch (Johann Strauß Vater) oder die "Aufforderung zum Tanz" (Carl Maria v. Weber) mit großem Vergnügen vor. (P. Hubert Dopf SJ, Wien)

60
Eine Lehrerin aus Vöcklabruck, die nicht mehr am Leben ist, überlieferte ein Stegreifgedicht Anton Bruckners:

---

35 Johann Moshammer (26. 1. 1881 - 25. 11. 1960) war Gärtner in Weißenbach/Attersee und später Postbeamter.

> *Oben a Bruck und unt' a Bruck*
> *Mitten drin is Vöcklabruck.*
> *Oben a Turm und unt' a Turm -*
> *Vöcklabrucka des san Suam!"*[36]

(ORF 17, Cäcilie Blasl, Linz)

61 (ca. 1871)

Als Bruckner nach einer Londoner Reise wieder in die "Stadt Brünn" (Gasthof in Linz) kam, wurde er von seiner Tafelrunde mit Jubel empfangen und sofort mit Fragen über die Eindrücke des Neugesehenen bestürmt. Der Meister war von seiner Reise sehr befriedigt und sprach mit viel Vergnügen von seinen englischen Erfolgen, er konnte nicht genug die Liebenswürdigkeit der Engländer rühmen, mit denen er in Berührung gekommen war. *"Und so viel globt und gfeiert habn s' mich. Ihr glaubt's gar nicht, wie lieb s' mit mir waren."* Einer seiner Freunde, der ihn gern neckte, fragte nun hinterlistig: "Ja, sag mir nur, wie hast du dich denn mit den Engländern eigentlich verständigt? - Du kannst ja gar nicht Englisch. Wie hast du dich denn ausgedrückt, wenn du in eine andere Stadt fahren wolltest?" - *"Na, ich bin halt auf die Bahn"*, sagte Bruckner, *"hab' beim Schalter den Ort angsagt und dann hab ich ein paarmal fest Sch-sch-sch gsagt und hab mit die Arm halt wie so a Lokomotiv dabei ausgstoßn."* (Gräflinger S. 57)

62 (1891)

… So sagte denn Bruckner eines Tages zu seinem Freund Bayer: *"Gengan's, foahrn's mit mir nach Admont, i hab scho so viel erzähl'n ghört vom G'säus und der Prälat von Admont hat mi eh scho lang einglad'n, i solln amol hoamsuach'n."* Und so fuhren beide an einem schönen Samstagmorgen nach Admont. Bruckner setzte sich gleich an einen Fensterplatz und freute sich, daß er *"a so a komods Platzerl"* erwischt hatte. Da kam kurz vor der Abfahrt des Zuges ein Herr in das Koupee und machte Bruckner höflich aufmerksam, daß dies sein Platz wäre. Grantig sagte der Meister: *"I geh von da net weg, i hab genau soviel zahlt wia Sö…"*

Der Herr machte keinen weiteren Anspruch mehr auf Bruckners Platz, sondern ließ sich woanders nieder. Als der Zug in der nächsten Station (Garsten) hielt, stieg dieser Herr aus und sofort stürzte der Stationsvorstand auf ihn zu und ging dann während des Aufenthaltes an seiner linken Seite immer erge-

---

36 "Suam" oder "Surm" = Hinterwäldler; laut Peter Wehle, *Sprechen Sie Wienerisch?* Wien 1980, S.269: *"ländlicher Tepp"*.

benst lächelnd, auf und ab. Auf eine Frage Bayers antwortete der Konduk-
teur, daß der Herr ein hoher Beamter des Eisenbahnministeriums sei, worauf
Bruckner meinte: *"Hiatzt steh i erst recht net auf, der zahlt ja überhaupt nix
für sein Platz!"*
Dieser Streit um den Platz machte Bruckner mißmutig, so daß er die Pracht
und Schönheit des Gesäuses gar nicht beachtete und seine üble Laune steigerte sich zum Zorn, als der Zug in Admont ankam und der Meister sah, daß
die Station in Fahnen- und Girlandenschmuck prangte. *"Also, wer hat denn
des wieder verraten, daß i nach Admont foahr? I mag den Bliml-Blaml
net!"*...
Als er dann erfuhr, daß Bahnhof und Ort wegen einer dort stattfindenden
Lehrer-Tagung festlich geschmückt war, ärgerte er sich wieder sichtlich, daß
die Dekorationen d o c h nicht ihm gegolten haben. Im Stifte mußten die
beiden Herren verhältnismäßig lange warten, bis sie zum Prälaten vorgelas-
sen wurden. Auch waren der Empfang und die Begrüßung durch diesen weitaus nicht so herzlich, als man auf Grund der Einladung hätte erwarten können... Auf eine Frage Bayers, warum denn wohl der Prälat so gar nicht so
war, wie wenn er sich schon gefreut hätte auf den Besuch des Meisters, sagte
Bruckner: *"Aber dös is er ja goar net gwest, dös woar ja a ganz an anderer!"*
- *"Ja wann hat Sie denn der Prälat eingeladen, Meister?"* - *"Aber gehns, vor
zwanzig Jahr ... hm ... der wird halt wahrscheinli scho gstorbn sei!..."* (Jula
Bayer S. 25 ff.)

63

Im Juli 1882 fuhr Bruckner zur Uraufführung des "Parsifal"[37] nach Bayreuth. Als er, umdrängt und umwogt von den zahlreichen Festgästen, den
Bahnhof verließ, wurde ihm aus der vorderen Rocktasche seine gesamte Bar-
schaft von mehr als 300 Gulden gestohlen. Der Meister war darüber ganz außer sich. Die anwesenden Wiener Freunde hatten zwar sofort durch eine erste
Sammlung 70 Gulden aufgebracht und trösteten nach Kräften. Bruckner aber
wurde nun überängstlich. Er barg diesen neugewonnenen Schatz in der Brusttasche, und vorsichtig, rechts und links spähend, seinen großen, im Viereck
gefalteten "Plaid" mit gekreuzten Armen vor die Brust gepreßt, schritt er,
vom Kopfschütteln aller, die ihn sahen, begleitet, dahin. *"Ja, glaubt's vielleicht, i laß ma wieder mein Geld stehlen?"* rief er entrüstet aus. (Commenda
S. 91)

---

37 In der Zeit vom 26. 7. bis 29. 8. 1882 fanden in Bayreuth sechzehn Aufführungen des
Wagnerschen Bühnenweihfestspieles statt.

64

Bayreuth, 31. Juli. (Mahnung zur Vorsicht.)
Auch Taschendiebe scheinen Bayreuth zur gegenwärtigen Festzeit eines Besuches für werth zu halten: einem Musikprofessor aus Wien wurden gestern vor dem Festspielhause nach dem ersten Acte 300 Mark, in einer Brieftasche verwahrt, aus der Brusttasche des Rockes gestohlen, resp. herausgeschnitten. Der Dieb trennte die Tasche von der inneren Seite des Rockes mit einer Scheere oder einem Messer ab und gelangte auf diese Weise in den Besitz der Brieftasche. Die raffinierte Art der Ausführung des Diebstahls läßt auf großstädtische Schulung schließen. Vorsicht ist daher dringend geboten: man knöpfe seinen Rock zu und halte die Hand auf die Taschen. (*Bayreuther Tagblatt* Nr. 210, 31. 7. 1882)

65

Zahlreiche Komponisten waren im Bayreuther Festspielhaus, als hier Richard Wagners Parsifal erstmals aufgeführt wurde. Nach dem zweiten Akt trippelte Anton Bruckner mit Tränen in den Augen aus dem Saal. Franz Liszt sah ihn und erkundigte sich voller Mitgefühl: "Lieber Doktor Bruckner, hat Sie das große Werk so tief berührt?"
"Von Rührung keine Spur", seufzte Bruckner, *"aber hier treiben sich ganze Scharen von Taschendieben herum. Einer dieser Schurken hat mir meinen ledernen Geldbeutel gestohlen. Da war mein ganzes Geld drin - und jetzt kann ich nicht einmal die Hotelrechnung zahlen."* Von neuem flossen Tränen über die Wangen des Komponisten. Das konnte Liszt nicht mehr mitansehen. Von der weinerlichen Szene unangenehm berührt, griff Liszt in seine Brusttasche, holte die eigene Brieftasche hervor und übergab sie wortlos dem schluchzenden Kollegen. (*Die ganze Woche* 13. 9. 1990)

66

Eines Tages, als Bruckner von einer Einladung in Villa Wahnfried erst spät in der Nacht in glücklichster Laune nach Hause kam, merkte er zu seinem Schrecken, daß er den Hausschlüssel vergessen hatte. Die Restauration war bereits geschlossen und die Wirtsleute hatten sich in einen entlegenen Teil des Hauses zur Ruhe begeben. Der verspätete Gast trommelte zwar eine gewaltige Paukensymphonie auf der Haustüre, aber sie fand bei den unmusikalischen Schläfern keinen Anklang. Nach langem, vergeblichem Bemühen wollte sich Meister Bruckner schon anschicken, im gegenüberliegenden Hotel Unterschlupf zu suchen, als sein Zimmernachbar, der greise Dichter Dr. L. Wohlmuth[38], am Fenster erschien und ihm den Hausschlüssel zuwarf. Eine Minute später stand auch schon der dankbare Meister vor seinem hilfreichen Retter aus der Not, um mit folgenden Worten einen originellen Wunsch vorzubringen: *"So, Herr Doktor, jetzt hätt i halt a rechte Bitt', jetzt san S' halt so guat und gebn S' mir a recht tüchtige Paar Watschn, weil i so dumm war, meinen Schlüssel net einzusteckn, so daß ich Sie im Schlaf hab stören müssen."* (Gräflinger S. 31)

67

Bruckner wohnte in Bayreuth neben dem Hofschauspieler Wohlgemut [sic[39]]. Einst kam der Meister aus Ansfelden recht spät, beziehungsweise schon recht früh nach Hause. Da bemerkte er zu seinem nicht geringen Schrecken, daß er den Haustorschlüssel vergessen hatte. Er sah sich daher genötigt, Professor Wohlgemut herauszuklingeln und um Einlaß zu bitten. Dabei sagte Bruckner in seiner treuherzigen Weise zur Entschuldigung: *"Sehn S', daß i so dumm bin, das hätt i selm net glaubt. Jetzt gebn S'ma aber auf der Stell glei a paar saftige Watschen dafür!"* Was Wohlgemut natürlich wohlweislich bleiben ließ. (Commenda S. 81)

68 (nach 1874)

Da ich den Meister oft zu Spaziergängen oder auch abends zum Besuch eines Gasthauses abholen sollte, fand sich immer wieder die Gelegenheit zu Gesprächen, nicht allein über Musik, sondern auch über vielerlei Angelegenheiten, die ihn damals gerade bewegten. Es scheint, daß es insbesondere zwei spezifisch österreichische Ereignisse waren, die in ihm tiefe Spuren hinterlassen hatten und in seinem Seelenleben eine besondere Rolle zu spielen schienen: die Hinrichtung des Kaisers Max von Mexiko und die österreichische Nordpol-Expedition[40], und er interessierte sich in diesem Zusammenhang mit schier unbegreiflichem Eifer für jedes kleinste Detail, das sich nicht allein auf jene Vorgänge, sondern auch auf alle geographischen Verhältnisse jener Länder bezog. Mit wahrem Heißhunger hatte er alles gelesen und verschlungen, was er irgendwie über Land und Leute von Mexiko und dessen Geschichte,

---

38 Dr. Leonhard Wohlmuth (auf der Einöde zu Hohenzell, Oberbayern 16. 12. 1823 - Bayreuth Juli 1889), Lyriker und Dramatiker.
39 Offenbar Namensverwechslung mit der Hofschauspielerin Else Wohlgemut; es war der Dichter Leonhard Wohlmuth, siehe oben.
40 Berichte über Maximilian von Mexiko u. a. in der *Morgenpost* 1867, Nr. 147, 177, 181, 187, 201, 204, 207, 211, 220; 1868, Nr. 18, 18 und über die Nordpolexpedition u. a. im *Volksblatt für Stadt und Land* 1874, Nr. 29, 37, 38 ff.

oder über die Polarregionen und die Expeditionen dahin erlangen konnte und, ganz im Gegensatz zu seinem sonst so geringen Interesse für Politik, Geschichte, Geographie oder sonstige Wissenschaften, zeigte er eine geradezu verblüffende Detailkenntnis jener beiden Gebiete, erzählte immer wieder, nicht ohne Zeichen innerer Erregung, von den Eisfeldern Grönlands und Nowaja Semljas und dann wieder von der Verfassung Mexikos und dessen politischen Zuständen, und manchmal, nachdem er in ein längeres Schweigen und nachdenkliches Sinnen versunken gewesen, hörte ich ihn aufseufzen mit den Worten: *"Ja, der Diaz*[41]*!"* wobei er sich nicht nehmen ließ, den Namen Diaz stets mit einem z am Ende auszusprechen. (Eckstein S. 16 ff.)

69 (1891)
(Karl Almeroth erzählt, wie Bruckner bei Viktor Tilgner für die Büste Modell saß:) Kaum hörte Bruckner nun den Namen Wilczek, so fragte er schon aufgeregt: *"Bitt', is' das der Nordpol-Wilczek?"*[42] - "Ja freilich," bestätigte Tilgner. *"Ich bitt', Herr Professor, lassen S' 'n nur gleich herauf, das is' ja großartig!"* Excellenz Graf Wilczek gratulierte Bruckner, doch der ließ ihn nicht lang reden, und mit neugierigen Augen fragte er: *"Ich bitt', Excellenz, wie Sie am 74sten Breitegrad waren, erzähl'n S' mir da ein bisserl was!"* Wilczek war ganz paff von der Versirtheit Bruckner's in der *"Nordpolfahrerei"*, und erzählte sehr interessant. Bruckner war ganz Ohr und glücklich, sein Wissen über die Nordpolfahrt zu bereichern. (Göll.-A. 4/3, S. 194 f.)

70
Die Verehrung für Napoleon, wie für alle heldenmutigen Männer - er las auch alles, was er über die österreichische Nordpol-Erforschung erreichen konnte, und besonders gern auch das, was mit dem unglücklichen Kaiser Max von Mexiko zusammenhing mit Vorliebe - war ihm besonders zu eigen. Das ging soweit, daß er selbst mit allen Details der Geographie und Geschichte dieser Gebiete genau vertraut war. Im allgemeinen aber las Bruckner wenig, da ihm die Zeit dazu fehlte. Als Tageszeitung diente ihm das "Illustrierte Extrablatt", später das "Weltblatt", die er auch nur flüchtig durchflog. Ein besonderes Interesse aber brachte er seltsamer Weise Schwurgerichtsverhand-

---

41 Porfirio Diaz (Oaxaca 15. 9. 1830 - Paris 2. 7. 1915), späterer Präsident von Mexiko, einer der entschiedensten Gegner des Kaisers Maximilian (Wien 6. 7. 1832 - Querétaro 19. 6. 1867) bis zu dessen Erschießung.
42 Hans Graf Wilczek (Wien 7. 12. 1838 - Wien 27. 1. 1922), Afrika- und Polarforscher, gründete die Österreichische Polarstation; 1884 Ernennung zum Ehrenmitglied der Österreichischen Akademie der Wissenschaften.

lungen und den Berichten über Hinrichtungen entgegen, die in jenen Blättern in sensationeller Aufmachung wiedergegeben waren. Mit den eigenen Leiden hatte sich auch sein Mitgefühl für die Leiden anderer zu höchster Mitleidskraft gesteigert, was wieder ein Ausfluß seiner wahrhaft religiösen Gesinnung war. Zu dem bereits erwähnten Mitleid und intensiven Interesse an armen Kranken, gesellte sich, wie bereits andern Orts erwähnt, das Mitleid mit dem Verbrecher. Bruckner war geneigt, selbst an dem schlechtesten Menschen noch Regungen zu entdecken, die das Urteil zu mildern vermochten. Darüber erzählt Stradal [um 1887]:

"Diese Nachrichten verschlang Bruckner mit nervöser Gier und es genügte ihm oft das Extrablatt allein nicht; ich mußte ihm manchmal ein halbes Dutzend Zeitungen bringen, in welchen irgend eine aufregende Affäre geschildert wurde. Natürlich stand in allen Blättern so ziemlich dasselbe, aber Bruckner las alle Berichte über einen ihn interessierenden Fall Wort für Wort genau durch. Kam es zu einer Schwurgerichtsverhandlung mit einem Mörder oder zu einer Hinrichtung, konnte Bruckner schon Tage vorher vor Erregung nicht schlafen.

Als z. B. der Prozeß gegen den berüchtigten Frauenmörder Hugo Schenk begann, ersuchte mich Bruckner flehentlich, ich möchte bei meinem Freunde, dem Staatsanwalt Gürtler von Kleeborn, intervenieren, daß Bruckner der Verhandlung beiwohnen dürfte und wenn möglich auch der Hinrichtung. Letzteres ihm auszureden, gelang mir endlich mit Mühe; aber zur Verhandlung mußte ich ihm Eintritt verschaffen. Ich führte also den Meister in den Schwurgerichtssaal, wo die schrecklichsten Tragödien des Lebens ihren Abschluß finden. Bruckner war maßlos aufgeregt, frug mich, was der Angeklagte gesagt hatte, sprang öfters von der Bank auf, um den Mörder besser sehen zu können und störte die Ruhe, bis ein Justizsoldat zu uns kam und dem Meister Stillschweigen gebot. Am Abend vor der Hinrichtung Schenks nachtmahlten wir im 'Riedhof', einem Restaurant in der Nähe des Landesgerichtes. In unserer Gesellschaft befanden sich auch einige junge, lustige Ärzte, die natürlich ganz ahnungslos von Bruckners Größe, zu meinem Ärger mit dem 'komischen Alten', wie man in Wien zu sagen pflegt, 'a Hetz' trieben. Und so erzählte einer der jungen Herren, daß Hugo Schenk als letzten Wunsch geäußert habe, er möchte am Abend vor der Hinrichtung ein Schnitzel aus dem 'Riedhof' essen und der Wirt habe soeben dieses Schnitzel ins Landesgericht geschickt. Sofort bat Bruckner den Wirt, er möchte auch ihm ein Schnitzel von demselben Stück Kalbfleisch, von dem er das für Schenk bestimmte abgeschnitten, zubereiten lassen. Die ganze Nacht hierauf wachte Bruckner und betete für den Mörder."

Auch als das Ehepaar Schneider wegen verschiedener Mordtaten vor die Geschworenen kam, mußte Stradal seinen Lehrer in den Gerichtssaal führen, wo sein Erscheinen heiteres Aufsehen erregte und nun, sagt Stradal, verfolgte er die ganze Verhandlung, regte sich furchtbar auf, bis Stradal ihn endlich mit Müh und Not aus dem Gerichtssaal förmlich hinausschleppte.
Auch Stradal meint, daß sich hier als Triebfeder der Handlungen nicht bloße Schaulust und Neugier, sondern eine überquellende "Liebe für die Menschheit manifestiert, die auch in dem schweren Verbrecher einige erbarmungswürdige Lichtseiten ersieht." (Göll.-A. 4/2, S. 567-570)

71 (ca. 1880)
Als Fünfundfünfzigjähriger besuchte Bruckner einmal den ehemaligen Pflegersitz, die Burg Altpernstein bei Kirchdorf an der Krems. Es war ein heißer Sommertag und so mußten die Freunde den recht gewichtigen Herr Hoforganisten das letzte Stück des steilen Weges "Engerl tragen", sonst wär er nimmer ans Ziel gekommen. Nachdem er sich etwas "verschnauft" hatte, besah sich Bruckner alle Einzelheiten der alten Feste aufs gründlichste und brachte den führenden Förster schon durch sein unablässiges wißbegieriges Fragen zur Verzweiflung. Mit besonderer Andacht verweilte er in der Burgkapelle, und von der Folterkammer und den Verliesen wollte er sich schier gar nicht trennen.
Auf einmal ging ein nervöses Zucken durch seinen Leib, und mit der Begründung, er müsse die Qualen der Einsamkeit, der ewigen Finsternis und des dumpfen Modergeruches selber kennen lernen, kroch er tatsächlich durch die schmale Lücke in den finsteren Felsenkerker zurück, ließ alle Lichter verlöschen, ja sich auf einige Zeit sogar einsperren. Nur dem vermittelnden Eingreifen seiner Begleiter hatte Bruckner es zu danken, daß der wutschäumende Förster diesen lästigen Besucher nicht gleich beim Kragen packte und wieder herauszog. Volle fünf Minuten blieb Bruckner in der Todeszelle, dann tauchte er mit einem feierlichen *"Resurrexit"* (er ist erstanden) wieder ans Licht empor. (Commenda S. 85)

72
Karl Zeitlinger von der Blumau (Gutshof), Schriftsteller, berichtet: Bruckner war mit einem Freund auf Altpernstein. Der dortige Beschließer und Förster war ein gewisser Wischenbart. Bruckner wollte unbedingt die Burggefängnisse sehen und zwängte sich mühsam hinein. Er erschien lange nicht und tauchte schließlich schreckensbleich auf, über und über mit Spinnweben umsponnen. Er wurde mit viel Mühe gesäubert. Nachher sagte Wischenbart zu Zeit-

linger: "An so an narrischen Kunden bringst mir aber nicht mehr herauf!"
(Franziska Göllerich, Micheldorf/Krems)

73
Bruckner besuchte auch noch die Baustelle der damals errichteten Ennsbrük-
ke, obwohl es schon finster war und er mit einer Laterne das steile Ennsufer
hinunterklettern mußte. Obwohl er nichts sah, war er über diese Exkursion
sehr zufrieden. (ORF 103, Moritz Löschenkohl, Ternberg)

74
Durch Überarbeitung in seinen Nerven angegriffen, sah sich Bruckner gezwungen, im Sommer 1867 eine Licht-, Luft- und Kaltwasserkur in Bad
Kreuzen zu gebrauchen. Wie notwendig er sie hatte, das beweist der folgende
Vorfall: Eines Tages kamen böhmische Musikanten in den Kurort und ließen
zur Mittagszeit vor dem Speisesaal ihre robusten Weisen ertönen. Bruckner
hörte erst nicht hin, wurde dann plötzlich unruhig, stand auf und rannte
schließlich auf und davon. Nach langem Suchen fand man ihn endlich tief unten in der damals noch ganz ungangbaren Wolfsschlucht am und im Wasser
stehen. Wie er dahin gekommen war, wußte er selbst nicht zu erklären. *"Die
schreckliche Blaserei von die böhmischen Musikanten hab i einfach net aus-
ghalten!"* war alles, was er angeben konnte. Leitern und Seile mußten herbei-
geschafft werden und es kostete viel Mühe, bis der Ausreißer aus seiner ge-
fährlichen Lage glücklich geborgen war. (Commenda S. 46)

75 (1886)
(Bericht von August Stradal:) Am Bahnhof traf ich den langjährigen treuen
Freund Liszts, den Musikverleger Taborsky[43] aus Pest, der zu spät zum Leichenbegängnisse Liszts eingetroffen war und nun auch mit dem Zuge über
München nach Pest zurückkehren wollte. Ich lud Taborsky ein, mit mir zu
fahren, und sagte ihm auch, daß Bruckner mit demselben Zuge nach München reisen würde, nicht ahnend, welche Katastrophe ich mit meiner gutge-
meinten Einladung heraufbeschwor. Taborsky, der keine Ahnung von Bruckners Werken und seiner Größe hatte - es war damals noch kein Ton Bruckners in Pest erklungen -, erwartete mit mir Bruckners Ankunft am Bahnhof.
Im letzten Augenblick vor Abgang des Zuges kam Bruckner gerannt, mit einer riesigen blumig-geschmückten Tasche; ich erlaubte mir noch eiligst Ta-

---

43 Nándor Táborszky.

borsky als Liszts treuesten Freund vorzustellen. Jedoch der Übelgelaunte schreit, mit allen Zeichen der Ungeduld: *"Herr Taborsky schaun's mich nicht so freundlich an, Sie verlegen ja doch nix von mir! Übrigens, der Herr Stradal ist g'rad so wie sein Meister Liszt, alleweil muß er Gesellschaft um sich haben, nie is er allein, es fehlt nur noch, daß auch Damen mit ihm fahren - dös wär' pikant!"* Sprachs und stieg wutentbrannt ein, uns ganz verdutzt stehen lassend. Ich erklärte dem bestürzten Taborsky, daß Bruckner, sonst der beste Mensch der Welt, durch Liszts Tod und seine Improvisation furchtbar erregt sei, und es am besten sei, ihn allein zu lassen, bis er sich beruhigt habe. Wir nahmen also im Coupé neben Bruckner Platz und fuhren getrennt von dannen. In Weiden gab es etwas längeren Aufenthalt; plötzlich tauchen vor unserem Fenster zwei Biermaßkrüge auf und Bruckner, der sie emporhielt, ruft: *"Prosit Stradal, Prosit Taborsky! Da bring ich euch Bier und komm jetzt zu euch!"*
Hocherfreut leerten wir die riesigen Krüge auf des Meisters Wohl und der schönste Friede war hergestellt. Bruckner wurde sehr gesprächig, erzählte von seiner *achten Sinfonie*, von der Totenglocke, welche am Schlusse des ersten Satzes imitiert wird, vom deutschen Michel, der im *Scherzo* tanzt, von den reitenden Kosaken (Anfang des letzten Satzes) und von dem mächtigen Bläser-Thema, das die beiden Herrscher vorstellen soll. Doch plötzlich, inmitten dieser Ausführungen, wurde Bruckner wieder still. Taborsky hatte nämlich ein asthmatisches Leiden und schnaufte infolgedessen geräuschvoll durch die Nase, was Bruckner zusehends nervöser machte. Nach einer Weile des Schweigens erklärte Bruckner, daß er Herrn Taborsky ob dieses Übels wohl sehr bedaure, daß er aber das Schnaufen nicht aushalten könne, und verließ unser Coupé wieder, samt seiner blumigen Tasche, im Nebencoupé Platz nehmend.
Am Abend erreichten wir München, von wo Herr Taborsky gleich weiterfuhr; Bruckner aber war noch unentschlossen, ob er in München bleiben oder noch nachts gegen Linz weiterfahren solle. Wir nachtmahlten im Bahnhofrestaurant. Plötzlich frug mich Bruckner, von wo man den Großglockner sehen könne, es sei ein langgehegter Wunsch von ihm, diesen Bergriesen einmal zu sehen. Ich, durch all die seelischen Aufregungen beim Tode Liszts schon etwas mente captus, erwiderte dem Meister, daß er nur nach Zell am See zu fahren brauche, dort könne er den Großglockner erschauen. Wie Bruckner diese Botschaft vernahm - ich hatte in meiner Zerstreutheit und als schlechter Alpinist das Kitzsteinhorn mit dem Großglockner verwechselt! -, war er ganz Feuer und Flamme für die Idee und fuhr mit dem Nachtzuge über Wörgl nach Zell am See. Als ich im September 1886 in Wien den Meister wieder auf-

suchte, wurde ich sehr schlecht empfangen. Nach dem Grund seiner Verstimmung befragt, erwiderte er: *"Er Viechskerl, er Halawachel* (beliebter oberösterreichischer Ausdruck von Bruckner), *er hat mich schön angeschmiert! Um 4 Uhr früh bin ich damals in Zell am See aus dem Schnellzug ausg'stiegen, frag' den Stationschef, wo man da den Großglockner sehen kann, der lacht mich aus und sagt, daß man den hier überhaupt nicht sehen kann; ich müßt' vier Stunden auf die Schmittenhöh 'naufkriechen, von dort oben könnt' ich bei klarem Wetter den Großglockner erblicken. Der Zug war indessen fortg'fahren und ich mußte bis nachmittag auf den nächsten Schnellzug warten! Hol' ihn der Teufel mit seinem Großglockner!"* Bruckner hat mir diese Geschichte noch oft vorgehalten und wenn in Gesellschaft von Bergpartien die Rede war, immer ironisch geäußert: *"Herr Stradal ist ein berühmter Alpinist!"* (Göll.-A. 4/2, S. 495-498[44])

76 (1884)

(Bericht von Franz Marschner:) Am meisten Interesse versprach die Produktion eines indischen Zauberers. Aber gerade diese Hauptzugskraft sollte oder wollte nicht erscheinen und die Vorstellung war zu Ende, ohne daß wir ihn gesehen hatten. Bruckner, neben dem ich mich befand, war immer erwartungsvoller und erregter geworden; durch die Enttäuschung gereizt, brach er in eine Flut von Verwünschungen und Drohungen aus, welche die Aufmerksamkeit unserer Nachbarschaft lebhaft erregten und sie dazu brachten, in Worte wie "Das ist ja ein Schwindel!" kräftig einzustimmen. Hagenbeck[45] sah sich endlich veranlaßt nachzugeben und wir sahen nun den indischen Zauberer seine wirklich unglaublichen Kunststücke zur lebhaften Genugtuung Bruckners vollführen, der der Produktion mit gespanntester Aufmerksamkeit folgte. Nach der Vorstellung kam Herr Hagenbeck zu uns und unterredete sich freundlich mit Bruckner, der hiebei unter anderem, ohne seinen Namen zu nennen, kundgab, er sei vom Hofe. Hagenbeck geleitete uns die Stufen hinunter. (Göll.A. 4/2, S. 180)

77

Der grauenhafte Brand des Wiener Ringtheaters am 8. Dezember 1881 machte auf Bruckner einen unvergeßlichen Eindruck. Zunächst wohl deswegen,

44 Siehe auch: August Stradal, *Erinnerung an Anton Bruckner*, in: *Prager Tagblatt* 4. 9. 1924.
45 Carl Hagenbeck (Hamburg 10. 6. 1844 - Hamburg 14. 4. 1913), Tierhändler, bereiste 1886 Nordamerika und richtete nach amerikanischem Muster einen Zirkus ein; 1893 besuchte er mit über 1000 Tieren die Weltausstellung in Chicago. Sein 1907 gegründeter Tierpark in Hamburg ist heute noch eine Sehenswürdigkeit.

weil er selber die Vorstellung besuchen wollte und sich im letzten Augenblick erst anders entschloß. Dann deshalb, weil er das Wüten des Elementes die ganze Nacht hindurch von seinem Fenster aus nächster Nähe verfolgen konnte. Ungeheure Furcht erfaßte den Einsamen. Ein Glück, daß zwei Schüler[46] und engere Landsleute ihn aufsuchten und die ganze Nacht bei ihm blieben. *"Nia vergiß i das, nia!"* äußerte Bruckner jedesmal, wenn er auf die Schauder dieser Nacht zu sprechen kam. Am nächsten Tag aber ging er, wie ein Kind neugierig und furchtsam zugleich, in den Leichenhof des Polizeigebäudes und besah die grauenhaft verstümmelten Opfer.

Seit dieser Feuersbrunst litt Bruckner an Angst vor Feuer. Er verwendete keine Petroleumlampe mehr aus Furcht, sie könne explodieren, und brannte nur mehr Kerzen. Wenn er abends ausging, löschte er die Kerze auf das sorgfältigste aus und lief mehrmals ins Zimmer zurück, um sich zu vergewissern, daß der Docht nicht mehr glimme. Erst ein längerer Erholungsaufenthalt in St. Florian brachte ihn wieder ins seelische Gleichgewicht. (Commenda S. 89)

78 (1881)

Zur Zeit des Ringtheaterbrandes wohnte Bruckner diesem gerade gegenüber. Sowie mein Vater von dem Brand hörte, eilte er sofort besorgt zu Bruckner. Er fand ihn händeringend inmitten seiner Noten und Manuskripte, die in einem großen, sonst ganz leeren Zimmer frei an den Wänden entlang in kleinen Stößen aufgeschichtet waren. *"Was mache ich denn nur mit meinen Noten"*, rief er immer wieder verzweiflungsvoll und war nicht zu beruhigen. Da Vater nicht bei ihm bleiben konnte, eilte er nach Hause und bat seinen Schwager Richard Schönberger, einen angehenden Ingenieur, schnellstens zu Bruckner zu gehen und ihn nicht zu verlassen, was dieser auch tat. Er blieb dann die ganze Nacht bei ihm bis alle Gefahr beseitigt war. (Irene Vockner, maschinschr. Österreichische Nationalbibliothek, Musiksammlung; Fonds Gräflinger 30/617)

79

Eines Tages, es war der 16. Mai 1884, als Bruckner nachmittags vom Stadtpark gegen die innere Stadt ging, hörte er plötzlich Feuerlärm. Alles rannte nach einer Richtung und auch er folgte fast willenlos der Menge, bis er vor dem lichterloh brennenden Stadttheater (jetzt Ronacher) stand, wo die Feuerwehr bereits in Tätigkeit war und noch zu retten suchte, was zu retten war.

---

46 Josef Vockner und dessen Schwager Richard Schönberger (siehe folgenden Erinnerungsbericht).

Abb. 6 Brand des Wiener Ringtheaters

Nachdem er eine Weile dem grauenvollen Schauspiel in größter Aufregung zugesehen hatte, sah er vor sich einen seiner Hörer von der Universität, Friedrich Eckstein, stehen, den er von hinten heftig am Arm packte und rüttelte. "Blaß und erschreckt", erzählt Eckstein, "sprach er lebhaft in mich ein, klammerte sich fest an mich und wollte nicht vom Platz weichen, ehe nicht der letzte Mensch geborgen und alles in Sicherheit war. Dann aber bemächtigte sich seiner, trotz seiner eisernen Konstitution, eine große Erschöpfung und wir zogen es vor, in dem Café 'Europe' am Stephansplatz eine ruhige Ecke aufzusuchen, um uns von den Aufregungen einigermaßen zu erholen." An diesem Abend gestaltete sich das Verhältnis Ecksteins zu Bruckner, das bisher bloß in der Verehrung des jungen Universitäts-Hörers zu seinem Professor und der Hochschätzung von dessen musikalischem Genie bestand, auch von Seite Bruckners zu einem engeren. Ja, Eckstein wurde und blieb einer seiner allertreuesten und werktätigsten Freunde und er erwarb sich durch seine hohe Intelligenz und umfassendes Wissen die ganz besondere Liebe und Verehrung des Meisters. (Göll.-A. 4/2, S. 172 f.)

Religion

80
Der Komponist Franz Xaver Müller, der Schüler und Nachfolger Anton Bruckners, erzählt von seinem Meister: "Andächtig lispelten seine Lippen nach vollbrachtem Orgelspiel. Jede Pause zwischen den Chorgesängen wurde zu persönlicher Andacht benützt, und wenn ich den Meister mit ehrfurchtsvoll zum Himmel erhobenen Augen vor mir sah, war mir oft, als ob ein Schimmer von der Majestät Gottes auf seinem Antlitz ruhte. Der betende Bruckner bildet in meinen Erinnerungen ein Kapitel für sich, wohl das intimste, lehrreichste, anziehendste. Eine Reihe von Kompositionen trägt den Vermerk O. A. M. D. G. (Omnia ad maiorem Dei gloriam, Alles zur größeren Ehre Gottes), nicht zu reden davon, daß er den Schwanengesang seines Lebens, die *9. Symphonie*, ausdrücklich und sein ganzes Kunstschaffen stillschweigend *'dem lieben Gott'*, als dem Verleiher aller Talente, gewidmet hat." (*Der Mühlviertler* 25. 7. 1946)

81 (um 1890)
Meißner berichtet über des Meisters Andachtsübungen: "Bruckner war ein großer Beter vor dem Herrn. Solche Beter mußte einst Pius IX.[47] gewünscht

---

47 Pius IX., Papst 1846 - 1878.

haben, als er ausrief: 'Gebt mir eine Armee von Betern.' Sein Morgen- und Abendgebet, hauptsächlich letzteres mußte auf jedermann, hätte er demselben beiwohnen können, großen Eindruck machen.

Täglich erweckte er Reue und Leid und jeder einzelnen Bitte des 'Vater unser' ließ er eine Betrachtung folgen. Die Lauretanische Litanei wirkte stets erschütternd auf ihn ein. Der Empfang der Sakramente der Buße und des Altars war ihm in Bezug auf 'Letzteres' das Hauptgericht am 'Lebensmahl'. Hie und da setzte er sich auch ans Klavier und fing ein Herz-Jesulied, welches in der Hofkapelle vom Volk gesungen wurde, zu spielen an. Von katholischen Kirchenliedern schätzte er besonders das 'Großer Gott', Fasten- und Osterlied. Auch das *Et incarnatus est* aus seiner *F-Moll-Messe* mußte ich ihm vorsingen, wobei er mich dazu auswendig famos begleitete." (Göll.-A. 4/3, S. 525)

82

Gestern am Grab meiner Mutter hab' ich's wieder bedacht; eigentlich hab' ich, was meine Freunde jetzt "Groß" nennen, nur fertiggebracht, weil ich von Jugend an Ehrfurcht gehabt habe vor allem Echten und Heiligen. Jedesmal, wenn ich ehrfürchtig aufgeschaut habe zum Vater oder zur Mutter oder zu einem meiner Meister oder gar zu Gott, da ist mein Herz weit und groß geworden. Aus solchem Zustand hab' ich meine schönsten Sachen geschaffen. (Die schönsten Gebete der Welt S. 180)

83 (ca. 1891)

Während der Fastenzeit empfing Bruckner nach längerer Unterbrechung wieder den Besuch eines ehemaligen Schülers Anton Meißner, der ihn bat, bei den Männerpredigten des berühmten Paters Abel[48] in der Augustinerkirche die Orgel zu spielen. Der Meister sagte zu...

[Bericht von Anton Meißner:] "Er improvisierte damals in unvergeßlich schöner Weise über ein Parsifal-Motiv und war von dem kräftigen Gesang von so vielen tausend Männerstimmen bei 'Laß mich deine Leiden singen' so begeistert, daß er mir am Schluß nicht genug danken konnte, ihn hiezu geladen zu haben, obwohl ihm damals das Orgelspielen schon infolge seiner keimenden Krankheit sehr schwer fiel und ihn ungemein aufregte... Am Heimwege über den Getreidemarkt blickte Bruckner auf den gestirnten Himmel, die Pracht

---

48 P. Heinrich Abel SJ (Passau 15. 10. 1843 - Wien 23. 11. 1926) unterrichtete im Kollegium Kalksburg und war ab 1891 in Wien als Männerseelsorger, Präses von Kongregationen und Prediger tätig.

der Sterne bewundernd; er fand es unbegreiflich, wie es Menschen geben könne, die ihren Schöpfer nicht lieben und an ihn nicht glauben wollen." (Göll.-A. 4/3, S. 220 f.)

84

Schwer vermißte er anfangs den gewohnten Umgang mit geistlichen Ratgebern, wie er Domdechant Schiedermayr[49] nach Linz meldet. Zunächst war es nun der Jesuitenpater Schneeweis[50], der ihm als Beichtvater in Seelennöten beistand, später trat an dessen Stelle Pater Grab [recte Graff][51] vom Jesuitenkollegium an der alten Universitätskirche. (Göll.-A. 4/1, S. 27)

85

Das Jahr 1892 war das erste, in welchem des Meisters Krankheit ernstere Formen annahm und sein Schaffen auch durch körperliche Leiden gestört wurde. Sein Glaube aber opferte das Leid demjenigen auf, dem sein ganzes Leben geweiht war und zu dem er am Karfreitag vor dem enthüllten Kruzifix auf den Knien liegend und die fünf Wundmale küssend betete: *"Herr, du hast mehr gelitten als alle, du verstehst auch mein Leid, laß es zu dir gelangen!"* (Göll.-A. 4/3, S. 218)

86 (um 1883)

Bruckner erzählte, daß er oft mit dem Bruder der Kaiserin[52] und dem Landgrafen Fürstenberg[53] zusammen sei. Der Landgraf sagte zu ihm einmal: "Ich möchte, wenn Ihre Messe aufgeführt wird, immer in die Kirche gehen, aber es ist nur schade, daß diese Komposition eine Messe ist." Bruckner sagte darauf zu ihm: *"Gerade das freut mich, daß es eine Messe ist, ich bete öfter für Sie Herr Landgraf, ich halte Sie für zu geschult, als daß Sie de facto nichts glauben."* (Göll.-A. 4/2, S. 92)

---

49 Johann Baptist Schiedermayr (Linz 6. 6. 1807 - Linz 16. 4. 1878), 1860 Domdechant, 1874 Dompropst und engster Mitarbeiter Bischof Franz Josef Rudigiers.
50 P. Karl Schneeweiss SJ (Glogau 17. 11. 1808 - Mariaschein 10. 5. 1886), Prediger, Volksmissionar in Linz, Kolleg Freinberg; 1869 - 1873 dort Rektor und Leiter des Knabenseminars.
51 P. Karl Graff SJ (Wien 28. 10. 1827 - Wien 29. 10. 1902), Exerzitiengeber, Prediger, abwechselnd in Linz und Wien (seit 1873 war er wieder in Wien).
52 Maximilian Emanuel Herzog in Bayern (Possenhofen 7. 12. 1849 - Feldafing 12. 6. 1893), vermählt mit Prinzessin Amalie von Sachsen-Coburg, die ihre Erinnerungen über Bruckner (Nr. 152) niedergeschrieben hat.
53 Landgraf Vincenz Fürstenberg.

87

Schon anfangs der Achtziger Jahre traf Stradal den Meister, dessen naiver Charakter ein heiterer und zu Scherzen aufgelegter war, oft in Stunden tiefster Melancholie und Trübsal an, zu welcher sich oft innere Verbitterung und Groll gesellten. Diese Verbitterung, welche mit einer grenzenlosen Sehnsucht nach Einsamkeit verbunden war, ließ ihn oft auch gegen seine treuesten Freunde hart und ungerecht erscheinen. In solcher Trübsal war ihm die Heilige Schrift oft der einzige Trost. Er kannte sie bis ins kleinste Detail und hätte es mit jedem Theologen in der Schriftkenntnis aufnehmen können. (Göll.-A. 4/2, S. 567)

88

Ungeheuer skrupulös war er in Bezug auf das weibliche Geschlecht an seinem Beichttag. Da bekam Frau Kathi den Auftrag, ja keine Damen vorzulassen (es kamen damals manchmal Enthusiastinnen), *"denn da wurdt i' verwirrt und der Tag g'hört unserm liab'n Herrgott"* meinte er. (Göll.-A. 4/2, S. 574)

89 (ca. 1881)

Zur Zeit, da Bruckner sein *Tedeum* vollendete, erreichte das Kesseltreiben seiner Feinde gegen ihn den Höhepunkt. Deshalb fragte ihn einer seiner vielen Widersacher höhnisch: "Ja, warum haben Sie gerade jetzt Ihr *Te Deum laudamus* (Großer Gott, wir loben Dich!) angestimmt?" Bruckner antwortete ihm ernst: *"Aus Dankbarkeit gegen Gott, weil es meinen Verfolgern immer noch nicht gelungen ist, mich umzubringen!"* Am abendlichen Biertisch erzählte er den Vorfall und fuhr fort: *"Der Hellmesberger hat gemeint, i soll das Tedeum dem Kaiser widmen. I hab ihm aber gsagt, es is nimmer frei, i hab's schon dem oben zugsagt aus Dank für in Wien ausgstandene Leiden! I glaub"*, schloß er nachdenklich, *"wann's beim Jüngsten G'richt schief gang, möcht i unserm Herrgott die Partitur vom Tedeum hinhalten und sagen: 'Schau, das hab ich ganz allein für Dich gemacht!' Nachher wurd i schon durchrutschen!"* (Commenda S. 88[54])

90

In der evangelischen Christus-Kirche [in Bayreuth] war auf der linken Seite ein Bild "Christus am Ölberg" von dem am 27. Februar 1799 in Bayreuth geborenen und am 6. August 1883 in Rom verstorbenen Maler August Riedel,

---

54 Göll.-A 4/2, S. 142 bringt den gleichen Text.

das Bruckner stets bezauberte. Wenn ihn der Weg an der Kirche vorbeiführte, unterließ er es nie hineinzugehen, um vor dem Bild, auf den Knien liegend, zu beten. Für ihn war Christus hier ebenso zuhause wie in der katholischen Kirche. Konfessionelle Unterschiede kannte er nicht. Er hatte auch unter seinen Schülern und Freunden zahlreiche Protestanten, die er wegen ihrer *"besonderen Intelligenz"* schätzte. (Göll.-A. 4/2, S. 186)

91 (ca. 1885)
Die Osterferien ... brachte Bruckner wieder in St.Florian zu... Darüber erzählt der damalige Stiftsorganist Josef Gruber: "Am Karfreitag kniete Bruckner vormittag und nachmittag stundenlang vor dem Allerheiligsten (dem sogenannten 'heiligen Grab') und betete in größter Andacht, beim Weggehen die Wundmale des auf dem Fußboden liegenden, ans Kreuz gehefteten Heilandes küssend. Als ihn an einem Karfreitag Freunde aus Steyr besuchen wollten, fand man ihn nirgends. Gruber aber wußte, wo er zu finden sei. Er traf ihn auch beim heiligen Grab kniend. Bruckner war über die Störung seiner Andacht sehr ungehalten und sprach zu Gruber: *'Sagen Sie den Leuten, ich will heute ungestört sein; sie sollen ein andermal kommen.'"* (Göll.-A. 4/2, S. 303, Anm.)

92
... außerdem respektierte Bruckner die priesterliche Würde ... Kluger sagt, "die Ehrfurcht vor dieser Würde ging so weit, daß nicht viel gefehlt hätte, und der Mann, vor dessen sittlicher Größe ich in ebensogroßer Verehrung zerfloß, wie vor seiner künstlerischen, würde dem jungen Priester die Hand geküßt haben, wenn ich gelegentlich seinen Gewissensnöten einen erleichternden Rat spendete." -
"Sein ganzes Wesen", fährt Kluger fort, "war fundiert im Glauben der katholischen Kirche. Selbst seine geliebte Kunst wurde von ihm nur angesehen im Lichte dieses Glaubens und geübt mit jener Verantwortlichkeit vor Gott, die aus seiner festen Glaubensverfassung hervorwuchs. Aber die geringe Vertrautheit des Meisters mit dem wirklichen Leben trieb ihn zuweilen zu einer überstrengen Auffassung seiner sittlichen Pflichten. Und wenn er im praktischen Falle (und es waren, so weit ich Kenntnis habe, nur belanglose Dinge) dann nicht so gehandelt hatte, wie ihm sein überzartes Gewissen vorschrieb, weil er eben gar nicht anders handeln konnte, so war der innere Konflikt schon fertig, aus dem ihn dann nur priesterlicher Rat oder eine Rosenkranzandacht befreite." (Göll.-A. 4/3, S. 112 f.)

93 (um 1895)

Heller erzählt: "Über die Widmung dieser Symphonie [die *Neunte*] sagte er mir beiläufig folgendes: *'Sehen Sie, ich habe bereits zwei irdischen Majestäten Symphonien gewidmet, dem armen König Ludwig als dem königlichen Förderer der Kunst, unserem erlauchten, lieben Kaiser als der höchsten irdischen Majestät, die ich anerkenne, und nun widme ich der Majestät aller Majestäten, dem lieben Gott, mein letztes Werk und hoffe, daß er mir so viel Zeit schenken wird, dasselbe zu vollenden und meine Gabe hoffentlich gnädig aufnehmen wird. - Ich werde auch deshalb das Alleluja[55] des zweiten Satzes wieder im Finale zum Schlusse bringen, damit die Symphonie mit einem Lob- und Preislied an den lieben Gott, dem ich so viel verdanke, endet.'"* (Göll.-A. 4/3, S. 526 f.)

94 (ca. 1896)

Über des Meisters häusliche Andacht vor dem Hausaltar erzählt Dr. Heller außerdem: "Er betete fleißig, und wenn auch seine Gebete mitunter ganz merkwürdige Formen annahmen, so waren sie doch tief empfunden und gläubig vorgebracht. Da man ihn bei seinem Gebet, das er kniend vor seinem großen Kruzifix verrichtete, nicht stören durfte, so hatte ich oft Gelegenheit, ruhig im Zimmer stehend, sein Gebet zu hören. Er betete eine Anzahl *'Vater unser'* und *'Gegrüßet seist Du'* und schloß oft mit einem ganz freien Gebet, wie: *'Lieber Gott, laß mich bald gesund werden, schau, ich brauche ja meine Gesundheit, damit ich die Neunte fertig machen kann'* usw. Diesen letzten Passus brachte er in ziemlich ungeduldiger Weise vor und schloß mit einem dreimaligen Amen, wobei er sich einigemal beim dritten Amen mit beiden Händen auf die Schenkeln schlug, so daß man sich des Eindrucks nicht erwehren konnte, er denke sich: *'wenn das jetzt der liebe Gott nicht erhört, dann ist das nicht meine Schuld.'"* (Göll.-A. 4/3, S. 524 f.)

95

Autogrammjäger hat es immer gegeben, aber sie haben es nicht immer leicht gehabt, zu ihrer Beute zu kommen. Schriftsteller und Musiker, das waren vornehmlich schwierige Objekte, die die Plakatierung ihrer Bedeutung durch die Darreichung eines Autogramms oft ärgerlich ablehnten. Selbst Bruckner, der das naivste Leben aller Komponisten gelebt hat, soll einmal, als er um seinen Namenszug gebeten wurde, wütend erklärt haben: *"Denken S' nicht an*

---

55 Damit sind wohl die *Te Deum*-Anklänge im *Trio* gemeint. (Göll.-A. 4/3, S. 526, Anm.)

mich, sondern an Gott, dem ich meine Musik verdanke!" (Unbezeichneter Zeitungsausschnitt, ABIL)

96 (ca. 1876)
Die Quelle der Inspiration war bei Bruckner seine tief eingewurzelte Frömmigkeit, sein inbrünstiger, ergreifender und oft kindlicher Glaube. Jeden Morgen ging er zur Kirche, um die Messe zu hören, und während er vor dem Kruzifix kniete, versank er im Gebet, Zeit und Raum vergessend.
Er hielt Vorlesungen über Kontrapunkt an der Wiener Universität, und tagtäglich, mitten in der Stunde, wenn das Glöckchen zum Angelus von der nahen Kirche ertönte, kniete er angesichts seiner hartgesottenen, zynischen Studentenschaft nieder, bekreuzigte sich und sprach sein "Ave Maria". Und ebenso wie dreihundert Jahre zuvor Tomas Luis de Victoria, der große spanische Kirchenmusiker, einen Band seiner Motetten "Der Muttergottes und allen Heiligen" zugeeignet hatte, so widmete Bruckner seine letzte Symphonie *"Dem lieben Herrgott!"*
Als ihn jemand fragte, wie er das herrliche Thema des *Adagio* in seiner *Siebenten Symphonie* gefunden habe, erwiderte er: *"Der Liebe Gott hat es mir gegeben!"* Ein andermal meinte er: *"Wenn Gott mich eines Tages zu sich ruft und fragt 'Was tatest du mit dem Talent, mit dem ich dich beschenkt habe?' werde ich Ihm mein Te Deum zu Füßen legen, und Er wird mir ein gütiger Richter sein!"* (Grun S. 32)

97 (ca. 1895)
Gelegentlich des vorletzten Besuches, den ein Wiener Dirigent bei Bruckner, der schon leidend war, machte, sagte der Meister: *"Ja, Lieber, jetzt heißt's halt fleißig sein, daß wenigstens die Zehnte noch fertig wird, sonst werd ich beim lieben Gott schlecht bestehen, vor den ich bald kommen werde! Und er wird mir sagen: 'Wozu, Bürscherl, hab' ich dir denn so ein Talent gegeben, als daß du mir zu Lob und Preis singen sollst. Du hast aber noch viel zu wenig gemacht!'"* (Gräflinger S. 39)

98
Am 23. März 1893 wurde Bruckners *III. große Messe (f-moll)* im Konzertsaal in Wien herausgebracht und erzielte einen gewaltigen Erfolg. Als nun anschließend der Hofkapellmeister Doktor Schnabl Bruckner vorschlug, das Werk für den praktischen Gebrauch in der Kirche entsprechend zu kürzen, erhielt er die entrüstete Abfuhr: *"I hab's eh kurz gmacht. Wann i alles, was*

mir zu Ehren Gottes eingfalln is, aufgschriebn hätt', war's no(ch) viel, viel länger wordn!" (Commenda S. 139[56])

99 (1893)

(Nach einer Aufführung der C-Dur Messe von Beethoven in Steyr:) Daß es eine gute Aufführung war, bestätigte kein Geringerer als Bruckner, denn er sagte zum Chorregenten: *"Wanns dö C-Meß so aufführn können, kunntns eigentli' z'Ostern a mei d-Meß bringen!"*

Des Meisters *d-Messe*! Bayer erschrak, denn diese war ja doch noch eine härtere Nuß als die C-Messe von Beethoven... Es kam also wirklich zur Aufführung. Am Ostersonntag füllte eine nicht zum geringen Teil skandalsüchtige Menge von mehreren tausend Personen die Stadtpfarrkirche. Auf dem Chor waren Bayers Getreue versammelt. Bruckner saß an der Orgel und beugte gleich zu Beginn die Menge unter sein Szepter, indem er die Messe durch eines seiner prächtigen Präludien würdig vorbereitete. Sänger und Musiker wußten, worum es ging. Dieses Wissen und der Anblick des greisen Meisters am Spieltisch ließen sie ihr Bestes geben.

Kyrie und *Gloria* verliefen klaglos. In der Kirche herrschte trotz der Menschenmasse feierliche Ruhe. Das *Credo* nahm seinen Anfang. Die *d-Messe* ist eine Ostermesse im wahrsten Sinn des Wortes; diesem *Credo* kann man kaum ein zweites an die Seite stellen, da es in so meisterhafter Weise Tod und Auferstehung des Erlösers schildert. "... und ist begraben worden." Die Orgel allein begleitet in unsäglich ergreifenden Tönen den Leichnam des Herrn in das Grab...

Zu dem erwähnten Orgelsolo hatte Bayer für Bruckner eine Überraschung vorbereitet. Der Meister hatte nämlich mehrmals die Äußerung getan, dieses Solo sollte eigentlich vom Hochaltare her erklingen. Vielleicht schwebte ihm ein Fernwerk vor, sah er in dem Hochaltar auch das Grab des Herrn? Er hat sich nie näher darüber geäußert.

Nun stand damals von der Karwoche her im Presbyterium ein großes Harmonium. Dieses hatte Bayer hinter den Altar stellen lassen und mit einem entsprechend instruierten Spieler besetzt. Der Orgelaufzieher hatte Weisung, zu diesem Teil der Messe keinen Wind zu holen.

Die Stelle kam heran. Das Orchester verklang und Bruckner griff in die Tasten, sein Gebet in Tönen dem Herrn darzubringen. Da - was geschah? Die Orgel gab keinen Ton von sich. Wie aus weiter Ferne aber erklangen vom Hochaltare her in zartem Piano die wunderbaren Akkorde.

---

56 Göll.-A. 4/3, S. 314 f. bringt die gleiche Anekdote etwas gekürzt.

Das war zuviel für den Meister. Einen Augenblick lang schien sein Gesicht wie erstarrt, dann begannen ihm große Tränen über die Wangen zu rollen. Seine Gestalt erzitterte vor Ergriffenheit... (Jula Bayer S. 39 ff.)

100

Von seiner rührend kindlichen Einstellung zur Judenfrage legte die folgende Begebenheit Zeugnis ab. Einmal betrat Bruckner das Lehrerzimmer im Konservatorium und bemerkte einen neuen Hörer, der später Mitglied eines bedeutenden Wiener Orchesters, damals aber ein schmächtiger Jüngling war. Bruckner ging zu ihm hin, legte seine Hand auf den schwarzen Krauskopf und sagte schier mitleidig: *"Liabs Büaberl, glaubst denn wirkli, daß der Messias noch nicht auf Erden gwesen is?"* (Commenda S. 54)

101

Einmal betrat der Meister das Lehrzimmer einer Harmonielehre-Klasse im Konservatorium und grüßte in seiner gewinnenden Herzlichkeit die Schülerschar. Da blieb sein Auge auf einem kleinen Judenjungen haften, der in der ersten Reihe saß und wegen seiner unansehnlichen Gestalt jünger aussah, als er war. Bruckner ging zu ihm hin, sah ihn eine Weile an, legte dann eine Hand auf den Krauskopf und sagte fast mitleidig: *"Liabs Kinderl, glaubst du denn wirkli net, daß der Messias schon auf Erden war?"* - Das junge Auditorium wollte platzen vor Lachen. Bruckner, dem glaubenseifrigen Katholiken, war es jedenfalls tiefernst mit der naiven Frage. (Gräflinger S. 44 f.)

102

Am 24. Mai 1867 saß Bruckner mit dem Chormeister des Wiener Männergesangvereines und Direktor des Konservatoriums, Herbeck, auf der Terrasse des Hotels Krebs in Linz. Beide genossen die friedliche Abendstimmung der Mühlviertler Berge. Es war schon so kühl, daß sich Herbeck eigens seinen "Plaid" holen ließ. Als nun um sieben Uhr abends die Glocken rings in der Runde zum Ave Maria läuteten, dachte Bruckner - eine im tiefsten Herzensgrund fromme Natur - an das gewohnte Abendgebet. Herbeck aber, ein richtiger "Liberaler" seiner Zeit, dachte an alles eher denn ans Beten. Vergeblich schielte Bruckner auf den neben ihm sitzenden hochvermögenden Freund und Gönner; der strich seinen gepflegten Vollbart und rauchte seelenruhig seine Zigarre weiter. Bruckner wetzte hin und her. Er saß auf glühenden Kohlen. Vor Herbeck, seinem künftigen Vorgesetzten, wollte er sich nicht bloßstellen, auf das gewohnte Ave Maria wollte er ebensowenig verzichten. So griff Bruckner zur folgenden kindlichen List: Er sprach heimlich sein *"Gegrüßet seist du, Maria!"*. Dann nahm er dreimal rasch hintereinander den Hut ab, fuhr sich mit dem Sacktuch dabei über die Stirn und Hals, schlug darunter jeweils verschämt ein Kreuz und seufzte dabei laut: *"Aber warm is heint!"* Dabei waren ihm die Finger ganz blau vor Kälte. (Commenda S. 45)

103

Bruckner war bekanntlich überaus fromm und verrichtete auch alle christlichen Andachten sehr pünktlich. Wie man weiß, hatte ihn Herbeck in Linz "entdeckt", hatte ihm eine Stellung in Wien verschafft und holte das weltfremde Menschenkind an einem rauhen Herbsttag persönlich von Linz ab, weil er nicht sicher war, ob der überbescheidene Organist nicht im letzten Moment den Mut verliere und daheim bleibt. In Erwartung des Zuges gehen die beiden auf dem Bahnsteig auf und ab, als plötzlich zu Mittag geläutet wird. Große Verlegenheit Bruckners. Er kennt Herbeck, seinen Wohltäter und Förderer, dem er alles verdankt, als Freigeist, möchte jetzt in keiner Weise bei ihm Anstoß erregen, anderseits aber auch seine Pflichten gegen den Himmel beileibe nicht versäumen. Verflixtes Dilemma! Bruckner wird unruhig. Er pustet, er schnauft, und mit einer wahren Hundstagsmiene keucht er plötzlich: *"Herr Hofkapellmeister ... Herr Hofkapellmeister, i waß net ... da hat's - a - Hitz!"* Worauf er erleichtert den Hut abzieht und, immer neben seinem Gönner hergehend, das Ave murmelt... (Gräflinger S. 36 f.)

104

Einmal überraschten sie Bruckner, wie er vor der Orgelbank kniete und inbrünstig betete, während draußen das Ave-Glöcklein erklang und erklang. Bruckner betete weiter und die Sängerknaben warteten. Endlich bemerkte der Herr Hoforganist die Harrenden. Da beschloß er seine Andacht mit einem, dreimaligen lauten *"Amen!"* Dabei schlug er sich jedesmal mit den Händen kräftig auf die Oberschenkel. Dann stand er auf, tat einen tiefen Seufzer und fügte laut hinzu: *"So, jetzt hab i aber gnua bet!"* (Commenda S. 51)

105

Bei einer ähnlichen Gelegenheit fragte einmal ein aufgeklärter Beobachter Bruckner etwas spöttisch, ob er denn wirklich an die Kraft des Gebetes, Belohnung und Strafe im Jenseits und Ähnliches glaube. Darauf erwiderte der Herr Hoforganist nach seiner Art: *"I wer Ihna was sagn: Is die Gschicht wahr, um so besser für mi, is' aber net wahr, na, dann kann ma das bisserl Beten ah net schaden!"* (Commenda S. 51)

Frauen

106 (ca. 1885)

In diesen Frühjahrstagen arbeitete Bruckner an dem *Adagio* seiner *VIII. Symphonie*, von dessen Thema er sagte, er habe es aus einem Mädchenauge gelesen. Tatsächlich hatte der Meister in jener Zeit eine tiefe Neigung zu einem jungen, schönen, kaum der Schule entwachsenen Mädchen aus einer angesehenen Wiener Bürgersfamilie namens Demar. Er traf das Mädchen oft auf der 4. Galerie der Hofoper bei Wagner-Aufführungen. Das Mädchen, das in ihm den großen Meister verehrte, war stolz auf diese Bekanntschaft und ließ sich Bruckners Liebenswürdigkeiten gern gefallen. In den Pausen schwärmten sie gemeinsam über das gehörte Werk und das Mädchen wurde mit Linzer-Torte traktiert. Bald war auch die Bekanntschaft mit den Eltern hergestellt und an schönen Frühlingstagen konnte man den Meister an der Seite des Mädchens und in Begleitung der Eltern im Prater lustwandeln sehen. Er tat alles, um das Fräulein zu unterhalten, sprang zur Verwunderung der Passanten, den Tanz der Lehrbuben aus 'Meistersinger' pfeifend, lustig um sie herum.

Eines Tages schickte er ihr durch Frau Kathi seine Photographie mit der Widmung: *"Meiner hochverehrten, liebsten Freundin und Kunstgenossin Fräulein Marie Demar als kleine Erinnerung gewidmet. 2. März 1885. Anton Bruckner."*

Frau Kathi wurde außerdem beauftragt, das Fräulein zu bitten, es möge sich durch ein eigenes Bild revanchieren. Gern und stolz erfüllte das Mädchen diese Bitte. Hochbeglückt sendet ihr der Meister darauf rekommandiert - er ließ aus Ängstlichkeit alle Briefe einschreiben - folgenden Brief:

"Hochwolgeboren Fräulein Marie Demar, loco, Wieden, Waaggasse Nr. 9.
Liebenswürdigste, Edelste Freundin, Fräulein Marie!
Herzlichsten Dank für Ihr herrliches Bild. Die treuherzigen, schönen Augen! Wie trösten sie mich oft! Bis zum Ende meines Lebens wird mir die Reliquie theuer und kostbar sein. Und welche Freude bei so oftmaligem Anblicke! etc. Auch ich bitte um Ihre so theure Freundschaft, liebstes Fräulein! Möge mir dieselbe nie entzogen werden! Der meinen sind Sie in alle Ewigkeit sicher. Soeben habe ich mich beim Könige von Baiern für die Annahme der Widmung bedankt. Levis Werk. Nochmal herzlichen Dank und innigst küßt ihre gütigen, schönen Hände Ihr sie überaus verehrender Freund
A. Bruckner.
Wien, 11. Mai 1885."

MARIE
BLASCHEK DEMAR

EX
LIBRIS

Abb. 7 Edi Naumann, Exlibris

In der Bekanntschaft trat dann eine Unterbrechung ein. Sie wurde aber, als das Fräulein in der Saison 1886/7 am Konservatorium Schülerin Ferdinand Löwes war, wieder erneuert. Als aber der Meister dem nun reifen Mädchen seine Heiratsgedanken enthüllte, zog sich Fräulein Demar, da sie ihn nur als Meister verehrte, zurück. Sie war auch so vernünftig, die ihr angebotene Widmung der VIII. Symphonie, die damals eben beendet worden war, abzulehnen. Marie Demar wurde am 17. Februar 1890 die Gattin des späteren Ministerial-Rechnungsrates Wilhelm Blaschek im Ackerbau-Ministerium in Wien. Sie bewahrte des Meisters Reliquien in größter Verehrung. (Göll.-A. 4/2, S. 323 ff.)

107

Als neue Privatschüler des Jahres 1884 finden sich verzeichnet Friedrich Eckstein, der als "Direktor" eingetreten ist und Fräulein Pohoryles[57]. Das war wohl jene typische polnische Jüdin, die bei dem Meister, wie Eckstein erzählt, jahrelang Kontrapunkt und Fuge studierte. Sie kam dreimal wöchentlich und zwar, da Bruckner es nicht anders tat, mit einer "Anstandsdame" des Instituts Winterberg (damals Grünangergasse). Weil sie so fleißig war und ihre Kenntnisse ihn faszinierten, fragte er Eckstein eines Tages, *"ob er nicht meine, daß er sie heiraten solle!"* - Er stellte sie immer als Muster des Fleißes hin. Die Schätzung moralischer Vorzüge überwog bei ihm das Zufällige der Rassenzugehörigkeit. (Göll.-A. 4/2, S. 228)

108 (1886)

(Bericht von Franz Wiesner, Wolfern bei Steyr:) Wir stiegen in den Omnibus "Goldenes Schiff" und fuhren bei einer Gluthitze ins Hotel. Nach kurzer Toilette erschien Bruckner zum Spaziergange bereit, und ich führte ihn über den Hauptplatz nach der Enge. Er bewunderte die schönen alten Häuser und blieb plötzlich in der Enge vor einem Bäckerladen stehen. Im Bäckerladen saß nämlich ein junges Mädchen. *"Gefällt sie Ihnen nicht?"* fragte er. Ich bejahte; doch erlaubte ich mir nach meinen damaligen Schönheitsbegriffen die Bemerkung, daß ich mit der römischen Nase nicht ganz einverstanden sei. Da traf ich's aber. *"Die hab' i' ja a'!"* brummte er und schwieg. Wir gingen weiter. Auf einmal blieb er stehen und fragte, ob ich nicht ein Brot essen möchte. Zum Ausgleich der Stimmung sagte ich zu, und wir gingen zum Bäckerladen,

---

57 Marie Pohoryles war Bruckners Privatschülerin in der Zeit von 1884 bis 1888/89. Als sie zu studieren begann, war sie erst dreizehn Jahre alt (lt. *Jahresbericht 1881/82 des Konservatoriums der Gesellschaft der Musikfreunde*).

wo Bruckner einen sogenannten 'Stiefelknecht' kaufte, ein dunkles längliches Gebäck mit 4 Zipfeln. Dabei redete er das Mädchen an und sprach von der Hitze. Wir schlenderten über die Ennsbrücke, plaudernd und Brot verzehrend. Auf einmal machte er nochmals den Vorschlag, ein Gebäck zu kaufen. Wiederum dieselbe Einleitung und Fortsetzung. Zum drittenmale wanderten wir zur Brotquelle, die mir bei der Hitze schon zu trocken war. Nun ging Bruckner zum Angriff vor. *"Fräul'n, gehen S' auch in die Kirche?"* platzte er heraus. Errötend antwortete das Mädchen bejahend. Bruckner: *"Gehen S' morgen auch?"* Fräulein: "Ja natürlich! Morgen spielt ja der berühmte Professor Bruckner auf der Orgel." Bruckner explosiv: *"Der bin i', der bin i'!"* Fräulein: "Aber wirklich?" Bruckner: *"Damit Sie sehen, daß i' kein Schwindler bin, meine Visitkarte."* Und aufgeregt mit den Fingern suchend, reichte er dann eine Visitkarte dem immer mehr errötenden, verlegenen Mädchen, das in diesem Augenblick jugendlich reizend aussah. Nach einigen verbindlichen Worten begleitete er mich nach Steyrdorf, immer von der neuen Bekanntschaft schwärmend und betonend: *"Sie, die g'fallt mir!"* Beim Abschiede versprach er mir seinen baldigen Besuch, um auch meine Eltern und besonders die älteste Schwester kennen zu lernen. (Göll.-A. 4/2, S. 498 ff.)

109 (ca. 1894)

Des Meisters unstillbares Sehnen nach einer liebenden Seele, einer Lebensgefährtin, war auch in Berlin wieder erwacht, als er im Hotel Kaiserhof ein liebreizendes Mädchen kennen lernte, das dort als Stubenmädchen angestellt war[58]. Allen Ernstes dachte er an eine Verbindung mit dem Mädchen namens Ida Buhz, der Tochter eines Schusters, und da er ein "Verhältnis" ohne Wissen der Eltern bei seiner hohen sittlichen Auffassung nie eingegangen wäre, machte er den Eltern des Mädchens (in der Frankfurter Allee 56), einen Besuch und hielt auch gleich um ihre Tochter an. Man dürfte die Werbung wohl zunächst nicht gar zu ernst genommen haben und zu einer förmlichen Verlobung ist es nicht gekommen, da das Mädchen Bruckner in den Briefen stets mit Sie anspricht. Wie Josef Gruber berichtet, sollen sich die Eltern ein Jahr Bedenkzeit ausbedungen haben. (Göll.-A. 4/3, S. 251)

---

58 [Bruckner war 1891 und 1894 in Berlin. 1891 lernte er Ida Buhz kennen, und bei seinem zweiten Berliner Aufenthalt "verlobte" er sich mit ihr. Vielleicht hätte er sie auch geheiratet, wenn sie katholisch geworden wäre.] Daß es Bruckner mit Ida Buhz sehr ernst nahm, bezeugt auch Göllerich. Der Meister hatte ihm erzählt, wie sie ihn nach den Berliner Champagner-Gelagen sehr gut gepflegt habe. Mit Bezug auf jene, die ihn von der Heirat abhalten wollten, meinte er dann: *"I' wer 's ihna schon zoag'n, i' heirats do', i' kann tuan, was i' will!"* Ida wurde nach seinem Tod Diakonissin. (Göll.-A. 4/3, S. 251, Anm.)

110 (1894)

Siegfried Ochs erzählte mir viel später eine rührende Geschichte, die er selbst mit Bruckner erlebt hatte. Ochs dirigierte in Berlin eine Festaufführung der Brucknerschen *Messe*. Nachher sollte Bruckner zu Ehren ein großer Abend bei Ochs stattfinden. Am Nachmittag telephonierte Bruckner, er könne nur mit seiner Braut oder gar nicht kommen. Braut? Seit wann war er verlobt? Ochs schwante Böses und er stürzte ins Hotel. Er fand einen völlig geknickten Bruckner vor. Am Abend sei plötzlich das Hotelstubenmädchen gekommen und ... kurz, am Morgen weinte und schrie sie, er habe ihr die Ehre genommen und er müsse sie nun heiraten... Bruckner hatte ihr die Ehe versprochen und nun sei er eben verlobt. Ochs rief nach dem Mädchen und fragte sie direkt um die Abfindungssumme. Diese war recht beträchtlich. Bruckner aber küßte in überströmender Dankbarkeit Ochsens widerstrebende Hände. (Alma Mahler S. 134)

111 (1894)

(Siegfried Ochs erzählt:) Wir hatten, um ihn zu feiern, nach dem Konzert eine Anzahl fortschrittlich gesinnter musikalischer Freunde und Bekannte zu einem Festessen eingeladen, zu denen unter anderen auch Hugo Wolf und Eugen d'Albert zählten, von denen wir in demselben Konzert Werke zum ersten Mal brachten. In der Pause, welche der Aufführung des Tedeums voranging, erschien Bruckner im Künstlerzimmer und sagte zu mir sehr erregt und in dem Tone, der ihm z. B. zu eigen war, wenn er von Brahms oder Hanslick sprach: *"Bitt' schön, Herr Direktor, darf ich nachher die Ida mitbringen?"* In dem gleichen Augenblick trat mir Muck, der daneben stand, heftig auf den Fuß und machte mir Zeichen, ich solle ablehnend antworten. Ich entschuldigte mich denn so gut es eben ging, um Bruckner nicht zu verletzen, mit Raummangel, feststehender Tischordnung und ähnlichen Dingen, worauf der Alte ganz vergnügt abging und sagte: *"Ja, ja, es is' schon besser, die Ida kommt nöt mit."* Als wir dann nach dem Konzert vereinigt waren, erkundigte ich mich bei Muck erst, was die ganze Sache eigentlich zu bedeuten hätte, und er erzählte mir, Ida sei die junge Dame, welche ich allerdings in der Loge neben Bruckner bereits bemerkt hatte. Ihrem Berufe nach sei sie das Zimmermädchen aus dem Hotel, wo er wohnte, und er habe sich gestern mit ihr verlobt. Ich hielt die Sache zuerst für einen Scherz, aber in den nächsten Tagen stellte es sich heraus, daß Bruckner die besagte Ida überall als seine Braut erklärte, was ihn jedoch nicht hinderte, kurz vor seiner Abreise sich sterblich in eine junge Dame zu verlieben, welche neben ihm im Schauspielhaus gesessen hatte, bei deren Eltern in Charlottenburg einen Besuch zu machen und um ihre Hand anzuhalten. (Göll.-A. 4/3, S. 372 f.)

112

Über das Wesen der bis ins hohe Alter ungestillten Sehnsucht des Meisters nach einer *"lieben Flamme"*, wie er sich ausdrückt, findet ein Mann treffliche Worte, der als Priester tiefer als andere in die Seele des alten Jünglings geblickt hatte, Dr. Josef Kluger, sein letzter Freund. Er sagt: "Bruckners Naturell und seine nie mißbrauchte und deshalb schier unverwüstliche Lebenskraft hielten ihn immer jung, ja ich möchte sagen in jener eigentümlichen Verfassung, in welcher dem unverdorbenen Jüngling das Geheimnis des Lebens in keuscher Sehnsucht nach dem Weibe zu erdämmern beginnt. Über dieses Stadium seines Herzens ist er nie hinaus gekommen. Er liebte oft und oft, aber stets nur par distance und diskret." (Göll.-A. 4/3, S. 161 f.)

113

Am 21. August 1871 fand die Londoner Feier der Deutschen Einigung, Great National Gensan Festival, statt, und Bruckner wollte Orgelimprovisationen über die Wacht am Rhein[59] spielen. *"Z'erscht is mir die Melodie net eingfallen"*, erzählte er seinem Schüler und Biographen Göllerich, der in seinem Werk über seinen Lehrer immer genau die Reden so im Dialekt wiedergibt, wie sie Bruckner gesprochen hat. *"Wia i fertig gwesen bin, warn s' ganz narrisch, habn mi auf die Schultern gschupft und lang im Saal umanand tragn. A Lady hat mir glei an Heiratsantrag gmacht. Sie is mir aber z'schiach gwesen und i hab s' stehn lassen."* Es war der erste und einzige Heiratsantrag, den Bruckner je erhalten hatte, sonst hatte er immer nur "Körbe" von den von ihm verehrten Mädchen bekommen. *"Nach dem Orgelkonzert"*, erzählte er weiter, sei sie ihm um den Hals gefallen, was ihn anwiderte, und er wehrte sie mit den Worten ab: *"Na, Lady, mei Lady, dös is nix."* (Käthe Braun-Prager, *"Mei liabe Lady, dös is nix!"*, in: *Neues Österreich* 4. 8. 1957)

114 (1871)

"Nächsten Tag bin i dann fortgfahren, obwohl s' mir die schönsten Antrag gmacht habn, glei, oder im nächsten Jahr, a große Konzertroas durch alle englischen Städte zu machen, i hab aber wieder ham wolln. Aner hat ganz erstaunt gschrien: 'Was, Sie fahren jetzt fort? Wo Ihnen ganz England offen

---

59 Komposition von Karl Wilhelm (1815 - 1873).

steht?' Und die Damen ham mir sagn lassen, daß i, wann i hoffentlich bald wiederkumm, Englisch kann. I hab durch den Dolmetsch sagn lassen, zu ea- nerer Sprach bin i schon z' alt, lernen Sö liaber Deutsch, wann s' mit mir redn wolln. Dann habn s' mi auf die Bahn begleit und in die erste Klassn ei- nigsetzt, und dahin is ganga." (Käthe Braun-Prager, "Mei liabe Lady, dös is nix!", in: Neues Österreich 4. 8. 1957)

115

Eine Lady bat Bruckner nach seinem Orgelkonzert in London, er möge doch, bis er wiederkomme, Englisch lernen. Doch der Meister ließ der Lady durch den Dolmetsch erwidern: "Sagen Sie ihr, sie möge Deutsch lernen, wenn sie mit mir reden will!" (Morgenpost, Brünn 2. 7. 1937)

116

Bruckner war weder ein weltgewandter Plauderer noch ein sogenannter "gu- ter Gesellschafter". Im Kreise von Höherstehenden und gar in Gesellschaft von Damen fühlte er sich daher gar nicht zu Hause und benahm sich mit rüh- render Unbeholfenheit.
So saß er eines Tages bei einem ihm zu Ehren gegebenen Essen einem anmu- tigen, mit ausgesuchtem Geschmack gekleideten Fräulein gegenüber. Immer wieder versuchte die Schöne, mit ihrem berühmten Tischgenossen ins Ge- spräch zu kommen. Es wollte nicht glücken. Bruckner wetzte verlegen auf seinem Sessel herum, aß nur "wie ein Vogerl", beschränkte sich auf einsilbi- ge Antworten und getraute sich nicht einmal, dem reizenden Mädchen in die Augen zu gucken.
Schließlich nahm sich die Verschmähte ein Herz und klagte: "Aber, hochver- ehrter Herr Professor, Sie würdigen mich ja kaum eines Blickes, geschweige denn eines Gespräches. Und dabei habe ich mich Ihnen zu Ehren besonders schön gemacht und mein neuestes Kleid angezogen!" Darob noch verlegener, stotterte Bruckner: "Aber, mei liabe Fräuln, wegen meiner hätten S' do(ch) überhaupt nix anziagn brauchen!" Die Holde errötete, Bruckner schwieg er- schrocken und der Faden des Gespräches wurde fortan nicht mehr geknüpft. (Commenda S. 53)

117

Eine junge Verehrerin sagte einmal zu Bruckner bei einem ihm zu Ehren ge- gebenen Essen: "Aber hochverehrter Herr Professor, Sie würdigen mich ja keines Blickes, geschweige denn eines Gesprächs. Und dabei habe ich mich Ihnen zu Ehren besonders schön gemacht und mein neuestes Kleid angezogen!" Darob verlegen stotterte Bruckner: *"Aber, mein liabe Fräuln, wegen meiner hätten S' do überhaupt nix anziagn brauchen!"* (*Linzer Tagblatt* 12. 10. 1946)

118

Bei einer zu Ehren Bruckners gegebenen Einladung war eine der Damen tief dekolletiert. Dies berührte den Meister peinlich und er äußerte: *"Weg'n mir wär 's nöt notwendig g'wes'n, sich so zu entblößen".* (Göll.-A. 4/2, S. 285, Anm.)

119

Am 8. Jänner 1894 - also im 70. Jahre seines Lebens - feierte Bruckner mit seinem *Tedeum* bei einem Konzerte des Berliner Philharmonischen Chores in der Reichshauptstadt große Triumphe. Er war von den Leistungen so begeistert, daß er laut erklärte, jeder aus dem Chor *"a Busserl"* geben zu müssen. Richtig stellte er sich auch an der Treppe auf, über welche die Mitwirkenden herunterkamen, und "busserlte" nun der Reihe nach fest drauf los. Acht bis zehnmal hatte er schon seiner Dankbarkeit auf diese nicht alltägliche Art Ausdruck gegeben, da nahte eine Jungfrau mit schon etwas reifen Reizen.
Schüchtern ging sie auf Bruckner zu, um ihren Lohn zu empfangen. Der aber drehte sich weg und rief mit weithin hallender Stimme: *"Na, die mag i net!"* In schallender Heiterkeit versank das Weitere. (Commenda S. 151)

120

Im Jänner 1894 weilte Bruckner anläßlich der Erstaufführung seines *Tedeums* in Berlin. Das Werk hatte stürmischen Beifall gefunden, der Meister war tief gerührt und voll Dankbarkeit gegenüber den Mitwirkenden und sagte allen Ernstes: *"A jede Dame vom Chor kriegt a Busserl von mir!"* Er stellte sich wirklich neben dem Podium auf und gab jeder Chordame, die herabkam, einen Kuß. Das ging so mehreremal, als er eine Mitwirkende kommen sah, die weder jung noch schön war. Sie schritt aber hold lächelnd dem Meister entgegen und erwartete ihren Lohn. Da wandte er sich jäh ab und sagte laut: *"Na, die mag i net!"* (Unbezeichneter Zeitungsausschnitt, ABIL)

121 (1894)

Über Einzelheiten dieses Abends berichtet S[iegfried] Ochs: "Bruckner war von Begeisterung und Dankgefühlen so erfüllt, daß er erklärte, jeder der Damen vom Chor a Busserl geben zu müssen. Er stellte sich auch an die Treppe, über die die Mitwirkenden das Podium verließen und - busselte der Reihe nach fest darauf los. Acht oder zehnmal hatte er schon seine Dankbarkeit bewiesen, da nahte eine Jungfrau, deren Reize in lang vergangenen Lenzen schon etwas verblüht waren. Schüchtern geht sie auf Bruckner zu, um ihren Lohn zu empfangen -, er aber dreht sich um und ruft mit weithin hörbarer Stimme: *'Na! Die mag i' nöt!'* In schallender Heiterkeit versank diese Szene, worauf Bruckner dem Dirigenten ein 20 Mark-Stück in die Hand drückte. Und als dieser erstaunt ablehnt: *'Na, wenn Sie's nöt wollen, dann geben Sie's dem Pauker!'* - 'Ja, wofür?' - *'Dös is' für das H!'*[60]" (Göll.-A. 4/3, S. 371)

122
Anton Brucker weilte im Jänner 1894 in Berlin anläßlich der Erstaufführung seines *Tedeums*, das beim Publikum stürmischen Beifall fand. Bruckner war tief gerührt und auch voll Dankbarkeit gegenüber den Mitwirkenden. *"Jede Dame vom Chor muß von mir a Busserl kriegen!"* sagte er und wirklich stellte er sich neben das Podium und gab jeder Dame, die herabkam einen Kuß. Dies geschah so ein dutzendmal, als er eine Dame kommen sah, die beim besten Willen weder schön noch jung genannt werden konnte. Diese aber schritt hold lächelnd und glücklich dem Meister entgegen, aber dieser drehte sich um und sagte laut: *"Na, die mag i net!"* (H. G., unbezeichneter Zeitungsausschnitt, ABIL)

123 (1894)
Anton Bruckner war bei der Erstaufführung seines *Tedeums*, das beim Publikum stürmischen Beifall fand. Bruckner war tief gerührt und auch voll Dankbarkeit gegenüber den Mitwirkenden. *"A jede Dame vom Chor muß von mir a Busserl kriegen!"* sagte er, und wirklich stellte er sich neben das Podium und gab jeder Dame, die herabkam, einen Kuß. Dies geschah schon ein dutzendmal, als er eine Dame kommen sah, die beim besten Willen weder schön noch jung genannt werden konnte. Sie schritt hold lächelnd und glücklich dem Meister entgegen, aber dieser drehte sich um und sagte laut: *"Na, die mag i net!"* (Unbezeichneter Zeitungsausschnitt, ABIL)

124
Gelegentlich der ersten Berliner Aufführung von Bruckners *Tedeum* gab es stürmischen Beifall. Dankbar sagte Bruckner jeder Chorsängerin einen Kuß zu. - Er stellte sich zum Podium und nacheinander traten die Sängerinnen

---

60 *"Dem Herrn Paukisten meine Reverenz, den H-Wirbel werde ich nie vergessen!!!"* (Göll.-A. 4/3, S. 372, Anm.)

zum Kuß an. Bis dann eine kam, die beim besten Willen weder schön noch jung genannt werden konnte. Hold lächelnd neigte sie sich zum Meister. Dieser aber kehrte ihr den Rücken und sprach in heimatlicher Mundart: *"Na, na, die mag i net!"* (Unbezeichneter Zeitungsausschnitt, ABIL)

125
1891 führte Siegfried Ochs mit der Berliner Singakademie Bruckners *Tedeum* auf, und Bruckner war sowohl vom Chor wie vom Dirigenten begeistert. Namentlich die Stelle *"Tu rex coelestis"*[61] riß ihn hin: er hatte sie nirgends so schön und klangvoll gehört. Am Schluß der Probe stellte er sich neben der Chorstiege auf, um jeder der herabkommenden Sopranistinnen und Altistinnen zum Dank ein Busserl zu geben. Er küßte also drauflos. Als er eben zurückkehrte, fragte ihn Siegfried Ochs: "Nun, sind Sie schon mit allen fertig?" - *"Naa, no net"*, antwortete der Meister, *"wissen S', i hab mir vorläufig nur die Jüngeren und Hübscheren ausgsuacht!"* (Gräflinger S. 65 f.)

126
Manchmal, wenn er auf der Straße ein gesundes, frisches Mädel sah, folgte er ihr heimlich, sprach es dann wohl auch an oder ergriff seine Hand. Aber lachend oder böse und grob ließ es ihn stehen. Und dann konnte Sankt Anton Bruckner sehr traurig werden. *"Es will mi halt keine"*, sagte er dann immer, betroffen und verletzt. (Fritz Alfred Zimmer, unbezeichneter Zeitungsausschnitt, ABIL)

127
Das geliebte *"Zigarrl"* schmauchend, ging Bruckner mit seinem Steyrer Freund Dr. Wiesner im Stiftsgarten von St. Florian spazieren. Dabei berichtete er, daß ihn die Herren beim Essen *"aufgezogen"* hätten. Ja, der Herr Dechant habe sogar gemeint: "Ist doch ewig schade, daß der Name Bruckner ausstirbt!" Nachdenklich schwieg der Meister. Plötzlich blieb er stehen und fragte seinen Begleiter unvermittelt: *"Wie alt ist Ihre Schwester?"* - "Siebzehn Jahre!" - *"Hat sie braune Augen?"* - "Ei freilich!" - *"Sie, die möcht ich heiraten!"* sprudelte Bruckner heraus. Dr. Wiesner brachte vor Verblüffung zunächst kein Wort heraus. Aber schon brummte Bruckner, daß er noch im besten Mannesalter stehe - er war bereits zweiundsechzig Jahre alt -, auch eine Frau ernähren könne usw., und schloß: *"Sie, wissen S', reden S' halt mit Ih-*

---

61 Recte: *"Tu Rex gloriae, Christe"*, Takt 120-124.

rer Schwester, i komm von Steyr dann um die Antwort!" Gut eine Woche
später brachte tatsächlich das schöne Gespann des Herrn Almeroth Bruckner
nach Wolfern vor Dr. Wiesners Haus. Der Meister brannte darauf, das Ergebnis seiner seltsamen Werbung zu erfahren. Gleich nach der Begrüßung
nahm er den Vertrauten auf die Seite und tat die Schicksalsfrage. Auf die
ebenso höfliche wie bestimmte Ablehnung sagte er nachdenklich: *"Alsdann
wieder nichts!"* Gleich darauf aber war er wieder heiter und nahm mit bester
Eßlust an den Genüssen der Jause teil. (Commenda S. 127)

128 (1871)
Eine Zeitlang unterrichtete Bruckner auch an der Wiener Lehrerinnen-Bil-
dungsanstalt[62] im Klavierspiel und Gesang. Als der damals schon 47jährige
Meister zur ersten Stunde erschien und die Schar junger Mädchen erblickte,
die nun alle seine Schülerinnen sein sollten, sagte er laut und vernehmlich:
*"Na, bisher bin i no(ch) ledig blieben, aber, mir scheint, jetzt wird es si(ch)
bald ändern!"* Es änderte sich aber nichts, Bruckner blieb auch weiterhin der
alte Hagestolz bis an das Ende seiner Tage. (Commenda S. 65[63])

129
Franz Bayer war seit 1888 Regens chori von Steyr und Musikdirektor. Selber
ein ausgezeichneter Orgelspieler, zählte er zu den Lieblingsschülern Bruckners und wurde bei dessen oftmaligen Steyrer Aufenthalten bald sein Freund
und Vertrauter. In dieser Eigenschaft hatte er den im Herzen ewig jungen
Meister auch auf den mancherlei Brautfahrten in der Umgebung zu begleiten.
Sie blieben freilich immer wieder erfolglos, das hinderte Bruckner aber nie,
bald darauf sein Glück aufs neue zu versuchen. Als Bayer nun nach einem
solchen, freilich sehr höflich überreichten Korb fragte, was denn nun geworden wäre, wenn die Begehrte wirklich "ja" gesagt hatte, da antwortete Bruckner: *"Meiner Seel, sehn S', an das hab i(ch) gar net denkt!"* (Commenda S.
145[64])

130
Mitte der Achtzigerjahre weilte Bruckner wieder einmal in Linz und machte
mit ein paar Linzer Freunden einen kleinen Bummel *"zum Wasser"*, das
heißt, zum Donauufer hinunter und über die Brücke. Auf dem Rückweg be-

---

62 Bruckner unterrichtete 1870/71 an der Wiener Lehrerinnenbildungsanstalt bei St. Anna.
63 Auch *Linzer Tagblatt* 12. 10. 1946.
64 Auch *Linzer Tagblatt* 12. 10. 1946.

gegnete ihm ein bildhübsches Mädchen, die Tochter eines angesehenen Ur-
fahrer Bürgers. Bruckners ewig junges Herz stand sofort in hellen Liebes-
flammen. Schnell entschlossen querte er die Brücke, folgte dem Fräulein und
verlangte von seinen Begleitern, sie möchten ihn auf der Stelle der Schönen
vorstellen und in deren Familie einführen. Sein Wunsch wurde, so gut und so
schlecht es in der Eile ging, erfüllt. Indes Bruckners Begeisterung sollte sich
wieder einmal als richtiges Strohfeuer erweisen. Verwirrt durch die unerwartete auffällige Huldigung des berühmten Landsmannes, der gut ihr Großvater
hätte sein können, erwies sich die Angeschwärmte so geziert und unbeholfen
in Wort und Gehaben, daß Bruckner die Unterhaltung im Elternhause, kaum
daß sie recht in Fluß gekommen war, auch schon beendete. Er tat dies in seiner unbekümmerten Art, stand nämlich einfach auf, packte den gewaltigen
Schlapphut und war mit den Worten: *"Gehn ma, sie is a Gans!"* auch schon
bei der Tür draußen. Die undankbare Aufgabe, solches Benehmen zu entschuldigen, überließ er seelenruhig dem diplomatischen Geschick seiner Begleiter. (Commenda S. 106)

131

Ferdinand Löwe[65], der bekannte Freund und begeisterte Interpret Bruckners,
hatte dem Meister einmal versprochen, ihm einen Klavierauszug einer seiner
Symphonien zu liefern. Sei es nun, daß Löwe keine Zeit hatte, sei es, daß er
arbeitsunlustig war, kurz, es vergingen Wochen, Monate, weder Löwe noch
der Klavierauszug kam. Bruckner wütete, Löwe, der diesen Zustand kannte,
hatte ihm nun eines Tages eine Botschaft zu übersenden, getraute sich aber
nicht, selbst zu Bruckner zu gehen. So schickte er denn seine beiden Schwestern mit der Nachricht und hielt sich hübsch zu Hause. Die Damen führten
den Auftrag aus und betraten das Zimmer Bruckners, als dieser gerade am
Schreibtisch saß. Er drehte sich um, nahm die Botschaft entgegen und sagte
dann kurz, indem er Galanterie und Ingrimm zugleich anbringen wollte:
*"Meine Fräuleins! Als Damen - alle Achtung vor Ihnen. Als Schwestern -
pfui!"* (Gräflinger S. 18)

---

65 Ferdinand Löwe stellte zu mehreren Symphonien Bruckners vierhändige Klavierauszüge her: zur *Ersten Symphonie* (WAB 101) bei Doblinger (D 1849), zur *Dritten Symphonie*
(WAB 103) bei Theodor Rättig (T. R. 1659), zur *Vierten Symphonie* (WAB 104) bei Albert J. Gutmann (A. J. G. 712) und zur *Neunten Symphonie* (WAB 109) mit Josef Schalk
bei Doblinger (D 2910).

132

Bruckner liebte wieder einmal heiß. Diesmal ist es eine schöne Linzerin. Ein zartes, blondes, liebes, gescheites Mädel aus guter Familie, eine Schülerin. Wenn der Meister ihr vorspielt, und das tut er gerne, dann sitzt sie stundenlang geduldig und bewundernd an seiner Seite. Sie ahnt die künftige Größe ihres Lehrers und erbittet sich von ihm eine erkleckliche Zahl von handschriftlichen Skizzen, Entwürfen und ähnlichen Kleinigkeiten. Bruckner glaubt seine Liebe erwidert und schwebt im siebten Himmel. Plötzlich wird er eines Tages daraus jäh und hart wieder auf die Erde hinabgeworfen. Und das kommt so. Eben hat er der Angebeteten seine schönsten neuesten Einfälle vorgespielt. Ehrfürchtig hat sie zugehört und dann, ja dann ihm unverblümt in dürren Worten mitgeteilt, daß sie demnächst einen wohlhabenden Linzer Bürgerssohn ehelichen werde. Da erhebt sich Bruckner, knallt den Flügel zu, geht zur Tür, sagt laut *"Pfui Teufel!"* und ward in diesem Hause nie mehr gesehen. (Commenda S. 30.)

133

Eines anderen Tages war Bruckner wieder mit Zeitlinger unterwegs. Er sollte in der kleinen Kirche in Steyrling spielen. Durch den ganzen Ort sollte er mit der Tante Anna (der Tante Franziska Göllerichs) gehen. Man hatte ein großes, starkes Mädchen unter den Töchtern des Hauses ausgesucht. Diese Tante erzählte Franziska Göllerich noch oft: "Ausgerechnet mich hat man ausgesucht, und ich hab mich so gschamt, daß ich mit einem Glatzerten zur Kirche hinaufgehen muß." (Franziska Göllerich, Micheldorf/Krems)

134

Von meinem Onkel erfuhr ich auch folgende Begebenheit aus Bruckners Leben. Bruckner verehrte einst ein Mädchen. An ihrem Namenstag fragte er die Angebetete, was sie sich wünsche. Ahnungslos erwiderte sie, daß ihr der "grünseidene" Stoff im Geschäft gegenüber schon lange gefiele. Enttäuscht über diesen profanen Wunsch - Bruckner hatte wohl gedacht, sie werde ihn um eine Komposition bitten - verließ der Meister sie für immer. (ORF 45, Dr. Roland Weichesmüller, Amstetten)

135

Herr Sergl, der spätere Theaterdirektor mit dem Künstlernamen "Sorelli", war ein Schüler Anton Bruckners und diesem sehr anhänglich. Er lief eines Tages am Steyrer Hauptplatz hinter Bruckner her. Als Bruckner ein Mädchen mit weißem Leinenkleid und ebensolchem Sonnenschirm, wie damals üblich, bemerkte, eilte er zu dem Mädchen vor, sagte, es und die Eltern bereits zu kennen, und trug sich an, es nachhause zu begleiten. Die Eltern dieses Mädchens wohnten in einem Haus am Stadtplatz. Wie Bruckner die Stiege hochging, genoß er Küchen-Geruch und sagte erfreut: *"Geselchtes mit Sauerkraut, ich bleibe gleich hier."* Der Knabe empfand deutlich, daß das Mädchen gegenüber dem zu erwartenden Mittagessen nichts mehr galt. (ORF 70, Karl Vornehm, Bad Ischl)

136

Ein Fräulein Mayr überliefert den folgenden rührenden Beweis für Bruckners Bescheidenheit. Sie war in den Neunzigerjahren etwas zu spät in den Wiener Konzertsaal gekommen, wo eben eine *Symphonie* Bruckners gespielt wurde, und wartete daher nahe dem Eingang auf die erste Pause, um ihren Platz einzunehmen. Vor ihr stand in einem Winkel vorborgen ein alter, kleiner, rundlicher Mann in geradezu schäbig einfachen Kleidern, Seehundstiefeln, einen riesigen Kalabreser in der Hand. Er ging in der Musik völlig auf und bemerkte Fräulein Mayr erst, als sie nach Beendigung des ersten Satzes begeistert klatschend an ihm vorübergehen wollte. *"Hat's Ihna gfalln?"* fragte der Unbekannte. Das Fräulein beeilte sich zu erwidern, es sei eine besondere Verehrerin Bruckners und von der Darbietung tief bewegt. *"Wo san S' denn her?"* erkundigte sich der gemütliche alte Herr weiter. Auf die Antwort, sie käme aus Oberösterreich und sei eigens zu dieser Aufführung nach Wien gefahren, um womöglich Bruckner zu sehen, wo der aber wohl stecken möge, lächelte der Mann mit dem Kalabreser eigens [?] und sagte: *"Der Bruckner? Der bin i(ch) ja selber!"* (Commenda S. 154)

137 (1892 ?)

.. in einem großen philharmonischen Konzert war ich noch nie. Zu meiner größten Freude wurde nun ein solches aufgeführt und ich bekam eine Einladung. Es war ein herrliches Programm: Bruckner - Beethoven - Charfreitag-Zauber [Richard Wagner].[66] (Welche Symphonie von Bruckner aufgeführt wurde, erinnere ich mich leider nicht mehr.) ... Meine Tante fand es sehr bedenklich, mich junges - ich war 17 Jahre - unerfahrenes Landmädchen, wie sie sagte, allein gehen zu lassen. "Du findest ja gar nicht hin und wenn, so kennst Du dich in dem Riesengebäude nicht aus." Ich hätte aber um keinen Preis nachgegeben, ich freute mich gar zu sehr … Dorthin fand ich natürlich

---

66 Anhand dieser ungenauen "Erinnerung" läßt sich weder das Datum noch das tatsächliche Programm dieses Konzertes rekonstruieren.

leicht, aber angelangt kannte ich mich wirklich nicht aus. Das entmutigte mich aber nicht, ich setzte im Gegenteil meinen Stolz darein, nicht zu fragen, sondern mich allein zurechtzufinden. Mit der Eintrittskarte in der Hand ging ich die Stiege hinauf, einen langen Gang entlang. Es war sehr spät, aber das Konzert hatte noch nicht begonnen. Es waren nur mehr wenige Menschen sichtbar. Niemand nahm mir meine Karte ab, die meisten Türen waren zu. Ich hörte Instrumente stimmen, gedämpftes Stimmengemurmel und kam endlich zu einer letzten Tür im Gang, die offen stand. Mutig ging ich drauf los und über die Schwelle. Da sah ich lauter Herren in schwarzer Kleidung, die mich belustigt anschauten, wie ich mit der Karte in der Hand dastand ...

Also, dort ist das Publikum, dorthin gehöre ich. Aber bis ich dorthin finde, hat das Konzert begonnen; ich kann doch unmöglich den Anfang versäumen! Vielleicht kann ich bis zur nächsten Pause hier bleiben? Es schickt mich ohnehin scheinbar niemand fort und alle schauen ganz freundlich drein. In der Suche um ein verstecktes Plätzchen fielen meine Augen auf einen alten Herrn, vorne in einer Ecke. Er war nicht festlich gekleidet, etwas beleibt, glatzköpfig und ungemein Vertrauen erweckend. "Zu diesem alten Herrn stelle ich mich, da bin ich sicher", dachte ich mir. Ich ging auf ihn los und stellte mich hinter ihn. Da drehte er sich um, sah mich erstaunt an und sagte: *"Ja, wie kommen denn Sie daher?"* - "Ich weiß so, daß ich nicht hergehöre. Ich habe mich vergangen. Aber ich kann gleich wieder fortgehen. Ich werde schon den richtigen Zuhörerraum finden." Da protestierte er lebhaft: *"Na, na, na, bleib'n S' nur da, is mir ganz recht, daß S' da sand. Es fangt a glei an"* - und wirklich begann das Konzert. Da vergaß ich alles. Meine sonderbare Lage, den alten Herrn, die schwarzen Fracke rundherum - und war nur mehr in der Musik. Als der erste Satz zu Ende war, drehte sich der alte Herr wieder um und fragte: *"Hat's Ihna g'falln?"* Ich, noch ganz benommen: "Wunderbar! Es ist ja von Bruckner." Da sagte er, auf sich deutend: *"Na, das bin ja eh i."* Ich war sprachlos. Nicht, daß sich meine Phantasie den Bruckner schon irgendwie vorgestellt hätte, - aber daß der alles eher als imponierende, ja fast komische alte Herr der Schöpfer dieser herrlichen Tonwerke sein sollte, das konnte ich mir nicht zusammenreimen. Da begann, wie mir schien, auf Engelsschwingen der zweite Satz! Und bald sah ich alles in einem anderen Licht und war bis ins Innerste erschüttert, daß so ein einfacher Mensch dazu erwählt war, uns diese göttliche Musik zu schenken. In der nächsten Pause plauderte er immer mit mir. Einmal sah er an seiner Kleidung herunter und sagt: *"Grad heut' muß ich wieder so ein altes Gwand anhaben."* Dann griff er an seinen Hals. *"Der Kragen ist mir a wieder viel z'weit - wissen S', i habs gern bequem. Wann i aber gwußt hätt, daß Sie daher kommen,*

hätt' i schon was Besseres anzogen. " Er fragte mich, wie ich heiße, wer ich
sei und woher ich komme. Ich sagte, daß ich aus Kremsmünster in Oberösterreich sei, die Tochter des dortigen Rechtsanwaltes Dr. Fessl und so weiter.
Er sagte sehr erfreut: *"I bin a aus Oberösterreich. Wann i wieder aufi
komm', dann b'such i Ihna, ganz gwiß. Aber wann S' mir in Wien begegnen,
da reden S' mi an. I bitt Ihna, tun S' das. Wissen S' i bin auf der Straßn oft
so in Gedanken, daß i kan Menschen bemerk', und da war mir do furchtbar
lad, wann i an Ihna so vorbei gang. Wann Ihna mei Nam' nit einfallt, denken
S' an a Bruck'n. "* (ORF 47, Magda Preibsch, Neuhofen)

138

(Bericht von K. Hittel, Oberlehrer in Loibichl:) Im Hause des ehrsamen Bäk-
kermeisters Franz Groißmayer, in der Herrenstraße in Linz, war gegen Ende
der sechziger Jahre der Piesenhamer-Franzl - der Dichter Stelzhamer[67] - ein
oft und gern gesehener Gast. Auch ein anderer berühmter Landsmann ist mit
Stelzhamer in besagtem Bäckerhaus viel ein und aus gegangen: der Herr
Domorganist Anton Bruckner. Ihm hatten es außer Semmeln und Kipfeln besonders die zwei lieblichen Töchter des Bäckermeisters, Marie und Anna, angetan, denen er seine Huldigung darbrachte, denn der Bruckner war immer
ein Verehrer des schönen Geschlechtes. Der Marie widmete er auch einmal
sein Bild mit einem Gedicht. Sie hat es leider vernichtet, weil das Gedicht gar
so - na, sagen wir: süß war. - Schade, daß sie nicht mehr Verständnis für seine Muse hatte, doppelt schade, sonst wäre vielleicht Bruckner mein Onkel
geworden, denn der Bäckermeister in der Herrenstraße ist der Großvater
meiner Frau und die zwei Töchter daher meine Tanten. Wer es nicht glaubt,
frage sie selber. (Gräflinger S. 27 f.)

139

> *"Die Liebe, sie kann erheben*
> *zum Himmel die Erde im irdischen Leben,*
> *sie lehrt uns Leiden willig ertragen*
> *und ruhig entgegensehen besseren Tagen. "*

Stammbuchvers von Anton Bruckner für die Nichte des seinerzeitigen Hof-
schreibers Sailer[68] [sic], dem er sein Klavier verdankte. (*Der Mühlviertler*
25. 7. 1946.)

---

67 Franz Stelzhamer (Großpiesenham b. Ried 29. 11. 1802 - Henndorf b. Salzburg 14. 7.
1874).
68 Franz Seiler (geb.1803), Hofschreiber des Stiftes St. Florian.

140

(Bericht von Maria Furrer, eigenhändig aufgeschrieben 1955:) Der große Meister Bruckner besuchte mich oft, aber damals war er ein ganz bescheidener Mann, wohl hatte er sehr schön auf der Orgel in der Kirche in Sierning gespielt. Er hatte meine Mutter immer gebeten, ob ich mit ihm in die Kirche gehen darf, da er mir vorspielen wollte. Seine große Kunst habe ich damals nicht verstanden. Meine Eltern bewirteten ihn oft mit einer guten Jause. Bruckner war sehr lieb zu mir, aber um fast 45 Jahre älter und hatte eine große Nase, ich fand keine Neigung zu ihm. Er sagte zu meinem Vater, daß er mich heiraten wolle. Mein Vater meinte aber, von der Musik kann man nicht leben, da müsse ich Euch ein Werkl dazu kaufen. Ich machte gleich die Drehbewegungen und sang "O du lieber Augustin"! Bruckner war aber nicht böse und kam wieder. Er trug immer weiße Anzüge im Sommer und recht weite Hosen. (ORF 42 und 49, Genoveva Hutterer und Auguste Garstenauer, Sierning)

141

Es war im Jahre 1885 oder 1886, als unser Sierninger Organist und Kapellmeister Josef Kaltenbach mit einem Freund auftauchte, der einen weißen Anzug trug, groß und stattlich war, eine beachtliche Körperfülle aufzuweisen hatte und uns als Anton Bruckner vorgestellt wurde. Da Kaltenbach stets Gast bei uns war, wurde auch sein Freund herzlich aufgenommen und ich, die ich mit meinen 16 Jahren schon mithelfen mußte, kredenzte auf Befehl der Mutter Bruckner Bier und Würstchen. In der Folge kam Bruckner sehr häufig zu uns, es verging fast keine Woche, in der er nicht mindestens einmal mit Kaltenbach zusammen im Wirtsgarten oder in der Stube saß. Mich hatte er sehr bald ins Herz geschlossen und lud meine Mutter und mich öfters in die Pfarrkirche ein, wo er uns auf der Orgel vorspielte. Mutter hatte aber nicht so viel Zeit, so durfte ich dann allein mitgehen. Ich durfte mir die Stücke aussuchen und wünschte immer, Marienlieder zu hören. Oft sammelten sich an einem solchen Nachmittag viele Leute an, die Bruckners Spiel lauschten. Mich zog es nicht besonders zu der Musik, obwohl ich ganz brav Zither spielte und Bruckner mich deswegen oft lobte. Er brachte mir Noten mit und überwachte meine Fortschritte, manchmal versuchte er sich auch selbst auf der Zither, gab es aber bald wieder auf. Bruckner war damals schon sehr bejahrt, ich verehrte ihn wie einen Vater oder guten Onkel und nahm natürlich nicht ernst, als er eines Tages zu meinem Vater sagte: *"Herr Wimmer, die Mitzl möcht' ich heiraten!"* "Ja freilich", lachte mein Vater, "und von was lebts?" *"Von der Musik!"* erwiderte todernst Bruckner. Da lachte der Vater noch mehr und meinte: "Da muß ich euch aber ein Werkl kaufen." Ich stellte mich in meinem Uebermut hin, machte Drehbewegungen und sang dazu: O du lieber Augustin. Entrüstet über so viel Frechheit wies mich mein Vater aus der Stube. Bruckner küßte mir beim Abschied immer die Hand, einmal aber fragte er meinen Vater, ob er mir einen Kuß geben dürfte. Väterlich nahm er mein Gesicht zwischen die Hände und küßte meine Stirn, ich lief aber schnell davon und dachte mir, ein Kuß von einem lustigen Studenten wäre mir lieber gewesen, aber den hätte Vater natürlich nicht erlaubt... (*Von Bruckner geliebt und verehrt. Eine 83jährige* [Maria Furrer] *plaudert über die mit Bruckner verlebten Stunden.* Unbezeichneter Zeitungsausschnitt, ca. 1953, ABIL)

142

Bruckner starb als Junggeselle, hätte jedoch gern geheiratet, wenn er eben nicht wie Gottfried Keller zu jenen Männern gehört hätte, die kein rechtes Glück in der Liebe haben. Außerdem war er eine schier mimosenhaft keusche Natur. In der München-Augsburger [sic] Abendzeitung erzählt Josef Stolzing von einem Lausbubenstreich, den drei blutjunge Konservatoristen ihrem Lehrer Bruckner auf dem "Liebesgebiete" gespielt haben. Stolzing hat es von einem der Missetäter selbst, der später ein bedeutsamer Dirigent wurde. Die drei Burschen bewogen eine zwar hübsche, aber nicht gerade spröde Dame, Bruckner einen feurigen Brief zu schreiben und ihn zum Kaffee in ihre Wohnung einzuladen. Bruckner erschien denn auch mit einem großen Blumenstrauß und unterhielt sich in seiner schüchternen Weise am Kaffeetisch ganz ehrsam mit der Schönen. Schließlich wurde der Dame das Gespräch zu langweilig, mit einer plötzlichen Wendung umarmte sie den Künstler, um ihn zu küssen. Da sprang dieser unter dem Ausruf: *"Jessas! Marand Josef!"* auf und rannte entsetzt davon. Die drei Lausbuben, die hinter einer spanischen Wand verborgen, den Auftritt beobachtet hatten, wälzten sich vor Lachen. (*Tagespost*, Linz 13. 10. 1921)

143 (um 1895)

Bruckner hatte zeitlebens eine gewisse platonische Schwäche für weibliche Schönheit. Den ewig jungen Hagestolz konnte beim Anblick einer schönen Frau oder eines anmutigen Mädchens eine geradezu andachtsvolle Scheu und eine rührende Freude überkommen. Als er zum Beispiel das erstemal die schöne Frau Schmeidel[69] auf dem Kahlenberg sah, packte er ihren Gatten

---

69 Frau des Victor Ritter von Schmeidel, Obmann des Steirischen Sängerbundes.

beim Arm und rief entzückt: *"Ja, Freunderl! - Wo hast du denn das prachtvolle, das himmlische Weiberl aufgabelt?"* (Gräflinger S. 51)

144

"Komisch muß Bruckner schon gewesen sein", überlieferte der Photograph Fritz Lanzensdorfer in seiner Familie, der um 1890 im Atelier Huber Bruckner photographiert hatte. Bruckner erzählte ihm selbst, daß es ihm Spaß mache, durch die Astlöcher bei Holzzäunen zu schauen und die Leute dahinter, besonders aber Mädchen oder Frauen, zu beobachten. (Gertrud Henisch-Komma, Wien)

145

Ich kann Ihnen nur eine kleine Episode erzählen, die sich in St. Florian zugetragen hat... Meine Großmutter, 1843 geboren, war als junges pralles Mäderl in einem Gasthaus in St. Florian als Kochlehrmädchen beschäftigt. Als sie eines Tages beim Salatwaschen im Hofe des Gasthauses war, kam Herr Bruckner daher, faßte sie beim Arm und sagte: *"So schöne Arme, wie müssen erst die Schenkel sein!"* (ORF 90, Maria Hraby, Waidhofen/Ybbs)

146

Am "Tauben-Sonntag" mußte Maria Anzengruber mithelfen, denn es galt ja im Interesse des Geschäftes (Gasthausbetrieb in Steyr, Fabrikstraße 58), viele Wünsche rasch und gut zu erfüllen. Es war ein Fest für die Bevölkerung und so kam es, daß auch Anton Bruckner erschien und sich dieses bunte Treiben ansah.

Er, der infolge seiner tief religiösen Erziehung und seiner ausgeprägten Mutterbindung überall als besonders weiberscheu galt, sah nun diese junge lebensfrohe Bürgerstochter Maria Anzengruber zum ersten Mal, wie sie sich lachend und geschwind ihrer Aufträge gemäß durch die Menge ihren Weg bahnte. Er wurde auch von ihr mit einem knusprigen Täubchen und hellem Weine bedient und entflammte für sie. Ein paar nette Worte wurden gewechselt, aber Maria hatte in diesem Trubel keine Zeit einem einzelnen besonders ihr Ohr zu leihen. So zahlte er seine Zeche und ging.

Wieder war eine Woche vergangen und Sonntag nachmittags kam unerwartet Bruckner wieder und brachte drei rosarote Rosen mit, die er scheu der im Garten sitzenden Maria übergab. Sie errötete und lief voll Freude zu ihrer Mutter in die Küche. Es war das erste Rosengeschenk ihres Lebens. Die Mutter hatte nichts eiligeres zu tun, als dies dem strengen Herrn Vater zu berichten. Dieser verbot gleich der Maria den Gastgarten nochmals zu betreten.

Abb. 8 Federzeichnung von Oskar Biswanger

Maria lief in ihr Zimmer, sie wußte nicht, wie ihr geschah! Noch am gleichen Abend zetterte (sic!) der Vater zu Maria: "Was willst Du mit diesem Hungerleider? Du bekommst einen ganz anderen! Daß ich Dir ja auf nichts Dummes draufkomme!" Die Rosen wurden mit besonderer Liebe gepflegt; als sie zum Verwelken sich anschickten, wickelte Maria jede einzelne in ein Seidenpapier, verpackte sie in ein Schächtelchen, und verbarg sie vor jedem Blick.
Die Zeiten wurden schlechter. Auch diese Familie mußte von der Hand in den Mund leben und so kam Maria als Bürokraft zur Bezirkshauptmannschaft Steyr ... Sie hatte Bruckner nie wieder gesehen. Allen Verehrern hatte sie sich entschlagen, die verwelkten Rosen zeigten ihr immer aufs Neue, daß auch eine unausgesprochene Liebe ewig währen kann. (ORF 126, Albine Havlicek, Steyr)

147

In unserer Familie wurde folgendes erzählt: Großmutter Pascher war eine Schullehrerstochter aus Kematen an der Krems, Antonie Leutgöb. Als junges Mädchen lernte sie in der Stiftsküche des Stiftes St. Florian kochen. Anton Bruckner verehrte sie sehr. Nach einigen Jahren, als sie die Gattin des k. k. Notar A. Pascher in Schwanenstadt war, besuchte sie einmal Bruckner. Vorm Notarhaus am Stadtplatz saßen auf der Hausbank drei Mäderln. Bruckner fragte: *"Seid's ihr Pascherdirndln?"* Als er ins Haus trat, kam Frau Pascher gerade des Weges und kaum gesehen umarmte Bruckner sie herzlich. Die Kinder konnten nicht begreifen, daß ein wildfremder Mann die Frau Notar umarmen kann. Bruckner wurde als lieber Gast vom Ehepaar Pascher empfangen und es gab viel zu erzählen.
Viele Jahre später konnte die damals noch kleine Antonie Pascher mit Bruckner nach Bayreuth fahren und durfte, da sie sehr musikbegabt und begeistert war, in der Ehrenloge neben Bruckner den "Ring" hören. (ORF 116, Hertha Pascher und Familie, Linz)

Obrigkeit

148

Es wird im Hinblick auf die Erzählungen, die von des Meisters devotem Wesen kursieren, seltsam anmuten, wenn ich sage, daß er eine Herrennatur war. Und gleichwohl verhielt es sich so. Verträgt sich doch mit einer solchen, die innerhalb ihrer Machtsphäre befiehlt, Unterwürfigkeit nach oben sehr gut, und vielleicht verrät sich in dieser Zwiespältigkeit gerade recht deutlich die Abstammung Bruckners von Bauern[70], der Knechte und Mägde meistert, während er selbst vor der Schloßherrschaft den Rücken krümmt. (Friedrich Klose, *Meine Lehrjahre bei Bruckner*, in: *Musica sacra* 57 [1927] S. 291)

149 (um 1887)
Einmal begleitete ihn auch der Landgraf Fürstenberg[71], mit dem es beim Biertisch einige Meinungsverschiedenheiten gegeben hatte. Beim Abschied wollte ihm Bruckner zum Zeichen der Versöhnung die Hand küssen, was der Graf entrüstet zurückwies.
Vorgesetzten, Höhergestellten und der Geistlichkeit die Hand zu küssen war damals der Jugend allgemein anerzogen. Der Meister hatte diese Sitte auch als Erwachsener beibehalten und bei Geistlichen galt diese Ehrung vor allem der priesterlichen Würde.
Wie Marschner erzählt, hatte er bei Gelegenheit der Audienz, die er beim Prager Erzbischof nahm, diesem auch die Hand geküßt, doch war er entrüstet darüber, daß ihm eine hochgestellte Dame, der er seine Aufwartung gemacht, die Hand zum Kusse hingestreckt...
Er konnte es nicht fassen, daß die Stadtherren sich vor der priesterlichen Würde nicht beugen wollten. Als er einmal mit Dr. Hans Paumgartner, seinem *"liab'n Muckerl"*, in Linz den Prälaten[72] von St. Florian mit anderen Herren des Stiftes begrüßte und ihm die Hand küßte, meinte er zu Paumgartner: *"Geh, küß eam a d'Hand, er hat 's gern!"* (Göll.-A. 4/2, S. 573 ff.)

150 (um 1885)
"Eigentümlich", so erzählt Hruby weiter, "war die Unterwürfigkeit, die er seinen sogenannten 'Vorgesetzten' oder Leuten, von denen er vermeinte, daß sie ihm vielleicht irgendwie 'schaden könnten', entgegenbrachte, nur äußerlich. (Dieser seltsame Charakterzug mag wohl ein Überbleibsel der traurigen Schulmeisterzeit zu Windhag gewesen sein. Am tiefsten dieser Ehrfurchtscala stand der Schuldiener und Bälgetreter Schwingl (ein köstlicher, grob-knotziger, aber gutmütiger Tiroler), am höchsten der verstorbene Generalsecretär der Gesellschaft der Musikfreunde, Zellner[73]. Mit Ersterem lag er beinahe beständig in Fehde.

---

70 Bruckners unmittelbare Vorfahren waren Handwerker und Lehrer.
71 Landgraf Vincenz Fürstenberg.
72 Prälat Ferdinand Moser (1872 - 1901).
73 Leopold Alexander Zellner (Agram 23. 9. 1823 - Wien 24. 11. 1894), Musikpädagoge, Komponist, Generalsekretär der Gesellschaft der Musikfreunde in Wien.

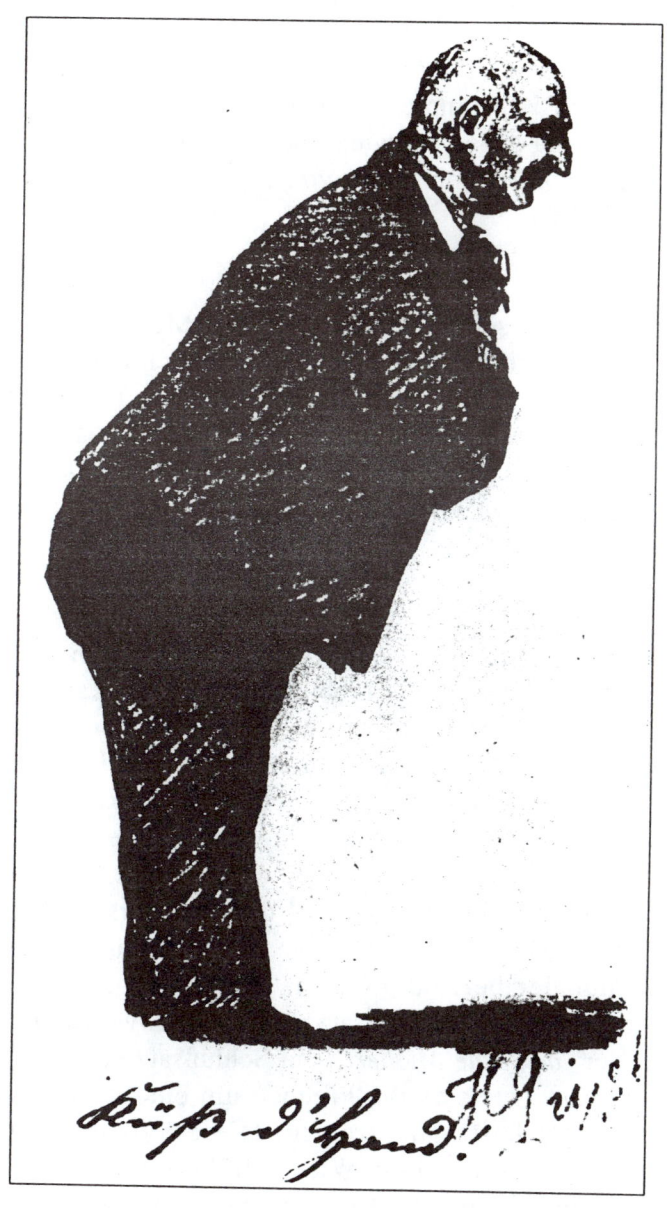

Abb. 9 Heinrich Gröber, "Küß d'Hand"

Gelang es ihm einmal, über ihn in irgend einer kleinlichen Sache einen Sieg davonzutragen, so konnte er sich darüber freuen wie ein Zaunkönig, wofür sich Schwingl bei der nächsten Gelegenheit wieder durch einen besonders gut gespielten Possen an dem 'Herrn Professor' - wie er meinte, für die vielen 'unnützen Sekkaturen' - promptest rächte. Schließlich mußte doch wieder Bruckner nachgeben, da gegen Schwingl nicht aufzukommen war, und derselbe außerdem bei der Direction *"halt gar so viel gut ang'schrieb'n stand"*. (Göll.-A. 4/2, S. 385 f.)

151

Das war allerdings eine schöne Ehrung für den Meister, aber noch immer keine Befreiung vom Joch der Berufsarbeit. Anläßlich der Auszeichnung kamen ihm zahlreiche Gratulationen zu. Den Orden trug Bruckner sehr selten, nur wenn es nicht anders ging, und als ihn im Sommer seine Schwester in Vöcklabruck beglückwünschte, sagte er: *"Sali! Wann i' Dokter wir', so is' mir das liaba wia All's vom Kaiser!"* Geistige Mächte erachtete er höher als die höchsten irdischen Gewalten. (Göll.-A. 4/2, S. 492)

152

Im Dezember 1886 hielt sich Herzogin Amalie von Bayern in Wien auf und veranlaßte Erzherzogin Valerie, die Lieblingstochter des Kaisers, Bruckner in die Hofburg einzuladen... Außerdem verdanken wir der Prinzessin Amalie folgende Schilderung der Begebenheit: "Zum erstenmal lernte ich da Bruckners wahrhaft rührende Persönlichkeit kennen, diese kindliche Einfalt und Schlichtheit bei so hoher Bedeutung und Begabung, deren er sich anderernteils doch auch bewußt war, denn er erzählte, wie Richard Wagner ihm gesagt: 'Bruckner, Sie sind ein großer Komponist' und ihm versprochen, seine Symphonien aufzuführen. Doch nicht eine Spur von Eigendünkel klang dabei aus seinen Worten; nur der berechtigte Stolz des gottbegnadeten Künstlers. - Bruckner arbeitete gerade am Schlußsatz seiner *VIII. Symphonie* und erzählte, das *Scherzo* sei der *'deutsche Micherl'*. Im Schlußsatz sei ein Trauermarsch, da kämen alle Motive, wie sich die Freunde um ein Totenbett versammeln, auch der deutsche Micherl, ganz traurig. Diese Symphonie wollte er aus Angst vor böswilliger Kritik nicht in Wien aufführen lassen, sondern in München. Damals scheinen er und Hofkapellmeister Levi über diese Symphonie nicht ganz derselben Ansicht gewesen zu sein. Ich hörte später, Bruckner habe in diesem künstlerischen Meinungsaustausch nachgegeben. Eine wahrhaft rührende Anhänglichkeit hatte Bruckner für seinen Kaiser, sagte er mir noch, es sei der schönste Tag seines Lebens gewesen, an dem er zum erstenmale mit seinem Kaiser gesprochen; auch freue ihn der Franz Josef-Orden gerade so sehr, weil er den Namenszug des Kaisers trage. Obwohl man ihm außerordentliche Unterstützungen angeboten, erklärte er, nicht bei jeder Gelegenheit bitten und die so viel belastete kaiserliche Kasse berauben zu wollen, das tue er nicht als Oberösterreicher." (Göll.-A. 4/2, S. 504 f.)

153 (ca. 1886/87)
Wie man in höchsten Beamten-Kreisen über den Meister dachte, zeigt ein Brief der Frau des damaligen Obersthofmeisters des Kaisers, der Fürstin Hohenlohe[74] an A. Göllerich:
"Ihr eben erhaltener Brief bringt mich in einige Verlegenheit - verehrter Direktor - da ich nicht weiß, ob meine offene Aussprache Ihre Bewunderung für Bruckner nicht verletzen wird. Bruckner hatte besonders in Linz eine sehr große Gemeinde - die eine Art Kultus mit seinen Kirchenkompositionen trieb. Stumm verhielt sich Liszt, der so einzig gutmütig fremde Talente anerkannte, diesem Lokalpatriotismus gegenüber. Mein Mann trennte sehr scharf den Künstler Bruckner, dem er als einheimischen Komponisten alle Geltung zu verschaffen suchte, von dem Menschen, der wegen seiner biedermeierischen Pose viel Beliebtheit in einigen Hofkreisen genoß. Das entsprach gewissen Traditionen aus der 'guten Zeit' des patriarchalischen Kaisers Franz - wo kleine Ungeschliffenheiten des Künstlers mehr Anklang fanden, als dessen feines, weltmännisches Auftreten. Diese Art war Liszt's Besonderheit zuwider - aber mein Mann und ich fanden auch, daß Bruckner mit seinen Beziehungen zum Hof recht gut Reclame zu treiben verstand. Viele seiner Äußerungen darüber, die in die Öffentlichkeit colportiert wurden, entbehren jeder Spur von Wahrheit, daher weiß ich keine besonderen 'Geschichten' über die Widmungen seiner Symphonien. Mein Mann vermittelte mit vollster Überzeugung von Bruckner's Verdienst, die Annahme seiner Widmung durch seine Majestät. Über seine Audienz, die keine Zeugen hatte, zweifle ich nicht, daß seine Fantasien sich etwas frei entfalteten! Irgend was Bedeutendes hat Bruckner dem Obersthofmeister nie geschrieben, nur Danksagungen in devoter Form, die nicht aufgehoben wurden.
Ich halte Aufrichtigkeit stets für die beste Tonart - entschuldigen Sie daher, wenn unser Standpunkt Ihrer Verehrung widerspricht. Sie werden auch Gelegenheit gehabt haben, den Komponisten in vollster Natürlichkeit zu kennen - und ein so gewaltiges Talent muß auch Urwüchsiges an sich gehabt haben.

---

74 Gattin Constantins Prinz zu Hohenlohe-Schillingsfürst, Obersthofmeister des Kaisers und Widmungsträger der *Vierten Symphonie* (WAB 104) Bruckners.

Uns zeigte er sich leider in garstiger Vermummung -, es lag eine gewisse Berechnung der selbstgefälligen Plumpheit seinen Hofmanieren zugrunde."
(Göll.-A. 4/2, S. 506 f., Anm.)

154

Der ehemalige Schulgehilfe von Windelhaag [sic] an der Maltsch in Oesterreich, und Unterlehrer von Kronstorf war Organist am Linzer Stift Sankt Florian geworden und zuletzt Professor und Dozent am Konservatorium in
Wien. Aber die alte Ergebenheit, mit der er alle Leute grüßte, die er kannte,
hatte nicht aufgehört. Bald fiel es den andern Professoren, seinen Kollegen
auf, mit welcher Höflichkeit, um nicht zu sagen, Unterwürfigkeit, er den
Hauspedellen grüßte. Ein Neugieriger unter ihnen fragte deshalb den Meister
nach dem Grund. Bruckner schaute den Frager verwundert an und erwiderte
sehr ernsthaft: *"Ja, man kann doch halt nit wissen, wie man den Mann noch
amol braucht."* (Fritz Alfred Zimmer, *Bruckner-Anekdoten.* Unbezeichneter
Zeitungsausschnitt, ABIL)

155

Bruckner sagte, daß man ihn in St. Florian wegen eines Grafen aufforderte zu
spielen. *"Wegen eines Grafen spiele ich nicht, aber wenn es mir der Herr
Prälat von St. Florian befiehlt, bin ich augenblicklich bereit."* (Göll.A. 4/2,
S. 93)

156

Beim Dragonerregiment Nr. 4 in Wels war in den Sechzigerjahren des neun-
zehnten Jahrhunderts der Erzherzog Otto, der Vater des letzten österreichischen Kaisers Karl, als Offizier eingeteilt. Der bildschöne, von den Frauen
vergötterte und von den Männern umdienerte Erzherzog war von sich sehr
eingenommen. Bruckner ging einmal, seiner Gewohnheit getreu, mit dem Hut
in der Hand, da er ständig an "Hitzen" litt, in Wels spazieren. Da begegnete
ihm der Erzherzog Otto, erblickte ihn und sagte herablassend: "Aber bitte,
setzen Sie doch auf!" Bruckner aber entgegnete verlegen in seiner urwüchsigen grundehrlichen Art: *"Aber, kaiserliche Hoheit, wegen Ihna hab i den
Huat ja gar net abgnumma, mir war ja nur so hoaß!"* (Commenda S. 62)

157 (1886)

Nach Wien zurückgekehrt, wo er am 17. und 19. September Hofkapellen-
Dienst hatte, war es sein Erstes, dem Kaiser den Dank für die erhaltene Auszeichnung persönlich abzustatten. Die Audienz fand am 23. September nach

11 Uhr vormittags in der Hofburg statt. Bruckner hatte das vorgeschriebene Ordenskleid eines Ritters des Franz Josef-Ordens angelegt. (Die Uniform zu tragen war ihm schrecklich.) Als er aus dem Audienzsaal herauskam, traf er den ihm befreundeten Hofrat Dlabac, dem er den Hergang der Audienz erzählte: *"Wia i' eini kema bi', hat der Kaiser glei' lach'n müaß'n. Wia er g'redt hat, hat er mi' alleweil so guat ang'schaut, daß i', wia er g'sagt hat, 'es wäre mir eine Freude, Ihnen einen Wunsch zu erfüllen', [mi] 'traut hab' außa z'fahr'n: Majestät, verbietens allergnädigst dem Hanslick, daß er schlecht über mi' schreibt."*
Der Kaiser, dem Bruckner auch erzählt hatte, daß er wegen des Dienstes an der Hofkapelle und wegen der Kosten schwer zu den Aufführungen seiner Werke ins Ausland reisen könne, erwiderte lächelnd: "Das kann ich wohl nicht, aber wegen Ihrer Reisen sollen Sie den nötigen Urlaub bekommen und meine Kabinetts-Kasse steht Ihnen hiezu in kurzem Weg zur Verfügung." Als Bruckner noch allerlei vorbringen wollte, winkte der Kaiser ab, es erschien die Ordonanz und führte ihn weg. Seiner Wirtschafterin erzählte Bruckner: *"Der Kaiser hat mi' auf d' Schulter klopft - - - mir hätt's bald dö Red' verschlag'n, aber i' hab' mi' glei' wieder dafangt."* Auf Frau Kathis Frage: "Hat's lang 'dauert?", erwiderte er: *"Ah na, auf amal war i' außi 'draht."* (Göll.-A. 4/2, S. 501 f.)

158 (1886)

Als ich eines Tages zu dem Meister kam, war dieser in denkbarst schlechter und höchst niedergeschlagener Stimmung. Eine Weile stand ich schon bei der Tür, ohne daß Bruckner Miene machte, mich in das Zimmer zu führen; endlich räusperte ich mich, worauf Bruckner mit weinerlicher Stimme rief:
"Na, Ludwig, gut daß' da bist, i' was ma nit z'raten, also komm." Er führte mich zu einem Fauteuil, drückte mich auf den Sitz und jammerte: *"Ja, Herrgott, liaba einziger, rat du mir Unglücksmenschen in der Gestalt von mein Landsmann was i tun soll. War beim Kaiser bedanken für'n Franz Joseph-Orden, wie i so glückli war über die liabe Art vom Kaiser, denk i mir schon im außigeh'n, was wär's, wanst ihn jetzt bitten tätst, er soll a paar Kontrapunktstunden nehma und wir i mas eb'n denk, hab' i schon's Maul offen und schüchtern g'sagt, weil er mi so liab g'fragt hat: 'Hab'ns vielleicht noch einen Wunsch, verehrter Meister?'-'Ja, halten's unterthänigst zu Gnaden, i tät nur recht schön bitten, nehmans a paar Kontrapunktstunden. Wissen's Majestät, treffen taten's Sie's e'net, es is' nur z'weg'n an Honorar.' Mei, o mei, Ludwig, wanst des G'sicht g'sehn hättst, was für an eisigen Zug er kriagt hat und wia a mi angschaut hat. I bin grast, aber aus is', dös is schief ganga."*

(Ludwig Moser, *Bruckner-Erinnerungen*. Österreichische Nationalbibliothek, Musiksammlung; Fonds Gräflinger 30/615)

159
Um den gebührenden Dank für die Verleihung des Franz Joseph-Ordens ab-zustatten, erschien Bruckner am 23. September 1886, Schlag elf Uhr, bei Kaiser Franz Joseph in Audienz. Darüber berichtete er in seiner Art dann folgendes: *"Wiar i eini kema bin, is der Kaiser glei lachad wordn!"* Bruckner trug nämlich die vorgeschriebene Ordenstracht eines Ritters des Franz Josephs-Ordens und fühlte sich darin äußerst beengt. *"Wiar i dann gredt hab, hat der Kaiser mi(ch) alleweil so guat angschaut. Und wia da Kaiser dann gsagt hat: 'Es wäre mir eine Freude, Ihnen einen Wunsch zu erfüllen!', da hab i ma a Herz gnumma und bin aussagruckt: 'Majestät, wann S' halt dem Hanslick allergnädigst verbieten taten, daß er so schlecht über mi schreibt!' Da hat der Kaiser wieder lachen müassen und gsagt: 'Das kann wohl auch ich nicht!' Und damit war i entlassen!"* (Commenda S. 126)

160 (1886)
Anton Bruckner wurde einmal von Kaiser Franz Joseph in Audienz empfangen, dem er im Ueberschwang seinen Dank für seine Auszeichnung abstatte-te. Der Kaiser versicherte ihn seines Wohlwollens und ferneren Beistandes, wenn er seiner bedürfen sollte. *"Nun, Euer Majestät"*, sagte Bruckner treuherzig, *"wann S dann noch so gut wärn und dem Hanslick (einem sehr strengen Kritiker) einmal sagten, er soll nicht so viel bös über mich in der 'Neuen Freien Presse' schimpfen. Nacher wär ich zfrieden."* (Unbezeichneter Zeitungsausschnitt, ABIL)

161 (1886)
Bezeichnend für den weltfremden Bruckner ist folgendes Geschichtchen: Der Kaiser von Oesterreich hatte dem Komponisten zum Zeichen seiner besonderen Huld freie Wohnung im Belvedere zu Wien gewährt und empfing nun Bruckner in Audienz, um dessen Dank entgegenzunehmen. In liebenswürdigster Weise half der Kaiser dem Künstler über seine Unbeholfenheit hinweg und versicherte, welche Freude es ihm gewesen, seine Verehrung bezeigen zu können. Wenn Bruckner irgend etwas auf dem Herzen trage, solle er ihm ruhig vertrauen. Ohne langes Besinnen erwiderte unser Künstler in seiner naiven Vorstellung von der kaiserlichen Gewalt: *"Wenn Majestät halt veranlassen wollten, daß mich der Hanslick* (der gefürchtete Musikkritiker der 'N. Fr. Pr.') *nimmer so schlecht behandelt".* (*Tagespost*, Linz 8. 10. 1921)

162 (1886)

Einer von den Vielgeschmähten war auch Anton Bruckner. "Wie helle Blitze", schrieb man, "leuchten hier vier, dort acht Takte in eigenartiger Schönheit auf, dazwischen liegt wieder verwirrendes Dunkel, müde Abspannung und fieberhafte Ueberreizung und alles zu einer Länge ausgedehnt, welche dem geduldigsten Gemüt zur Qual wird. Wie eine unförmig glühende Rauchsäule steigt seine Musik auf, bald diese, bald jene groteske Gestalt annehmend." Da ist es verständlich, daß der hilflose und weltfremde Bruckner, als ihm einmal Kaiser Franz Joseph in einer Audienz freistellte, einen Wunsch zu äußern, sagte: *"Wenn halt Majestät dem Hanslick sagen möchten, er soll nicht gar so über mich schimpfen."* (Unbezeichneter Zeitungsausschnitt, ABIL)

163 (1886)

Bekanntlich wurde Bruckner zeitlebens von der Wiener Presse auf das schmählichste verfolgt und angegriffen. In seiner Not trug er sich sogar mit dem Gedanken, Schönerer[75] um Hilfe zu bitten, daß dieser im Parlament für ihn eintrete. Als ihn einmal Kaiser Franz Joseph bei einer Audienz nach einem besonderen Wunsch fragte, sagte Bruckner treuherzig: *"Wissen S', Majestät, der Hanslick, der verreißt mich immer so in der 'Neuen Freien Presse', und da hab ich halt gemeint, wenn Eure Majestät mit ihm ein kräftiges Wort reden möchten."* (Fellner S. 118)

164 (um 1892)

…"Der Herr Doktor ist leider nicht zu Hause", hatte das Stubenmädchen gesagt, und so stand Anton Bruckner unentschlossen im Vorzimmer des ebenso berühmten wie gefürchteten Kritikers und drehte verlegen den Hut in der Hand. Halb ärgerte es ihn, den Canossagang umsonst gemacht zu haben, halb freute es ihn, den so ganz Weltunkundigen, aber auch, mit dem Allgewaltigen der Wiener Kritik nicht persönlich verhandeln zu müssen. Aber was nun tun? Die Erstaufführung seiner letzten *Symphonie*[76] stand vor der Türe und es wäre ihm halt gar so viel an einer günstigen Rezension gelegen gewesen… Da kam die Frau des Hauses zufällig durchs Vorzimmer und befreite den Hilflosen aus den Zweifeln. Ihre freundliche Einladung, in den Salon zu tre-

---

75 Georg Ritter v. Schönerer (Wien 17. 7. 1842 - Rosenau im Waldviertel 14. 8. 1921), Reichsrats-Abgeordneter, Führer der Alldeutschen.
76 Die Uraufführung von Bruckners *Achter Symphonie* (WAB 108) fand am 18. 12. 1892 mit den Wiener Philharmonikern unter Hans Richter statt.

ten, wies er kurzweg ab. *"A na - na - i geh ja glei wieder. Sagen S' nur dem Herrn Doktor, daß i dag'wesen bin und daß i 'n recht schön bitten laß, er soll doch über mi a amal was Gut's schreib'n!"* Damit drückte er der Dame hastig etwas in die Hand und schob sich mit einem höflichen *"Küß d'Hand, gnä Frau!"* zur Türe hinaus. Verblüfft starrte die Dame eine Weile auf das Papier in ihrer Hand, dann eilte sie entrüstet dem Meister nach auf den Gang. "Herr Bruckner! Das ist ja Geld! Was soll das?" Aber Bruckner ließ sich nicht aufhalten. *"G'hört schon Ihnen!"* rief er vergnügt die Stiege hinauf und eilte aus dem Hause - herzensfroh, daß ihm seine diplomatische Mission so wunderbar gelungen war... (Rudolf Kleinecke, *Musiker-Humor*. Wien: Moritz Perles 1916, S. 37 f.)

165

Nach einem Meisterspiel auf der Kirchenorgel in Ischl wird Bruckner der Hoftafel zugezogen. Kaiser Franz Josef, ansonsten ein ernster Gastgeber, schwacher und rascher Esser, ist bester Laune und läßt seinem berühmten Gaste einen Leckerbissen nach dem anderen vorsetzen. Beständig in der liebenswürdigsten Weise zum Zulangen ermuntert, haut Bruckner so lange tapfer ein, bis er endlich gestehen muß: *"Jetzt geht's beim besten Willen wirklich nimmer!"* Auf diesen Augenblick hat Franz Josef, einem harmlosen Scherz nicht abgeneigt, gewartet. Auf seinen Wink wird nun erst eine verführerisch knusprig gebratene Ente dem Meister vorgesetzt.

Genießerisch blickt dieser zuerst das lockende Lieblingsgericht, dann den lächelnden Kaiser an, tut einen tiefen Seufzer, zückte Messer und Gabel und - bewältigt noch reichlich den halben Vogel. "Und ich habe geglaubt, er bringe keinen Bissen mehr hinunter", bemerkt schmunzelnd der Monarch. *"Majestät, mit so aner Anten is grad wia mit der Stephanskirchen!"* erwiderte Bruckner treuherzig. "Ist das nicht ein etwas seltsamer Vergleich?" fällt ihm der Kaiser ins Wort. *"Hat schon seine Richtigkeit!"* bekräftigt Bruckner, *"die Stephanskirchen kann nu so voll sein, Eure Majestät ham do allweil nu Platz!"* (*Linzer Volksblatt* 12. 10. 1946)

Berufswelt

Lehrer und Schüler

166 (ca. 1868)
So erzählt Latzelsberger: "Bruckner verehrte seinen einstigen Lehrer Simon Sechter abgöttisch. Huber dagegen hielt nicht so besonders viel von Sechter und war der Meinung, Sechter habe nicht nach Verbesserung der Tonlehre und der Lehrmethode gestrebt - dazu sei derselbe eben viel zu wenig genial veranlagt gewesen - als vielmehr darnach, sich selbst Arbeitserleichterungen zu verschaffen, um auf diese Weise seine eigene Unbeholfenheit zu verdekken. Die Errungenschaften in dieser Richtung gab er dann seinen Schülern mit auf den Lebensweg. Solche Ansichten brachten Bruckner ganz außer Fassung. Ja, einmal, es war dies gelegentlich der Erklärung der Koppelungen doppelter Kontrapunkte, kam Bruckner auch auf die berühmte vielfache Koppelung zu sprechen, welche gestattet, die einzelnen Stimmen in alle größeren Intervalle zu versetzen, und pries dabei wieder Sechters Methode. Huber erklärte, die Methode bedeute nichts, die ganze 'großartige' Koppelung sei überflüssig, mit dem gewöhnlichen doppelten Kontrapunkte der None erziele man denselben Effekt. Bruckner geriet darüber fast zur Verzweiflung und schrie: *'Beweisen Sie das, beweisen, sogleich beweisen!'* Huber ging gelassen zur Tafel und zeigte das Kunststück. Bruckner schüttelte ungläubig sein Haupt, mußte aber schließlich zugeben, daß Hubers Beweis gelungen sei und sagte dann: *'Sö Huber, wann's wieder so was wissen, so sagen S' es mir alloan, so was g'hört nöt in d'Schul'* usw." (Göll.-A. 4/1, S. 64 f.)

167 (ca. 1868)
Ferdinand Löwe, der nur dann den Mund auftat, wenn es galt, Unwahrheiten oder falsche Urteile zu beseitigen...:
"Beinahe noch hartnäckiger erhält sich die Meinung verbreitet, Bruckner sei, wenn schon nicht ein ausgesprochen schlechter, doch sicher kein guter Lehrer gewesen. Freilich, die seiner Lehre lauschen durften - darunter bedeutendste Musiker der jüngsten Vergangenheit -, wußten es anders. Auch Unbegabten das Allernötigste aus Harmonielehre und Kontrapunkt möglichst rasch einzupauken - dazu taugte er wohl wenig. Jedoch wahrhaft Begabte konnten sich einen herrlicheren Lehrer schwerlich wünschen. Schon daß der 'Künstler' in ihm dem 'Lehrer' stets ergänzend zur Seite stand, gestaltete seine Unterweisung so einzigartig! Niemals gab sich Bruckner mit noch so regelrech-

ter Ausführung einer kontrapunktischen Schul- oder Hausarbeit allein zufrieden. *'Recht brav'*, lobte er dann bestenfalls, *'aber die Stimmführung könnte viel schöner sein'*. Ließ der Schüler dann etwa seiner Phantasie allzu kühn den Lauf, hieß es sogleich zwar lobend und doch wieder abmahnend: *'Ja, so ist's schön! So g'fallt's mir! Können wir später machen!!! Aber jetzt sind wir in der Schul'; da heißt's sich streng an die Regeln halten!'"* (Göll.-A. 4/1, S. 67 ff.)

168 (ca. 1868)
(Bericht von Josef Pembaur:) Den Beginn der Kontrapunktstunde leitete er, wenn guten Humors, meistens mit Fragen aus dem Alltagsleben, welche zum Kontrapunkt in keiner Beziehung standen, ein; so sprach er von seinen zu kurzen Hosen, die er vom Schneider geliehen hatte, während die eigenen zum Ausbessern gegeben waren, oder er ironisierte einzelne Schüler, die ihm gerade nicht zu Gesicht standen. Darauf wurde der erste Teil einer vierstimmigen Fuge über ein zunftmäßiges Thema im Sechterschen Sinne ohne jede Rücksicht auf die ausführenden Instrumente geschrieben, wobei der Schüler, der über die vier Stimmeneinsätze eine weitere Durchführung anfangen wollte, derb angeschnauzt wurde: *"No, wer hat ihm das zeigt, bleib'n S' bei dem, was i' Ihnen vorg'macht hab'."* Diese regelmäßigen altmodisch trockenen Übungen schloß er, wenn bei entsprechender Laune, mit einer Improvisation über das gegebene Thema am Klavier, in welcher er zu unserm größten Erstaunen in modernster Art den ganzen Regelkram negiert hat. (Göll.-A. 4/1, S. 69 f.)

169 (1886)
Dr. Franz Marschner urteilt über des Meisters Unterricht: "Im Unterricht war er sachlich streng, persönlich liebenswürdig. Ich hatte von vornherein den Eindruck, daß er auch als Lehrer des Kontrapunktes groß sei; allerdings mußte man, um das System seines Unterrichtes herauszufinden, entsprechend vorgebildet sein, was bei mir glücklicherweise der Fall war. Das ungeheure Material der Sechterschen Theorien vereinfachte und verdichtete er in bewunderungswürdiger Weise und konnte als Muster und Vorbild aufgestellt werden, wie man dem Zögling eine verhältnismäßig beschränkte Anzahl von Maximen und Regeln in unaufhörlicher und folgerichtiger Weise zum Eigengut zu machen habe. Der ungeheure Abstand, den mein Können am Ende der Lehrzeit seiner Riesentechnik im Kontrapunkt gegenüber aufwies, brachte

mich dazu, dann noch einmal u. z. nach Bußler[77] und anderen von A anzufangen und mehrere Jahre ausschließlich kontrapunktischen Studien zu widmen. Er selbst erzählte mir, er habe durch 7 Jahre täglich 7 Stunden Kontrapunkt studiert. Allerdings nur in der Ferialzeit unter unmittelbarer Anleitung seines Lehrers Sechter.

Diesem hochgesteigerten Ausmaß seiner Studien schrieb ich wesentlich die Abnormität seiner Nerven zu. Denn zu kontrapunktieren, wie er dies gewohnt war, war auch bei der größten Begabung und der größten Leichtigkeit der Auffassung eine höchst anstrengende Sache; nicht weniger anstrengend etwa als zu philosophieren. Er arbeitete allein und mit uns überaus langsam, weil denkbar gründlichst. Oft brachten wir nur ein paar Zeilen zustande. *'Die Herren arbeiten mir viel zu schnell'*, sagte er einmal; *'ich arbeite sehr langsam, viel langsamer, aber ich überdenke auch alles, was in Betracht kommt'.* Bewunderungswürdig waren seine eigenen kontrapunktischen Erfindungen, besonders was die Gegenthemata anlangt. Die Lehrzeit des Kontrapunktes und der Harmonielehre am Konservatorium erschien ihm viel zu eng bemessen. Als ich ihn einmal befragte, wie er sich den Plan in dieser Beziehung dächte, äußerte er sich folgendermaßen: Für Harmonielehre seien unbedingt 3 Jahre erforderlich; für die Kompositionslehre dagegen genügten einige Monate, da die Komposition eigentlich nicht lehrbar sei. Als Lehrer hatte Bruckner die vortreffliche Gewohnheit, Verbesserungen auf dem Klavier zu spielen und uns diese Stellen als Diktando auf der Tafel nach dem Gehör niederschreiben zu lassen." (Göll.-A. 4/1, S. 70 ff.)

170

Hruby hatte wegen seiner großen Jugend einige Schwierigkeiten zu überwinden, um im Schuljahr 1884/5 schon zum Eintritt in die Theoriestunden Bruckners zugelassen zu werden. Schließlich erlangte er doch die Bewilligung zum Eintritt. "Des Meisters goldener Humor lag wie heller Sonnenschein über Lehrer und Schüler", als der junge Kunstbeflissene als Nachzügler erst in der dritten Unterrichtsstunde in die Klasse eintrat. Bruckner verlangte, daß er den versäumten Lehrstoff einhole, und stellte ihm nach einigen Stunden die hochnotpeinliche Frage über erlaubte und unerlaubte, offene und verdeckte Oktavgänge. Als Hruby diese richtig beantwortete, klopfte ihm der Meister auf die Schulter mit den Worten: *"Dös hätt' i' von dem Viechkerl*[78]

---

77 Ludwig Bußler (1838 - 1901), Dirigent, Kritiker, Musiktheoretiker.
78 Die Bezeichnungen "Viechkerl", "Hallawachl" bedeuteten in Bruckners Sprachlexikon sowohl Anerkennung als Mißfallen, je nach dem Tonfall, in dem er sie sagte. (Göll.-A. 4/2, S. 382, Anm.)

gar nöt glaubt!" Damit hatte der Schüler gewonnenes Spiel. Bald merkte der neue Schüler, daß keiner seiner Kollegen mit dem wirklichen Namen genannt wurde. Da hieß einer, weil er als Hauptfach Harfe studierte, *"alte Harf'n"*, ein Grieche namens Zachariades *"Zacherl"*, den späteren Konzertmeister am Deutschen Volkstheater Hofmeister apostrophierte er, wenn er seine Sache gut machte, mit dem Kosenamen *"mein Hofmeisterlein"*, war er aber stör- risch, so hieß er sofort *"Hausmeister"*. Auch der spätere Hofopernsänger Heinrich Hesch war in der Klasse. Ihn, den Bruckner wegen seiner Fähigkei- ten gut leiden mochte, nannte er gern *"Heinrichshof"* (nach dem der Oper ge- genüberliegenden Prachtgebäude von Hansen). Er saß am unteren Ende des Tisches, dem sogenannten *"Sumpf"*. Ging es dort etwas lustig zu, dann rief Bruckner: *"Na, heut' geht's in der Nähe vom Heinrichshof wieder etwas laut her!"* Da Hesch ein sehr struppiges Haar hatte, erhielt er auch gelegentlich den Namen "Räubersknabe". Wenn seine Antwort auf eine heikle Frage nicht den Erwartungen des Lehrers entsprach, dann rief dieser entrüstet: *"Hein- rich, mir grauß't vor Dir!"* Der spätere Kapellmeister Abheiter in Bukarest mußte sich mit *"armer Häuter"* benennen lassen und ein Schüler, dessen Name mit *"Sachsen"* begann, mußte die Sturzflut sämtlicher mit "Sachsen" beginnender Fürsten-Geschlechts-Namen über sich ergehen lassen. Nur Hru- by war noch ein unbeschriebenes Blatt. Als er eines Tages bleich und über- nächtig in die Unterrichtsstunde kam und sich auf Bruckners Frage damit ent- schuldigte, er habe die ganze Nacht an der Harmonielehre studiert, war auch sein Spitzname geprägt; er hieß fortan *"das Nachtlicht"*. (Göll.-A. 4/2, S. 381 ff.)

171 (1895)

... In keiner Kunst wirkt die göttliche Kraft dieses Gesetzes[79] so stark auf mein Gemüt wie in der Musik, obgleich ich als Laie nicht sagen kann, wo- durch diese Wirkung erzielt wird, und ob das Gehörte den Gesetzen dieser Kunst entspricht. Es war mir rätselhaft, wieso in einer Kunst, die mir viel weniger vertraut war als die bildende, die Einwirkung auf mich bedeutender war. In meiner Naivität glaubte ich, durch Vorlesungen über Harmonielehre von Anton Bruckner an der Universität, die ich 1895 besuchte, darüber be- lehrt zu werden. Seine Hörerschaft bestand hauptsächlich aus Damen und Herren des Konservatoriums. Wenn er den Hörsaal betrat, setzte sofort star- ker Beifall ein.

---

79 Cossmann spricht hier von einem Naturgesetz, das gleichermaßen der Schöpfung wie auch einem Kunstwerk zugrunde liegt.

Abb. 10
Ludwig Grande, Bruckner an einer Schultafel

Auf dem Podium, wo ein Klavier stand, angekommen, rief Bruckner: *"Is schon guat!"* und winkte mit den Händen ab. Meistens begann er seinen Vortrag damit, daß er mit Kreide die Noten eines Tonsatzes auf die große Schultafel schrieb, dann an der Hand dieses Beispiels die Vereinigung verschiedener Töne zu einem etwas Einheitliches darstellenden Zusammen-klang besprach, um schließlich auf die gesamten Zusammenklänge eines mehrstimmigen Tonsatzes überzugehen. Das, was er zuerst theoretisch entwickelte, bot er dann auf dem Klavier dem Ohr. Wenn sein Spiel verklang, reckte er den Kopf auf dem hageren Hals seitlich in die Höhe, wie wenn er noch den letzten Hall erlauschen wollte, stellte den Zeigefinger der linken Hand, an dem ein dicker Ring saß, empor und sagte: *"Hör'n S' den schön' Ton?"*
Mir ist nicht bekannt, ob der Bildhauer Tilgner, der im gleichen Jahre 1896, sechs Monate vor Bruckner, starb, die Vorträge des Tondichters besucht hat. Jedenfalls ist die Auffassung Bruckners meisterhaft, die Tilgner zum Ausdruck brachte durch Festhalten jener beschriebenen, vielleicht nur einmal gesehenen Stellung des visionär in eine andere Welt entrückten Künstlers, der bescheiden im Leben, sich seines Könnens wohl bewußt war. Allerdings: Die Lösung des musikalischen Rätsels gelang mir auch mit Hilfe der Vorlesungen Bruckners nicht. (Alfred Cossmann, *Ein Wiener Künstlerleben.* Wien 1945, S. 54)

172 (1895 ?)
(Bericht von Walter Richter:) Anton Bruckner, klein von Gestalt, aber um so agiler in seinen Bewegungen, betrat gewöhnlich mit ungeheuer raschen, lebensdurchpulsten Schritten den Hörsaal. Die Musikenthusiasten und schwärmerischen Anhänger Bruckner begrüßten einmal ganz besonders impulsiv ihren hereinstürmenden Lehrer mit Hochrufen und Händeklatschen. *"Is scho gut"*, winkte der Meister ab, *"is scho gut."* Als aber der Tumult der Begeisterung zum Fortissimo anschwoll und sich auch nicht legte, als der Meister das Podium bestiegen hatte, reckte er sich sehr energisch empor und brachte doch nichts weiter über die gütig lächelnden Lippen als: *"Seids stad!"* (Gräflinger S. 66[80])

173
... Inzwischen habe ich mich mit meiner Schwester in Verbindung gesetzt und möchte Ihnen noch mitteilen, daß sie sich an folgende Episode erinnert:

---

80 Siehe auch *Tagespost,* Linz 3. 10. 1931.

Als Anton Bruckner seine erste Vorlesung in Harmonielehre an der Wiener Universität (24. 4. 1876) hielt, wurde er begeistert von den Studenten empfangen. Er wehrte jedoch den Applaus ab und sagte. *"Meine Herren, nicht mir müssen's applaudieren - ich muß Ihnen applaudieren, weil S' zu mir kommen sind!"* (ORF 39, Gertrud Beranek, Vöcklabruck)

174 (1889)

(Ernst Decsey erinnert sich:) Die Brucknerschen Schulstunden begannen um ein Uhr nachmittags, gerade zur Zeit des plenus venter, und dauerten bis drei. Des Herzens lauten Klopfton in der Brust, stand ich, halb verborgen, hinter den anderen, schon geweihten Schülern. Da - einige Minuten nach eins, riß plötzlich die Tür entzwei und auf der Schwelle stand der Meister, schwarz gekleidet, anzusehen wie ein dunkler Block, den breiten Schlapphut in Devotion schwingend - vor den Schülern: *"Guten Morgen, meine Herren!"* Freundlichkeiten strahlten aus dem breiträumigen Männergesicht, Wohlwollen strahlte aus den Augen - er steigt herab, sein Auge geht über die Jünger, bleibt plötzlich stecken, das Strahlen fällt aus dem Gesicht, es versteinert, wird wild, wie wenn der Bauer einen fremden Stier in seiner Herde erblickt. Und mit bauernrauher und urmenschenhafter Stimme geht er auf den jungen Stier los: *"Jo, was willst denn du da?"* Schweigen fährt in die erstarrte Klasse. Oboenartig schüchtern begann ich: "Ich möchte gern ..." Worauf Bruckner posaunt: *"Ja, ich möcht a was gern?"* - Ich: "... bei Ihnen eintreten, Herr Professor ... ich hab' die Aufnahmsprüfung schon gemacht!" Da wird Bruckner erst recht wild: *"Aufnahmsprüfung! Bei wem? - Geht mi gor nix an! Was dö"* - er deutete mit dem Daumen in die Richtung der Direktionskanzlei - *"di prüft habn, die Herren vom Conservatoire"* - er sprach das Wort in karikierendem Französisch - *"geht mi gar nix an!"* Und im Tempo piu mosso: *"Außi, außi, kann di net brauchen da!"*

Hier hatte die Wechselrede vorläufig ein Ende. Mit zornbeschwingter Kraft holte er den Hut hinter dem Rücken hervor und hieb mir die Krempe übers Gesicht. Mein eines Auge tränte und heute noch fühl' ich den köstlichen Schmerz.

Allein ich beharrte. Mit Zwanzig ist man keck, auch wo man liebt! "Bitte, ich hab' ja die Aufnahmsprüfung gemacht!", die internen Konflikte der Herren von mir weisend.

Da, schien es, wurde etwas in ihm weich. Vielleicht tat ihm der Schlag selbst weh, wie allen guten Menschen, die am Schmerz leiden, den sie andern zufügen; kurz, der Entladung folgte eine Gebärde, halb gereizt noch, aber schon nachgiebig, sein *"Zurn"* verklang in ein milderes: *"Bei mir mußt Prüfung machen, varstehst? Bei mir!"* Er sah mich an, gebietend, goliathaft: *"Geh auffi da zur Tafel! Jetzt werdn ma segn!"*

Er blieb unten stehen und sagte, den Zeigefinger streckend, wie bei der Glaubensprüfung eines Ketzers, silbenweise skandierend und die Klasse dabei schlau anzwinkernd: *"Also - sag mir - ein - mal"* - Pause - *"wann - sind - im strengen Satz - die ver - deckten Quinten erlaubt!"* Er drehte mir den Rücken und blinzelte der Klasse zu mit dem Ausdruck eines gutmütigen Mimen: "Verfänglich muß ich ihn fragen" und mit dem lächelnden Nebengedanken: "Gleich liegt er draußen, das kann er nicht wissen!" Ich jubelte innerlich. Noch ließ ich nichts merken. Malte mit Schnellzeichnergeschwindigkeit meine Kaffeehauswissenschaft auf, die verdeckten Quinten, den Schritt e-c, g-d, erklärte, erläuterte, eröffnete: eine Stimme stufenweise, die andere springt in die Dominante ..., strenger Satz ... Simon Sechter ... Ließ die Kreide sinken, stand gelassen. Ein Zwergentriumph!

Große Pause. Die Klasse um den Tisch erschauernd. Bruckner stumm mit hängendem Kinn. Eine lange Fermate. Oberons Zauberhorn im Mezzanin des Musikvereinsgebäudes, Canovagasse.

Da geschah etwas Großes. Echt Brucknersches. Der Hut entsinkt ihm. Er dringt zur Tafel hinauf, reißt die Arme auseinander, umarmt mich, entzückt sich und jauchzend ruft er: *"Du bist die Perle des Jahrhunderts!"* Ironie schwang in seinem Stimmklang, doch auch Freude über ein erlebtes Wunder, Genugtuung über die Kenntnis Sechters, des heiligen Simon der Theorie - genug, er nimmt mich unter den Arm, führt mich hinab, lädt mich ein, ich muß am langen Tisch Platz nehmen, bin zugelassen, aufgenommen in den Orden und darf, nein muß fürderhin neben ihm, zur Rechten des Meisters, sitzen. Ja, der heilige Simon! Den Schwindel, der dabei war, ahnte die große Seele Bruckners gar nicht. *"Die Perle des Jahrhunderts!"* nickte er den anderen zu. So hatte er mir auf den Zahn gefühlt.

Erst der wilde Mann, der Heide, und nun der sanfte, milde Meister, der sorgsam die Schulhefte korrigierte, die ich noch heute besitze: "Stufesteigen. Stufefallen, die Kette der Fundamentaltöne in der Kadenz." Aber seine Neigung wuchs, und so kam es, daß er eines Tages an mich heranrückte, während die anderen gerade kadenzierten: *"Du, greif amal da eini ..."* Ich schaute auf: dunkel gähnte die Brucknersche Mundhöhle mir entgegen. - *"Hörst, da greif nur eini ... da hint ... und sag mir, ob der Zahn durten rogli [wackelig] is!"* Es war eine Vertrauenskundgebung. - Da griff ich denn mit zwei Fingern tief in den Urweltrachenschlund hinein, prüfte den Brucknerschen Stockzahn und gab meinen Befund ab: *"Ich spür' nichts, Herr Professor ..., da ist alles fest, gar nichts roglich."* Das schien ihn sehr zu befriedigen.

Und so darf ich sagen: Erst hat er mir, dann habe ich Anton Bruckner auf den Zahn gefühlt und gefunden, daß bei ihm alles fest war: fest für die Ewigkeit... (Ernst Decsey, *Wie Anton Bruckner einem Schüler auf den Zahn fühlte*, vgl. Gräflinger S. 61-65)

175 (1889)

Über diese [Vorlesung] und den Privatunterricht erzählt v. Oberleithner: Seine Vorlesungen waren gut besucht, denn er verstand es, den an und für sich für Laien trockenen Gegenstand durch allerhand Erzählungen zu würzen, personifizierte die einzelnen Fortschreitungen des strengen Satzes und verstand es populär vorzutragen. Unter anderem sprach er einmal über die Natur der Dreiklänge auf den einzelnen Stufen: *"Dreiklang auf der I. Stufe freudig, auf der II. traurig, auf der III., der is' der lyrische, der is' was für die Damen zum componier'n; auf der IV., a Häusl weiter, da steht wieder a Dur-Dreiklang, aber nöt so wia der Generalissimus - die V. Stufe -."* Über die Natur der Tonarten sagte er: *"Fis-moll is' sehnsüchtig, f-moll schwermütig, d-moll feierlich, mysteriös, a-moll sanft, e-moll lyrisch, d-moll g'fallt mir so guat, daß i' die letzte Sinfonie in der Tonart schreib'. Wann a der Beethoven dö Neunte in d-moll hat; er wird nix dageg'n sag'n!"* Den C-Dur-Dreiklang bezeichnete er auch als Dreieinigkeit.

So liebenswürdig er als Lehrer an der Universität war, so schlecht gelaunt war er in der Privatstunde. Das war natürlich, da er zuhause immer an seine Kompositionen dachte und jeder Schüler eine Störung bedeutete. In den Privatstunden war er pedantisch genau und ließ nicht das geringste durchgehen, was nur irgend den strengen Satz und die Regeln hätte alterieren können, die er von Sechter übernommen hatte. Man kam sehr langsam vorwärts und mußte unendlich viel Beispiele über dieselbe Regel arbeiten. Er selbst aber hatte bei Sechter noch mehr arbeiten müssen und die Geduld mit der er bei seiner Begabung und Erfahrung als Organist alle diese Wiederholungen der einzelnen einfachen Schulbeispiele in der Harmonielehre als 40jähriger Schüler durchgearbeitet hat, ist bewundernswert. Er hatte Stöße von großen Heften seiner eigenen Schularbeiten, welche er beim doppelten Kontrapunkt manchmal hervorholte. Am meisten hielt er auf ein gründliches Studium der Harmonielehre. (Göll.-A. 4/2, S. 691 f.)

176 (um 1890)

Rabenlechner gibt nun den Verlauf der Vorlesung wieder: Kaum hatte Bruckner den Hörsaal betreten und war noch keinen Schritt von der Eingangstüre entfernt, als sich ein allgemeines lautes Händeklatschen erhob. Ich stutzte.

"So wird er immer begrüßt", kommentierte mir mein Freund. Der also Bejubelte nickte freundlich seinen Getreuen zu und als sich der Beifall etwas gelegt, sprach er freundlich in unverfälschtem Dialekt: *"I' kann nöt mitpaschen - i' hab' an wehen Finger"* - und hob als testimonium die eine Hand, an der ein unteres Fingerglied weiß verbunden war. Sanfte Bedauerungsrufe, die sich aber eher wie versteckte Heiterkeit anließen, quittierten die Antwort des Meisters. Dieser schritt die Stufen des Katheders hinan, legte ab, griff zur Kreide, aber ehe er noch den Vortrag begann, schmunzelte er und sagte wörtlich wieder in gemütlichem Dialekt: *"Jetzt war grad' draußen am Gang a Frau - eine Auswärtige - und hat mich ang'red't - sie verehrt meine Kompositionen so stark - sie muß mich, ehe sie von Wien fortgeht, um jeden Preis seh'n; ich hab' ihr aber drauf geantwortet: Ja, ich bin ja kein Ausstellungsobjekt!"* Eine begreiflich höchste Heiterkeit war auf diese unerwartete Mitteilung die Antwort von uns Anwesenden allen. Aber nun begann der Vortrag. *"Meine Herren Akademiker!"* leitete er seine Worte ein. Im Saal herrscht jetzt peinlichste Ruhe. Seine Zuhörer standen ganz in seinem Bann. Er sprach in einem sehr gemütlichen Hochdeutsch. Ich verstand natürlich nichts vom Wesen dessen, was er bot, aber mein Freund hing an seinen Lippen und machte sich wiederholt Aufzeichnungen in stenographischer Schrift. Aber Bruckner hatte noch keine fünf Minuten ernst gesprochen, da saß ihm auch schon wieder das Original im Nacken. Er sprach - ich glaub' - eben von einer Transponierung, als er plötzlich aus dem gemütlichen Hochdeutsch in unverfälschten Dialekt verfiel und sagte: *"Seg'n S', das C, das steht auf dem Trampolin und macht an Sprung obi ins Wasser"* und dabei machte der Vortragende eine Bewegung mit seinen Füßen, als wollte er selber springen. Natürlich wieder allgemeine Heiterkeit. Und so ging's weiter. Immer nach etlichen Minuten tiefen Ernstes irgend ein schalkhafter Vergleich, eine köstliche Reminiszenz. Eines übrigens ganz ernsten und ganz ernst gemeinten Satzes erinnere ich mich noch weiter ganz genau. *"Meine Herren Akademiker"* - begann er plötzlich, indem er in seine musiktheoretischen Prinzipien Erinnerungen an sein eigenes Schaffen einflocht, *"ich habe auch die Absicht, in naher Zeit mich an eine Oper zu machen, vielleicht könnte mir dann einer der Herren Akademiker einen recht schönen Text verfassen!"* Bruckner trug in dieser Stunde vor, stets die Kreide in der Hand - jeden Augenblick, wenn's nötig, Noten auf die Tafel zeichnend - aber auch alle Augenblicke das Klavier benützend, um die Theorie so in Praxis umsetzend. Als er eben einen längeren, vielleicht zehn Minuten dauernden, musiktheoretischen Exkurs geschlossen, sagte er, zu uns gewendet, recht herzlich: *"So, und nun, meine Herren Akademiker, werde ich Ihnen nach diesen Theorien in vollen Akkorden das 'Gaudeamus' vorspielen!"*

Bruckner setzte sich ans Klavier, sah uns freundlich lächelnd an und spielte trotz seines wunden Fingers das "Gaudeamus" derart, daß man glaubte, schier ein volles Orchester zu hören. Jubelnder Beifall dankte ihm und dieser Beifall hatte aber schon gar nichts Gemachtes, das war ein herzlichster Dank für einen wie seltenen Kunstgenuß. Endlich läutete die charakteristische elektrische Klingel, die automatisch das Ende der Stunde ankündigte - die Vorlesung war zu Ende. *"Meine Herren Akademiker"*, schloß Bruckner, *"auf Wiedersehen noch in dieser Woche bei meiner Sinfonie."*[81] Jubelnder Beifall quittierte diese Worte. "In dieser Woche wird im Musikvereinssaale eine Sinfonie von ihm aufgeführt" flüsterte zu mir mein Freund. Die Hörer zerstreuten sich. Ich und mein Begleiter blieben nahe der Tür. "Ich möchte ihn genauer ansehen" sagte ich zu meinem Freunde, was dieser bei meiner Kurzsichtigkeit gerne begriff. So blieb ich knapp bei der Türe stehen und wartete auf sein Heraustreten. Aber ich muß jedenfalls bei meinem Bestreben, den großen Mann in möglichster Nähe betrachten zu können, mich doch etwas zu nahe an ihn herangedrängt haben, denn plötzlich - bei der Tür angelangt - schnarrte er mich in etwas unwirschem Tonfalle an: *"Was woll'n S' denn?"* Ich trat natürlich sofort betroffen zurück - mich artig verneigend - da verwandelte sich auch schon der Tonfall wieder in das gemütlichste Wienerisch und gegen mich weiter gewendet - freundlich lächelnd - fuhr er fort: *"Also g'wiß kommen zur Sinfonie - verstanden"* und schritt hinaus in den dunklen Gang. Ich folgte ihm, bis er auf der Stiege meinen Blicken entschwand. Aber trotzdem ich die Ehre, von Anton Bruckner angesprochen worden zu sein, vollauf würdigte - ich bin der Einladung des Meisters nicht nachgekommen, was hätte auch ein musikalischer Laie, wie ich in einer Brucknersinfonie gefunden. Ich hatte anderseits aber auch keine Lust, eine weitere Vorlesung Bruckners zu besuchen - sein Wesen als Lehrer hatte ich kennen gelernt - und mich bloß zu amüsieren durch die Eigenheiten dieses Genies erschien mir wie ein crimen laesae maiestatis." (Göll.-A. 4/3, S. 107-110)

177 (1885)

Mit Ende des Schuljahres gingen auch die Vorlesungen des Sommersemesters an der Universität zu Ende, über welche wir einem der jungen Hörer, Dr. Haft, eine anschauliche Schilderung verdanken, aus welcher wieder hervorgeht, daß die jungen Leute in Bruckner weit Höheres erblickten als den Leh-

---

81 Am 21. 12. 1890 wurde von den Wiener Philharmonikern unter Hans Richter Bruckners *Dritte Symphonie* (WAB 103) zusammen mit Beethovens *Leonoren-Ouverture Nr. 2* und Hermann Grädeners *Violin-Konzert* aufgeführt.

rer, daß sie sich ihm näherten, um ein gottbegnadetes Genie belauschen zu können und so den Feuerkuß der Musen zu empfangen. Dr. Haft erzählt: "Wenn er pustend und schnaubend den Hörsaal betreten und uns seinen *'Schen'n gut'n Abend, meine Herren'* zugerufen hatte, sich dann mit dem Taschentuch hastig über seinen stets kurz geschorenen, schweißtriefenden Imperatorenschädel fuhr - er hatte bei heißem Kopf beständig Angst vor einem Schlaganfall - wenn er hierauf, mit bei seiner Leibesfülle unerwarteten und deshalb auch komischen Elastizität den Raum zwischen Kathederpodium und erster Bank auf und ab promenierte und uns der Reihe nach fixierte, dann war immer nur der eine Wunsch bei uns vorhanden, etwas aus seiner *'fünften'* oder *'siebenten'* oder gar aus der noch im Gährzustande [sic] befindlichen *'achten'* zu hören. Er kannte seine *'Schlankeln'* und begann auch gewöhnlich damit, uns zunächst dann zu erzählen, daß er hier einen Satz beendet, dort einen umgearbeitet, oder daß der Dr. X. in der Zeitung sich lobend über seine Symphonie ausgesprochen habe. Aber wie sehr es ihn auch in den Fingern juckte sich sofort ans Klavier zu setzen, - übrigens das selbe Klavier, auf dem uns an drei anderen Tagen der Woche sein Kollege Hanslick Flötenkonzerte von Friedrich dem Großen in seinen Vorlesungen über Geschichte der 'neueren' Musik vorführte - uns seine jüngsten Manuskript-Kinder, oft noch erst halb geboren, freudestrahlend zu präsentieren, - sein Pflichtgefühl legte ihm das Opfer auf, uns *'zuerscht'* wenigstens etwas von seinen *'Fundamentaltönen'* zu *'ekschplizieren'*. Ich darf sagen 'Opfer', wußte er doch ganz genau, daß niemand von uns des Lernens halber in seine Vorlesungen ging. Wenn wir ihm dann an der Hand von Beispielen bei Liszt und Wagner, oder gar in seinen eigenen Werken zeigten, daß eine Dissonanz sich ganz und gar nicht so auflöste, wie er es 'sechterte', so lächelte er verschmitzt und meinte gar pfiffig: *'Ja, seg'n S', wenn S' amal a Symphonie schreib'n, da hab'n S' dös all's nöt not.'*
Meine eigene Prüfung bei ihm, der ich mich übrigens nur unterzog um ihm menschlich näher zu treten, wird mir unvergeßlich bleiben. Nachdem ich mich bei seiner Haushälterin als Studiosus bezeichnet hatte, wurde ich mit freudiger Liebenswürdigkeit ins Musikzimmer geleitet, bei dessen Betreten mich ein leises Bangen beschlich, das sich aber bis zum Herzklopfen steigerte als 'Er' in der Tür erschien, noch nicht ganz fertig geworden mit dem Anziehen eines leichten Hausrockes, und mir treuherzig die Hand schüttelnd Sitz bot mit der gleichzeitigen Frage: *'Womit kann i' diena?'* Auf meine Erklärung, ich wollte 'Colloquium' bei ihm machen - in Wien versteht man darunter die privaten mündlichen Semestralprüfungen, denen man sich bei den Professoren, übrigens durchaus zwanglos, unterzieht - wurde er etwas perplex.

Es kam ihm scheinbar nicht oft vor, daß einer seiner 'Gaudeamus' sich ein-
bildete etwas bei ihm gelernt zu haben, und wie aus gepreßtem Herzen en-
trang sich ihm die Frage: *'Ja was soll i Ihna denn frag'n?'* Da es doch nur
meine Absicht war, ihn etwas auf dem großen Harmonium spielen, vielleicht
gar frei Phantasieren zu hören, diesen Zweck aber nur erreichen konnte,
wenn ich etwas Längeres zur schriftlichen Ausarbeitung erhielt, antwortete
ich keck: 'Vielleicht eine kleine Fuge, Herr Professor?' worauf er postwen-
dend mit der Antwort herausplatzte: *'Mei Liaber, dös könnans aber net.'* Er
fühlte aber gleich das etwa Beleidigende darin und schrieb mir folgendes Thema auf:

es leise mitsingend (noch klingt mir seine Stimme im Ohr), mit der Bitte es
kanonisch zu imitieren. Ich lenkte natürlich gleich nach den ersten Takten,
während deren er mir lächelnd zusah, das Gespräch vom Gegenstande ab und
konnte ihm von der Erwähnung seines Streichquintetts in einer Zeitschrift erzählen, was sein Interesse sofort so sehr fesselte, daß er, wie ich so sehr gewünscht, meinen Canon und mein Colloquium vergaß, und nach einer zarten
Andeutung meinerseits etwas daraus zu hören, sich bereitwillig ans Instrument setzte und mir fast einen ganzen Satz daraus in einer Weise spielte, die
mich ganz vergessen ließ, daß hier eine Person fünf vollendete Künstler darstellte, oder richtiger gesagt mir erst recht zum Bewußtsein brachte.
Meinen überschwänglichen Dank quittierte er gerührt mit einem warmen
Händedruck, meinte aber, auf die Uhr sehend, er müsse jetzt fort, er hoffe jedoch, daß ich ihm treu bleibe. Auf meine Bemerkung, daß ich doch ein Zeugnis haben möchte, geriet er in sichtliche Verlegenheit und sagte, auf den un-
vollendeten Canon weisend: *'Ja, Sö hab'n mir dös aber net firti g'macht? No
wiss'n S', sag'ns ma no was über die Terz in der Mittelstimm.'* Hierauf ließ
er mich noch die 'Fundamente' in einer rasch hingeworfenen Akkordfolge be-
stimmen und nun erst durfte er mit ruhigem Gewissen die Note in das Zeug-
nisformular einschreiben." (Göll.-A. 4/2, S. 337-341)

178

Es war im Frühjahr 1889. Bruckner, unser abgöttisch verehrter Meister, erscheint mit einem geheimnisvollen Lächeln auf den Lippen, einen soeben er-
brochenen Brief in der Hand, im Kontrapunkt-Lehrsaale des Konservatoriums. *"Vogerl"*, wandte er sich an mich, *"lies mir diesen Brief vor!"* Er
pflegte nämlich seine ältesten Schüler zu duzen. Und mit jenen Worten übergab er mir den Brief, setzte sich zu unserem Arbeitstisch, nahm eine Prise

und in seinen Zügen malte sich gleichsam die Freude, die in besagtem Briefe enthaltene - damals ach! noch so seltene Ehrung - noch einmal durchzukosten. Der Musikverein in Preßburg, dessen vorzüglicher Dirigent zur Zeit Tyard-Laforest[82] war, hatte eine Aufführung der Vierten Symphonie Bruckners vorbereitet. Es war dies damals noch eine künstlerische Großtat, die ebensoviel Mut wie finanzielle Opfer erforderte. Und zu dieser Aufführung wurde nun der Meister "mit Schülern, die er dazu würdig erachte", eingeladen, als Gäste der Stadtrepräsentanz nach Preßburg zu fahren.

"Also, Kinder, wer fahrt mit?" Einige Kollegen meldeten sich sofort beglückt zur Teilnahme an diesem vielverheißenden Ausfluge; ich selbst schwieg und traute mich nicht, dem Meister in die Augen zu sehen. *"Was is, Vogerl, und du? Ohne Vogerl ka Hetz! Warum willst denn du nicht mit?"* ... Ihm war doch auch meine grenzenlose Verehrung bekannt, die ebenso seinem gigantischen Genie wie seiner oft rührend-hilflosen Persönlichkeit galt, eine Verehrung, die er mit geradezu väterlicher Liebe belohnte. Seinem energischen Drängen nachgebend, rückte ich endlich mit der Wahrheit heraus. Es fiel mir schwer, vor meinen Kollegen mein Fernbleiben von diesem Ausfluge zu erklären. Er hörte mich ruhig an; ließ sich von mir erzählen, daß ich meine Braut, die er bereits kannte, mich an dem Sonntag, an dem wir nach Preßburg sollten, zu Besuch erwarte. Da ich zufälligerweise an zwei vorhergehenden Sonntagen verhindert war, sie zu besuchen, mußte ich befürchten, daß eine nochmalige Absage dort skeptisch genommen werde und Verstimmung hervorrufen könnte. Der Meister ließ mich ruhig schließen. Dann griff er mit kindlicher Freude und drolligem Siegesbewußtsein nach seiner Brieftasche, entnahm ihr eine Visitenkarte und schrieb in seiner umständlichen Art langsam einige Zeilen. Die verblüfften Gesichter meiner Kollegen in diesem Augenblick werde ich nie vergessen. Wir alle kannten Bruckner zu gut und wußten, daß Schreiben seine schwächste Seite war. Wie stolz und viel beneidet wurde ich, da der Meister mir zulieb sich überwand und ohne Zögern folgende Worte zu Papier brachte: *"Herr Vogl will mir die Freude bereiten und mich nach Preßburg begleiten"* und mir Überglücklichem wohlgefällig schmunzelnd die Karte in die Hand drückte: *"I laß dei Braut schön grüßen und hoff', daß s' dir jetzt glauben wird, daß du den nächsten Sonntag in meiner Gesellschaft verbringst!"* Überflüssig zu sagen, daß mich dieses "Dokument" bei meiner Braut exkulpierte und ich die unvergeßliche Fahrt mitmachte... (Theodor Vogl, *Bruckner-Miszelle*, vgl. Gräflinger S. 24)

---

82 Recte: Josef Thiard-Laforest (Püspöki 16. 3. 1841 - Preßburg 2. 3. 1897), seit 1881 in Preßburg Domkapellmeister.

179 (um 1885)

"Wunderbar", erzählte Hynais, war es, wie Bruckner, wenn der Schüler noch
so schöne Kontrapunkte gefunden hatte, immer noch schönere wußte. Lächelnd erklärte er dann schelmisch: *"I' woas aber do' nu' an bessern"*.
(Göll.-A. 4/2, S. 128)

180

Beim Unterricht ging Bruckner ungemein langsam vorwärts, ja es kam vor,
daß er bei der Konstruktion einer Fuge an 2 Takten zwei Stunden lang arbeiten ließ. Schrieben die Schüler noch so schöne Kontrapunkte hin, er wußte
immer noch schönere. So war er für begabte ein ausgezeichneter und anregender Lehrer; mit Untalentierten gab er sich dagegen ungern ab. (Göll.-A.
4/1, S. 65 f.)

181

Zehn Jahre hindurch war mein Vater Schüler Bruckners in Harmonielehre
und Kontrapunkt. In den späteren Jahren bestanden allerdings diese Stunden
nur darin, daß sie sich gegenseitig die schwierigsten kontrapunktischen Aufgaben stellten und dann über die beiderseitigen Lösungen debattierten. (Irene
Vockner. Österreichische Nationalbibliothek, Musiksammlung; Fonds Gräflinger 30/617)

182 (um 1887)

In einer Kontrapunktstunde sollte einmal ein Schüler, der etwas spät sich der
Musik zugewandt hatte und seinen Kommilitonen im Alter weit voraus war,
ein Thema im fugierten Stil harmonisieren.
Als Bruckner die Lösung der Aufgabe an der Schultafel in Augenschein
nahm, platzte er heraus: *"Is dös saudumm g'macht! Hör'n S', Sö san aber a
Dumian!"* - Der bärtige Schüler ist ganz perplex und stottert: "Herr Profes-
sor, ich - ich habe geglaubt, ich bin an einer Hochschule. - Das kann ich mir
doch nicht bieten lassen. Bitte - zu bedenken, daß - daß ich ein verheirateter
Mann bin!" -
Etwas verlegen, aber mit einem verschmitzten Lächeln um die Mundwinkel
sagt Bruckner, der Hagestolz: *"Ach so! Warum sag'n S' denn das nöt glei? -
Wia geht's denn der Frau Gemahlin?"* - Man denke sich das Hallo der über-
mütigen Kunstjünger dazu! Die Sache löste sich in Wohlgefallen auf. (Göll.-
A. 4/2, S. 571[83])

---

83 Siehe auch Gräflinger S. 445.

183

Während eines Vortrages (am 21. März 1892) unterlief Bruckner ein Versehen in der Ansprache. Es fiel ihm augenblicklich eine rührend naive Wendung ein. Bruckner: *"Jetzt, meine Kinder..."* Bruckner machte wegen dieser unpassenden Bezeichnung ein peinlich verärgertes Gesicht und verbesserte sich sofort: *"Meine Herrschaften"* - und geistesgegenwärtig fügte er mit freundlichem Lächeln bei: *"Ich nenne meine Lieblinge nämlich immer Kinder..."* (Gräflinger S. 46 f.)

184

Wenn einer in den Theoriestunden einen Unsinn sagte oder auf die Tafel schrieb, so wurde er von Bruckner mit dem Namen *"Gischpl"* oder *"Viechkerl"* belegt. *"Sö san a rechter Viechkerl"*. Dies geschah auch einem Schüler, späterem Lehrer an der Akademie, der sich darüber so kränkte, daß er in Tränen ausbrach. Bruckner in seiner Güte suchte ihn zu beruhigen: *"Aber schaun S', ich sag doch nicht Viehkerl, sondern Fichkerl, und das hat doch mit dem lieben Vieh gar nichts zu tun."* (Carl Führich, *"Sö san a rechter Viechkerl"*, vgl. Gräflinger S. 67)

185

Die Erinnerung an Anton Bruckner liegt schon weit zurück. Immerhin sind es siebzig Jahre her, daß Professor Führich das Konservatorium verließ. 1881 bis 1886 drückte er dort die "Schulbank". Nie lachte er mit, wenn die anderen den eigenartigen alten Herrn wegen des roten Schnupftuchs verlachten. Er galt deshalb als ernst, Bruckner aber schätzte ihn. Einmal schickte er seinen Schüler direkt von der Harmonielehrestunde weg in sein Wohnhaus am Schottenring. *"Geh zur Kathi"* - das war die Wirtschafterin - *"und sag ihr, ich hab' den Haustorschlüssel vergessen!"*
Führich weiß viel, sehr viel zu erzählen von seinem Lehrer. Er lobte gern, der "Musikant Gottes" - aber er war auch mit der Kritik schnell bei der Hand, und er nahm sich nicht oft ein Blatt vor den Mund, wenn er seine Schüler kritisierte. *"Du Viechskerl"*, brüllte Bruckner einmal einen Studenten an, der sich beim Spiel vergriff. Der Schüler war so verdattert, daß er in Tränen ausbrach. Im Nu war Bruckner versöhnt, ja voll Mitleid. *"Wein net"*, sagte er. *"Schau, ich hab ja net Vieh-Kerl gesagt. Sondern Viechs-Kerl. Und das ist doch ganz was anderes!"* (T. C., *"Du bist ein Hallawachl"*, sagte Anton Bruckner, in: *Die Presse* 30. 6. 1957)

186 (um 1870)

Emil Rotter[84] war mein Großvater. Er studierte in den siebziger Jahren in Wien am Konservatorium der Gesellschaft der Musikfreunde u. a. auch bei Bruckner, der damals Simon Sechter nachfolgte und Harmonielehre und Orgelspiel unterrichtete. Bruckner war beliebt und hatte oft freundschaftlichen Kontakt mit seinen Schülern. Wenn er in den Unterricht oder zu Besuch kam, brachte er manchmal etwas Süßes mit. In Erinnerung blieben meinem Großvater die Krapfen, die Bruckner einmal in seinem - nicht immer so ganz sauberen - großen roten Taschentuch transportierte, was begreiflicherweise den Appetit seiner Schüler etwas bremste. Als mein Großvater in den neunziger Jahren seinen schweren Unfall hatte - er stürzte vom Hochrad und blieb querschnittgelähmt -, war Bruckner sehr betroffen. Er bot der Familie Hilfe an und sagte: *"Mein Portemonnaie steht Ihnen immer zur Verfügung."* Böse Zungen meinten dazu: Ja, weil nie etwas drinnen ist. (Margarete Schell-Noë, Preitenegg/Kärnten)

187 (um 1870)

Bruckner war am Konservatorium in Wien ein gewissenhafter Lehrer, der sowohl Musiktheorie wie praktisches Orgelspiel genau, verständlich und vor allem höchst humorvoll unterrichtete. Das Verhältnis zu seinen Schülern war das denkbar beste, obwohl er zeitlebens den vormärzlichen Schulgehilfen aus Windhaag nicht verleugnen konnte. Aber weder die Kunstjünger vom Konservatorium noch die akademischen Bürger an der Universität verargten ihm seine Eigenheiten. Sie ahnten mit feinen Empfinden Bruckners künftige Größe und nahmen seine Schrullen als treffliche Würze des sonst trockenen theoretischen Lehrstoffes mit Freuden hin. Einzelnen Schülern verlieh Bruckner taxfrei seltsame Namen wie *"Sie Strumpf!"* oder *"Sie Strumpfbandl!"* Lachte aber einer dazu, so nahm ihn Bruckner bei der Hand, führte ihn vor die Tür und ließ ihn regelrecht *"hinausstehen"*. Nach einer Viertelstunde öffnete dann Bruckner gnädig wieder die Tür und *"war wieder gut"*. So erging es vielen nachmaligen Sternen am Dirigentenhimmel, zum Beispiel Felix Mottl. Und wenn in späteren Jahren sich die jungen Herren einmal gegen das *"Hinausstehen"* sträubten, dann redete ihnen Bruckner tröstend zu: *"Ah was, stellen S' Ihna nur aussi, is der Felixl ah draust gstanden!"* (Commenda S. 50)

---

84 Emil Rotter (1850 - um 1900), Dirigent, war einer der ersten Schüler Bruckners am Konservatorium der Gesellschaft der Musikfreunde in Wien. Nach seiner Ausbildung spielte er einige Zeit im Orchester in Bayreuth und kehrte dann wieder nach Wien zurück.

188 (um 1880)

Nächst dem unvergleichlichen *"Meister der Meister"*, Wagner, stand Beethoven unserem Bruckner am nächsten. Er war stets zu Tränen gerührt, wenn er sich erinnerte, daß man den Schöpfer des "Fidelio" nach der Erstaufführung ein "musikalisches Schwein" genannt hatte. Als nun am 1. Mai 1880 das herrliche Beethoven-Denkmal ganz in der Nähe des Konservatoriums enthüllt wurde, übertrug Bruckner einen Teil seiner Beethoven-Verehrung auf den Bildhauer Professor Zumbusch[85], der es geschaffen hatte. Um so größer war seine Entrüstung, als ein Schüler in die Konservatoriumsstunde mit der Nachricht hereinplatzte, der Amor auf dem Denkmal spiele die Leier mit der linken Hand. Zuerst wies Bruckner jeden Gedanken an diese Möglichkeit entrüstet zurück, außerdem hielt er einen losen Streich seiner Hörer nicht für ausgeschlossen. Schließlich aber ergriff er seinen Schlapphut und eilte hinaus, um das Unglück selbst in Augenschein zu nehmen. Noch an der Tür aber drohte er zurück: *"I sag Ihnas, wann S' mi für an Narren halten, geh i stantipede zum Hellmesberger, dann werd's aussigschmissen!"* Nach einer halben Stunde kehrte er aber ganz verstört zurück und seufzte ein ums andere Mal: *"Na sowas!"* Er war wirklich ehrlich verzweifelt, einmal weil sein verehrter Freund Zumbusch einen solchen Schnitzer gemacht hatte und zum anderen, weil ausgerechnet so ein *"Rotzbub"* ihn aufgedeckt hatte. (Commenda S. 87)

189

Bruckner war einmal in einem Haus zu Gast, in dem er eine ehemalige Schülerin traf. *"Geigen S' und singen S' noch wie früher?"* fragte er. "Leider nicht", sagte die Dame, "seit ich Kinder habe, ist es mit dem Musizieren ganz aus." - *"Ja, ja"*, sagte Bruckner nachdenklich, *"Kinder sind doch ein großer Segen!"* (*Grazer Sängerfest-Zeitung* Juli 1950, S. 17)

190

Als Domorganist in Linz erteilte Anton Bruckner auch Musikunterricht. Unter seinen Schülern war ein junges Mädchen, das mit mehr Begeisterung als Talent Geige spielte und dazu auch noch sang.

Eine Reihe von Jahren war vergangen, als Bruckner während einer Vortragsreihe in Linz weilte. Dort näherte sich ihm seine frühere Schülerin und fragte, ob er sie noch kenne. *"Aber freilich,"* sagte Bruckner, *"und wie ist's mit dem Geigenspiel; betreiben Sie das noch so fleißig?"* - "Leider nicht, Mei-

---

85 Kaspar Klemens Zumbusch (1830 - 1915), 1873 - 1892 Professor an der Akademie der Bildenden Künste in Wien.

ster", bekannte die ehemalige Schülerin, "ich bin verheiratet, habe vier Kinder, und die lassen mir wirklich keine Zeit dazu." *"Ja, ja"*, stimmte Bruckner doppelsinnig zu, *"Kinder sind doch ein rechter Segen."* (Unbezeichneter Zeitungsausschnitt, ABIL)

191

Als Bruckner noch Organist am Linzer Dom war, hatte er dort eine Schülerin, die auch am Kirchenchor sang, mit wenig Talent, geringer Stimme, aber großer Begeisterung. Nach Jahren traf er sie dann einmal wieder in Wien. Sie hatte inzwischen geheiratet, war Mutter mehrerer Kinder geworden und freute sich ehrlich, ihren alten Lehrer wieder zu sehen. *"Na, singen S' immer noch so gern und so viel wie früher"*, erkundigte sich Bruckner teilnahmsvoll. Die Dame verneinte, die Kinder nähmen so viel Zeit in Anspruch, daß sie nicht mehr zum Musizieren käme. *"Ja"*, meinte Bruckner ernst und bedenklich, *"Kinder sind ein großer Segen!"* (Unbezeichneter Zeitungsausschnitt, ABIL)

192

Der Linzer Domorganist und Komponist Anton Bruckner war nach Wien gereist, um dort den Proben zu einem philharmonischen Konzert beizuwohnen, in dem auch eine seiner Symphonien aus der Taufe gehoben werden sollte. Eines Abends war in einem befreundeten Haus zu Gast, wo ihm zu Ehren zahlreiche Leute geladen waren.
Da traf der Komponist auch eine Dame wieder, die früher in Linz bei ihm Musikunterricht genommen und nebenbei auch singen gelernt hatte. Bruckner wandte sich sogleich an sie. *"Schau, schau, geigen und singen Sie auch noch so viel wie früher?"* Die Dame verneinte. Seit sie verheiratet sei und Kinder hätte, wäre es mit dem Musizieren aus. Mit seiner ganzen Liebenswürdigkeit wünschte Bruckner ihr für die Zukunft Glück und schloß: *"Ja, ja, Kinder sind doch ein großer Segen."* (Unbezeichneter Zeitungsausschnitt, ABIL)

193 (um 1870)

Bruckners Unterricht in Harmonielehre und Kontrapunkt war etwas Einzigartiges. Wie bei fast allen großen Persönlichkeiten fühlten sich nur die Hochbegabten von ihm bereichert, diese aber um so mehr. Man müßte bei Bruckner eben hinter die äußere Schale von Sonderlingstum sehen, um den herrlichen Kern dieses Wundermenschen aufspüren und schätzen zu können. Was oft zu Mißverständnissen und gar zu Spötteleien führte, war Bruckners bilderreiche Sprache. Er konnte das, worum es ihm ging, nicht in scharf abgekantete Begriffe prägen. Das war viel eher etwas für seinen Kollegen Hanslick. Bruckner konnte nur so reden wie ein oberösterreichischer Bauer, der er im Grunde ja immer blieb.

Wenn zum Beispiel ein Schüler fragte, was eine unvorbereitete Septime sei, so hielt sich Bruckner nicht lange mit der theoretischen Staffelung der Akkorde auf, erklärte nicht, wo diese Septime hergekommen sei und wie man sie auflösen müsse, sondern beantwortete diese Frage folgendermaßen: *"Was a unvorbereitete Septim' is, dös wolln S' wissen? I will Eana sag'n, was a unvorbereitete Septim' is. Dös is wie ane zum allgemeinen Schreck'n plötzlich zu B'such kommende Tante!"* Am Anfang des Harmonieunterrichtes wollte er die Begriffe Tonika, Dominante, Konsonanz und Dissonanz erläutern. Dies erklärte er so, jedes einzelne Bild mit weit ausholenden Bewegungen und lebhaften Mienenspiel unterstreichend: *"Alsdann, die Tonika is a Gart'n, ja a Gart'n: sehn S', hier is der Gart'n* (dabei zeichnete er ihn mit dem Finger auf den Tisch). *Jetzt ham mer a noch die Dominant'. Die Dominant' is a Gärtner, der herrscht über den Gart'n. Jetzt kommt aber a Bock! A murdsmäßig großer Bock! Den sieht der Gärtner und haut ihm ans mit an Prügel übern Schädel..."* (Herzfeld S. 98 f.)

194

Besonders originell war die in allegorischen Bildern sich ergehende Art von Bruckners Kompositionsunterricht. So erklärte Bruckner die Dissonanz folgendermaßen: *"Die Tonika ist ein Garten ... ein Garten ... der da is* (Handbewegung)*; die Dominant ist ein Gärtner, der herrscht über den Garten, und jetzt kommt ein Bock* (Kunstpause) *- da nimmt der Gärtner einen Stecken und haut dem Bock eins über den Schädel: Sehn S', meine Herren, das is eine Dissonanz."* ... Eine unvorbereitete Septime definierte er als eine zum allgemeinen Schrecken plötzlich zu Besuch erscheinende Tante. (Gräflinger S. 79)

195

Einmal versuchte Bruckner seinen Schülern das Wesen der Fuge in drastischer Weise begreiflich zu machen. Nämlich so: *"Jeder von Ihnen wird sicher schon einmal auf dem Land gewesen sein. Da werden Sie gewiß schon gesehen haben, wie a Bäurin a Hendl abfangt. Das Hendl rennt, die Bäurin rennt, das Hendl schreit, die Bäurin schreit; beide versuchen einander den Weg abzuschneiden. Sehn S', das ist die Fuge: ein ewiges Haschen und Fliehen der beiden Stimmen, von denen jede ihre eigene Melodie führt. Denn*

Fuge heißt ja Flucht." (Walter Richter, *Die Fuge - a Bäurin - a Hendl*, vgl. Gräflinger S. 79[86])

196

"Die Fundamente sind die Grundtöne von den Stammakkorden. Hier ist jeder Fundamentston gleich dem Baßton; später (bei den Umkehrungen) wird es nicht mehr so sein. Man muß ihn (den Fundamentston) dann erst suchen, wie den Fuchs in seinem Loch. Kitzelt man ihn heraus, packt ihn bei der Schnauze und sagt: 'Wart, Kerl, bekenne Farbe.'" (Gräflinger S. 48)

197

Diese Bruckner-Geschichte hat Gustav Mahler erzählt. Seine Lehrmethoden waren äußerst naiv, aber anschaulich. Er fragte seine Schüler *"Wisst's was a Vorhalt in der Musik ist? Also nacher schaugt's her!"* Er zog ein ungeheuer schmutziges Sacktuch aus der Hosentasche. *"Das is dreckig, was? Is a unreiner Akkord."* So, und nun zog er ein reineres hervor. *"Das is also besser - leitet schon über"* und nun kam ein blütenweißes Tuch zum Vorschein. *"So, und jetzt san ma in der Tonika."* Das ist wahrlich anschaulich und einprägsam. (Alma Mahler S. 133 f.)

198

Von 1875 bis ins hohe Alter war Bruckner Lektor für Musiktheorie an der Universität Wien. Er trug seinen *"Gaudeamusern"*, wie er die akademischen Hörer meist benannte, einmal in der Woche die Grundbegriffe der Harmonielehre vor. Kolliengelder erhob er niemals und begründete dies mit den folgenden Worten: *"Die Reichen kommen ohnehin nicht zu mir und die Armen können das zu was anderm brauchen."* Er hatte aber, genau wie im Konservatorium, auch an der Alma mater eine stattliche Zahl von späteren Berühmtheiten unter seinen Schülern. Die trockenen Aufgaben der Harmonielehre und des Kontrapunktes verstand Bruckner in so anziehende Gewande zu kleiden und mit so köstlichem Humor vorzutragen, daß das Studium zu einem wahren Genuß, manchmal schier zu Unterhaltung wurde. So nannte er die einzelnen Töne der Akkorde *"Hallawacheln"* (Spitzbuben), weil sie sich immer auf verbotenen Pfaden fortbewegen wollen. Sie auf den richtigen Weg zu führen, sei eben die Aufgabe des strengen Satzes. Dabei war Bruckner kein engstirniger Pedant, sondern betonte stets nachdrücklich die Freiheit des Geistes, der Wis-

---

86 Siehe auch *Tagespost*, Linz 3. 10. 1931.

senschaft und der Persönlichkeit; *"Wir sind frei, meine Herren, es lebe die Freiheit!"*

Auch zeigte er an Beispielen moderner Harmonik immer wieder die Abweichungen von der strengen Regel und fügte schmunzelnd hinzu: *"Wissen S', meine Herren, nach der k.k. Harmonielehre darf ma das freili(ch) net machen!"*. Geheimnisvoll zwinzelnd setzte er dann hinzu: *"I tu es aber do(ch)!"* Anderseits wehrte er dem jugendlichen Ungestüm wieder: *"Komponieren können Sie freili(ch), meine Herren, wie sie wollen, aber bedenken Sie, daß selbst ein Schubert* (demütiger Blick zum Himmel), *als er eine Variation von Händel* (abermals demütiger Blick zum Himmel) *hörte, noch den strengen Satz lernen wollte!"*

Auch als Lektor wie später als Ehrendoktor der Alma mater Vindobonensis blieb Bruckner so bescheiden, daß er sogar vor dem uniformierten Universitätspedell stets den Hut zog. (Commenda S. 78 f.)

199 (um 1870)

Am Wiener Konservatorium, an dem Mottl seine gesamte musikalische Ausbildung erhielt, genoß er in Harmonielehre und Kontrapunkt den Unterricht von Anton Bruckner, zu dem er sich durch die gemeinsame Verehrung für Richard Wagner ganz besonders hingezogen fühlte.

Als eines Tages Mottl seinem Lehrer eine Harmonieaufgabe brachte, in welcher er sich einige Freiheiten erlaubt hatte, sagte Bruckner: *"Hier in der Schule darfst du nicht eine verbotene Harmoniefolge machen, alles muß streng nach der Regel sein. Wenn du aber ausgelernt hast und bringst mir solch eine regelmäßige Arbeit, dann werfe ich dich damit zur Türe hinaus."* (Gräflinger S. 33 f.)

200

Bruckner ernst und leise: *"Ich möchte doch die Herren gerne sehen, die die Lehre von den Quinten aufgestellt haben als ein Weltkuriosum. Schade, daß man nicht die Photographien hat, sonst würde ich sie kaufen."* Nachdenklich: *"Sie haben ein Ohr gehabt, nicht wie wir, und haben gesagt: 'Das ist schlecht.' Und alle sind ihnen gefolgt, trotzdem sie keine Herrscher waren. Das ist wirklich interessant."* Bruckner, versunken vor sich hinblickend, dann heiterer, wie schadenfroh: *"Aber in allem haben sie nicht recht gehabt."* Nun befriedigt schmunzelnd, wenn dem Meister auch jede Regel heilig war, so war er doch froh, sie aus besonderem Anlaß außer acht lassen zu können: *"Es gibt unter den verdeckten Intervallen doch auch erlaubte."* (Gräflinger S. 49)

201 (um 1889)

Mit derselben Strenge, die er s i c h auferlegte, wachte Bruckner über Ordnung und Pünktlichkeit bei seinen Schülern. Als einstiger Lehrer wußte er auch hier den obersten Grundsatz "unterrichte anschaulich" anzuwenden, was er freilich in sehr subjektiver Weise tat. Das war aber, wie Decsey sagt, "kein Mangel, sondern ein Reiz." Die erste Stunde begann damit, daß er eine Note an die Tafel setzte mit den Worten: *"Gott hat a z'erst den Adam g'macht"*, die Quint hinzufügend - *"und er hat ihm aber bald die Eva geb'n - und die zwoa san net allan blieb'n"* - damit malte er die Terz hin. Ein anderes Mal erklärte er den Dreiklang: *"da kummt auf amal a G daher - der Schlankl blinzelt die Terz an und da wird halt glei a Verhältnis draus"*. Um die größeren oder geringeren Freiheiten der einzelnen Töne des Dominant-Septakkordes recht eingänglich zu erklären, war ihm dessen Grundton *"der Hausvater, der sich am meisten erlaub'n darf"*, die Septime *"sei Frau"*, die Terz als Leitton, *"das Töchterl"*, die Quint *"der Herr Sohn"*, der schon mehr Bewegungsfreiheit hat. Dabei schwelgte er in der *"heiligen Sept"* und ergötzte sich an den Septakkord-Ketten, beweglich mit dem Kopf wackelnd. Die Unselbständigkeit des verminderten Dreiklangs charakterisiert er damit, daß er ihn als *"armes Hascherl"* bezeichnet, *"das nie frei eintreten darf und immer eing'henkt marschieren muß."* Ergaben sich bei den Aufgaben manchmal doch Situationen, die eine freiere Behandlung verlangten, dann sagte er ironisch: *"Nach der k.k. Harmonielehre derf's zwar net sein, wir machen's aber do'."* So hat Decsey allen Grund, Bruckner einen "lebendigen und belebenden Lehrer" zu nennen. (Göll.-A. 4/1, S. 62 f.)

Orgel (Spiel und Unterricht)

202 (London 1871)

Bruckner erzählte: *"A ganze Reih' san ma g'wes'n, und jeder hat sei Thema in an versiegelten Couver' g'riagt"*. Bruckner stand ganz hinten, weil er sich nicht vorzugehen getraute, da er gegen die anderen in ihrem *"herrischen Anzug"* abstach und niemand ihn ansah, auch hatte er erst Nr. 8 oder 9. *"A paar vor meiner hab'n recht brav g'spielt - no und dann bin halt i' d'ran kumma. Hab'n mi' net recht viri lass'n woll'n, weil s' g'moant hab'n, i' g'hör net dazua. Nacha sitz i' mi' halt aufi, mach's Briafal auf und fang's Thema an:*

Abb. 11 Albert Hall, Holzschnitt

*Auf amal kummt aner daher und sagt: probiert darf da nicht werden und i'
d'rauf, ja das is ja mei Thema! I' fang no amal an und arbeit's halt aus.
Z'erscht hübsch oben, schen fein und stad, dann allweil mehr und mehr bis
daß halt's Pleno kumma is'; da hab'n sie si' g'wundert, was all's in eanara
Orgel d'rin is'. Sie hab'ns gar nöt glaub'n kinna. Da san's alle kema und a
jeder hat ma d'Hand druckt, und alle hinter meiner hab'n net mehr g'spielt -
da tan's nima mit hab'n s' g'sagt. A paar Tag d'rauf hab' i alloan g'spielt - a
eigen's Konzert. Da war wieder dieselbe Mett'n. 'Wunderbar, wunderbar,
Herr Professor!' - es war halt so viel fein!"* (Göll.-A. 4/1, S. 147 f.)

203 (1871)

Das große Spiel in der Albert Hall schilderte Bruckner selbst etwa folgendermaßen: *"Z'erscht ham s' mi net fürilassen wolln zu der Orgel; weil i net her-
risch anzogn war, ham s' gmoant, i ghör gar net dazua. Nachher sitz i mi
halt aufs Bankerl, mach's Briaferl* (das verschlossen überreichte Thema) *auf
und fang schön stad an. Auf amal schreit oaner zu mir her: 'Sie, probiert darf
da net werdn! I drauf: 'Aber des is ja mein Thema! I fang no(ch) amal an und
arbeit's halt aus. Z'erscht hübsch oben, schön fein und stad, dann alleweil
mehr und mehr, bis daß halt 's Pleno kuma is. Da hamt sie si(ch) gwundert,
was alls in eahnara Orgel drin is! Sie ham's gar net glaubn kina. Wiar i fer-
ti(g) war, sand s' alle daher kema und a iader* [jeder] *hat ma d' Händ druckt
und die hinter meiner hamt überhaupt nimmer gspielt. 'Da tan ma nimmer
mit', ham s' gsagt."* Durch dieses Meisterspiel über Nacht berühmt geworden, spielte Bruckner kurze Zeit später vor angeblich 70.000 (!) Hörern im
Kristallpalast und wurde solange durch Dakapo-Rufe geehrt, bis er *"noch a
Draufgab"* spendete. (Commenda S. 66 f.)

204 (1871)

Vor der Reise hatte sich Bruckner drei Monate lang die einzelnen Programm-
Nummern einstudiert. Trotzdem war er sich bewußt, daß er einzig mit der
freien Improvisation den Vogel abschießen werde. Wie Josef Pembaur der
Ältere erzählt, hat der Meister in seiner Konservatoriums-Stunde geäußert:
*"No i' wer net lang den Bach einwerkl'n, das soll'n dö tuan, dö koa Phanta-
sie hab'n; I spiel' in London über a frei's Thema."* Freilich mußte Bruckner
bei seinem häufigen Auftreten mehrmals auch ein festes Programm spielen.
So kam er einmal nach mehreren Vordermännern auch mit der D-Moll Tok-
kata von Bach an die Reihe, die ebenso wenig einen besonderen Beifall auslö-
ste wie das Spiel seiner Vorgänger. Erst als er frei zu improvisieren begann,
errang er den gewaltigen Vorsprung vor den anderen. (Göll.-A. 4/1, S. 148)

205

So berichtet "Musical Standard" vom 12. August 1871: "Orgel-Recital in der Albert Hall. Nach der Fertigstellung der großen Orgel des Herrn Willis in der Albert Hall wurden uns Aufführungen von berühmten Professoren, sowohl britischer wie ausländischer Herkunft versprochen. Bis zu welchem Grade dieses Versprechen erfüllt wurde, soll hier zur Sprache gebracht werden. Eine Vorfeier der Einweihung wurde bereits vor einem Monat veranstaltet indessen waren unsere einheimischen Orgel-Professoren nur durch die Person des Herrn W. T. Best[87] repräsentiert. Es liegt auf der Hand, daß ein besserer nicht gefunden werden konnte, sowie daß der verfeinerte Geschmack in den 10 oder 12 Programmen des Herrn Best nur das Beste zur hören bekam. Doch hat England auch noch andere Organisten von gutem Ruf, Männer, die auf ihrem besonderen Kunstgebiet Hervorragendes leisten; der Londoner Musikliebhaber und die ausländischen Besucher der Ausstellung werden aber jetzt keine Gelegenheit mehr haben, die berühmten Improvisationen des einen Professors oder das hervorragende Fugenspiel des anderen zu hören, da die Saison jetzt bald zu Ende geht, und das Publikum dann lieber der Musik der windbewegten Wellen, die sich am Strande brechen, lauscht. In diesem Falle wird man dem Komitee vorzuwerfen haben, daß es seinem Versprechen bezüglich der Orgelprogramme nicht nachgekommen ist. Auf der anderen Seite ist indes zu konstatieren, daß die Vorführung der ausländischen Organisten getreu bis zum Buchstaben, wenn auch nicht im Geiste erfüllt worden ist. Recitals wurden gegeben von Herrn G. W. Haintze [sic][88] aus Stockholm, Herrn Lohr[89] aus Pest, sowie Herrn Bruckner. Von diesen Vorführungen ist zu sagen, daß, wenn es ihnen auch nicht gelang, die Kritik zu befriedigen, sie dennoch herzerfreuend auf den patriotischen Briten gewirkt haben müssen. Unglücklicherweise sind solche Qualitäten nicht immer durch patriotische Empfindungen gestützt, indessen bekennen wir, Bezeugungen der Dankbarkeit bei den Vorführungen des Herrn Best beobachtet zu haben, und zwar gleich nach der Anwesenheit bei einem Recital eines seiner kontinentalen Rivalen. Bescheidene Mittelmäßigkeit mag hier übergangen werden, wir verweilen deshalb nicht im speziellen bei Herrn Haintze oder Herrn Lohr, doch verdient das Spiel des Herrn Bruckner ein Wort. Das offizielle Pro-

---

87 Der Engländer William Thomas Best (1826 - 1897), einer der größten Orgel-Virtuosen des 19. Jahrhunderts, konzertierte als erster auf der 1871 fertiggestellten neuen Orgel in der Royal Albert Hall.
88 Georg Wilhelm Heintze (1849 - 1895), schwedischer Organist.
89 Der aus Eger stammende Organist Johann Lohr (1828 - 1892) wirkte in Szegedin und Budapest.

gramm betonte, daß Herrn Bruckners 'starke Seite' auf dem Gebiete der klassischen Improvisation zu suchen sei; demgemäß waren wir darauf vorbereitet, daß die Wiedergabe der Mendelssohn'schen Sonate Nr. 1 eine 'schwache Seite' zeigen werde, und das war tatsächlich der Fall. Es ist indessen nur gerecht zu vermuten, daß Herr Bruckner nicht den Vorteil genossen hatte, das Orgelwerk vor der Aufführung kennen zu lernen, um so mehr, als man bei seinen späteren Aufführungen eine Zunahme der Beherrschung des Instrumentes feststellen konnte." (Göll.-A. 4/1, S. 149 ff.)

206 (um 1883)
(Bericht von August Stradal:) Es ist schwer, über das Spiel des Meisters sich so zu äußern, daß der Leser sich das Orgelspiel Bruckners vorstellen kann, zumal da er, als ich sein Privatschüler wurde, fast sechzig Jahre alt war und infolgedessen sich technisch manches Mal - die Finger zitterten ab und zu schon - kleine Unebenheiten ergaben. Vor allem muß ich betonen, daß Bruckners Orgelspiel der Ausfluß eines Genies war und etwas Monumentales hatte. Da gab es keine "sentiments", keine Zierlichkeiten, keine äußerlichen Effekthaschereien, da alles nur von Größe erfüllt war. Zu der Zeit, in der ich Bruckner als Organisten hörte, war die Orgel für ihn eigentlich ein überwundenes Instrument, da das Gebiet der Symphonie, der Kirchenmusik sein ganzes Dasein in Anspruch nahm. Wenn Bruckner damals Orgel spielte, so tat er es nur, um anderen eine Freude zu machen. Die Technik seiner Finger hatte, wie erwähnt, etwas nachgelassen; doch war es erstaunlich, welch kolossaler Behendigkeit seine Füße beim Pedal noch fähig waren.
War Bruckners Technik trotz des Alters noch immer bedeutend, so kam noch dazu, daß bei ihm Größe der Auffassung, Tiefe des Ausdrucks, Leidenschaft und Gesang in hohem Grade vereinigt waren.
Bruckner spielte selten Bach und die alten Meister, meistens improvisierte er nach Themen Wagners oder baute auf Grund irgend eines Themas seiner Symphonien eine mächtige Fuge auf.
In der Votivkirche improvisierte er auch einmal über Themen aus der Verwandlungsmusik des "Parsifal".
Wieder einmal hörte ich ihn auf der großen Orgel in Klosterneuburg. Hier hatte er jenes innige und wundersame Thema aus dem ersten Aufzug "Siegfrieds" erwählt, bei dem Siegfried seiner Mutter gedenkt. Aber auch in der Hofburgkapelle, wo er Sonntagnachmittags die Kirchenlieder begleiten mußte, improvisierte der Meister mehrmals auf der Orgel nach Beendigung der Kirchenlieder, wobei er ein oder das andere Lied zur Grundlage nahm und einmal auch über ein Thema des Cis-Moll Quartetts Beethovens fast eine hal-

be Stunde lang eine herrliche Fantasie dichtete. Aber auch auf seiner Zimmer-Orgel übte er diese Kunst gelegentlich aus. (Göll.-A. 4/2, S. 84 f.)

207 (um 1889)
(Bericht von Emil Seling:) Ein ganz besonderes Vergnügen bereitete es mir, wenn Meister Bruckner an Sonntagen nach dem Hochamte auf der Orgel der Kirche zu St. Augustin phantasierte. Ich war als Organist während des Gottesdienstes an dieser Kirche tätig und jedesmal überglücklich, wenn Bruckner im "Benedictus" oder "Agnus Dei" erschien und sich neben mich auf die Orgelbank setzte, um gelegentlich dort weiterzuspielen, wo ich soeben aufgehört hatte. Wußte ich doch, welch auserlesener Genuß mir nach dem Hochamte bevorstand. Oft phantasierte der Meister, ganz auf Zeit und Umgebung vergessend, in dem inzwischen fast vollständig leer gewordenen Dome, wo außer mir meist nur Domkapellmeister Eder[90] mit Professor Vockner ausharrte und stumm vor Bewunderung dem unbeschreiblichen Vortrage lauschte. Hatte Bruckner geendet, kniete er vor der Orgel nieder und betete mit gefalteten Händen wie ein Kind. Nachher kam er wieder auf die Erde zurück, der er während des Phantasierens entrückt zu sein schien, und lud uns in das der Kirche gegenüberliegende Gasthaus "Zur Stadt Brünn", wo er sich als Kenner guter Weine ebenso bewährte, wie kurz vorher mit seinem Orgelspiel. In heiterem mit harmlosen, niemals nur im geringsten undezenten Scherzen gewürztem Geplauder verging rasch die flüchtige Zeit, und gerne hätte ich die Zeiger der Uhr aufgehalten, um länger die Gesellschaft meines hochverehrten Lehrers genießen zu dürfen. (Göll.-A. 4/2, S. 695 f.)

208 (um 1884)
(Marschner berichtet:) Als ich ihn Wien unter dem Eindrucke seines großartigen Orgelspiels einmal fragte, ob er nicht auch Orgelkompositionen schreiben würde, sagte er fast aufgebracht: *"Nein, die Welt ist zu schlecht, ich schreibe gar nichts für die Orgel".* (Göll.-A. 4/2, S. 166)

209
Am 18. August war anläßlich des Namenstages [recte: Geburtstages] des Kaisers Franz Josef ein feierliches Hochamt in der Stadtpfarrkirche, nach welchem Bruckner über das zum Schluß vom Volk gesungene Kaiserlied (nach der altehrwürdigen Melodie "Gott erhalte Franz den Kaiser") auf der Orgel improvisierte. Auch darüber berichtet Wiesner:

90 Leopold Eder (1823 - 1902), seit 1867 Kapellmeister in St. Augustin.

"Am nächsten Tage, 18. August 1886, waren in der Stadtpfarrkirche Steyr die Musikliebhaber der Stadt und Umgebung im Hochamte anwesend. Nach demselben harrten alle in atemloser Spannung zum Schluß der Volkshymne auf Bruckners Orgelspiel. Nach kurzer Einleitung begann er eine Fuge über dieselbe. Wie er diese durchführte, kann ich als Nichtfachmann nicht beschreiben. Ich weiß nur, daß ich und alle, die ich kannte, tief ergriffen waren. Bruckner kam in die Kirche herab, ganz mit visionärem Blick, seine Freunde, alte Lehrer aus allen Gegenden, kaum erkennend und nur abgebrochene Sätze sprechend: *'Ich danke!'* - *'Kann nicht!'* - *'Die Damen!'* - *'Muß gehen!'* - Über mich sah er hinweg, als ob er mich nie gesehen hätte; erst an der Kirchentüre reichte er mir die Hand. Das Orgelspiel mußte ihn in eine andere Welt versetzt haben." (Göll.-A. 4/2, S. 500 f.)

210 (1890)

Der Dienst an der Hofkapelle verhinderte Bruckner diesmal die Weihnachtszeit in Oberösterreich zu verbringen. Am Stefanstag, dem 26. Dezember, war er sogar gewürdigt, in der Hofkapelle das Hochamt zu spielen. Mit kindischer Freude vermerkt er im Kalender ein Lob seines Vorgesetzten, des gefürchteten *"H. H."*, wie er Hofkapellmeister Hellmesberger[91] zu nennen pflegte. Es heißt da unterm 26. Dezember: *"H. H. So schön hat noch Keiner gespielt wie Bruckner heut in der Hofkapelle."* (Göll.-A. 4/3, S. 104)

211 (1886)

(Hans Kleser[92] berichtet von einer Orgelvorführung in Klosterneuburg:) Er phantasierte so herrlich, so überraschend erfindungsreich und spielte technisch so überwältigend, daß wir - die Zuhörer - unter der gewaltigen Wirkung förmlich ermüdeten. Wir hatten insgesamt das Gefühl, als seien wir in der Gewalt eines Zauberers, der uns nicht loslassen wolle, dessen wir uns auch nicht erwehren könnten. Endlich war die Aufnahmsfähigkeit meines Nervensystems erschöpft; ich stürzte nach der Emporkirche, um Bruckner zu sagen, er solle sich doch nicht überanstrengen. Da saß der starke Mann mit dem mächtigen Kopfe auf der Orgelbank und arbeitete mit Händen und Füßen, wie ein Entrückter, ohne mich auch nur zu hören; das Wasser lief ihm den ganzen Körper herunter; Rock, Weste und Halstuch hatte er natürlich abgelegt, und was ich auch sprach vom Aufhören - es half nichts; noch über

---

91 Joseph Hellmesberger (1828 - 1893), seit 1877 Hofkapellmeister in Wien.
92 Franz Brunner übernimmt einen Teil des Artikels von Hans Kleser aus der *Neuen Musikzeitung* 7 (1886) S. 13 f.

eine Viertelstunde spielte er weiter, als ob ich nichts gesagt hätte und nicht da wäre; dann endete er mit ein paar bizarren, abgestoßenen, vollen Accorden, stieß die Register ein, schlug die Orgel zu, zog sich Weste und Rock an und schritt mir voran in den schattigen Klostergarten, wo wir dann in kleiner Gesellschaft einige Flaschen 35er tranken, mit dem liebenswürdigen Meister von seinem Spiele aber kein Wort sprachen, obschon wir fort und fort unter dem Eindrucke desselben standen. (Brunner S. 21)

212

(Sepp Stöger erzählt:) Ich durfte hingehen und hörte das schönste Orgelspiel in meinem Leben. Was der Meister zuerst spielte, weiß ich nicht mehr, aber dann kam die wunderbare Variation über das Kaiserlied. Voll Staunen sah ich, wie der Meister, den Blick zur Höhe gerichtet, beinahe wie geistesabwesend mit Händen und Füßen die herrlichsten Melodien der alten Orgel entlockte. (Göll.-A. 4/3, S. 172)

213

Wenn der Linzer Bischof Franz Rudigier[93], ein sehr frommer, aber auch streitbarer Diener der Kirche, sich wieder einmal von Sorgen und Aufregungen arg bedrückt fühlte, ließ er sich von Bruckner auf der Orgel vorspielen, um die seelische Verfassung wieder zu gewinnen. Bruckner drückte das einmal so aus: *"Der Herr Bischof braucht halt wieder amal a Kur. Wissen S', wann er so ganz voll Ärger is, daß er si(ch) nimmer auskennt, dann ruaft er mi(ch). Wann i dann a Stund an der Orgel sitz und eahm was vorspiel, is er allemal glei wieder gsund, sagt er."*
Nach solch einer musikalischen Tröstung saß der Bischof einst noch lange in tiefen Gedanken. Dann trat er zu Bruckner, ergriff seine beiden Hände und sprach mit feuchten Augen: "Lieber Bruckner, ich habe nachgedacht, womit ich Sie für einen solchen Genuß würdig belohnen könnte. Ich habe es gefunden. Ich verspreche Ihnen hiemit eine Grabstätte, wo sie Ihnen am liebsten sein wird: unter unserer Orgel!" Tatsächlich fand Bruckner unter einem von Crismann[94] gebauten Werk seine letzte Ruhestatt. Freilich liegt er nicht unter der Linzer, sondern unter deren größerer Schwester, der Florianer Orgel, begraben. (Commenda S. 29)

---

93 Franz Josef Rudigier (1811 - 1884), Bischof von Linz 1853 - 1884.
94 Franz Xaver Chrisman (1726 - 1795), Orgelbauer; die Orgeln in St. Florian, im Alten Dom in Linz und in der Stadtpfarrkirche Steyr sind sein Werk.

Franz Josef Rudigier, Bischof von Linz, † 1884.

Abb. 12 Zeitungsdruck

214 (1889)

Bruckner war auf der Höhe seines Mannesalters der größte Orgelkünstler seiner Zeit. Saint-Saëns und César Franck erzählten Jahre nachher noch Wunder von Bruckners Auftreten in Paris im Mai 1869. Was er auf der Riesenorgel von Notre Dame aufführte, war bisher unerhört.

Auch Ambroise Thomas, Daniel Auber und Charles Gounod waren bei diesem Orgelspiel anwesend und so überwältigt davon, daß sie Bruckner umarmten und küßten. *"So ham s' mi gfeiert, daß ma ganz anders wordn ist!"* erzählte Bruckner bei der Rückkehr und fügte selig lächelnd hinzu: *"Und die Damen, die mir zughört ham, hamt alleweil très, très gsagt. Du, die warn sauber!"* (Commenda S. 63[95])

215

Am 28. August 1889 gab Bruckner seinen Verehrern und Freunden ein Orgelkonzert in St. Florian. In hellen Scharen wallfahrteten die Getreuen in die Stiftskirche. Dort führte der Meister eine seiner berühmten Orgelphantasien, frei aus der Empfindung des Augenblicks heraus, vor. Er hatte in dieser Kunst nicht seinesgleichen unter den Zeitgenossen. ... Die Hörer hatten erschauernd gelauscht. Der Organist Stadelmayr, überwältigt von solcher Größe, kniete sich huldigend vor Bruckner nieder. Der aber hob ihn rasch auf und sagte: *"Glei stengan S' auf. Vor unserm Herrgott kniet ma si(ch) nieder, net aber vor die Menschen!"* Nach dem Konzert gab es im Gasthof Neudorfer in St. Florian ein fröhliches Beisammensein. Dabei sagte Freund Almeroth dem Meister heimlich ins Ohr: "Wieviel Erzherzoge haben wir, aber nur einen Bruckner!" Der Meister erwiderte: *"Sagen Sie's nur laut, daß's jeder hört!"* Er spielte dabei auf die beschämende Tatsache an, daß jedes Mitglied des kaiserlichen Hauses durch die "Apanage" wirtschaftlich gesichert war, während er selber, im 65. Lebensjahr (!), vor lauter Privatstunden um des täglichen Brotes willen nicht zum freien Schaffen kam. (Commenda S. 135 f.)

216

Bei der Elfhundertjahrfeier des Klosters Kremsmünster, 1877, hatte Bruckner eine große Orgelfantasie über kirchliche Themen zu spielen. Vorher in fröhlichem Kreise schlug der Sänger Josef Staudigl[96] ihm vor, doch auch ein schönes Volkslied, etwa den "Jäger aus Kurpfalz" in seine Variationen zu verwe-

---

95 Siehe auch Göll.-A, 4/1, S. 94 ff.
96 Der Wiener Josef Staudigl jun. (1850 - 1916), Bariton, war ein bedeutender Konzert- und Opernsänger u. a. in Karlsruhe und Dresden.

ben. Und Bruckner, vielleicht durch ungewohnten Wein ermuntert, tat das auch, freilich so kunstvoll, daß nur die wenigen Eingeweihten es entdeckten. Am andern Morgen aber kam über ihn der moralische Jammer: im höchsten Zorn fuhr er gegen Staudigl los, daß er ihn *"zu einer Todsünde"* beredet habe. (Gräflinger S. 23)

217

Bruckners jüngerer Bruder Ignaz[97], im Äußeren dem Meister sehr ähnlich und stets eifrig darauf bedacht, ihn mit den geliebten "Schwarzwurzen" (Bauerngeselchtem) zu versehen, stand zeitlebens im Schatten des Titanen. Er hat das selbst sehr wohl erkannt und in die Worte gekleidet: "Was war i denn auf der Welt gewesen ohne mein Bruadern!" ...
Ignaz hatte wie sein Bruder angestammten Mutterwitz. So fragte er den Meister einmal verschmitzt, wer von beiden auf der Orgel mehr vermöge. Als nun der berühmte Bruder schmunzelnd antwortete, darüber könne es wohl keinen Zweifel geben, rief Ignaz aus: "Gfaihlt! Is net wahr, i bin's. Denn wann der [dir] i koan Luft net gib, kannst überhaupt net spieln!" Ein anderes Mal spielte Bruckner so ausgiebig mit dem vollen Werk und hielt die reichen Schlußklänge so lange aus, daß Ignaz mit dem Balgtreten schier nicht mehr nachkonnte. Schließlich standen sich beide Brüder schweißtriefend gegenüber. Wütend schnaufte Ignaz: "Du, wannst no(ch) einmal deini Pratzen net wegbringst von die Tasten, dann laß i di(ch) sitzen, daß d' es nur woaßt!" *"Aber geh, Ignaz"*, begütigte der Meister ganz erschrocken, *"is 's denn wirkli(ch) gar so arg gwesen?"* (Commenda S. 98 f.)

218

Eine Episode, die sich nach authentischen Mitteilungen im Jahre 1884 ereignet hat. Auf der Heimreise von den Bayreuther Festspielen nahm Bruckner in Budweis Aufenthalt, um über Einladung des damaligen Domorganisten und Chormeisters der dortigen Liedertafel Sauer auf der Domorgel zu spielen. Nun hatte Bruckner während des Amtes keine Gelegenheit, seiner Phantasie freien Lauf zu lassen. Schon fürchteten die zahlreichen Kirchenbesucher um den musikalischen Kunstgenuß zu kommen. Sauer bat daher Bruckner, nach dem Amte seine weltberühmte Orgelkunst zu zeigen. Bruckner fragte in seiner urwüchsigen Weise: *"Habt's auch an guaten Balgtreter?"* Sauer bejahte und rief den alten Eberhard, der den Blasbalg trat, und machte ihn auf sein

---

97 Ignaz Bruckner (1833 - 1913).

wichtiges Amt aufmerksam. Bruckner begann zu spielen. Zuerst zart, mit weichem Gesang, dem sich bald eine zweite Melodie hinzugesellte, und sich mit mächtiger Steigerung zu glänzendem Triumph erhob. Mit vollem Werke, in größter Klangfülle setzte dazu ein krönender Choral ein, mächtig wie aus Erz gegossen. Da, plötzlich ein entsetzliches Gepolter! Jäh verstummte die Orgel. Am Chore große Aufregung: Der alte Balgtreter, der mit dem Aufwande aller seiner Kräfte gearbeitet hatte, war vor Übereifer in das Gebälge gefallen. Seinen Schmerz verbeißend, halb verlegen, entschuldigte er sich: "Der Herr Bruckner braucht aber viel Wind!" (*Wiener Stimmen* 27. 11. 1924)

219

Es war nicht zu verwundern, daß die Bauern von Windhag [sic] über den seltsamen Schulgehilfen Anton Bruckner die Köpfe schüttelten. Saß er doch gern auf einem Feldrain und lauschte in die Baumkrone, um dann plötzlich eifrig, wie in einem Wutanfall, in einem Notenblatt zu schreiben. Und der dortige Schulmeister[98] zeterte gar einmal: "Der Mensch haut mir noch die ganze Orgel zusammen." (Unbezeichneter Zeitungsausschnitt, ABIL)

220

Als Bruckner in den achtziger Jahren im Stifte Melk auf der großen Orgel spielte - in alter Anhänglichkeit besuchte er die hierher übersiedelte Familie Marböck[99] - und wieder einmal in seiner Verzückung über die schöne Akustik das Ende nicht fand, rief der unvergessene Abt Karl, von dem eine Anzahl guter Witzworte und geistvoller Aussprüche kursieren, ihm zu: "Herr Bruckner, jetzt kommen S' aber einmal herunter von dem Kasten! Es ist schon höchste Zeit!" - *"Höchste Zeit, höchste Zeit? - Ja, zu was denn höchste Zeit, Euer Gnaden?"* murmelte der aus allen Himmeln Gerissene. "Ins Bierzimmer!" donnerte Abt Karl. Wie elektrisiert sprang Bruckner von der Orgelbank und folgte dem gastfreundlichen Prälaten und seinen Kapitularen, die seinem Spiele gelauscht hatten, in den reizenden Gartenpavillon, wo sich die Geistlichen im Sommer stets von halb sechs Uhr bis zum Abendessen aufhielten. Abt Karl, der sich in Wahrheit schon stark nach seiner gewohnten Whistpartie gesehnt hatte, saß flugs am Spieltische und warf mit seinen klugen, aufmerksamen Augen hie und da einen wohlwollenden Blick auf den in der Nähe sitzenden Bruckner, der sich im heiteren Kreise voll Behagen am trefflichen

---

98 Franz Fuchs (1788 - 1860) war Schulleiter in Windhaag von 1822 bis 1860.
99 Gedenktafel in Melk, Hauptstr. 12: *"In diesem Hause weilte Anton Bruckner des öfteren als Gast 1875/76."*

kühlen Bier und kaltem Fleisch gütlich tat. Abt Karl amüsierte der überreiche Appetit des Meisters, dem er gemütlich zurief: "Essen S' nur, Herr Bruckner! Sie kriegen gleich noch eine Extraschüssel Schinken!" Die älteren Herren des Stiftes erinnerten sich gerne der hübschen Idylle. (Gräflinger S. 58 f.)

221

Als Bruckner noch Organist in St. Florian war, feierte er jedes Jahr den Namenstag der hl. Cäcilia als Schutzpatronin der Musik. Im Jahre 1852 feierte er ihn so ausgiebig beim Punsch, daß er am Heimweg den Kirchenschlüssel verlor. Die ganze Schule mußte am nächsten Morgen ausrücken, um den Schlüssel zu suchen, sonst hätte man die Kirche nicht aufsperren können. Der Prälat Arneth[100], der davon erfuhr, wurde wütend und sagte: "Wenn er das ewige Wirtshausgehen nicht aufgibt, werf ich noch den Bruckner mitsamt der großen Orgel hinaus." Brucker erfuhr diese Drohung und bemerkte zu ihr später nur: *"Wann der Herr Prälat mi mitsamt der großen Orgel wegjagt, dann bin i eh geborgen, hab i mir denkt."* (Fellner S. 116)

222

Als getreuer Jünger der hl. Cäcilia hielt Bruckner gewissenhaft daran fest, den Namenstag der Orgelheiligen würdig zu begehen. Im Jahre 1852 schilderte er als Stiftsorganist bei einer solchen Cäcilienfeier das Leben der Heiligen in einer schwungvollen Rede, die in einem flammenden Toast ausklang. *"Dabei hab i eigentli gar nix rechts über sie gwißt"*, gestand er hinterher verschämt. Auch Punsch wurde bei diesem Anlasse getrunken, und wie es scheint, ziemlich ausgiebig, denn beim späten Nachhausegehen verlor Bruckner den Schlüssel zur großen Stiftsorgel. *"Da muaß i amal an ordentlichen Affen ghabt ham!"* begründete er ehrlich diese Nachlässigkeit. Früh um sieben Uhr des nächsten Tages sollte er die "Chrismannin" schon wieder meistern! Aber wie den Schlüssel finden? Die Schulbuben halfen ihm aus der Patsche. Sie suchten und fanden den Ausreißer eben noch zur rechten Zeit. (Commenda S. 22)

223 (um 1870)

(Anna v. Gyurkovics, verehelichte Bazant, berichtet:) Er besaß in der Wohnung eine Orgel. Ich war damals ein 13jähriges Mädchen und kam mit meinen Geschwistern oft zu einer Oberstabsarztenswitwe zu Besuch. Da hörten

---

100 Michael Arneth, vgl. Anm. 20.

wir Bruckner oft auf seiner Orgel die herrlichsten Präludien spielen. Wenn wir ihn aber dann im Hause oder auf der Straße begegneten, lachten wir ihn immer heimlich aus, denn er sah mit seiner gedrungenen Gestalt in den viel zu kurzen und zu weiten Hosen, die ihm um die Füße schlenkerten, und dem großen Schlapphut auf dem Kopfe sehr komisch aus. Zwei Jahre später veranstalteten wir oft in unserer Familie musikalische Abende. Wir wohnten damals [Wien] IX. Berggasse 9. Es kamen mehrere kunstsinnige Leute bei uns zusammen, so der alte Kapellmeister Eder (von St. Augustin), der Kapellmeister Greipel von St. Peter, die Musikschulinhaberin Sophie Kosch, die Konzertsängerin Helene Marschall, der Violinspieler Prof. Rottenstein usw. Die beiden genannten Kapellmeister brachten auch Bruckner mit. Er saß immer bescheiden und schüchtern da, sprach sehr wenig; wenn man ihn ansah, lächelte er freundlich. Ich spielte mit Prof. Rottenstein viele Kompositionen für Klavier und Violine und erwarb mir oft den freundlichen Beifall Bruckners, den er durch ein freundlich lächelndes Nicken mit dem Kopfe ausdrückte. Manchmal, aber nicht gar oft kam es vor, daß sich auch Bruckner ans Klavier setzte, um zu phantasieren. Einmal präludierte er auch über die Volkshymne; dies war so wundervoll, daß wir alle atemlos im Banne seiner Kunst lauschten. Mehrere Jahre später begegneten meine beiden Schwestern Bruckner in Schwanenstadt. Als sie ihr Erstaunen äußerten ihn dort zu treffen, sagte er: *"Ja wissen Sie denn net, daß i' a oberösterreichischer Mostschädl bin!"* (Göll.-A. 4/1, S. 26 f.)

224 (1878)
Von den vielen Orgeln, die Bruckner meisterte, schätzte er die *"Crismannin"* - die vom Orgelbauer Crismann erbaute große Stiftsorgel zu St. Florian - am meisten. Die vom gleichen Erbauer stammenden Orgeln im Alten Dom zu Linz und in der Stadtpfarrkirche zu Steyr lobte er ebenfalls. Hingegen bezeichnete er die alte Orgel in Vöcklabruck schlankweg als *"Kletzentruhen"*. Als dann ein neues Werk eingebaut war, gab er nach kurzem Probespiel folgendes "Gut"achten ab: *"Das is do ka Werk net, das is ja a Werkel!"* (Drehorgel). In die größte Verlegenheit aber kam Bruckner, als er an Stelle des erkrankten Hanslick die von der Weltfirma Walker-Ludwigsburg gelieferte große Orgel in der Wiener Votivkirche prüfte und von Sr. Majestät, dem Kaiser Franz Joseph I., persönlich um sein Urteil befragt wurde. Bruckner war sich über die Schwächen des Werkes vollständig im klaren, getraute sich aber nicht, dem kaiserlichen Spender die Wahrheit zu sagen. So stotterte er etwas über technisch vollendete Ausstattung, Größe des Werkes usw. daher. Da half ihm der ebenfalls der Kommission angehörende Hellmesberger durch ei-

nes seiner berühmten Witzworte aus der Verlegenheit. Er wandte sich dem Kaiser zu und meinte entschuldigend: "Majestät, einer geschenkten Orgel schaut man nicht in die Gorgel!" Franz Joseph lächelte. Er hatte verstanden, ohne gekränkt worden zu sein. (Commenda S. 80)

225 (80er - 90er Jahre)
Neben dem anstrengenden Blasbalgtreten war das richtige Registrieren uner- läßliche Voraussetzung für Bruckners vollendetes Spiel auf der Orgel zu St. Florian. Gewöhnlich waltete der Musiklehrer, Schüler und Freund des Mei- sters, Karl Aigner[101], dieses keineswegs leichten Amtes. Er kannte Bruck- ners Geschmack und Wünsche ebenso gut wie die Vorzüge und "Mucken" der berühmten alten Florianer Orgel. Eines Tages sollte Bruckner spielen, aber Aigner fehlte. Daher übernahm ein anderer Bruckner-Verehrer, Dr. Franz Wiesner, die bei vier Manualen und vierundzwanzig Registern auf je- der Seite des Orgeltisches durchaus nicht einfache Aufgabe des Registrierens. Bei der Einleitung ging alles gut. Kaum aber begann Bruckner eine Fuge, da versagte - o Schreck - das Pedal. Trotz verzweifeltem Reißen an allen Knöp- fen ließ sich die Störung nicht beheben. Bruckner warf seinem angstschweiß- bedeckten Helfer einen vernichtenden Blick und das Befehlswort: *"'s Pedal!"* zu. Es war vergeblich. Endlich in der höchsten Not stürzte Aigner als retten- der Engel herein, zog die Pedalkoppel, die zurückgerutscht war, wieder vor, keilte ein Hölzchen ein und siehe! - nun sprach das Pedal wieder brav an! Bruckner hatte sich im Spiel so geschickt aus der Patsche gezogen, daß noch kein Hörer etwas gemerkt hatte. Trotzdem ging nach Schluß ein gewaltiges Donnerwetter über Wiesner nieder. Er bekam taxfrei den Titel *"Hallawachl!"* (Commenda S. 115 f.)

226
Am 7. November 1891 stand der 67jährige Candidatus philosophiae im Se- natssitzungssaale der Universität vor dem Rector magnificus Dr. Adolf Ex- ner[102], um das Doktorgelöbnis abzulegen. Es war zur Feier nur ein kleiner Kreis von Freunden des Meisters geladen, die er selbst namentlich ausge- wählt hatte, darunter mehrere seiner Consortiums-Mitglieder[103], wie Graf und Gräfin Lamberg, die den Doktor-Ring gespendet hatten, Karl Almeroth,

---

101 Karl Aigner (1863 - 1935), Freund und Mitarbeiter Bruckners.
102 Adolf Exner (1841 - 1894), Jurist, 1891/92 Rektor der Wiener Universität.
103 Gruppe von Steyrer Persönlichkeiten, die Bruckner finanziell unterstützten.

Karl Reder[104] und, vom akademischen Gesangverein, Karl Lorenz[105] u. a. Rektor Professor Exner hielt dabei an Bruckner eine längere Anrede, worin er dessen Verdienste um die Musik und die Musikwissenschaft würdigte. ... Nach Vollendung des feierlichen Aktes der Promovierung schickte sich Bruckner an, dem akademischen Senat für die ihm zuteil gewordene Ehre zu danken. Dieser Aufgabe entledigte er sich nun in einer rührend unbeholfenen Weise. Nach einigen einleitenden Worten verlor er dermaßen den Faden der Dankesrede, daß er öfter zaudernd innehielt. Durch einen originellen Einfall half er sich schließlich aus der Verlegenheit, indem er sagte: *"So wie ich möchte, kann ich Ihnen nicht danken; wäre eine - Orgel hier, ich würde es Ihnen schon sagen."* (Göll.-A. 4/3, S. 186 f.)

227 (1891)
Besondere Freude bereitete es ihm, daß er nicht Doktor der Musik, sondern Doktor der Philosophie wurde, denn stets hatte er es bedauert, nicht studiert zu haben. So oft sich ihm jemand von der Universität vorstellte, verklärte sich sein Gesicht und er empfing ihn mit höchster Auszeichnung. Nach vielem Leid und Unrecht wurde erst dem siebzigjährigen Bruckner die Krönung seines Schaffens zuteil. Im Jahre 1891 wurde er zum Ehrendoktor der Wiener Universität ernannt und der Rektor sagte in seiner Ansprache: "Ich, der Rektor der Wiener Universität, beuge mich vor dem ehemaligen Unterlehrer von Windhag [sic]." Bruckner in seiner Rührung konnte nur weniges antworten. *"So wie ich möchte, kann ich Ihnen nicht danken"*, sagte er, *"wäre eine Orgel hier, ich würde es schon sagen können."* Atemnot und Wassersucht plagten den Greis damals schon, aber der Humor hatte ihn nicht verlassen. Nachher sagte er stolz auf seine Ehrung: *"Bin i do froh, daß i's Wossa im Bauch hab und net im Kopf."* (Fellner S. 118 bzw. Zimmermann S. 176)

228 (1891)
Es war ein alter, wenngleich uneingestandener Herzenswunsch Bruckners, einen Titel führen zu dürfen, der seiner tatsächlich ungeheuren Gelehrsamkeit entsprach. Zudem war Hanslick Professor an der Universität Wien, Bruckner nur Lektor, Brahms und Richter waren Ehrendoktoren englischer Universitäten. Mit Hangen und Bangen wartete daher Bruckner durch Monate, ob das ihm vom Professorenkollegium der Wiener Universität zugesprochene Ehren-

---

104 Industrieller in Steyr,
105 Mitglied des *Akademischen Gesangvereines*, ehemaliges Mitglied der *Liedertafel "Frohsinn"*.

doktorat vom Kaiser bestätigt oder im letzten Augenblick doch noch von Hanslick hintertrieben würde.

Eines Herbstabends saß Bruckner mit einem halben Dutzend getreuer Universitätshörer aus dem Kreise des Richard-Wagner-Vereines auf der "Rohrerhütten", einem Wiener Ausflugsort, gemütlich beisammen. Da brachte Dr. Dlauhy die Frohbotschaft, der Kaiser habe das Ehrendoktorat bestätigt. Bruckner stand auf, warf seinen Hut hoch in die Luft und stieß einen hell schallenden Juchzer aus, als Oberösterreicher begrüßte er im angestammten Ausdruck höchster Freude die neue akademische Würde. Bei der Promotion waren außer Bruckner und den Würdenträgern der Universität nur zwei Freunde Bruckners anwesend.

Nach den Ansprachen des Rektors und Promotors nahm der frisch gebackene Ehrendoktor das Wort. Mit vor Erregung zitternder Stimme brachte er mühsam hervor: *"I kann net so schön redn wie meine Vorgänger, aber wenn i an Orgel da hätt', da könnt ich Ihnen's sagen, was ich jetzt empfind!"* (Commenda S. 148 f.)

229 (1891)

Die Universität Wien hatte Bruckner um seiner hohen musikpädagogischen Verdienste Willen später das Ehrendoktorat der Philosophie verliehen. An den glanzvollen Promotionsfeierlichkeiten nahm das Wien der Diplomatie und der ersten Gesellschaft, das Wien der Kunst und Wissenschaft teil. Vor dieser auserlesenen Versammlung sollte nun Bruckner in wohlgeschliffener Rede für die hinreißenden, herzbewegenden Worte des Rektors danken. Doch Meister Anton, der himmelwärts gewandte, weltfremde Künstler, war kein Formenmensch. Verhaßt war ihm das hohle, nichtssagende Floskeltum offizieller Phrase. So wurden denn auch die wenigen Dankesworte Bruckners beileibe keine formvollendete Ansprache eines gewöhnlichen Sterblichen, aber sie bleiben Manifestationen eines Weltgenies, eines Giganten, rührend unbeholfen und voll majestätischen Selbstbewußtseins zugleich. Dr. Anton Bruckner sagte mit leicht umflorter, ein wenig bebender leiser Stimme nur: *"Meine Herren, ich bin tief gerührt. Wenn ich meine Orgel da hätt', möcht ich's den Herrn schon zeigen..."* (Walter Richter, *Anekdoten um Bruckner*, in: *Tagespost*, Linz 3. 10. 1931)

230 (um 1890)

Viel Autorität hat er bei uns Sängerknaben, die trotz der feinen Erziehung im Konvikt das Wiener Früchtel noch nicht ganz abgestreift hatten, wohl nicht gehabt. Er studierte mit uns die Messen ein, von denen wir nicht viel verstanden. Pius Richter[106] und Rudolf Bibl[107], die damaligen Vize-Hofkapellmeister, sagten uns zwar, daß ihr Kollege Bruckner ein großer Mann und seine Messen Meisterwerke seien - sogar besser als die, die sie selber komponierten! Mit den respektlosen Augen junger Menschen sahen wir aber in Bruckner nur einen alten, recht komischen und vor allem ungeheuer gutmütigen Mann, mit dem man ungestraft eine Menge Schabernack treiben konnte.

Wenn er zur Probe kam, war es sein erstes, daß er sich völlig aufgelöst nach einem Sessel umsah. *"Buam, bringts mir ein Sessel!"* sagte er, setzte sich umständlich hin und löschte zunächst seine Zigarre ab. Den Stumpen, der oft nichts Besseres mehr als ein *"Tschick"* war, versorgte er sparsam in der Rocktasche. Dann musterte er uns, schon im voraus leise stöhnend über den Ärger, den er mit uns wieder haben würde. Und jetzt begann er den Unterricht mit einem *"Buam, gehn wir's an!"*

Nach Beendigung der Probe war es sein erstes, den in seinen Rock gesteckten Zigarrenrest zu suchen. Fast immer suchte er vergebens, denn es gehörte zu unseren regelmäßig praktizierten Schulbubenspäßen, dem alten Manne seine geliebte Zigarre aus der Rocktasche zu stibitzen. *"Jessas"*, sagte er verzweifelt, *"unten wartet schon der Einspänner und ich find mein Zigarrl nicht!"* Und in seiner wunderschönen Arglosigkeit bat er uns dann: *"Buam, helft's mir suchen!"* Drauf hatten wir nur gewartet. Mit einem Riesenradau wurde "gesucht", und tief gerührt nahm dann der alte Mann, sich vielmals bedankend, die von uns "gefundene" Zigarre in Empfang.

Aufs höchste belustigte uns die schreckliche Nervosität, die Bruckner vor der Aufführung seiner von ihm dirigierten Messen völlig zu zerstören schien. Was wußten wir von seinem Genie, wir sahen nur einen komischen alten Mann, der vor Aufregung den Taktstock verkehrt in der Hand hielt! In der anderen hatte er sein großes blaues Taschentuch, das er während des Dirigierens mitunter im Takt der Musik wie eine Fahne hin und her zu schwenken begann. Von Zeit zu Zeit versenkte er, indes er mit der Rechten taktierte, sein ganzes Gesicht in das Tuch und putzte mit größter Umständlichkeit die Nase. Lauter Dinge, die uns heiter stimmten.

Trotzdem glaube ich, daß wir Anton Bruckner sehr geliebt haben, was sicher nicht allein auf Rechnung der drei Torten zu schreiben war, die er uns nach Aufführungen seiner Messen zu spendieren pflegte. Und er ging mit seinen

106 Pius Richter (1818 - 1893), 1867 Nachfolger Simon Sechters, Hoforganist, 1893 Vizehofkapellmeister.
107 Rudolf Bibl (1832 - 1902) studierte wie Bruckner bei Simon Sechter; 1863 Hoforganist, 1897 Hofkapellmeister.

"*Buam*" durch dick und dünn, er war das große Kind unter uns Zwölf- und Dreizehnjährigen... (*Bruckner und die Sängerknaben. Aus den Erinnerungen eines Wiener Philharmonikers,* vgl. Gräflinger S. 75 ff.)

231

Mein Vater war Ministrant im Stift St. Florian. Als wir noch Kinder waren, baten wir ihn oft, uns seine Erlebnisse aus dieser Zeit zu erzählen, was er auch stets gerne tat. Unter anderem erzählte er, daß er oft Bruckner die große Orgel "treten" durfte, d. h. den Blasbalg zu betätigen, welcher der Orgel die zum Spielen nötige Luft zuführte. Die berühmte Stiftsorgel von Franz X. Krismann 1770 - 1774 erbaut, hatte mehrere Blasbälge, welche von den Ministranten bedient wurden. Besonders an den beiden hohen Festtagen des Stiftes, dem "Florianitag" am 4. Mai und dem Fest des hl. Augustinus am 28. August, weilte Bruckner gerne an seiner früheren Wirkungsstätte. Natürlich spielte er während des Hochamtes oder der nachmittägigen Vesper die Orgel. Dabei hielt er die Buben an, daß sie ja eifrig treten, damit er bei allen Passagen seines Spieles genügend Luft habe. Besonders nach der Wandlung, beim "Benedictus", da sollten sie sich besonders anstrengen, denn da brauche er viel Luft. War er anschließend mit den Leistungen der Ministranten zufrieden, so mußten sie sich vor ihm aufstellen und jeder bekam eine Prise aus seiner Schnupftabaksdose, was die Knirpse besonders ehrte. (ORF 112, Ludwig Windtner, Linz)

232 (um 1860)

Der ehemalige Oberbereiter der Spanischen Hofreitschule Wien, Herr Herold[108], wuchs als Knabe im Linzer Waisenhaus auf. Er war zur Zeit, da Anton Bruckner im Linzer Dom Domorganist war, Sängerknabe unter Anton Bruckner im Domchor. In jugendlichem Übermut nahm Herold zu einer Singmesse eine Schachtel Maikäfer mit, die ihm, gewollt oder ungewollt, während der Messe auskamen. Da Herold in unmittelbarer Nähe Anton Bruckners stand, krabbelten die Käfer an Bruckners Kleidung hoch. Dieser spielte auf der Orgel weiter, ohne sich die Belästigung durch die Krabbeltiere anmerken zu lassen. Er schimpfte nach Messeschluß auch nicht sofort, sondern machte über Herolds Streich Meldung im Waisenhaus. Er wurde erst später im Heim von Anton Bruckner "ernsthaft" ermahnt. Herold konnte dies in seinem langen Leben nicht vergessen und erzählte diese Episode 1944 meinem Mann Vitus Roßboth und mir. (ORF 135, Magdalena Roßboth, Linz)

---

108 Moritz Herold, Bereiter von 1898 bis 1925.

233

Erzählt vom Linzer Arzt Dr. [Edmund] Guggenberger und seinem Bruder Josef, die seinerzeit Ministranten im Alten Dom waren: "Nach dem Amt haben die damaligen Buben Bischof gespielt und sich die Impfel[109] aufgesetzt. Da kam gerade Bruckner von der Orgel herunter und eine schallende Ohrfeige machte dem Spaß ein Ende." (ORF 17, Cäcilie Blasl, Linz)

234

Ich war mit dem letzten Hofkapellmeister Hofrat Prof. Carl Luze[110] sehr befreundet und er erzählte viele Erlebnisse aus seinem Leben. Unter anderem auch aus einer Zeit, als er selber noch Sängerknabe war und von Anton Bruckner Orgelunterricht bekam. Vor der Orgel stand eine Bank und da saßen eben die Buben und spielten. Das heißt immer nur einer - und wenn halt der Bub nicht richtig spielte, in diesem Fall Carl Luze, und seine Geduld zu sehr strapaziert wurde, hob Anton Bruckner das Ende einer Bank hoch, so daß der Bub unweigerlich hinunterrutschen mußte. Das war die höchste Strafe, die er austeilte. (ORF 13, Amalie Wachter, Vöcklabruck)

235

Ein kleiner Beitrag zu "Bruckner gesucht". Mein Vater kam 1874 von Salzburg nach Wien und wurde Altsolist bei den Wiener Sängerknaben. Jeden Sonntag wurden die Buben vom Piaristenkonvikt vom Kaiserlichen Hofwagen in die Hofkapelle gebracht. Wenn Bruckner, den mein Vater - Max Keldorfer, selbst ein hervorragender Orgelspieler und Komponist - aufs tiefste verehrte, mit den Buben eine seiner Messen einstudierte und dann aufführte, stand beim Nachhausefahren im Hofwagen immer eine Spende Bruckners für die Buben bereit. Eine Riesentorte vom Demel. Einmal geschah es nun, daß die Buben bei der Aufführung patzten und kleinlaut zum Wagen gingen. Die Torte stand wie immer bereit, aber Bruckner riß die Tür des Wagens auf und sagte: *"Gelt, es Mistbuam, falsch tuts singen, aber mei Torten freßts!"* (ORF 87, Grete Pietschmann, geb. Keldorfer, Wien)

236

Seine höchste Belohnung. - An hohen Feiertagen fuhren früher die begabtesten Schüler des Linzer Musikvereines nach Florian, um in der Stiftskirche zu singen und zu spielen. An der Orgel saß Anton Bruckner. Einmal, als der

---

109 Infel oder Inful: Mitra des Bischofs oder Abtes.
110 Carl Luze (1864 - 1942), Schüler Bruckners, Chordirigent, Hofkapellmeister.

Meister mit den musikalischen Leistungen der Knaben sehr zufrieden war, stieg er von der Orgelbank herab und schritt zu einem zwölfjährigen Knaben, der als Sekundgeiger seine Sache besonders gut gemacht hatte. Er sah ihn mit Wohlgefallen an, griff in die rückwärtige Tasche seines weiten Bratenrockes, aus der - wie so oft - das blaugewürfelte Schnupftuch hervorguckte, nahm seine mit Linien und Schnörkeln verzierte Silberdose heraus, klopfte dem Jungen auf die Schulter und sprach, indem er ihm die Dose entgegenhielt, mit freundlichem Lächeln: *"Brav hast geigt, Klaner! Magst amol schnupfen?"* (*Große Oberdonauer in der Anekdote*, in: *Oberdonau-Zeitung* 13. 2. 1943)

237

Herr Anton Röckl ... gab mir eines Tages, während er das Klavier stimmte, die Erklärung für sein Können am Klavierspiel. Er erzählte mir, daß sein Vater Klavierbauer und -stimmer in Steyr gewesen sei und, während er bei seinem Vater dessen Handwerk lernte, Anton Bruckner sehr oft in die Werkstatt gekommen ist und eines Tages zu ihm, dem Lehrling, sagte und auf die Klaviatur zeigte: *"Schau, Toni, da in der Mitt'n, beim Schloß is das C, wannst dös waßt, kannst Klavier spielen."* Er zeigte ihm dann noch, wie man auf einfache Art vom C-Dur-Dreiklang aufsteigend in alle Tonarten der Dur-Skalen überwechseln kann und absteigend in die chromatische Reihe. Ich war von dieser Mitteilung aufs tiefste betroffen, wollte ich doch auch Klavier spielen lernen, ohne in eine Klavierstunde gehen zu müssen. Daß dies möglich sei, dafür war ja unser Klavierstimmer der lebende Beweis. (ORF 133, Johannes Teufl, St.Wolfgang)

238 (1864)

Meine Urgroßeltern Rosina und Anton Hager waren Brauerei- und Hotelbesitzer in Attersee am Attersee. Anton Bruckner war für einige Tage bei ihnen eingeladen und hat sich in das Gästebuch der Familie eingetragen. Leider hat er nicht Attersee, sondern Linz dazugeschrieben. Meine Großmutter Katharina, die Tochter von Rosina und Anton, war damals ein Mädchen von neun Jahren (1855 geb.) und durfte mit Anton Bruckner vierhändig Klavier spielen. Das Klavier stand im Herrenhaus, der Privatwohnung der Familie. Ich wohne im Sommer noch in diesen schönen Räumen und höre auch gerne Musik. Mein verstorbener Vater, Dr. Anton Moritz, Sohn der Katharina Hager, verh. Moritz, erzählte mir oft von Anton Bruckner und sagte, er sei ein sehr lieber und bescheidener Mensch gewesen (nach Erzählungen seiner Mutter). (ORF 122, Sieglinde Teufelberger, Wels)

Komponist

239 (um 1885)

(Hruby erzählt:) Im Vorzimmer empfing ihn schon die treue Kathi, welche eben an Bruckners Unaussprechlichen herumhantierte und wie ein grimmer Cerberus den Eingang zum Allerheiligsten, dem Arbeitszimmer des Meisters, bewachte, mit höchst bedenklicher Miene. Sie meinte, daß es nicht rathsam sei, den Herrn Professor jetzt zu stören, da er gerade beim "kombiniren" sei. (Kathi pflegte nämlich regelmäßig statt: componieren - "kombiniren" zu sagen.) Nachdem sich Großauer[111] aber durchaus nicht abweisen ließ, so wurde eine ziemlich laute Debatte geführt.

Plötzlich that sich die Thüre auf und Bruckner stand - in Hemdärmeln, die heilige Ergriffenheit der Inspiration im Antlitz - auf der Schwelle. Angesichts des lieben Landmannes und wohl auch den Zweck seines Kommens errathend, wußte er nicht gleich: soll er grob oder höflich werden - und so wurde er denn Beides.

Großauer schildert geradezu ergötzlich den Dialog, der sich da entspann (wenn man es nämlich so nennen kann, da Bruckner der Sprechende und Großauer der beinahe ausschließlich [An-] Gesprochene war):

Bruckner (grob): *"Wos suachen S' denn do eigentli?"* ... (Nachdem Großauer einige Entschuldigungen stammelt und den Zweck seines Kommens angibt - mit ironischer Freundlichkeit): *"So - so - gratuliren kommt der Landsmann ... is das aber liab von Eahm ...!* (mit verhaltenem Grimm) *... und do hab'n S' ka' and're Zeit g'wißt?* (Wieder freundlich): *Grüaß'n S' m'r den Vata - 's hat mi' wirkli' g'freut - kommen S' bald wieder ... Adieu!"* Bums! flog die Thüre zu - und Großauer war mit Kathi wieder allein. D'rinnen hörte er Bruckner noch sein *"Viechkerl"* murmeln. Kathi sah ihn mit einem Ausdrucke an, als wollte sie sagen: "Siehst es, ich hab' dir's gleich gerathen, den Herr Professor bei der 'Kombinirerei' nicht zu stören." (Göll.-A. 4/2, S. 384 f.)

240 (um 1890)

Seling, der Bruckner einen "ausgezeichneten Lehrer von rührender Geduld und selbstloser Hingabe" nennt, schildert seine Antritts-Visite und seine Eindrücke folgendermaßen:

---

111 Ludwig Großauer, Schüler und Landsmann Bruckners; Musiker.

"Ich ging eines Tages nach Tisch zu ihm in die Heßgasse 7, zog mehrmals die Klingel, ohne daß geöffnet wurde, und wollte eben unverrichteter Dinge wieder abziehen, als ich in der verschlossenen Wohnung Türen öffnen hörte, worauf ich nochmals heftig, wie es einem jungen Studiosus geziemt, anklopfte und Einlaß begehrte. Daraufhin erschien endlich der verehrte Meister, nur halb bekleidet, mit sehr unfreundlichem Gesichtsausdruck und stammelte, indem er den Kopf zur halbgeöffneten Tür herausstreckte, die Worte: *'Ach, Sie sind's, lieber Seling, ach, bitt' schön, kommen S' ein anderes Mal, i' bin g'rad' mitten im Komponier'n, i' hab' heut' so himmlische Einfälle, san S' net bös, i' hab' net amal z'Mittag gessen, weil i net unterbrechen will, gelt, Sie san net bös und kommen ein anderes Mal!'*
Mit diesen in seinem gemütlichen oberösterreichischen Dialekt gesprochenen Worten schlug er mir die Tür vor der Nase zu. Obwohl ich den Meister außerordentlich hoch schätzte, war ich über diesen Empfang doch so gekränkt, daß ich keine Lust verspürte, ihn wieder zu besuchen. Bald nachher begegneten wir uns bei der Universität, wo er auf mich zukam und meine Hand schüttelnd, in herzlichem, fast kindlichem Tone zu mir sagte: *'Gelt, Sie san net bös, daß i Sie neulich vor der Tür steh'n lass'n hab? Ich hab' so himmlische Einfäll' g'habt, grad, als hätt' mir 's der liebe Gott g'schickt, kommen S' nur recht bald wieder, mei liaber Halawachl!'*" (Göll.-A. 4/2, S. 693 ff.)

241 (um 1887)

In diesem fortwährenden Ringen um Zeit für seine künstlerischen Arbeiten steigerten sich die nervösen Abnormitäten, die seit der großen Nervenkrise im Jahre 1867 von Zeit zu Zeit, besonders wenn in den Ferien die große Arbeits-Entspannung eintrat, immer mehr. ...
In den Jahren, da der Meister nun doch endlich eine Berühmtheit geworden war und sein Erscheinen auf der Straße und in Lokalen bemerkt wurde, steigerten sich die Erscheinungen des Argwohns und Mißtrauens, wie Marschner erzählt, fast zum Verfolgungswahn. "Als einmal", so berichtet er, "mein Jugendfreund E. H. und dessen Genossen F. Ritter von B. zu Gause kamen und wir uns freudig begrüßten, war Bruckner äußerst ungehalten über mich, daß ich mit diesen 'Musikanten', wie er sie nannte, 'die ihn nur auslachten', verkehre. Übrigens mochte wohl sein feines Witterungsgefühl instinktiv aus den Blicken jener erraten haben, daß sie nicht zu den Seinen gehörten. Mir sagte er einmal auf der Ringstraße, als er sich von allen Leuten angeschaut wähnte, in vollem Ernste: *'Warten Sie nur, wenn Sie Ihre Symphonien schreiben werden, wird es Ihnen schon auch so gehen, daß Sie alle Leute auf der Gasse anschauen werden!'*"

Ein Beweis, daß die Nervenabnormitäten auf die seinerzeitige durch Überarbeitung erworbene Nervenkrankheit zurückzuführen sind, ist der Umstand, daß wieder dieselben Erscheinungen, vor allem eine Zählwut auftraten.[112]
So berichtet Stradal: "Einst ging ich in Wien mit Bruckner an dem Riesengebäude 'Heinrichshof', der Oper gegenüber, vorbei. Bruckner blieb stehen und begann plötzlich die Fenster zu zählen. Natürlich verrechnete er sich, begann von neuem, wurde immer erregter und um ihm zu helfen, begann ich mitzuzählen, bis glücklich alle Fenster der Hauptfassade gezählt waren. Nun ging er aber auf die andere Seite des Hauses und begann dort wieder die beschwerliche Arbeit des Zählens. Auch bei anderen größen Häusern, an denen wir vorübergingen, erlebte ich öfters diese Szene. Um die Ursache dieser Zählungen befragt, konnte Bruckner keinen Grund angeben." (Göll.-A. 4/2, S. 564-567)

242 (80er Jahre)
In der Zeit, da Anton Bruckner noch schwer um seine Anerkennung ringen mußte, war einer seiner besten Freunde der 1824 zu Enns in Oberösterreich geborene Musiker Friedrich Schiffner, den der Meister von Linz und St. Florian aus oftmals besuchte. Bruckner pflegte dann gewöhnlich in Hemdärmeln an Schiffners Klavier zu sitzen und diesem aus seinen neuen Symphonien vorzuspielen. Da die ablehnende Kritik dem Meister damals ganz besonders arg zu schaffen machte, war es kein Wunder, daß er sich immer wieder mit der Frage abquälte, ob seine Schöpfungen auch Anklang finden würden. Da war es nun Schiffner, der stets aufs Neue des Meisters Zaghaftigkeit zu verscheuchen wußte. Und wenn er da bisweilen Bruckners Klavierspiel mit ehrlicher Begeisterung und Ausrufen des Entzückens unterbrach, pflegte dieser in ruhigem Brustton wiedergewonnenen Selbstvertrauens zu beschwichtigen: *"Na ja, guat... Wenn's dir g'fallt, wird's doch den Eseln auch einmal g'fallen..."* (*Eine Anton Bruckner-Anekdote*; unbezeichneter Zeitungsausschnitt, ABIL)

243 (um 1890)
Einmal probten die Wiener Philharmoniker eine Symphonie[113] von ihm. In einer Passage hatte ein Teil der ersten Violinen F und der andere Teil Fis in den Noten stehen. Vielleicht wäre beides möglich gewesen. Aber da Bruckner der Probe beiwohnte, konnte man ihn ja einfach danach fragen, so auf alle Fälle eine authentische Lösung findend. Hofkapellmeister Hans Rich-

---

112 Vgl. Göll.-A. 3/1, S. 399-410.
113 *Achte Symphonie* (WAB 108).

ter[114] drehte sich also herum und rief Bruckner, der hinten im Saale saß, zu, ob F oder Fis richtig sei. Bruckner sprang auf und tänzelte den langen Gang nach vorn, beständig Verbeugungen machend und ein übers andere Mal hinaufrufend: *"Ganz wie der Herr Hofkapellmeister belieben... F oder Fis... Ganz wie der Hofkapellmeister belieben ... wie der Herr Hofkapellmeister belieben..."* (Herzfeld S. 99 f.)

244

(Bericht von Richard Batka:) Einmal saß Bruckner im Kreise des Wiener Wagner-Vereines und es war die Rede davon, ob er auch einmal eine Oper schreiben werde. *"I möcht scho, i könnt scho"*, meinte der Meister, *"und ich wer scho! A Oper natürli ... mit Melodie -."* Mißbilligende Blicke der Umsitzenden. *"Oh, i waß scho"*, fährt Bruckner, der ahnt, daß er einen Vorstoß gegen die Tabulatur begangen, begütigend fort, *"i moan halt: mit motivierter Melodie... Akkrat wie im Tannhäuser, wo aner sagt: Gengen S', singen S' uns wos - no, und da singt er ihnen wos!"* So stellte sich Bruckner, das große Kind, eine "motivierte Melodie" vor. (Gräflinger S. 29)

245

Der Vater eines Mitschülers, ein einfacher Mann, Bahnbeamter, teilte mir vor ca. 60 Jahren folgendes mit: "Ich war mit Bruckner befreundet, der eines Tages mir folgendes sagte: *'Eigentlich möchte ich doch noch eine Operette schreiben, aber woher das Textbuch? Und die Leut' werden sagen, der Bruckner auf seine alten Tag, wird er noch unsolid.'"* (ORF Nr. 32, Franz Leibenfrost, Traismauer)

246

Am 16. Dezember 1877 führte Bruckner seine *III.*, Richard Wagner gewidmete *Symphonie* selber in Wien vor. Der Abend stand von vornherein unter einem bösen Stern. Hanslick und seine Spießgesellen hatten die Öffentlichkeit zielbewußt gegen den Ansfeldner Meister verhetzt. Die Musiker spielten absichtlich falsch, die Hörer zischten das Werk nieder, ja sie ergriffen vor und während des letzten Satzes in hellen Scharen und absichtlich recht geräuschvoll die Flucht. Am Schluß saßen höchstens noch fünfundzwanzig Personen im Saal, die laut lachten. Die Musiker waren im Handumdrehen verschwun-

---

114 Hans Richter (1843 - 1916), Konzertdirektor der Gesellschaft der Musikfreunde, Dirigent der Philharmonischen Konzerte und der Wiener Erstaufführungen der *Ersten, Dritten, Vierten, Siebenten* und *Achten Symphonie* Bruckners.

den und der verzweifelte Bruckner stand mutterseelenallein auf der Treppe. Die paar Schüler, die unentwegt Beifall klatschten und einen riesigen mitgebrachten Lorbeerkranz herbeischleppten, konnten an dem Riesendurchfall nichts ändern. Doktor Zellner[115] "tröstete" den Verzweifelten, indem er ihm eine sinnige Verwendung seines Werkes wies mit dem Worten: "Mit Ihren Symphonien können Sie sich den … auswischen. Verdienen Sie sich lieber was mit Klavierauszügen. Das ist gescheiter und trägt mehr ein!" Als Bruckner mit den Worten: *"Aber lassen S' mi aus, die Leut wolln halt amal nix von mir wissen!"* eben aus dem kleinen Kreise seiner Anhänger davoneilen wollte, trat der Wiener Verleger Theodor Rättig[116] zu ihm, stellte sich vor, sprach ihm seine Bewunderung aus und erbot sich, das eben gehörte Werk in würdiger Ausstattung auf eigen Kosten herauszubringen. Und er sicherte sich durch die rasche Verwirklichung dieses Versprechens einen Ehrenplatz unter den wenigen Gönnern Bruckners. Der Meister aber sollte zu keiner reinen Freude darüber kommen. Als man ihm das erste schön gebundene Stück feierlich überreichte, schlug er es freudig auf, fuhr aber gleich beim Lesen der Widmung entsetzt zurück: *"Um Gottswillen, da steht ja' in tiefster Verehrung gewidmet', es muß do(ch) 'Ehrfurcht' heißen!"* Er blieb untröstlich über dieses in seinen Augen unverzeihliche Versehen. (Commenda S. 74 f.)

247 (nach 1885)

"Da stand er nun", schreibt einer der musikalischen Berichterstatter, "in seinem bescheidenen Gewande vor der erregten Menge und verbeugte sich hilflos und linkisch einmal über das anderemal. Bald zuckte es wehmüthig um den Mund des alten Herrn wie von mühsam unterdrückter Rührung, bald leuchtete es gar wundersam in seinen Augen auf, und das treuherzige Gesicht erstrahlte in einer so warmen, innigen Freude, wie sie sich nur auf dem Antlitze eines Menschen zeigen kann, dessen Herz zu gut ist, um selbst durch die ärgsten Tücken dieser Welt verbittert zu werden. Ja, er ist eine gute Natur, dieser Bruckner, eine volle und ganze Natur, als Mensch und als Künstler. Es hatte uns alle gepackt, so daß wir, als der letzte Accord seiner Schöpfung verklungen war, erstaunt fragten: Wie ist es denn nur möglich, daß du uns so lange fremd bleiben konntest? Man empfand mit unendlichem Behagen, daß sich in Bruckners Composition etwas geltend macht, das man in den Werken

---

115 Leopold Alexander Zellner (1823 - 1894), größter Feind Bruckners am Konservatorium, als Generalsekretär der Gesellschaft der Musikfreunde in Wien dessen Vorgesetzter.
116 Theodor Rättig, Wiener Verleger von Bruckners Werken: *"Christus factus est"* III (WAB 11), *"Locus iste"* (WAB 23), *"Os justi"* (WAB 30), *"Virga Jesse"* (WAB 52), *Te Deum* (WAB 45), *Träumen und Wachen* (WAB 87) und *Dritte Symphonie* (WAB 103).

anderer Zeitgenossen fast durchwegs vermißt: die Kraft! Endlich, endlich einer, der wieder einmal aus dem Vollen schöpft, endlich einer, dem sich das in schönem Aufschwunge der Phantasie geschaffene Seelenbild gleich im Hervortreten lebensvoll-farbig gestaltet!" Den Riesenerfolg, den Bruckner mit der *siebenten Symphonie in E-dur* errang, und der ihm plötzlich zu einer Berühmtheit verhalf, von der er sich selbst nichts hatte träumen lassen, entschied in erster Linie das herrliche, unvergleichliche Cis-moll-*Adagio*. (Brunner S. 27)

248 (1886)

Zur Grazer Zeit aber stand Muck[117] noch am Anfang seiner Dirigenten-Laufbahn! Schon damals huldigte er dem Grundsatz absoluter Treue der Interpretation gegenüber dem Notentext. Er hielt 14 Proben[118], wobei er in den Stimmen nicht weniger als 100 Fehler korrigierte. Zu den letzten Proben war auch der Meister in Begleitung Friedrich Ecksteins aus Wien herbeigeeilt. Die Tuben-Bläser hatte Muck von den Wiener Philharmonikern bestellt[119]. In der ersten Probe mit Bruckner wartete man auf die Tubisten - sie kamen nicht. Es wird bekannt, daß sie angenommen, aber erklärt hätten, sie brauchten keine Probe. Jetzt ging Bruckner mit "Samiel" auf die Suche. Mit unglaublichem Spürsinn entdeckte er die Wiener nach vier Mißerfolgen im fünften Gasthaus in der Murgasse, wo sie Karten spielten. Bruckner sagte: *"I' gib Ihna was Sie wollen, zahl' an Wagen, aber bitt' Ihna, kumman S'."* Sie wollten nicht, aber Bruckner packte sie unerbittlich in den Wagen. Die Aufführung am 14. März war eine feurige Glanzleistung Mucks von seltener Kleinarbeit, Schärfe und Reinheit. (Göll.-A. 4/2, S. 421 f.)

249 (1886)

Aus Kremsmünster war zu dem Konzert[120] Pater Oddo Loidol erschienen, welcher darüber berichtet: "Zu diesem Konzerte bin ich eigens nach Wien gefahren, und hörte mir selbes mit Bruder Armand an. Bruckner wurde 16mal gerufen und bekam einen Lorbeerkranz.

---

117 Karl Muck (Darmstadt 22. 10. 1859 - Stuttgart 3. 3. 1940), deutscher Dirigent, Schüler Bruckners.
118 Zur Aufführung der *Siebenten Symphonie*.
119 Die Wiener Philharmoniker führten die Symphonie eine Woche später, am 21. 3. 1886, in Wien unter Hans Richter auf.
120 Siehe Anm. 119.

Abb. 13 Hans Richter und Anton Bruckner (Schattenbild von Otto Böhler)

Nach dem Konzerte sprach ich mit Bruckner im Nebensaale (Übungssaale) im Conservatorium und sah, wie ihm Hans Richter gratulierte, ihn umarmte und sagte: 'Nun, Bruckner, bist Du zufrieden mit der Aufführung, ich glaube, Du darfst es sein.' Bruckner sagte, daß es die beste Aufführung war, die er erlebt, er fühle sich verpflichtet, jedem einzelnen Philharmoniker zu danken. Bruckner gab mir Grüße auf an die Kremsmünsterer Hochw. Herren. Jos. Schalk weinte vor Entzückung und andere Professoren des Conservatoriums gratulierten Bruckner." (Göll.-A. 4/2, S. 433, Anm.)

250 (ca. 1884)

Als Bruckner das fertige Werk [seine *Siebente Symphonie*] Hans Richter vorspielte, war dieser gleich von dem ersten Satz an so entzückt, daß er sein Angesicht auf Bruckners Schultern legend begeistert ausrief: "Seit Beethoven wurde nichts dergleichen mehr geschrieben!" Mit den Mittelsätzen war er einverstanden, doch das *Finale* mißfiel ihm, worauf Bruckner eine Änderung vornahm, wodurch Richter halb zufrieden gestellt war. Bei späteren Proben aber hielten die Orchestermitglieder und Bruckner selbst diesen Satz für den besten. Als Richter ihn fragte: "Ja, wie ist Ihnen denn das Hauptthema eing'fall'n?" erwiderte der Meister: *"Das is' ja gar net von mir. Im Traum hat der Dorn*[121] *mir das vor'pfiffen und g'sagt: 'Bruckner, mit dem Thema wirst Dein Glück machen'. Da bin i' aufg'standen, hab' a Kerzen an'zünd't und hab's glei' aufg'schrieb'n."* (Göll.-A. 4/2, S. 98 f.)

251

So manche seiner besten Eingebungen empfing Bruckner im Schlafe. Er erhob sich dann mitten in der Nacht, um geträumte musikalische Gedanken sofort aufzuzeichnen oder gleich am Klavier auszuarbeiten. Der Pfarrer von Steyr, sein ehrlicher Bewunderer und Gönner, schlug deswegen mehrmals Krach, denn Bruckner brachte durch sein nächtliches Klavierspiel die Leute um die wohlverdiente Nachtruhe.
Die Formen solcher Schöpfungsträume waren mannigfach. Einmal träumte ihm, der ehemalige Linzer Kapellmeister Dorn spiele auf dem Klavier ein (später nicht verwertetes) Thema vor. Das erste Thema der *VII. Symphonie* geigte ihm ein Bratschist im Traume. Und eine köstliche Geschichte knüpfte

---

121 Ignaz Dorn (Wien 1829/30 - Wien 30. 5. 1872), zuerst Geiger im Wiener Openntheater-Orchester, Komponist; übersiedelte 1863 nach Linz, wurde zweiter Kapellmeister am landständischen Theater und lernte dort Bruckner kennen. Als Komponist "ultramodernster" Richtung und als Wagner-Verehrer beeinflußte und ermutigte er Bruckner in seiner symphonischen Entwicklung.

sich an die Entstehung des *Tedeum*. Bei einer Probe für die im Jahre 1885 in Wien vorbereitete Aufführung stieg der Dirigent Hans Richter mit Tränen der Begeisterung in den Augen vom Pulte, umarmte Bruckner und rief aus: "Das hätte außer ihnen nur noch Beethoven schreiben können!" Darauf erwiderte Bruckner treuherzig: *"Und sehn S', Herr Hofkapellmeister, grad das is eigentli(ch) gar net von mir!"* Auf Richters fragendes Erstaunen fuhr Bruckner eifrig fort: *"Ja, das is net von mir, sondern vom Spohr! Und wissen S', wie das kemma is? Das war aso! I lieg in der Nacht im Bett und träum, der Spohr kommt herein und sagt zu mir: 'Bruckner, steh auf und schreib's auf!' Da bin i aufgwacht und hab's wirkli aufgschriebn. Jetzt sagen S', is des von mir oder vom Spohr?"* (Commenda S. 76 f.)

252

Eines der schönsten Themen Bruckners ist das zum *Scherzo* seiner *Siebenten Symphonie*. So lustig schmettert es in die Welt hinaus. Als die Freunde einmal davon sprachen, schmunzelte Bruckner und rückte nur zögernd mit der Sprache heraus. Das Thema sei nämlich gar nicht von ihm. Von wem denn? Von einem Hahn, der neben ihm gewohnt, als er die *Siebente Symphonie* schrieb. Dieser Hahn habe alle Morgen g'sung'n und aus seinem Hahnenschrei sei eben das Thema entstanden. (Herzfeld S. 204 f.)

253

Karl Muck dirigierte die *Siebente Symphonie* Anton Bruckners. Nach der Aufführung rühmte Muck dem Meister gegenüber das originelle Trompetenthema des *Scherzo* besonders. *"Ja, gut is schon"*, wehrte Bruckner bescheiden ab, *"aber es is halt net von mir!"* - Muck staunte: "Ja, wieso nicht?" - *"Ja, sehn S', Herr Muck"*, erläuterte der Komponist, *"die Melodie hat immer a Hahn gsungen, der neben mein Haus auf dem Misthaufen ghockt ist!"* (Gräflinger S. 69)

254 (um 1886/87)

"Die Hörer hatten es", wie J. N. Kerschagl erzählte, "immer darauf abgesehen, ihn, nachdem er einige Zeit vorgetragen hatte, 'zum Schwatzen' zu bringen. Es gelang unschwer; mit seinen *'Gaudeamusern'* unterhielt er sich zu gern. Auf den bösen Hanslick war er begreiflicherweise sehr schlecht zu sprechen, und daß Brahms seine Symphonien mit Gold aufgewogen bekam, während Bruckner froh sein mußte, wenn sich ein Verleger fand, der - eventuell mit einer 'Subvention' - den Druck übernahm, schmerzte ihn tief. Der Unmut war aber bald verflogen, wenn wir ihn um seine neueste Schöpfung befragten. Fast jedesmal zeigte er uns am Klavier, was er heute geschaffen hatte (er arbeitete damals an seiner *'Achten'*) und geriet in begeisternde Erregung, wenn er uns begreiflich machen wollte, welche kontrapunktischen Künste ihm bei der Verarbeitung der Themen eingefallen waren. *'Sehn's das is als Hauptmotiv, von dö Streicher 'bracht! Daneben augmentatio das andere in dö Fagott; hörn's nur! - Jetzt kommt a besonderer Witz! - O, fein wird's! Wann's a in Hanslick wieder nöt g'fall'n wird.'* So warf er seine Erklärungen dazwischen."

Die Stelle im 1. Satz, wo sich zum letztenmal die mächtigen Klangmassen aufbäumen, um dann ohnmächtig zurückzusinken (Partitur bei V), bezeichnete er als *"Todverkündung"*, den folgenden Schluß als die *"Totenuhr"*. *"Dös is so wie wenn einer im Sterben liegt, und gegenüber hängt die Uhr, die während sein Leben zu Ende geht - immer gleichmäßig fortschlägt: tik, tak, tik, tak...".*

Über den 2. Satz wußte er am meisten zu erzählen und er wurde nicht müde alle möglichen Varianten zu bringen. Das eckig, eigensinnige Hauptthema, mit dem er ursprünglich seinen Freund Almeroth charakterisieren wollte, nannte er den *"Micherl"*[122]. Es war damit die Personifikation des deutsch-österreichischen Volkscharakters gemeint, die Eigenschaft, den Idealismus trotz aller hereinbrechenden Schicksalsschläge nicht aufzugeben und schließlich doch zu siegen nach dem Spruch des oberösterreichischen Bauernführers Stefan Fadinger: "Viel Feind, viel Ehr!" Wer hätte diese Figur in der Kunst besser personifiziert als der Meister selbst?

In den Tagen als Bruckner in Steyr an dem Satze schuf, besuchte ihn Franz Wiesner frühmorgens. Bruckner stürzte ihm entgegen und rief: *"Jetzt is' der Micherl ferti!"* Er spielte ihm den Satz vor und erklärte: *"Der deutsche Michel ziagt dö Zipfelhaub'n über die Ohren, halt si' hin und sagt: 'haut's na zua, i'halt's schon aus!'"* und lachte dazu, sich herzlich schüttelnd. Von dem Teil (bei M bis a tempo vor N) erklärte er:

122 An Theodor Helm schreibt Bruckner am 26. März 1892: *"Unter Michl ist der österreich. Deutsche gemeint, und zwar nicht Scherz."* (Göll.-A. 4/3, S. 16, Anm.)
"Deutscher Michel": Darstellung des Deutschen vor allem in der Karikatur. Michel ist die Kurzform von Michael, Erzengel und Schutzpatron der Deutschen. Der Deutsche Michel, ein Bauernbursch in Zipfelmütze und Kniehosen, der Inbegriff der Einfalt und gutmütigen Schwerfälligkeit, ist das Gegenteil des strahlenden Gotteskämpfers. Politische Bewegungen benutzten diese Gestalt seit der Reformation, um das Volk aufzurütteln. Im Dreißigjährigen Krieg erhielt der Reiterführer Johann Michael Obentraut (1574-1625), Generalleutnant im Dienste des Königs von Dänemark, diesen Beinamen (dtv-Brockhaus-Lexikon 4. Wiesbaden 1982, S. 136).

Abb. 14 Ferry Bératon, Der "deutsche Michel"

"Micherl möcht schlaf'n", doch hat er keine Ruh, er wird *"am Ohr gezupft"* (a tempo vor N) bis er wieder erwacht und als *"Starrkopf"* (Dickschädel) den Kampf mit den Widersachern aufnimmt und mit Keulenschlägen um sich haut. *"Dem Micherl geht's recht schlecht!"* meinte er einmal, *"aber zum Schluß is' er do obenauf!"*

Als Bruckner an die Umarbeitung ging, sagte er: *"Dem Micherl, dem Spitzbuam, muaß i' a neichs Gwandl anziag'n."* Wenn ihm bei den Arbeiten an dem Satz Schwierigkeiten begegneten, rief er aus: *"Wart, wart Micherl, wanns'd mi' lang sekierst...!"* (Göll.-A. 4/3, S. 14-17)

255 (um 1886/87)

Über das *Trio* zum *Scherzo* seiner nächsten Symphonie, der *Achten*, hat Bruckner geschrieben: *"Der Michel träumt ins Land hinaus."* Der deutsche Michel, von dem so viel in Bruckner selbst lebte, sang sich da das Lied seiner schönen Heimat vom Herzen. Wie mit einem guten Wesen ging Bruckner mit diesem Michel um. Er tat, wie wenn der Michel bei ihm weilte und während der Arbeit in seine Notenblätter schaute, wie wenn er sein Hausgefährte sei, für den gut gesorgt werden müsse. Als Bruckner an diesem *Scherzo* arbeitete, kam ein Freund und holte ihn zu einer Besorgung ab. Weil die Zeit drängte, stand Bruckner, ohne seinen Schreibtisch in Ordnung gebracht zu haben, auf, warf den Rock über und ging mit dem Freunde hinab. Unten blieb Bruckner stehen, blickte verträumt vor sich hin und kletterte die Stiegen zu seiner Wohnung nochmals hinauf. Als er wieder unten war, fragte der Freund, was denn los gewesen sei. Bruckner gestand es nicht so ohne weiteres. Erst zog er den Freund beiseite und flüsterte ihm dann heimlich zu: *"I hab' nur den Michel a bissel zudeckt."* (Herzfeld S. 205 f.)

256 (um 1886/87)

Einst saß Bruckner im Kreise der engsten Freunde in seinem "Stammbeisel", der "Schwemme" (Gaststube), der Wirtschaft Gause in der Johannesgasse zu Wien. Zwischen dem fünften und sechsten "Seitel Pils" (3/10 Liter Pilsener Bier) zog der Meister auf einmal ein Notenblatt aus der Tasche und reichte es seinem nebenan sitzenden Verehrer [Josef] Schalk[123] mit den Worten: *"Schaun S' da her! Sie habn ma neuli a paar Ausstellungen gmacht, sehn S'"*

---

123 Josef Schalk (Wien 24. 3. 1857 - Wien 7. 11. 1900), Pianist, Theorieschüler Bruckners am Konservatorium der Gesellschaft der Musikfreunde in Wien. Schalk propagierte gemeinsam mit seinem Bruder, dem Dirigenten Franz Schalk, das Schaffen Bruckners und verfaßte u. a. Klavierauszüge zu zahlreichen Werken des Meisters.

- und er summte, nur Schalk vernehmlich, ein Thema seiner *VIII. Symphonie* vor sich hin - *"i hab ma's überlegt: Es is net dumm, sehn S', jetzt geht's aso!"*

Damit summte er Schalk die Neufassung vor. Darauf faltete er das zerknitterte Papier bedächtig zusammen und steckte es ein. Bisher war Bruckner ruhig und friedlich wie meist geblieben. Nun aber faßte ihn auf einmal heiliger Zorn, und heftig fuhr er Schalk an:

"Wann S' mir aber jetzt no(ch) einmal was sagn" - dabei erhob er drohend die Rechte -, *"dann hau i Ihna, meiner Seel, ane eini!"* Zuerst schaute die Stammtischrunde ganz verdutzt drein, dann löste ein schallendes Gelächter die Spannung. Schließlich stimmte der Meister selber ein in die allgemeine Heiterkeit. (Commenda S. 107)

257 (um 1887)

Bruckner erklärte einem seiner Schüler, dem er den Spitznamen *"Samiel"* (Eckstein) gab, er halte die Harfe nicht für symphoniefähig. Beethoven habe sie in keiner Symphonie verwendet, also schloß auch er sie aus. *"Na, a Harfen ghört net in die Symphonie!"* Als Bruckner nun ein Jahr darauf an seiner *Achten Symphonie* komponierte, erfand er für das *Adagio* besonders weihevolle, seraphische Klänge.

Um jene Zeit besuchte ihn *"Samiel"*. Er hatte die Harfendebatte lang vergessen und klopfte an des Meisters Tür. Ganz zerknirscht tritt ihm Bruckner entgegen. Und flüstert, als wolle er ein tief geheimnisvolles Geständnis ablegen: *"Waßt, Samiel, i hab do - a Harfn gnumma!"* (Gräflinger S. 38 f.[124])

258 (1885)

Nach seiner Rückkehr nach Wien war Bruckner vollauf mit den Proben zur Uraufführung seines *Te Deum*[125] beschäftigt. Da sich keine öffentliche Konzertgesellschaft, kein Dirigent des Werkes angenommen hatte, war es wieder der Akademische Wagner-Verein, der für den Meister eintrat. ...

Bei einer Probe rief er einmal begeistert: *"Jetzt war i' im Himmel! - Bitt schön, dös mach'n ma glei' nu amal!"* Bei einer anderen Probe dirigierte er so übereifrig, daß er einmal die Partitur mit dem Taktstock vom Pult herunterschleuderte. Einer der Matadoren des Wagner-Vereines - so erzählt Dr. Marschner - sagte darauf zu einem anderen:

---

124 Vgl. auch Göll.-A. 4/3, S. 19.
125 Die Uraufführung des *Te Deum* (WAB 45) fand am 2. 5. 1885 statt.

'Dirigent ist er ja keiner.'[126] Bei der frei eintretenden Non im *"Non confundar"* sagte er mit Stolz: *"Dös kummt nur no' in der 'Götterdämmerung' bei der Stelle 'Ruhe, ruhe du Gott' im letzten Akt vor"*. (Göll.-A. 4/2, S. 306 f.)

259 (1894)

Und was noch den alten Junggesellen quält, das ist die Sorge um sein Schmerzenskind, die *"Neunte"*. Wieder klagt er seinen *"Gaudeamusern"* in seiner letzten Vorlesung an der Universität: *"Drei Sätze von der neunten Symphonie sind schon fertig, die beiden ersten schon vollständig, nur im dritten Satze muß ich noch etwas feilen. Mit der Symphonie habe ich mir noch eine starke Arbeit auferlegt. Ich hätte es nicht thun sollen bei meinem hohen Alter und meiner Kränklichkeit. Zum Spielen wird die Symphonie nicht leicht werden. Das Adagio, das darinnen vorkommt, soll das Schönste sein, was ich geschrieben habe. Mich ergreift es immer, wenn ich es spiele. Sollte ich vor der Vollendung der Symphonie sterben und den vierten Satz nicht mehr fertig bringen, so muß mein Te Deum als vierter Satz dieser Symphonie verwendet werden. Ich habe es schon so bestimmt und eingerichtet."* (Brunner S. 35 f.)

260 (1891)

In der Probe [zum *Te Deum*] hatte sich folgende für Bruckner charakteristische Begebenheit zugetragen: "Es war die Stelle", erzählt Ochs, "wo gegen den Schluß zu die Posaunen in pp eintreten (die Stelle ist in f-moll) und den kolossalen Ausbruch in h-Dur vorbereiten. Es steht nicht allein pp dort, sondern es findet sich ppp vorgezeichnet. Es ist nicht ganz leicht, die Stelle klanglich und technisch herauszubringen. Ich hatte darum viel daran geübt, und war sehr stolz darauf, daß wir Bruckner die Steigerung so aus dem pp heraus bis zur höchsten Kraft vorführen würden. Bis dahin hatte er nur in den überschwenglichsten Ausdrücken von unserer Ausführung gesprochen. Aber gleich nach dem Eintritt der Posaunen zupfte er mich am Rock und sagte: (ich sehe noch den unbeschreiblich flehenden, ich möchte beinahe sagen, demütigen Blick in seinen Augen) *'die Posaunen möcht' i' a bissel stärker ha-*

---

126 Über den Dirigenten Bruckner berichtet J. V. Wöß folgendes: "Als solcher hat er mir nie einen bedeutenden Eindruck hinterlassen. Er hatte die Gewohnheit übermäßiger Bewegungen, dirigierte also gleichsam stets 'fortissimo'. Auch sah man oft seine linke Hand hoch erhoben (bei steif gestrecktem Arm) in der Luft zittrige Bewegungen ausführend. Er stellte sich also etwas linkisch an. Aber er wußte doch aus seinem Orchester und Chor herauszuholen, was er haben wollte und worauf es ankam. Zum mindesten war er sicher befähigt genug und beherrschte auch das Handwerk so weit, daß er seine eigenen Werke gut einstudieren und zur Wiedergabe bringen konnte." (Göll.-A. 4/2, S. 306 f., Anm.)

ben'. Niemand war froher als ich, der Chor und unsere Bläser. Wir machten die Stelle also etwa in dem gewöhnlichen p noch einmal, aber Bruckner war noch nicht zufrieden und bat, wir sollten doch noch etwas stärker spielen und singen. 'Schön,' sagte ich und wir verstiegen uns bereits zum mf. Ich war sehr froh in dem Gedanken, ihn nun zufrieden zu wissen; er jedoch meinte: *'Ja, besser is' schon, aber es müßt' halt noch viel stärker sein'*. Darauf, um einmal zu versuchen, was er eigentlich wollte, bat ich den Chor und das Orchester, mit aller Kraft loszulegen, ohne Rücksicht auf die dastehenden Vortragszeichen. Jetzt geriet Bruckner in ein Maß von Seligkeit, wie ich es kaum wieder gesehen habe. Ich war sehr erstaunt und suchte mich zu entschuldigen, indem ich ihm sagte, ich hätte mir die größte Mühe gegeben, die Stelle nach der Vorschrift herauszubringen, und es stehe ja ein dreifaches ppp da. Er aber in seiner Begeisterung rief: *'Ja, richtig, und wenns sein kann, dann lass'n S' no' stärker blasen und singen; stark genug kann's überhaupt nit sein.'"* (Göll.-A. 4/3, S. 150 f.)

261 (um 1860)
Um so bedeutsamer war sein Wirken als Chormeister. Da führte er ein strenges, wohl auch etwas schulmeisterliches Regiment, studierte peinlich genau, achtete sorgsam auf deutliche Aussprache, richtige Atmung und war besonders auf ausgeglichenen Stimmklang bedacht. Die Bässe waren dabei sein Sorgenkind. *"I hör kan Baß net!"* lautete sein ständiger Jammer. Sein Steckenpferd aber war das Piano des Chores. Erschien es ihm zu wenig duftig, so tadelte er: *"Dös klingt alleweil no wiar a Trompeten!"* Beim pp ließ er sich so tief in die Kniebeuge nieder, daß er fast auf dem Boden saß. Wenn er so in Hemdärmeln dirigierte, fieberte jede Faser an ihm, er ging in seiner geliebten Musik auf. Bei besonders schönen Stellen geriet er so in Begeisterung, daß er geraume Zeit brauchte, bis er wieder aus dem Musenhimmel in den Probesaal zurückfand.
Einst war Bruckner mit einer ppp-Stelle des Chores gar nicht zufrieden. Er klopfte immer wieder ab. Da verabredeten sich die verärgerten Sänger, einfach bei dieser Stelle zu streiken, keinen Ton mehr zu singen und so ihrem pedantischen Chormeister ein Schnippchen zu schlagen. Gesagt - getan! Wie erstaunt und betroffen aber standen sie da, als Bruckner ganz begeistert jubelte: *"Ja, jetzt war's schön!"* Sein inneres Ohr hatte ihm, dem reinen Toren, die Vollendung vorgezaubert. (Commenda S. 31 f.[127])

---

127 Vgl. auch Göll.-A. 4/1, S. 90.

262 (um 1860)

Bruckner probt mit seinen lieben Sangesbrüdern das obengenannte reizende Ritornell.[128] Bekanntlich schreibt Schumann bei der zweiten Wiederholung des Textes ein dreifaches "ppp" vor. Bruckner, ganz untröstlich, daß die Sänger diesen Theil nicht mit der erwünschten Zartheit bringen, klopft immer und immer wieder ab. Da wird von einem lustigen Kauze das Stichwort ausgegeben, auf des Chormeisters Begehren einzugehen, immer schwächer zu singen und auf ein gegebenes Zeichen ganz aufzuhören. Bruckner überselig, daß man endlich seinem Wunsche nachkommt, nickt beifällig und schwelgt sichtlich in Wonne - taktiert und taktiert auch dann noch, als längst niemand mehr singt... (Brunner S. 15)

263

Anton Bruckner rief bei einer Orchesterprobe: *"Aber meine Lieben! Pianissimo!"* Leiser spielten die Geigen. Doch klopfte er wieder ab. *"Meine Herr'n, versteh'n Si mi net? Pianissimo!"* Die Geiger wiederholten kaum hörbar. Er aber tobte: *"Himmelkruzitürken! Pianissimo!"* Die Musiker waren ganz verzweifelt; als die gefährliche Stelle kam, ließen die Geiger einfach die Bogen sinken. Bruckner, den Kopf zum Himmel gerichtet, dirigiert weiter. Sein Gesicht verklärt sich: *"So war's schön ... wundervoll!"* (Unbezeichneter Zeitungsausschnitt, ABIL)

Zeitgenossen - Begegnungen

264 (um 1884)

(Bericht von Karl Hruby:) Nach einer Aufführung der "Eroica" durch die Philharmoniker, welcher Bruckner, wie gewöhnlich hinter dem Orchesterpodium stehend, beigewohnt hatte, begleitete ich ihn zu Gause. Jeder Nerv bebte an ihm. Nachdem er eine Weile in Gedanken versunken, den Blick wie nach Innen gekehrt, dahingegangen war, brach er plötzlich das Schweigen: *"I' glaub', wenn da Beethoven lebat, und i' gingat zu ihm, zeigat ihm mei' sieb'nte Sinfonie und sagat zu ihm: 'Nöt wahr, Herr von Beethoven, sie is' nöt so schlecht, die Sieb'nte, wia 's die g'wiss'n Herr'n machen woll'n, die s'*

---

128 Franz Brunner schreibt weiter oben auf S. 15: "Nicht minder schön soll der Verein (Frohsinn) unter der tüchtigen Leitung Bruckners zum erstenmale das Schumann'sche 'Ritornell' und des Chormeisters Lied *'Vaterlandsliebe'* [recte: *Vaterlandslied*] gesungen haben."

als an Ausbund hinstell'n, und mi' an Noarr'n um an andern hoaß'n' - da glaub' i', möcht' mi da Beethoven bei da Hand nehma und sag'n: 'Mei' liaba Bruckna, mach'n S' Ihna nix d'raus, mir is' a' nöt bessa ganga, und meine letzt'n Quartett verstengan die g'wiss'n Herr'n, die mi' alleweil als Trumpf geg'n Ihna ausspül'n, im Grund' heut no' nöt, wann's a' alle so thuan, als ob sie s' verstand'n.' - I' sagat dann no' zu ihm: 'Sie entschuldig'n scho', Herr von Beethoven, daß i' über Ihna außi ganga bin (Bruckner meinte ein Hinausgehen über die Form!), aber i' moan halt alleweil, a' echta Künstla kann si' a' a' eig'ne Form für sei' Werk z'recht mach'n und dann darnach halten.'" (Göll.-A. 4/2, S. 597)

265 (1891)

Einer seiner jungen Freunde berichtet über dieses Ereignis [Exhumierung Beethovens]: "Als Beethoven am Währinger-Friedhof ausgegraben und nach dem Zentralfriedhof übertragen wurde, forderte Bruckner mich auf, mit ihm nach Währing zu fahren. Schon für etwa eine Stunde vor der Zeit hatte er einen Wagen bestellt und so kamen wir natürlich viel zu früh an. Während das Grab wieder aufgegraben wurde und als dann der Sarg zum Vorschein kam, sah Bruckner aufmerksam allem zu, natürlich ebenso als der Sarg dann geöffnet wurde und die Gebeine Beethovens sichtbar waren. Der Sarg mit dem Skelette wurde dann in die Totenkammer gebracht, wo nur eine Kommission von Ärzten Zutritt hatte, um wissenschaftliche Untersuchungen und Messungen vorzunehmen. Trotz des Verbotes, andere Leute einzulassen, erzwang sich Bruckner den Eintritt in die Kapelle; ich schlüpfte hinter ihm auch hinein. Bruckner ging bis zum Sarg und betastete den Schädel Beethovens und nahm ihn schließlich in beide Hände. Als ein Arzt ihm das untersagen wollte, sagte Bruckner wie im Selbstgespräch: *Nicht wahr, lieber Beethoven, wenn Du noch lebtest, würdest Du mir erlauben, Dich anzugreifen, und die fremden Herren wollen es mir verbieten.'* Auf dem Sarge war im Grab ein getrockneter Kranz gelegen und beim Aufheben des Sarges am Grund des Grabes liegen geblieben. Bruckner hielt sich auf, daß man den Kranz so wenig beachte. Ich sprang in's Grab, holte den Kranz und gab Bruckner einige Blätter davon, worüber er große Freude hatte. Am nächsten Tage wohnten wir zusammen den Beisetzungsfeierlichkeiten am Zentralfriedhof bei."

Auch Hruby erzählt in seinen "Erinnerungen" etwas abweichend von dem Ereignis. Er ergänzt noch: "Beim Nachhausefahren war er in sehr ernster Stimmung. Der erhabene Akt mochte ihn in seinem Tiefinnersten aufgerüttelt haben. Er sprach keine zehn Worte. Plötzlich bemerkte er, daß ihm aus seinem Zwickel ein Augenglas fehle.

In der allgemeinen Stille, die nun eintritt, hält der Meister Zwiesprache mit dem großen Toten.

Mit beschwörender Gebärde hebt er, während die Ärzte scheu zurückweichen, den Totenschädel empor.

Zeichnung: Karl
Wildmann, Krieglach

Er öffnet den Mund, er scheint sprechen zu wollen, aber das Wort erstirbt ihm, ehe es sich formt.

Nur seine Züge verklären sich, je länger diese stumme Zwiesprache währt, werden still, friedlich, erhaben

Zwei Unsterbliche sind einander begegnet...

Stumm legt Bruckner dann den Totenschädel in die Hände eines der Ärzte zurück.

Stumm verläßt er den Raum.

Er hat es auch später abgelehnt, über seine Empfindungen in jener Stunde zu sprechen. Er hat sie nur eine der heiligsten seines Lebens genannt.

Johann Gabriel Anderle.

Abb. 15 Aus einer unbekannten Zeitung (4. 9. 1949):
Ausschnitt aus Bericht 266

'I' glaub', meinte er mit freudiger Rührung, *'das is' mir in Sarg vom Beethoven nein g'fall'n, wia i' mi' so stark vorbeugt hab'!'* Er war ganz glücklich darüber, sein Augenglas im Sarge von Beethoven zu wissen." (Göll.-A. 4/2, S. 595 f.[129])

266

Als am 26. März 1827 unter Blitz und Donner eines Frühlingsgewitters Ludwig van Beethoven seine Seele aushauchte, war der Lehrerssohn Anton Bruckner aus Ansfelden ein zweieinhalbjähriger Bub. Dennoch haben die bei den einmal Aug' in Auge miteinander Zwiesprache gehalten, über Raum und Zeit hinweg. An einem trüben Morgen des Jahres 1891 standen auf dem alten Währinger Friedhof in Wien mehrere Herren mit würdevollem Ernst in den Gesichtern um einen halbverfallenen Erdhügel. Es war eine ärztliche Kommission, die der Öffnung eines Grabes beiwohnte. Der Sarg wird gehoben, der Deckel geöffnet, da stürzt ein Mann in schwarzer, etwas zu weiter Kleidung, einen breiten Schlapphut auf dem mächtigen Schädel, ganz außer Atem herzu, drängt sich bis in die erste Reihe vor und kommt eben noch zurecht, als die Gebeine geborgen werden. Während sein Blick gebannt an dem Totenschädel hängt, den die Ärzte ehrfürchtig und behutsam von Hand zu Hand wandern lassen, perlen dem zutiefst Erschütterten helle Tränen über die Wangen.

Die ärztliche Kommission zieht sich in die Totenkammer zurück, um an dem Schädel wissenschaftliche Messungen vorzunehmen. Es ist ein Großer, der hier ruhte, ein Titan des Geistes, ein Unsterblicher, dessen sterbliche Überreste der Nachwelt heilig sind - Beethoven. Während die Ärzte drinnen im Flüsterton ihre Meinungen austauschen, entspinnt sich vor der Tür der Totenkammer ein lärmender Wortwechsel. *"Lassen S' mi eini!"* verlangt eine aufgeregte Stimme. "Unmöglich", antwortete der Wächter, "es sind nur die Herren der Kommission zugelassen." *"Aber i muaß da eini!"* beharrt der Einlaßbegehrende, *"verstengan S' dös net, i bin do der Bruckner! Oder kennan S' den Nam' 'leicht net? Vom kaiserlichen Hofstaat bin i', hörn S'!"*

Da öffnet sich die Tür, und eben als einer der Ärzte Beethovens Schädel in den Behälter zurücklegen will, zwängt sich Bruckner in die Totenkammer und nimmt dem Verblüfften die kostbare Reliquie aus der Hand. Während alle Anwesenden, vor Überraschung keines Wortes mächtig, den Eindringling anstarren, hält Bruckner den Totenschädel mit beiden Händen vor sich hin

---

129 Vgl. auch Carl Hruby, *Meine Erinnerungen an Anton Bruckner.* Wien 1901, S. 21.

und flüstert: *"Gelt, lieber Beethoven, du erlaubst schon, daß i di anrühr'..."*
"Das ist ja ein Irrsinniger", fährt einer der Ärzte dazwischen und gibt dem
Wächter Anweisung, den Mann hinauszuschaffen. Ein anderer aber hat den
großen Tonschöpfer erkannt. "Nein, nein, lassen Sie nur", deutet er auf den
Fremden, der Beethovens Schädel versunken betrachtet und zuletzt verzückt
an sein Herz drückt, "das ist Anton Bruckner, der Größte nach Beethoven..."
In der allgemeinen Stille, die nun eintritt, hält der Meister Zwiesprache mit
dem großen Toten. Mit beschwörender Gebärde hebt er, während die Ärzte
scheu zurückweichen, den Totenschädel empor. Er öffnet den Mund, er
scheint sprechen zu wollen, aber das Wort erstirbt ihm, ehe es sich formt.
Nur seine Züge verklären sich, je länger diese stumme Zwiesprache währt,
werden still, friedlich, erhaben... Zwei Unsterbliche sind einander begegnet... Stumm legt Bruckner dann den Totenschädel in die Hände des Arztes
zurück. Stumm verläßt er den Raum.
Er hat es auch später abgelehnt, über seine Empfindungen in jener Stunde zu
sprechen. Er hat sie nur eine der heiligsten seines Lebens genannt. (Johann
Gabriel Anderle, *Anton Bruckner besucht Beethoven*; unbezeichneter Zeitungsausschnitt, 4. 9. 1949, ABIL; ähnlich bei Schubert, siehe Nr. 300)

267

Viel höher [als Liszt] stellte Bruckner die Kunst Berlioz', dessen Instrumentation und Kontrapunkt ihm imponierten. Besonders das Requiem galt ihm als
einer der Höhepunkte moderner Kunst. (Göll.-A. 4/2, S. 169)

268 (um 1885)

Was nun das persönliche Verhältnis beider Meister zueinander betrifft, so
war dieses von Seite Bruckners keinesfalls auf Geringschätzung oder gar Haß
aufgebaut. Bruckner war im Gegenteil bestrebt, alles von Brahms kennen zu
lernen, um sich über ihn ein eigenes Urteil zu bilden. Er ließ sich kaum eine
Novität von Brahms entgehen und versäumte vor allem auch nicht, die Konzerte der Meininger Hofkapelle unter Bülow zu besuchen, in denen Brahms
ein breiter Raum eingeräumt war.
Auf Grund dieser Kenntnis erklärte er der berühmten Sängerin Papier-
Baumgartner einmal auf ihre Frage seine Stellung zu Brahms mit den Worten: *"Mei' Liebe, der Brahms is' a sehr braver Komponist, der sehr guate Sachen schreibt, aber - - - meine Sacherln san' ma halt do' a bisserl liaba!"*[130]

---

130 Vgl. auch Nr. 278, S. 169 f.

Seinem Schüler Josef Vockner gegenüber äußerte sich Bruckner über Brahms: *"A tüchtiger Musiker, der was kann, aber ka Symphonie-Komponist; er hat kane Themen. "* Brahms äußerte nach demselben Gewährsmann über Bruckner: "O, der kann etwas, tüchtiger Mensch, aber nicht nach meinem Geschmack. "
Bruckner kam seinem Antipoden, den er auf Grund seiner Stellung bei der Gesellschaft der Musikfreunde stets mit *"Herr Präsident"* ansprach, mit größter Devotion entgegen. Brahms hingegen behandelte Bruckner mit einer kühlen Herablassung. Wenn es ab und zu geschah, daß die beiden Meister sich in dem gemeinsamen Stammlokal "Zum roten Igel" trafen, drehte sich das Gespräch selten um Musik. Bruckner tat auch hier oft zum Ärger seiner jungen Freunde des Guten zu viel, indem er zum Beispiel in seiner großen Zuvorkommenheit für Brahms, wie ein Kellner das Bier aus dem Schrank holte. In seiner kindlichen Offenheit beging er, wie Stradal berichtet, sogar die Unvorsichtigkeit, sich wegen Hanslick zu beklagen, in der Hoffnung, daß Brahms für ihn bei dem mächtigen Kritiker ein gutes Wort einlegen würde. Bei einer dieser Gelegenheiten sagte Brahms zu Bruckner: "Lieber Bruckner, Sie dürfen sich nicht einbilden, daß ich etwas gegen Sie hätte, aber ich kann mich halt für Ihre Sachen nicht begeistern." *"Na, san S' nur ruhig, Herr Präsident,"* antwortete Bruckner prompt, *"mir geht's mit Ihre Sachen agrat [akurat] a so!"* ...
Beunruhigt klagt Frau Elisabeth [recte: Elisabet] Herzogenberg in Leipzig Ende 1884 mit der Mitteilung an Brahms, daß Bruckners "gepriesene Manuskript-Symphonie" in Leipzig aufgeführt werden soll und stellt die Frage: "Was halten Sie von dem wunderlichen Manne?" Als Brahms in vorsichtiger Zurückhaltung die Frage ignoriert, kommt ein weiteres Schreiben, in dem es heißt: "Unser Freund Hildebrand wird Ihnen ... erzählen, wie aufgeregt wir hier waren über den Bruckner, der einem mit Gewalt aufgenötigt werden sollte, und wie wir uns sträubten gegen den Impfzwang. Wir mußten uns bittere Stichelreden gefallen lassen und Insinuationen darüber, daß wir nicht fähig seien, die Kraft herauszuwittern, wo sie in unvollkommenem Gewande in die Erscheinung träte" usw. "Wenn Bruckner die 'Kränze' geschrieben hätt' oder 'Liebesbotschaft' oder 'Die Liebende schreibt' oder 'Abenddämmerung', dann wollt' ich mir die Symphonie noch sechsmal anschauen, ob nicht doch ein verborgenes Goldstückl herausfallen müßte; aber die Sache liegt doch wohl so, daß wer das eine könnte, das andere nicht mehr verbrächte! ... antworten Sie, wenn auch nur ein Wort." Da Brahms abermals nicht antwortete und man dem eigenen Urteil nicht vertraut, kommt neuerlich die dringende Frage von Frau Herzogenberg: "Sagen Sie ein Wort über Bruckner. Sie den-

ken doch nicht, daß wir Sie ausspielen und dann hingehen und sagen: der Brahms hat uns recht gegeben. Wir wollen fein für uns behalten, was Sie etwa sagen, aber wir brauchen ein Wort, zur Beschwichtigung eigener Gedanken."

Nun endlich am 12. Jänner 1885 rückt Brahms, der wie Hanslick Bruckners *"Siebente"* noch gar nicht kennen konnte, mit der etwas gewundenen Antwort heraus: "Ich begreife, Sie haben die Symphonie von Bruckner einmal an sich vorübertosen lassen, und wenn Ihnen nun davon vorgeredet wird, so trauen Sie Ihrem Gedächtnis und Ihrer Auffassung nicht. Sie dürfen dies jedoch; in Ihrem wunderbar hübschen Brief steht alles klar und deutlich, was sich sagen läßt - oder was man selbst gesagt und so schön gesagt haben möchte. Sie sind doch nicht bös, daß auch Hanslick dieser Meinung ist und mit aller Andacht und allem Vergnügen Ihren Brief gelesen hat? Übrigens sind eine Symphonie und ein Quintett von Bruckner gedruckt. Suchen Sie sich einen Einblick zu verschaffen, Ihr Gemüt und Urteil zu stählen - mich brauchen Sie gewiß nicht. Alles hat seine Grenzen. Bruckner liegt jenseits, über seine Sachen kann man nicht hin und her, kann man nicht reden. Über den Menschen auch nicht. Er ist ein armer, verrückter Mensch, den die Pfaffen von St. Florian auf dem Gewissen haben. Ich weiß nicht, ob Sie eine Ahnung davon haben, was das heißt, seine Jugend bei den Pfaffen verlebt zu haben? Ich könnte davon und von Bruckner erzählen.

Ach, von so häßlichen Dingen soll man mit Ihnen gar nicht reden! Höchst verdrießlich und tiefst ergeben und herzlich grüßend   Ihr   J. B."

... In dem Gespräch weigerte sich Brahms, über Hugo Wolf und Gustav Mahler ein Bekenntnis abzulegen, da ihm das dazugehörige Gefühl und Verständnis fehle. Als jemand nun einwarf: "Und bei Bruckner?" - fuhr er lebhaft und fast zornig auf: "Bei Bruckner ist das etwas ganz anderes; da handelt es sich, wenigstens zunächst, gar nicht um die Werke, sondern um einen Schwindel, der in ein bis zwei Jahren todt und vergessen sein wird. Fassen Sie es auf, wie Sie wollen: Bruckner verdankt seinen Ruhm ausschließlich mir, und ohne mich hätte kein Hahn nach ihm gekräht, aber dies geschah sehr gegen meinen Willen. Nietzsche hat einmal behauptet, daß ich nur durch einen Zufall berühmt geworden sei: Ich sei von der Anti-Wagner-Partei als Gegenpapst nötig gebraucht worden. Das ist natürlich Unsinn: ich bin keiner, der dazu taugt an die Spitze irgendeiner Partei gestellt zu werden, denn ich muß meinen Weg allein und in Frieden gehen und hab' ihn auch nie mit einem andern gekreuzt. Aber mit Bruckner stimmt das. Nach Wagners Tode nämlich brauchte jetzt natürlicherweise seine Partei einen Papst und sie hatten eben keinen besseren als Bruckner. Glauben Sie denn, daß ein Mensch unter

dieser unreifen Masse auch nur das Geringste von diesen symphonischen Rie-
senschlangen begreift. - - - Und Bruckners Werke unsterblich, oder vielleicht
gar Symphonien? Es ist ja zum Lachen!" Die letzten Worte hatte Brahms
förmlich fauchend vor Zorn hervorgestoßen. Auch Kalbeck gegenüber hatte
sich Brahms mehrmals in ähnlicher Weise geäußert. Endlich hat Dr. Heinrich
Groeber 1895 ein Urteil Brahms über Bruckner aufgezeichnet, aus dem hervorgeht, daß dem freisinnigen Herrn besonders der hohe religiöse Gehalt der
Werke seines Gegners zuwider war. Er äußerte: "Alles ist bei ihm gemacht,
Affektation, nichts Natur. Seine Frömmigkeit - das ist eine Sache, die geht
mich nichts an. Aber diese Meßvelleitäten sind mir ekelhaft, ganz zuwider.
Er hat keine Ahnung von einer musikalischen Folgerichtigkeit, keine Idee von
einem geordneten musikalischen Aufbau."
...Wie äußert sich nun Bruckner in seinen Briefen über Brahms? Dieser "un-
gebildete" Mann findet da ganz andere Töne gegenüber seinem Gegner! Sie
sind meist von einem Unterton des Bedauerns und des Mitleids erfüllt, daß
ein Mann von "so hoher Bildung" sich einem Kunstgenossen gegenüber so
feindlich entgegenstellen kann. So heißt es schon 1875 in einem Schreiben an
Mayfeld: *"Brahms scheint in Leipzig meine C-moll-Symphonie Nr. 2 unter-
drückt zu haben."* Am 9. Februar 1885 schreibt er an Dr. van Meurs im
Haag: *"Brahms behandelt mich beinahe kränkend!"* - An W. Zinne meldet
Bruckner am 16. Juni 1886: *"Von Hanslick und leider auch von Brahms sind
mir für mich so kränkende Geschichten erzählt worden, daß ich lieber darüber ganz schweige; aber mein Herz ist kummervoll!!!"* (Göll.-A. 4/2, S. 237-
241, 244 ff.)

269 (1892)

(Stradal erzählt:) ... Brahms war gegenüber Bruckner sehr herablassend und
kühl bis ins Herz hinein, während Bruckner in kindlicher Einfalt sein Inneres
oft preisgab und sogar so unvorsichtig war, vor Brahms über Hanslick sich
zu beklagen! Ärgerlich war ich stets, daß Bruckner gegenüber dem verschlossenen Brahms so sehr devot war und ihm auch einmal, wie ein Kellner, das
Bier vom Schank holte. Nur einmal wurde das Gespräch beider bedenklich.
Es war nach der ersten Aufführung der *Achten Symphonie*[131] Bruckners, da
trafen Bruckner und Brahms im Restaurant "Igel" zusammen. Ungeschickter-
weise stellte da Bruckner an Brahms die Frage, ob ihm die *Achte Symphonie*
gefallen habe, worauf Brahms antwortete: "Lieber Bruckner, ich versteh'

---

131 Uraufführung am 18. 12. 1892.

Ihre Symphonie nicht!" worauf Bruckner antwortete: *"Akkurat so geht 's mir auch mit Ihren Symphonien".* (Göll.-A. 4/2, S. 690)

270 (1884)

(Marschner berichtet:) Auf Brahms war er [Bruckner] nicht gut zu sprechen. Als wir einmal dessen erste Violinsonate im großen Musikvereinssaale vortragen hörten, fand er, daß diese Komposition sich im Fahrwasser Mendelssohns bewege. Beim Vortrage des Mozartschen g-Moll-Quintetts und zwar des langsamen Satzes (Es-Dur) äußerte er erregt zu mir: *"Hat Brahms jemals eine solche Melodie erfunden?"* Geradezu erbittert war er über das Verhalten von Brahms gegenüber dem jungen Rott.[132] Ich und Hynais begleiteten Bruckner, als er sich zum Leichenbegängnisse dieses jungen Komponisten begab, der von ihm ungemein geliebt worden war. Es schien, daß er die Erkrankung und den Tod des jungen Mannes wesentlich der Härte des Urteils beimaß, das Brahms über eine Komposition Rotts gefällt hatte. Unvergeßlich bleibt mir der grelle Gegensatz zwischen dem Frieden, den der Tote im offenen Sarge darbot und der wilden Leidenschaft des Meisters, die diesen beim Heimwege in die Worte ausbrechen ließ: *"Brahms ist ja ein außerordentlicher Musiker, ein großer Kontrapunktist, aber"* - so fuhr er in höchster Erregung fort: *"Ich werde ihm sagen: Herr, Sie sind kein Komponist, sie sind ein Macher."* Daß diese Äußerung nicht buchstäblich, das heißt im absoluten Sinne, zu verstehen ist, ergibt sich aus folgendem Gedanken, den Bruckner bei derselben Gelegenheit aussprach: *"Wer sich durch Musik beruhigen will, der wird der Musik von Brahms anhängen; wer dagegen von der Musik gepackt werden will, der kann von jener nicht befriedigt werden."* Offenbar dachte er bei solch' packender Musik zunächst an die seine der neuen Richtung. (Göll.-A. 4/2, S. 130 ff.)

271 (um 1883)

(Meißner berichtet:) Auch entsinne ich mich bei einem derartigen Spaziergange, daß ich ihn frug, wie ihm die Kompositionen von Brahms gefielen, worauf er sinnend überlegte und sprach: *"Weißt, Anton, wir zwei sind feurige Naturen und Katholiken. Brahms ist für kalte Naturen und Protestanten."* (Göll.-A. 4/2, S. 135)

---

132 Hans Rott, siehe Anm. 16; vgl. Göll.-A. 2/1, S. 263 und 4/1, S. 446.

272

Die Freundschaft Bruckner - Vockner blieb auch weiterhin bestehen, als mein Vater keine Stunden mehr bei Bruckner nahm, und immer, wenn er ihn besuchte, spielte Bruckner alles, woran er gerade komponierte, vor. Das waren unvergeßliche Stunden für meinen Vater.

Selbstverständlich sprachen die beiden auch oft über andere Kompositionen der Gegenwart. Nur Brahms durfte man in Bruckners Gegenwart nicht lobend erwähnen, denn da es mein Vater einmal tat, fuhr Bruckner wütend auf: *"Vockner, wenn du den Brahms schätzt, dann bist du mein ärgster Feind."* So unterließ er es künftig, um ihn nicht zu kränken. (Irene Vockner; Österreichische Nationalbibliothek, Musiksammlung; Fonds Gräflinger 30/617)

273

Bruckner und Brahms waren Gegensätze. Brahms, von dem allmächtigen Hanslick auf den Schild gehoben und verwöhnt, wurde von seinem Verleger so gut bezahlt, daß er ein völlig unabhängiges, sorgloses Leben führen konnte. Bruckner, von dem allmächtigen Hanslick verspottet und verfolgt, brachte es nie zu einem richtigen Verlegerhonorar und drohte am Frondienst des Stundengebens als schaffender Künstler zu scheitern. Leider wurden die beiden großen Zeitgenossen aus Gegensätzen bald zu Gegnern. Die Schuld lag bei Brahms, der triebhaft die Überlegenheit Bruckners fühlte und diesen daher nicht leiden mochte. Als Bruckner einst in der prächtigen Schwimmschule von Steyr badete, um seine ewigen *"Hitzen"* zu kühlen, kam die Rede auch auf Brahms. *"Ja, der Brahms!"* seufzte Bruckner und sprang sogleich ins Wasser, wo er weit weg tauchte, um jeder weiteren Erörterung zu entgehen. Ein anderesmal sah er beim Besuche einer befreundeten Familie Lieder von Brahms auf dem Klavier liegen. *"Kennan S' a seine Symphonien?"* fragte er vorsichtig und fügte hinzu: *"Wissen S', bei dem is a jeder Takt ausspintisiert!"* Auf sich selber weisend fuhr er dann fort: *"Wann i nur a so gscheit wär wie der! Bei mir is halt alles da drinn - auf die Brust zeigend - und wie's drinn is, muaß's außer!"*

Der derbe Brahms kannte Bruckner gegenüber keine solche Rücksichtnahme. Er flegelte ihn sogar einmal mit der Behauptung an, Bruckner komponiere "wie ein Wilder!" Durch besondere Anhänger auf beiden Seiten wurde schließlich eine Zusammenkunft der beiden Großen beim "Roten Igel" vermittelt. Anfänglich herrschte eisiges Schweigen. Endlich langte Brahms nach der Speisekarte und rief mit erzwungener Gemütlichkeit: "Na, wolln ma amal sehn, was es z'essen gibt!" Er überflog die Liste. Plötzlich hielt er inne: "Ah, Gselchts mit Kraut und Knödeln, das ist ja meine Leibspeis!" Da wandte sich

Bruckner ihm zu: *"Sehn S', Herr Doktor, Gselchts und Knödeln, das ist der Punkt, wo wir uns verstehn!"* Schallendes Gelächter der beiderseitigen Gefolgschaft begleitete diese verblüffende Feststellung und das Eis war gebrochen. Es kam zu einer Unterhaltung. Dabei sagte Brahms in seiner groben Art: "Ihre *III. Symphonie* hat mir net gfalln!" - *"Aber dem Meister Richard Wagner hat's gfalln!"* trumpfte Bruckner auf. Das Gespräch wurde schließlich doch recht angeregt und Brahms begütigte schließlich: "Lieber Bruckner, Sie dürfen sich nicht einbilden, daß ich etwas gegen Sie habe, aber ich kann mich halt einmal für Ihre Sachen nicht begeistern!" - *"Na, sind S' nur ruhig, Herr Präsident"*, schoß Bruckner zurück, *"mir geht's mit Ihre Sachen akkrat aso!"* (Commenda S. 133 f.)

274 (1889)

Brahms und Bruckner, die gleichzeitig in Wien lebten, verstanden sich gegenseitig nur wenig und gingen sich darum möglichst aus dem Weg. Gemeinsame Freunde versuchten nun einmal die beiden zusammenzuführen. Nach langen Vorbereitungen kam endlich ein Treffen im Gasthof "Zum roten Igel" zustande.[133] Bruckner war als erster da und setzte sich mit seinen Freunden an das Ende des langen Tisches. Etwas später kam auch Brahms mit seinem Anhang und nahm an anderen Tischende Platz. Nach einer steifen Begrüßung trat beklemmende Stille ein. Niemand wollte die Unterhaltung eröffnen. Besonders die beiden Meister taten, wie wenn sie sich gegenseitig gar nicht sähen. Der Abend drohte recht peinlich zu werden. Brahms und Bruckner lasen jetzt beide die Speisekarte mit seltener Gründlichkeit durch, offensichtlich nur, um mit irgend etwas beschäftigt zu sein und nichts sagen zu brauchen. Als der Ober sich zu Brahms wandte, bestellte der: "Knödl und Gselchtes!" Das war das erlösende Wort, denn Bruckner sprang freudig bewegt auf und rief zu Brahms hinüber: *"Sehn S', Herr Doktor, dös is der Punkt, wo wir uns verstehn. Knödl und Gselchtes ess i a!"* (Herzfeld S. 227 f.)

275 (1889)

Brahms und Bruckner, gleichsam Antipoden, gingen sich, wo es nur möglich war, aus dem Wege, aber einmal gelang es den beiderseitigen Freunden doch, sie zusammenzubringen. Schauplatz dieses Zusammentreffens war das Gasthaus "Zum roten Igel", gerühmt wegen seines G'selchten und seiner Knödel.

---

133 Bruckner vermerkt das Treffen in seinem Taschenkalender am 25. 10. 1889.

Abb. 16 Speisekarte

Die Stimmung am Tisch der beiden Großen aus dem Reich der Töne war ziemlich frostig. Beharrlich wartete jeder, daß der andere mit dem Reden beginnen werde, Brahms, dem das Warten zu dumm wurde, griff nach der Speisekarte, gab dem Kellner einen Wink und bestellte Geselchtes mit Kraut und Knödel. Kaum war der Kellner vom Tisch weg, rief ihm Bruckner nach: *"Sie, mir bringen S' das gleiche!"* Und zu Brahms gewendet: *"Schaun S', lieber Doktor, dös ist der anzige Punkt, wo wir zwei uns verstehen!"* (*Anekdote aus Oesterreich*; unbezeichneter Zeitungsausschnitt, ABIL)

276 (1889)

Brahms und Bruckner, die größten Feinde, saßen einmal im Gasthaus beisammen. Brahms überflog die Speisekarte: "Ah, Knödel und Geselchtes, das ist ja mein Leibgericht! Kellner, bringen Sie mal Knödel und Geselchtes!" Da wandte sich Bruckner zu ihm und sagte: *"Segn's, Herr Dokta, Knödel und Gselchts! Das ist der Punkt, wo wir zwei uns verstehn!"* (*Morgenpost*, Brünn 26. 7. 1937)

277

Brahms stand Bruckners Schaffen völlig verständnislos gegenüber und äußerte auch gegen Bruckner selbst unumwunden, wie er zu seinen Symphonien stehe. *"Aber i bitt' Ihna, Herr Doktor"*, antwortete Bruckner, *"das macht ja gar nix. Schaun S', mir geht's mit Ihren Sachen grad so!"* (*Gegenseitige Achtung*; unbezeichneter Zeitungsausschnitt, ABIL)

278

Es war bei einer Aufführung des neu einstudierten Tristan in der Wiener Hofoper. Die erste Darstellerin der Brangäne in Wien saß im Zuschauerraum. Da fragte sie ein neugieriger Freund: "Liebe Frau Professor, wie gefällt Ihnen Ihre Nachfolgerin, wie gefällt Ihnen Fräulein ... als Brangäne?" - "Da werde ich ihnen", sagte die Dame lachend, "mit einem Worte Anton Bruckners antworten. So wie Sie heute neben mir sitzen und mich um meine Meinung über eine andere Brangäne fragen, so bin ich einmal in einem Brahmskonzert neben Anton Bruckner gesessen und habe ihn um seine Meinung über einen anderen Komponisten gefragt - nämlich über Johannes Brahms. 'Was sagen Sie, Meister Bruckner', fragte ich, 'zu Brahms im allgemeinen?' - 'O, meine Liebe', gab Bruckner zur Antwort, *'der Brahms, das ist ein sehr braver Kompo-*

nist, der sehr gute Sachen schreibt, aber ... meine Sacherln san mir halt doch a bisserl lieber!'"[134] (Gräflinger S. 22 f.[135])

279

(Marschner berichtet:) In der Zeit zwischen Mittwoch vor Palmsonntag 1884 und Kardienstag weilte ich bei meinen Eltern in Prag, da ich als Supplent am k.k. Zivil-Mädchen-Pensionat zwei Wochen Ferien hatte. Bruckner weilte damals einige Tage in Prag, da er berufen worden, die neue Orgel im Rudolfinum zu erproben.
Bei dieser Gelegenheit kam er mit dem Domkapellmeister Skraup[136], dem jetzigen Domkapellmeister Josef Förster[137] und anderen böhmischen Musikern in Verkehr. Als im Gasthause von Förster die Sprache auf Dvořák gelenkt wurde und jener diesen rühmte, wehrte Bruckner mit den Worten ab: *"Ich bin kein Verehrer von ihm."* (Göll.-A. 4/2, S. 164)

280 (1883)

Göllerich verstand es, durch Erläuterung der Werke und durch tiefschürfende Interpretation gewaltig zu fesseln und aus manchem Saulus einen Paulus für die neue Kunst zu machen. So gelang es ihm vor allem, den Kritiker Dr. Theodor Helm, der damals noch einseitiger Anhänger Brahms' war, ganz für Bruckner einzunehmen und in ihm einen der streitbarsten und erfolgreichsten Vorkämpfer für den Meister in Wien zu gewinnen.
In den einzigen Erholungsstunden des Meisters (abends bei Gause) war, wie Stradal berichtet, damals Göllerich noch selten zu treffen, da er viel in Theatern und Konzerten zu tun hatte und ihm, als strengen Vegetarier und Anti-Alkoholiker, diese Sitzungen wenig zusagen konnten. Außerdem stand Göllerich damals Bruckner noch nicht so nahe, da er weder Schüler des Konservatoriums noch sein Privatschüler war. Er besuchte wohl ab und zu Bruckners Vorlesungen an der Universität und Bruckner hatte ihn als engeren Landsmann sehr gern. Die asketische Lebensweise, die langen Haare und die 'Jägerkleidung' des jungen Mannes verursachten wohl, daß sich der Meister über ihn zu Stradal öfters äußerte: *"Göllerich ist mysteriös, er hat etwas Geheimnisvolles."* (Göll.-A. 4/2, S. 86 f.)

---

134 Vgl. auch Nr. 268, S. 161.
135 Vgl. auch Göll.-A. 4/2, S. 237.
136 Johann Nepomuk Skraup (Skroup; 1811 - 1892), Komponist, Mitglied des Mozarteums.
137 (1833 - 1907), Organist der Nikolaus-Kirche in Prag und Komponist.

281 (1884)

Göllerich an seine Mutter: "Mein Verhältnis zu Bruckner wird ein immer herzlicheres und ich lerne diesen Gold-Mann erst immer noch mehr schätzen und lieben." (Göll.-A. 4/2, S. 163)

282

Im Jahre 1869 kam Bruckner auf seiner Konzertreise in Paris mit den französischen Komponisten Gounod und Auber in Berührung, welche seine vollendeten Leistungen auf der Orgel bewunderten. Auber gestand ihm, daß er in seinem hohen Alter noch den Unsinn begehe, eine Oper zu schreiben. Da das kleine Hündchen Aubers Bruckner fortwährend anbellte und sein Herr ihm wehren wollte, meinte Bruckner lakonisch: *"Lassn S' nur gehen, der Franzos bellt den Deutschen alleweil an."* (Gräflinger S. 17)

283

"Da sagt da Hanslick immer, i hätt' ka Form, ka Form! I' man, wenn ma' den Herrn Dokta amol so recht am Zahn fühl'n thät, was 'r denn eigentli d'runter vasteht, unt'r da Form, so - glaub' i' - wüßt' er's z'letzt sölbst nöt recht. Ja, hat denn da Künstla nöt das Recht, si' für sei' Werk a' Form z'recht z'mach'n, die ihm g'rad paßt? Oba beim Hanslick is' a' and're G'schicht: da is' vül persönliche Gehässigkeit dabei. I' woar nahe d'ran, bei ihm 'lieb Kind' z'werd'n, da hab' i' oba das Verbrechen begonga und hab' 'm Meister (Bruckner nannte R. Wagner nie anders als "Meister") *mei' III. Sinfonie g'widmet, und was 'n am meisten g'ärgert hot: i' bin geg'n sein Will'n Lektor auf da Universität word'n. Dös wird er mir nia verzeih'n, wia'r selb'r gs'ogt hat. Weil 'r oba jemand braucht, den 'r als Trumpf geg'n 'n verhaßt'n Wagner ausspül'n kann, so is' halt der Brahms auf'n Schild g'hob'n word'n, nachdem 's mit mir nöt ganga is'."* Mit köstlichem Augenzwinkern setzte er fort: *"I' man alleweil, daß d'r Hanslick 'n Brahms g'rad so weni vasteht, wia 'r 'n Wagner, mi' und die Andern vasteht. Und vom Kontrapunkt waß d'r Herr Dokta so vül, wia d'r Rauchfangkihra von d'r Astronomie!"* Nach und nach redete er sich in eine immer humorvollere Stimmung hinein - es war wieder einmal der alte Bruckner. (Karl Hruby, *Meine Erinnerungen an Anton Bruckner*. Wien 1901, S. 22[138])

---

138 Vgl. auch Göll.-A. 4/2, S. 598.

284 (1886)

Hanslick[139] faßt sich in der "Neuen Freien Presse" vom 30. März ziemlich kurz, da er - in einer Anwandlung von Aufrichtigkeit - zugibt, über das Werk kaum ganz gerecht urteilen zu können. In seinem Haß genügt es ihm nicht, den Wiener Erfolg zu verkleinern; er versucht auch die reichsdeutschen Erfolge ins Reich der Fabel zu verweisen. Sein Elaborat hat folgenden Wortlaut: "Als Piece de resistance figurierte Bruckner's neue *Symphonie in E-dur*.[140] Das Publikum zeigte freilich nicht viel resistance; es flüchtete zum Teil schon nach dem 2. Satz dieser symphonischen Riesenschlange, flüchtete in hellen Haufen nach dem 3., so daß nur ein kleiner Teil der Hörerschaft im Genuße des *Finales* verblieb. Diese mutige Bruckner-Legion applaudierte und jubelte aber mit der Wucht von Tausenden. Gewiß ist es noch niemals vorgekommen, daß ein Komponist nach jedem einzelnen Satz vier- bis fünfmal herausgerufen wurde. Bruckner ist der neueste Abgott der Wagnerianer. Man kann gerade nicht sagen, daß er Mode geworden ist, denn das Publikum will diese Mode nirgends mitmachen; aber Bruckner ist Armeebefehl geworden und der 'zweite Beethoven' ein Glaubensartikel der Wagner-Gemeinde. Ich bekenne unumwunden, daß ich über Bruckners Symphonie kaum gerecht urteilen könnte, so unnatürlich, aufgeblasen, krankhaft und verderblich erscheint sie mir. Wie jedes größere Werk Bruckners enthält die *E-dur Symphonie* geniale Einfälle, interessante, ja schöne Stellen - hier sechs, dort acht Takte - zwischen diesen Blitzen dehnt sich aber unabsehbares Dunkel, bleierne Langeweile und fieberhafte Überreizung. Einer der geachtetsten Musiker Deutschlands bezeichnet - in einem Brief an mich - Bruckners Symphonie als wüsten Traum eines durch zwanzig Tristan-Proben überreizten Orchester-Musikers. Das scheint mir bündig und treffend. Soviel nach dem ersten aufregenden Eindruck und um Farbe zu bekennen." Auch in diesem Fall bemühten sich die *"G'söll'n"* Max Kalbeck[141] und Gustav Dömpke[142], ihren Meister an Gehässigkeit zu übertreffen. Was diese beiden breitspurig von sich gaben, ist nicht anders als mit journalistischer Lausbüberei zu bezeichnen. (Göll.-A. 4/2, S. 436 f.)

---

139 Bruckners Angst vor Hanslick war so groß, daß er, als er einem *"Fräil'n Wetti"*, der Köchin des Gefürchteten, beim Einkaufen begegnete, sie bat, ihm ein gutes Wort einzulegen. (Göll.-A. 4/2, S. 436, Anm.)
140 Bruckners *Siebente Symphonie* (WAB 107).
141 (1850 - 1921), Schriftsteller, Herausgeber, Musikkritiker bei verschiedenen Wiener Zeitungen.
142 (1851 - 1923), Musikkritiker in Wien.

285

Im Jahre 1894 veranstaltete das musikalische Berlin eine Art Brucknerwoche, zu welcher der Meister von Wien hinfuhr. Mit einem philharmonischen Chor führte Ochs das *Tedeum* auf, das übrigens durch ihn schon 1891 bekannt geworden war, dabei hatte der Dirigent nun an einer Stelle zur Beseitigung eines auffälligen klanglichen Mangels zu den zwei vom Komponisten vorgeschriebenen Pauken noch eine dritte hinzugefügt. Bruckner war davon überrascht, jedoch keineswegs ungehalten wegen dieses Eingriffes in seine Autorenrechte, sondern vielmehr erfreut und durchaus einverstanden, so daß es für Ochs nahelag, ihn zu fragen, warum er denn nicht schon selbst eine dritte Pauke vorgeschrieben habe. *"Ja, was meinen S'?"* antwortete der bescheidene Mann da mit verschmitztem Lächeln, *"des hab i mi net traut. A dritte Pauk'n beim Bruckner! Und der Hanslick?"* (Gräflinger S. 78 f.)

286

Eine Episode aus einer solchen Lehrstunde blieb mir besonders haften. Unter den Hörern befand sich ein bereits zum Doktor graduierter Philosoph, der - wie Bruckner wußte - die Ambition hatte, Musikkritiker zu werden. Seine musikalischen Fähigkeiten waren durchaus keine hervorstechenden und wenn Bruckner ihm zum Beispiel ein Modulationsproblem zu lösen gab, war die Blamage fast unausbleiblich.

Bei einer solchen Gelegenheit sagte Bruckner gutmütig-boshaft: *"Geltn S', das is net so leicht, als man glaubt. Und jetzt erst: a Symphonie schreibn! Wann S' amal in Hanslick sei Nachfolger werdn, san S' halt ein bißl gnädig mit uns arme Komponisten!"* (Gräflinger S. 44)

287 (1885)

An diesem Abend lud Hermann Kaulbach[143] den Meister ein, am nächsten Tag in sein Atelier zu kommen, um sich malen zu lassen. Eckstein führte Bruckner am andern Tag in das Atelier im Englischen Garten. Dort hing ein Kolossal-Gemälde an der Wand "Das Leben der hl. Elisabeth". Kaulbach machte ein Ölbild Bruckners in Lebensgröße. Bruckner wollte immer, daß anders gemalt würde. *"Bitt' Sie, Meister, d'Nasen a bißerl kloaner, i' hab' do' kan so fürchterliche Nas'n."* Kaulbach amüsierte sich sehr - - Mit aufgehobenen Händen: *"a bißl nur klaner - nehmen's von der Nas'n was weg, bitt' Ihna."* ...

---

143 (1846 - 1909), Münchner Historien- und Genremaler.

Eine Tochter Kaulbachs, Frau Beppina von Stetten (Schliersee) erinnert sich noch an die Besuche des Meisters und gibt folgenden, von feiner psychologischer Beobachtung zeugenden Bericht:

"Der Name Bruckner hatte bei uns Kindern einen ganz besonders guten Klang, denn unter den vielen Freunden meines Elternhauses verstanden es wenige so gut wie er sich unsere Herzen zu erobern. Die musikalische Seite interessierte uns leider gar nicht an ihm, oder nur insofern, als er uns ab und zu im Scherz mit Klavierstunden drohte, die er uns geben wolle, wenn wir nicht brav wären. Gottlob führte er diese Drohung nie aus, sondern er verwöhnte uns mit Liebe und Junggesellenunverständnis. Da er seinen ständigen Mittagtisch bei uns hatte, lernten wir ihn besser kennen als andere Gäste, die kamen und gingen während wir in der Schule waren oder schon schliefen. Den größten Spaß hatten wir, wenn er uns nach dem Essen schaukelte und zwar so hoch und ausgiebig, daß es nur unseren guten Mägen zu verdanken war, daß wir dies als Vergnügen empfinden konnten. - Kinder sind ja große Kritiker und beobachten Äußerlichkeiten sehr scharf und so waren die merkwürdigen Krägen, die er trug, eine Quelle der Debatte für uns, bis wir uns endlich ein Herz nahmen und frugen, warum er sich nicht engere Kragen kaufe. *'Ja mei,'* sagte er, *'i' hab' an innerlichen Kropf und da vertrag' i' kane andern'.* Das war sicher gar nicht wahr, aber wir hatten doch großes Mitleid mit ihm. Überhaupt hatten wir aus einem gewissen Instinkt heraus Mitleid mit ihm, trotzdem wir keine Ahnung von seinen Lebenskämpfen hatten, - es lag trotz seiner guten Laune ein Hauch Trauer über alldem was er sagte, seine Freude war stets eine so überraschte, wie wenn er nicht daran glauben könnte, daß ihm etwas Freudiges passieren könne, und seine Dankbarkeit so von Herzen kommend. Wenn er meiner Mutter ein paar Blumen brachte, so freute er sich so darüber ihr etwas zu geben, daß er Tränen in den Augen hatte, und ich war froh für ihn, daß meine Mutter eine seltene Gabe hatte Freude zu äußern. Er steht mir so lebhaft vor Augen, und hatte tatsächlich jene große Nase, die ihm auf dem Bild meines Vaters mißfiel, aber er war, wie wohl alle Männer, etwas eitel und wußte nicht, daß gerade diese große Nase seinem Gesicht das Bedeutende gab." (Göll.-A. 4/2, S. 281 und 282 f., Anm.)

288 (1884)

(Marschner berichtet:) Außer Richard Wagner, den er bei einem Wagnervereins-Kommerse ausdrücklich den größten aller Meister genannt, imponierte ihm, wie er zu mir sagte, keiner der zeitgenössischen Tonsetzer. Er bezog dies dabei auch auf Liszt, den er bei dessen Anwesenheit in Wien gerade besucht hatte. Ich glaube, Liszt hatte damals die Widmung einer der ersten Symphonien Bruckners angenommen.[144] (Göll.-A. 4/2, S. 132)

289 (1872)

Herr Lanz erzählt ... dem Lehrer Hayböck[145] in St. Florian Folgendes:

"Ich war mit Bruckner in den Ferien beisammen; da äußerte er den Wunsch, Liszt, der gerade in Wien anwesend war, auch persönlich kennen zu lernen. *'Wenn ich nur wüßte'*, sagte er, *'wie ich das anfangen soll?'* Das geht nicht so schwer als es aussieht, erwiderte ich. Wenn es Dir recht ist, so werde ich dies veranlassen. *'Wie, Du kannst das machen?'* Ja, ich kann es machen, und hoffe daß sich die Gelegenheit bald ergeben wird. Ich schreibe sogleich meinem Verwandten nach Wien, der ein guter Bekannter und Verehrer Liszts ist. Diesen Vetter werde ich ersuchen, die Sache zu vermitteln.

Bruckner sah einer Verwirklichung dieses Planes mit freudiger Begeisterung entgegen. Mein am nächsten Tage abgesandtes Schreiben ward alsbald auf die günstigste Weise erledigt. Bruckner bestand darauf, daß ich ihn begleite, und so waren wir auch zu der von meinem Vetter anberaumten Zeit in Wien. Der gute Vetter erwartete uns am Bahnhofe und nach den nötigen Mitteilungen, unter anderem daß Herr Liszt sich freue Herrn Bruckner kennen zu lernen, begaben wir uns, Bruckner und ich, in das Absteigquartier des berühmten Mannes, den Schottenhof.

Bruckner war sichtlich aufgeregt, ich nicht minder. Wir ließen uns durch den Diener melden. Nach einigen Minuten standen wir vor der großen hageren Gestalt Franz Liszts. Bruckner, zaghaft, wie er immer war blieb beinahe unter der Tür stehen. Wir machten tiefe Reverenzen. Der Meister ging uns freundlich entgegen.

Herr v. Liszt, sprach ich, ich habe die Ehre mich vorzustellen, mein Name ist Lanz. - 'Ah!, Herr Lanz', antwortete Liszt und reichte mir beide Hände entgegen; und hier, fuhr ich fort, auf meinen Freund zeigend, - ist Herr Bruckner! *'Bruckner?'* - Liszt lächelte, man las aus seiner Miene, daß er freudigst überrascht war - *'ah, Herr Bruckner!'* - war die Antwort, wobei er denselben gleichfalls in liebenswürdigster Weise begrüßte und kräftigst die Hand schüttelte. 'Ich habe schon viel von Ihnen gehört!' fuhr Liszt in seinem eigentümlichen Dialekt fort; 'es freut mich sehr, Ihre Bekanntschaft zu machen!'

---

144 Vgl. Göll.-A. 4/1, S. 256.
145 Johannes Paul Hayböck (1863 - 1933), Stiftsorganist und Lehrer in St. Florian; Komponist.

Hierauf lud er uns mit feiner Höflichkeit zum Platznehmen ein, worauf sich zwischen beiden großen Häuptern eine geraume Weile hindurch eine lebhafte Konversation entfaltete." (Göll.-A. 4/1, S. 204 f., Anm.)

290 (1886)

In den Tagen vom 3. bis 6. Juni fand in Sondershausen das Tonkünstlerfest des allgemeinen deutschen Musikvereines statt. Obwohl Liszt - da er ja die Weiterentwicklung der viersätzigen Symphonieform von vorneherein negierte - für Bruckners Schaffen kein Interesse aufbrachte, und auch, wie Göllerich berichtet, Brahms[146] alles tat, um Liszt gegen Bruckner einzunehmen, hatte er doch dem Präsidenten Professor Carl Riedel gegenüber den Wunsch geäußert, man möge dieses Jahr das Schwergewicht auf Bruckner legen und die Russen weglassen... Alle Versuche Göllerichs und Stradals, Liszt für Bruckners Kunst zu gewinnen, waren vergeblich. Während der Fahrt von Weimar nach Sondershausen erklärte Liszt in seiner sarkastischen Weise: "Bruckner leidet an einem schleichenden Fieber von Symphonien." Auch den Improvisator Bruckner ließ er, obwohl er ihn kaum gehört, nicht gelten.[147]
Bei dem Konzert am 4. Juni, bei welchem die beiden Sätze der Brucknerschen *Symphonie*[148] aufgeführt wurden, saßen Göllerich und Stradal in unmittelbarer Nähe Liszts, der damals - zwei Monate vor seinem Tode - schon sehr leidend war. Bei dem geharnischten Fünftöne-Gedanken des 1. Satzes, der völlig unausgearbeitet gebracht wurde, stieß sich Liszt an den "brutalen Hörnern". Bei der Gesangstelle des Satzes raunte er Göllerich zu: "Floskeln" - "instrumentierter Clementi!" Als beim *Scherzo* ein musikalischer Redakteur das Bülow'sche Wort aufwärmte, Bruckner sei "halb Genie - halb Trottel", meinte Liszt: "man hat die Wahl zwischen einer Jagd und einem Kikeriki". Nach Stradals Bericht - es wäre eine Entlastung für Liszt - habe dessen Biographin Lina Ramann nach den beiden Sätzen zu Liszt bemerkt: "instrumentierter Clementi", worauf dieser zwar sein nasales "Pah" ertönen ließ, aber sonst nichts sagte. Über das *Quintett* aber äußerte Liszt, der das *Adagio* daraus früher gerne mit seiner Cousine Henriette von Liszt in Wien vierhändig

146 Zu Göllerich sagte Liszt damals: "Ich höre so verschiedene Urteile über Bruckner. Brahms sprach mir davon, daß er sich ganz wohl zu benehmen wisse. Seine Bescheidenheit ist nicht so weit her und der Mann ist fix ganz gut angestellt." (Göll.-A. 4/2, S. 477, Anm.)
147 Liszt hatte Bruckner bloß als Begleiter auf der Orgel gehört. Er erzählte Göllerich darüber: "Das Weihnachts-Oratorium wurde in Wien mit Bruckner an der Orgel aufgeführt. Ich war mit ihm nicht zufrieden. Bruckner war voll Leid über Hanslicks schlechte Rezension, die viele Freunde von mir abbrachte." (Göll.-A. 4/2, S. 478, Anm.)
148 *Vierte Symphonie* (WAB 104).

gespielt hatte: "Darin ist doch einiges, was mir gefällt, obwohl mir das Ganze nicht behagt." (Göll.-A. 4/2, S. 477 ff.)

291 (1884)

Als Ende April Franz Liszt zu seinem gewohnten Osterbesuche im Schottenhofe eintraf, begab sich Bruckner mit der Partitur der *'zweiten Symphonie'* - eines seiner Lieblingskinder - zu ihm und bat ihn, *"weil s' an guat'n Vater braucht"*, die Widmung derselben anzunehmen, was Liszt unter dem Vorhaben, das Werk nach Weimar mitnehmen und durchsehen zu wollen, freundlichst zusagte. In Reisehast und fortwährendem Überlaufensein wurde hierauf leider vergessen, was Bruckner ein Jahr später zufällig entdeckte. Tiefgekränkt unterließ er hierauf ohne alles Weitere die so schön gedachte Widmung.

Wenn Göllerich den Versuch machte, Liszt für Bruckner zu interessieren, schnitt ihm der sonst so Milde die Rede ab mit den Worten: "Wenn mir Ihr Freund mit der Devotio *'Euer Gnaden Herr Kanonikus'* naht, da hab' ich schon genug!" Dem überfeinerten Kosmopoliten war es in diesem Fall nicht möglich, seine persönliche Abneigung gegen das unverfälschte Naturkind zu überwinden. Anderseits waren Bruckner die künstlerischen Grundsätze Liszts völlig fremd. So erzählt Stradal: "Bei einer Aufführung des Liszt'schen 'Tasso' hatte ich das Glück, neben Bruckner zu sitzen. Bruckner war sichtlich von dem Werk tief ergriffen, plötzlich aber fragte er mich, was das Wort 'Tasso' bedeute. Ich erklärte ihm nun das Leiden und die vielen Anfeindungen, die der unsterbliche Sänger Ferrara's zu erdulden gehabt hatte, schilderte ihm ferner Tasso's Tod und wie dessen Leichnam am Capitol gekrönt wurde. Als ich mit meiner Erzählung zu Ende war, sah ich Tränen in Bruckners Augen und er rief: *'Das bin ja ich!'* Ich erklärte ihm nun, daß Liszt in seinem Werke 'Tasso, Lamento e trionfo' nicht den einzelnen Fall 'Tasso' in Tönen uns schildern wollte, sondern daß er in diesem Werke das Urbild des Schicksals eines jeden Geistesfürsten, der Neues schafft, vertonen wollte."

Zu Marschner äußerte Bruckner einmal: *"Liszt ist mehr Meister des homophonen Satzes, nicht so für's Kontrapunktische."* Ihm, dem großen Kontrapunktiker, erschien Liszts thematische Arbeit dürftig und auch über die Fugen in einzelnen seiner großen Werke, wie die Heilige Elisabeth und den Christus konnte er keine größere Teilnahme aufbringen, obwohl er von einzelnen Teilen entzückt war. Dagegen liebte er die beiden großen Messen mit Ausnahme des Credo der Krönungsmesse, das er nicht mochte. (Göll.-A. 4/2, S. 166-169)

292

Göllerich notierte die Mitteilungen der Bedienerin Bruckners über das Verhältnis beider Künstler: "Als Liszt noch im [Wiener] allgemeinen Krankenhaus wohnte (Alserstraße) bei seinem Verwandten, Hofrat Liszt, mußte Kathi oft anfragen, wann Bruckner kommen könne, da er damals manchmal mit Liszt speiste. Er erzählte immer, daß Liszt ihn anerkenne. Auch bei der Hofrätin Liszt war er oft geladen, bis zur Widmungsgeschichte, wo er auf's tiefste gekränkt sogleich die Partitur der *II.* durch Frau Kathi zurückholen ließ." (Göll.-A. 4/2, S. 167)

293 (1886)

Am 31. Juli starb Franz Liszt. Obwohl dessen Zurückhaltung gegenüber seinem Schaffen zu Bruckners bittersten Lebenserfahrungen gehörte, war er von der Todesnachricht tief ergriffen und tagelang in großer Aufregung. Zu Göllerich äußerte er damals: *"Na, daß mir unser Herrgott das an'tan hat, daß i' g'rad' zum Tod des Herrn Abbé an'kommen bin, zu so was Aufregenden - - !"* Das Schicksal wollte es, daß gerade er dem Dahingeschiedenen die letzte Ehre erweisen mußte. Bruckner und Göllerich waren die letzten an Liszts offenem Grab und der Meister der Orgel hielt auf Wunsch Cosima Wagners dem Großmeister des Klavieres bei dem am 4. August in der katholischen Stadtpfarrkirche abgehaltenen Requiem die musikalische Grabrede mit einer Improvisation über den "Verheißungsspruch und das Glaubensthema" aus "Parsifal".

Sowohl Göllerich, als auch Stradal berichten, daß ihn, der sehr verstimmt war, damals die Phantasie vollständig im Stich gelassen und er fast verzweifelt die Orgel verließ. Beide Schüler waren darüber betrübt und besonders auch, daß Bruckner nicht ein Thema von Liszt gewählt hatte. Stradal wagte nachher die Frage: "Herr Professor, warum haben Sie denn kein Thema von Liszt genommen", worauf dieser zornig erwiderte: *"Ös Viechkerln, warum habt's ma' denn koas 'geb'n?"*

Bruckners einziger Wunsch war aber nun: nur fort von Bayreuth! Stradal mußte den nächsten Zug nach München erfragen und der Meister bat ihn, er möge ihn begleiten. (Göll.-A. 4/2, S. 493 f.)

294 (1886)

Die Bayreuther "Oberfränkische Zeitung" berichtet darüber: "Gestern vormittag 10 Uhr hat der Trauergottesdienst in einfacher Weise stattgefunden. Er begann mit der Vigil, bestand in einem Traueramte, bei welchem Hoforganist Prof. Bruckner von Wien die Orgel spielte, die fünf hiesigen katholischen Lehrer das Choral-Requiem sangen, und schloß mit dem Libera, worauf Prof. Bruckner noch eine gewaltige Trauerfuge auf der Orgel spielte." (Göll.-A. 4/2, S. 494, Anm.)

295 (1884)

August Göllerich, Bruckners getreuer Schildknappe und erwählter Biograph, war gleichzeitig Franz Liszts Vertrauter. So bemühte er sich denn eifrig, diesen zu näherem Eingehen auf Bruckners Eigenart zu bewegen. Indes alle Versuche scheiterten an dem unüberbrückbaren Gegensatz zwischen der Weltgewandtheit Liszts und der Weltfremdheit Bruckners. Der sonst allgütige Liszt lehnte stets mit dem Hinweis ab: "Ich bitt Sie, wenn mir Ihr Bruckner mit der Devotion kommt: *'Euer Gnaden, Herr Kanonikus!'*, dann hab ich schon gnug!"

Als Bischof Rudigier[149], sein großer Gönner, starb, wollte Bruckner durchaus, daß Göllerich ihn zur Bestattung nach Linz begleite. Mit allen erdenklichen Lockungen suchte er ihn zu ködern, zuletzt versprach er ihm sogar: *"Wann S' mit mir fahrn, kriagn S' a Symphonie gewidmet!"* Göllerich aber lehnte ab, weil er ein gleichzeitiges Konzert Hans von Bülows, der die Wandererphantasie von Schubert-Liszt spielte, nicht versäumen wollte.

Darüber kränkte sich Bruckner sehr, zumal er bereits wußte, daß "sein" Göllerich mit Liszt nach Rom gehen werde. So schleuderte er denn dem Ungetreuen den Vorwurf zu: *"Na ja, mit 'n Liszt fahrn S' von Gott weiß wo bis ans End der Welt, mit mir aber net amal von Wean [Wien] nach Linz!"* (Commenda S. 100)

296 (1892)

Nach den Ostertagen, die Bruckner in Wien verbringen mußte, kamen aus Hamburg Siegesnachrichten über eine Aufführung des *Te Deum* unter Gustav Mahler. ... Mahler selbst aber berichtet seinem verehrten Meister den Erfolg mit folgendem Schreiben:

"Hamburg, 16. April 92.

Hochverehrter Meister und Freund!

Endlich bin ich so glücklich, Ihnen schreiben zu können; Ich habe ein Werk von Ihnen aufgeführt. Gestern (Charfreitag) dirigierte ich Ihr herrliches und gewaltiges *"Te Deum"*. Sowohl die Mitwirkenden als auch das ganz Publikum waren aufs tiefste ergriffen von dem mächtigen Bau und den wahrhaft erhabe-

---

149 Bischof Rudigier starb am 29. 11. 1884.

nen Gedanken, und ich erlebte zum Schluß der Aufführung, was ich für größten Triumph eines Werkes halte: das Publikum blieb lautlos sitzen, ohne sich zu bewegen, und erst nachdem der Dirigent und die Mitwirkenden ihre Plätze verlassen, brauste der Beifallssturm los. An der Aufführung hätten Sie Ihre Freude gehabt. Ich habe selten ein Personal in solcher Begeisterung wirken gesehn, wie gestern. Die Kritiken erscheinen infolge der Feiertage erst in einigen Tagen; ich werd nicht verfehlen Ihnen dieselben zuzusenden. - 'Bruckner' hat nun seinen siegreichen Einzug in Hamburg gehalten. Ich drücke Ihnen herzlichst die Hand, hochverehrter Freund und bin im wahren Sinne des Wortes der Ihrige

Gustav Mahler.
Annastraße 10/III."

(Göll.-A. 4/3, S. 222 f.)

297 (1886)

Unter den tonangebenden Musikern war es vor allem Eduard Marxsen (1806 - 1887), der Lehrer von Brahms, der als Achtzigjähriger mit großer Begeisterung für Bruckners Musik eintrat. Zinne erhielt davon erst Kenntnis, als er sich die Partitur der Symphonie[150] von Professor Bernuth[151] auslieh und diesen bat, sie dann Marxsen zu überbringen. Über diesen Besuch berichtet nun Zinne dem Meister zu dessen Beglückung: "Die Unterhaltung mit Marxsen bezog sich fast nur auf die neue Symphonie. Der alte Herr, noch lebhaft feurigen Geistes, wird während einer halben Stunde nicht müde, immer wieder die Schönheit der Bruckner'schen Symphonie zu preisen. Er war mit wenigen Erwartungen in das Konzert gegangen, aber die Symphonie ist nicht nur die größte der Neuzeit, sondern eine der hervorragendsten, die wir überhaupt besitzen. Das Urteil hatte er vor Kenntnis der Partitur. Jene Meinung muß jeder sagen, der gesunde Ohren habe. Er sei sehr böse über die Aufnahme des Werkes am 19. Febr. gewesen (es war z. B. nach dem Cis-moll-Adagio vereinzelt gezischt worden!) und sei in der Meinung nach Hause gegangen, der einzige Enthusiaserierte [sic] gewesen zu sein, um dann Tags darauf in den Zeitungen doch etwas anders belehrt zu werden. Seines Schülers Brahms gedachte er in der ganzen Unterhaltung übrigens gar nicht. ..."

Bruckner schickte Marxsen sein Bild, worüber dieser hocherfreut war. Am 19. Dezember dankt Marxsen dem Meister in einem Brief für eine rasche

---

150 Die *Siebente Symphonie* (WAB 107) wurde am 19. Februar 1886 in Hamburg erstaufgeführt.
151 Julius Bernuth (1830 - 1902), Dirigent der Philharmonischen Gesellschaft in Hamburg von 1867 bis 1894.

Auskunft über Beethoven, die es ihm ermöglichte, an dessen Geburtstag eine Stiftung zu machen. Bruckner hatte über den Brief des *"Lehrers von Brahms"* so große Freude, daß er ihn von Dr. Kreibig[152] seinen Hörern an der Universität vorlesen ließ. (Göll.-A. 4/2, S. 414 f. und S. 415, Anm.)

298 (1892)

Schon als Konservatoriumsschülerin hatte sich Rosa Papier manchmal in die Proben der Philharmoniker eingeschlichen und war Zeuge der schlechten Behandlung, die der überaus höfliche Bruckner von Seite des Orchesters und des Dirigenten erfuhr. Sie lachten ihn laut aus. Von da an hatte die große Sängerin Mitleid und Teilnahme für Bruckner. (Göll.-A. 4/2, S. 308)

299

Bruckner verkehrte in Wien auch häufig in der Familie einer bekannten Sängerin, wo er wegen seiner ländlichen Schlichtheit, Naivität und herrlichen Herzenseinfalt sehr beliebt war. Einmal besuchte Bruckner mit deren Gemahl eine Tannhäuser-Aufführung in der Oper. Als sich im dritten Akt Tannhäuser anschickt, zur Venus zurückzukehren, rief Bruckner ganz erregt und selbstvergessen laut aus: *"Um Gottes willen, der Mensch geht ja wieder zu dem Weibsbild!"* - "Beruhige dich, mein Lieber", besänftigte ihn sein Begleiter, "es geht alles gut aus!" (Gräflinger S. 18 f.[153])

300

Am 12. September 1888 wurden auf dem Währinger Friedhofe in Wien die Überreste Schuberts exhumiert und Messungen sowie photographische Aufnahmen des Schädels des Meisters in Anwesenheit einer kleinen Gemeinde von Verehrern vorgenommen. Da das Haupt in den Sarg zurückgelegt worden war, erregte das allgemeine Rührung, als Professor Bruckner um die Erlaubnis bat, dasselbe berühren zu dürfen. In tiefster Erregung legte er damals zärtlich und lange seine Hand auf die Stirne des Schädels und blieb der Letzte, der die sterblichen Reste Schuberts berührt hat. (Göll.-A. 2/1, S. 66 f.)

301 (1863)

(Richard Batka berichtet:) Bruckner hatte Silbersteins[154] Gedicht *"Germanenzug"* komponiert und spielte das Werk dem Schöpfer des Textes vor. Der

---

152 Josef Clemens Kreibig (1863 - 1917), Philosoph und Handelswissenschaftler, 1885/86 Bruckners Universitätsschüler.
153 Siehe auch in: *Salzburger Nachrichten* 5. 1. 1946.
154 August Silberstein (1827 - 1900), Dichter und Journalist in Wien.

Poet war sehr entzückt und nur bedenklich ob der vielen Wortwiederholungen. - *"Wortwiederholungen?"* schnaubt Bruckner auf. - *"Sö Viechkerl, hätten S' halt mehr dicht!"* (Gräflinger S. 30[155])

302 (1863)
Bruckner, der große Tonkünstler, komponierte Silbersteins *"Germanenzug"*. Als der Meister dem Dichter das Werk vorspielte, war dieser entzückt. Nur über die vielen Wortwiederholungen klagte er. Doch da fuhr Bruckner ihn ängstlich[156] an: *"Was hätt i denn tun solln? Hätten S' halt mehr dicht!"* (Unbezeichneter Zeitungsausschnitt, ABIL)

303 (1863)
Ein Dichter kam zu Bruckner, zeigte ihm sein Werk und bat um Vertonung. Als der Dichter sie später sah, war er begeistert, aber bemerkte: "Etwas zu viel Wortwiederholungen, Meister, sind drinnen!" Bruckner wird krebsrot und brüllt: *"Ah, das is net schlecht: zu viel Wortwiederholung!! Hätten S' halt mehr gdichtet, Se Hallawachl, Se grauslicher!"* (3 verschiedene unbezeichnete Zeitungsausschnitte im gleichen Wortlaut, ABIL)

304 (1863)
Als Bruckner den *"Germanenzug"* komponiert hatte und dem Dichter vorspielte, äußerte sich dieser ganz entzückt über das Werk. Nur eines paßte ihm nicht recht daran: die vielen Wortwiederholungen. Aber da kam er bei Bruckner an den Unrechten. *"Wortwiederholungen?"* rief der Meister ärgerlich. *"Was hätt' i denn tun soll'n, Sie Viechkerl? Hätten S' halt mehr 'dicht't!"* (Unbezeichneter Zeitungsausschnitt, ABIL)

305
Nachdem Bruckner des Wiener Poeten August Silberstein Gedicht *"Germanenzug"* vertont hatte - die Komposition wurde als Männerchor vom Linzer Männergesangverein preisgekrönt -, spielte und sang er das Werk dem Autor vor. Dieser war entzückt, erhob jedoch leise Bedenken gegen die vielen Wortwiederholungen. *"Blödsinn!"* fuhr Bruckner auf. *"Wortwiederholungen! Hätten S' halt mehr dicht, Sö Viechskerl!"* (Unbezeichneter Zeitungsausschnitt, ABIL)

---

155 Siehe auch in: *Tagespost*, Linz 8. 10. 1921.
156 Gemeint wohl: ärgerlich.

306 (1886)

(Nach der Wiener Erstaufführung[157] der *Siebenten Symphonie*:) Als Bruckner nachhause kam, fand er auf seinem Tisch ein Telegramm. Es war von Johann Strauß und lautete: "Bin ganz erschüttert - es war einer der größten Eindrücke meines Lebens." Diese Huldigung eines von ihm selbst hochgeschätzten Meisters der heiteren Muse bereitete Bruckner unsägliche Freude und er erzählte seinen Freunden, wie *"nobel"* Strauß war, daß er *"gleich telegraphierte..."*

... Der Protest gegen Bruckners Werk stand nun doch nur mehr auf dem Papier. Die Freunde taten alles, um jene Gehässigkeiten durch Nachrichten über den tiefen Eindruck des Werkes auf künstlerisch hervorragende Konzertbesucher auszugleichen.

So berichtete dem Meister Adalbert von Goldschmidt[158], daß er Johann Strauß am Tage nach der Aufführung begegnet habe, der ihm zurief: "Du, gestern hab i' a Symphonie von Bruckner g'hört. Das is' großartig! Wie Beethoven. - Geh bring mir'n amal!"

Bruckner, der meinte, er solle einer der glänzenden Soireen bei Strauß beigezogen werden, erwiderte Goldschmidt: *"Geh, her ma auf! A Abend beim Strauß - na, das geht net!"* Als ihm jedoch Goldschmidt versicherte, es werde nur der Bildhauer Tilgner dort sein, meinte er: *"Das freut mi'"* und willigte ein.

Goldschmidt holte ihn mit einem Wagen ab, es war außer Frau Strauß und Tilgner nur noch der Freund des Walzerkönigs Josef Priester da. Als Bruckner Strauß mit *"großer Meister"* ansprach, wehrte dieser energisch ab und meinte: "Na, Sie san der große Meister; i bin nur a Vorstadt-Komponist! - Die Symphonie is' wunderbar." Er besuche selten Konzerte, da er kein Hypochonder werden wolle, aber von diesem sei er hoch begeistert gewesen.

Bruckner war riesig erfreut. Bei Tisch reizte ihn Goldschmidt, seine Abenteuer zu erzählen und Strauß neckte ihn mit seinem Ruf als Damenfreund. Schließlich bat Strauß den Meister, er möge ihm die Ehre erweisen, mit ihm auf Du trinken. Bruckner trank dann mit Strauß und Tilgner Bruderschaft. (Göll.-A. 4/2, S. 433 und S. 467 f.)

---

157 Sie fand am 21. März 1886 im 7. Abonnement-Konzert der Wiener Philharmoniker statt.
158 Adalbert v. Goldschmidt (1848 - 1906), Musiker, ausgebildet am Konservatorium der Gesellschaft der Musikfreunde in Wien.

307 (1885)

Endlich fand neben anderen Einladungen bei Fiedler[159] noch eine Matinee statt, bei welcher des Meisters *Quintett* von Hofmusikern gespielt wurde. Unter den geladenen Gästen befanden sich auch Paul Heyse[160], Lenbach[161], Uhde[162], Levi[163] u. a. Mit Bruckner war auch Almeroth geladen. Nach der Aufführung des Werkes stellte Levi Almeroth dem Kunstmaler Fritz von Uhde vor mit den Worten: "Da haben Sie den Freund Bruckners, dem können Sie Ihr Anliegen vorbringen". Uhde sagte nun Almeroth, daß er eben ein "Abendmahl Christi" male und einem der Apostel gern den Kopf Bruckners geben möchte. Almeroth erklärte gleich, daß es mit einer Sitzung seine Schwierigkeiten haben werde, doch wolle er versuchen, den Meister dazu zu bewegen. Er ging nun zu Bruckner und fragte ihn: "Du, ein sehr berühmter Maler, Herr von Uhde, möchte Dich bitten, ihm zu einem Bild zu sitzen." - Da verzog er schon seinen Mund und fragte: *"Ja, zu was denn für an Bild?"* - "Zu einem Abendmahl Christi, er will einem Apostel Deinen Kopf geben." - *"Ja, bin i' leicht a Jud?"* rief Bruckner ganz erstaunt aus, fügte aber sofort hinzu: *"I' bin ja gar net würdig, in der Gsöllschaft der Apostel z'sein! Wann er mi' schon mal'n will, san eh schon Photographien von mir beim Hanfstängl'*[164] *da."* Uhde war zwar über die abschlägige Antwort etwas verstimmt, fand aber am selben Abend noch Gelegenheit, den Kopf des Meisters zu skizzieren. Und der gute Bruckner kam dennoch auf das Bild. Als es später im Wiener Künstlerhaus ausgestellt war, führte Almeroth den Meister hin und sagte: "Schau her! Da bist Du doch d'rauf!" - *"Ah, ah"*, sagte er und blieb lange davor wortlos und tiefergriffen stehen. (Göll.-A. 4/2, S. 285 f.)

308 (1885)

Der berühmte Maler Uhde sah Bruckner in München und beschloß sofort, diesen Charakterkopf als Vorbild für einen Apostel seines Abendmahles zu

---

159 Dr. Konrad Fiedler (1841 - 1895), Jurist und Kunstphilosoph in München. Er hatte schon in Leipzig Bruckners *Siebente Symphonie* (WAB 107) gehört und gab, als Bruckner zur Erstaufführung dieser Symphonie in München weilte, eine Matinee, bei welcher dessen *Streichquintett* (WAB 112) aufgeführt wurde.
160 Paul Heyse (1830 - 1914), im Mittelpunkt des Münchner Dichterkreises, verfaßte Romane, Dramen und Gedichte. Er schrieb auch einen Brief an Bruckner, in dem er seiner Begeisterung über die *Siebente Symphonie* Ausdruck gab.
161 Franz v. Lenbach (1836 - 1904), Porträtmaler in München.
162 Fritz v. Uhde (1848 - 1911), Maler zahlreicher biblischer Themen.
163 Hermann Levi (1839 - 1900), Dirigent; leitete 1882 die Uraufführung des *Parsifal*.
164 Franz Hanfstaengl, königlich Preußischer Hofphotograph, gründete 1853 in München ein Atelier für Photographie; dort wurde Bruckner 1885 während seines Aufenthaltes anläßlich der Münchner Erstaufführung der *Siebenten Symphonie* photographiert.

verwenden. Bruckner, von einem Freunde des Künstlers um eine Sitzung gebeten, lehnte erst ab mit der Begründung: *"Aber i bin do(ch) ka Jud net!"* Zur weiteren Begründung fügte er dann bescheiden hinzu: *"Ich bin auch gar nicht würdig, als Apostel beim Heiligen Abendmahle zu sitzen!"* Uhde fand aber doch am nächsten Tag die ersehnte Gelegenheit, Bruckners Kopf heimlich zu skizzieren. Als dann das vollendete Werk, "Das letzte Abendmahl" Uhdes, im Wiener Künstlerhaus ausgestellt war, führte ein Freund Bruckner hin und sagte ihm lächelnd: "Schau her, du bist ja doch darauf!" - *"Ah, ah!"* erwiderte Bruckner staunend und blieb noch lange, wortlos und tief ergriffen, vor seinem Abbild als Apostel stehen. (Commenda S. 108)

309 (1885)

Als Bruckner in den achtziger Jahren in München weilte, wurde sein *Quintett* bei Doktor Fiedler "gemacht". Unter den Zuhörern waren Generalmusikdirektor Levi, der Dichter Paul Heyse, Uhde und Lenbach.
Fritz von Uhde war nicht nur von dem Werke entzückt, sein scharfer Malerblick blieb auch an dem markanten Kopfe Bruckners haften und bohrte sich fest in die energischen Züge ein. Das Imperatorenprofil hatte es ihm angetan. Uhde arbeitete damals an seinem später so berühmt gewordenen "Abendmahl" und war fest entschlossen, einem der greisen Apostel Anton Bruckners Züge zu geben.
Er wendete sich an Karl Almeroth, Bruckners Intimus, und bat zu vermitteln. Vielleicht kannte er des Meisters Abneigung, Malern zu sitzen. Sooft man ihm mit einem derartigen Vorschlage nähertrat, erfolgte die stereotype Antwort: *"Sind eh Photographien von mir da!"*
Dieselbe Antwort war auch diesmal parat, als der Freund vorsichtig einleitete: "Du, ein berühmter Maler, Herr von Uhde, möcht dich bitten, ihm zu einem Bilde zu sitzen." Bruckner verzog den Mund und fragte: *"Ja, zu was für ein Bild?"* - "Zu einem Abendmahl Christi, er will einem Apostel deinen Kopf geben!" Bruckner lehnte energisch ab. Sein Kopf sei durchaus nicht dafür geeignet, er selbst vollkommen unwürdig - und *"sein* [sind] *eh Photographien von mir da!"* - Uhde war durch die Absage sehr verstimmt, fand aber Gelegenheit, insgeheim Bruckners Züge zu studieren und brachte sie auf seinem Gemälde an.
Als es dann im Wiener Künstlerhaus ausgestellt war, führte der Freund den ahnungslosen Bruckner vor das Bild. "Schau, da bist du doch drauf!" - *"Ah, Ah"*, sagte der Meister und blieb lange wortlos in tiefster Ergriffenheit davor stehen. (Gräflinger S. 19 f.)

310 (1884)

Bei einer Aufführung des Requiems von Verdi saß er auch wieder auf einer der Treppenstufen der 4. Galerie. Zu einem seiner Schüler, der neben ihm saß, sagte er: *"G'fallt ma nöt!"* Nach einiger Zeit raunt ihm der Schüler zu: "Aber jetzt, Herr Professor, kommt was für Sie: eine Doppelfuge!" Bruckner wird ganz bös', daß er nur für einen Kontrapunktiker gehalten wird, obwohl er einst zu Marschner geäußert: *"Nicht wahr, der Kontrapunkt ist doch das Erhabenste in der Welt!"* (Göll.-A. 4/2, S. 576)

311 (1894)

(Richard Batka berichtet:) Es war Bruckners Freunden gelungen, den Chef eines großen Musikverlages[165] zu bewegen, ein Konzert in Berlin zu besuchen, in dem eine Brucknersche Symphonie [die *Siebente*] zur Aufführung kam. Man hoffte, dadurch den Gewaltigen für des Meisters Kompositionen zu interessieren. Nach der Aufführung wird Bruckner vorgestellt und knickt in seiner submissen Art tief zusammen. "Recht schön, Herr Bruckner", meint der Verleger herablassend, "aber die Form, das Organische! Ich habe wirklich nicht alles verstanden." - *"No, segn S', Herr Hofrat"*, erwiderte Bruckner zutraulich, *"dös kommt scho. I will mi ja durchaus nicht mit Beethoven vergleichen. Aber den Beethoven haben s' amal a net verstanden, dö Oxen!"* Er hatte das ganz naiv, ohne jede Anzüglichkeit, bloß im Gedanken an die Leute gesagt, die seinen verehrten Beethoven verkannt hatten. Aber im Verlagskatalog der Weltfirma sucht man bis heute nach dem Namen Bruckner vergebens. (Gräflinger S. 29 f.[166])

312 (1891 oder 1894)

Als Bruckner in Berlin weilt, um sein *Tedeum* aufzuführen, macht ihn einer seiner Freunde mit einem der Chefs des bedeutendsten Musikverlages[167] bekannt. Voll kindlicher Freude überreicht der Komponist seine noch ungedruckte *Siebente Symphonie* zur Prüfung. Nach acht Tagen will er das Urteil in Empfang nehmen. Man führt ihn direkt zum obersten Chef, einem Herrn Geheimrat. "Tja", meint der etwas näselnd, "das Werk wäre ja an und für sich sehr schön, nur der Schluß, kommt mir verworren vor!" *"Wia?"* Bruckner beginnt seine - Erziehung - zu vergessen. "Wie soll ich sagen, gewis-

---

165 Verlag Simrock, Berlin; damaliger Eigentümer Fritz Simrock (1838 - 1901), der das Geschäft 1870 von Bonn nach Berlin verlegte.
166 Siehe auch in: *Tagespost*, Linz 8. 10. 1921.
167 Siehe Anm. 165.

sermaßen unorganisch!" verbessert der Verleger jetzt. *"Verworrn haben S'
gsagt, i hab scho richti ghört"*, schreit der Oberösterreicher erbittert, *"genau
so haben s beim Herrn von Beethoven seiner Zweiten Symphonie gredt, dö
Viechkerln!"* Und draußen ist er mit seiner *Siebenten* unterm Arm. (M.
Schöppl, *Der Oberösterreicher*; unbezeichneter Zeitungsausschnit, ABIL)

313 (1873)

Oft kam er später im traulichen Gespräch mit seinen Landsleuten auf diesen
Tag höchsten Lebensglückes zurück, dessen Ereignisse er in seiner gemütlichen Art folgendermaßen schilderte: *"Mir is bei der Pracht in Wahnfried
ganz anders 'worn. I' hab net g'wißt, wo i hintreten soll auf die Teppich."* Im
Vorzimmer hört er den Meister Klavier spielen. *"Jetzt hab' i's g'macht wia a
Schulbua - hab' beim Schlüsselloch neig'schaut, aber nix daseg'n, weil's Klavier am andern Eck g'standen is."* Endlich kam Wagner heraus, dem Bruckner die Hand küssen wollte. Bruckner stotterte etwas von der Widmung einer
Symphonie. Wagner war fast barsch und meinte: "Halt auch wieder so etwas
von den Sachen, mit denen man überlaufen wird. Kommen Sie in drei Tagen
wieder." Bruckner war in Seelennot, da er dachte, *"ja auf drei Tag hab' i ja
ka Geld mehr, das langt nimmer"*. Er getraute sich aber nicht zu widerspre-
chen. Er sagte nur noch ganz zerknirscht: *"Meister, ich hab' ja kein Recht,
Ihnen Ihre kostbare Zeit z'raub'n, aber i' hab nur g'meint, ein Blick auf die
Themen und der Meister wissen, was d'ran is'."* "Also kommen Sie", sagte
Wagner lächelnd und führte ihn in den Salon.
*"Als der Meister die Partituren durchblättert hat, is' mir g'wes'n wia an
Schulbuab'n, dem der Herr Lehrer sei Heft korrigiert, und a jed's 'schau-
schau!' hab' i' für an roten Strich g'halt'n. Weil i' aba schon so in' Bitt'n
d'rin war, hab' i' halt das wög'n der 'Widmung' a no außag'stottert, denn
das sei die anzige und größte Auszeichnung, die i' verlang!"* *'Ich laß' mir
nichts widmen, was ich nicht gesehen hab' meine Wagner und i' soll die
Partitur dort lassen."*
Nachmittag war Bruckner zum Festspielhaus-Bau emporgestiegen. Dort
mischte er sich gemütlich unter die Erdarbeiter und Maurer, die ihm vom
Meister leutselige Dinge erzählten, was sein Herz innig erfreute. Trotz Re-
genwetters überall herumkraxelnd, alles beobachtend und unermüdlich fra-
gend, war Bruckner unversehens rücklings in einen glücklicherweise leeren
Mörtel-Trog gefallen.
In dieser Situation taucht plötzlich ein Diener Wahnfried's auf, der ihn schon
lange gesucht, und meldet, der Meister ließe den Herrn Professor bitten, sogleich zu ihm zu kommen! Schnell müssen ihn jetzt die Arbeiter notdürftig

säubern. Ihnen kaum hiezu Zeit lassend, schreit er: *"Putzt's mi' ab, Leutl'n, i' bitt eng, putzt's mi' ab, -- i' muaß zum Meister!"*

"Wia i' in 'Wahnfried' eini bin, is' im Vorzimmer d'Cosima g'stand'n. I' hab' ihr d'Hand 'küßt und g'moant: Dös Glück verdank' i' wohl Ihrer gütigen Für-sprach' beim Herrn Gemahl?, worauf sie erwiderte: 'O nein! In der Musik habe ich gar keinen Einfluß auf meinen Mann. Da läßt er sich nicht das Ge-ringste dreinreden. Gehen Sie zum Meister. Er hat selbst nach Ihnen ver-langt'."

Als er ins nächste Zimmer trat, hörte er den Meister am Klavier das Haupt-thema des ersten Satzes der *"Dritten"* selbst spielen - und zwar vernahm er im Vorzimmer, daß Wagner zweimal zurückblätterte und es dreimal spielte. *"Mei' Thema, denk Dir!"* Als der Meister aufhörte, klopfte Bruckner schüch-tern an: *"A mal, zwa mal klopf i', endli' a ung'halt'ns 'Herein'!"* Beim Ein-tritt sieht Bruckner, daß Wagner noch am Flügel steht und die Partitur in der Hand hält. Wagner aber kam ihm entgegen, links die Partitur, die Rechte ihm entgegenstreckend.

"Z'erst hat er gar nix g'red't, aba mit so an guaten Blick mi' ang'schaut, daß i's jetzt no spür'. Dann is a mir um'n Hals g'fall'n und hat mi' abbusselt ein über's and're Mal. Dann hat er auf an Stoß Noten 'deut' und g'sagt: 'Sehen Sie, das sind lauter Widmungen. Ihr Werk aber ist ein Meisterstück und es ehrt und freut mich, daß Sie es mir zugedacht haben'. Das hat der Meister zu mir g'sagt!, denk Dir!!"

"Natürli' hab' i' glei' wana müaß'n und dös is' a net besser wor'n, als er mir endli' dö Widmung zuag'stand'n hat!"

"Glei' hab'n ma uns mit der Partitur der D-moll-Symphonie z'sammg'setzt und auf der Stell' hat er d' Hauptsachen herauß'n g'habt, die Themen g'sung'n und 'pfiff'n und mi' alle Augenblick mit an lauten 'Bravo' so fest auf d' Schulter g'haut, daß ma z'letzt schon ganz weh 'tan hätt', wanns net so viel guat g'wös'n war'!" -

"Bis Achte war i' nacha bei ihm. Der Meister hat dann a Bierfaßl anfahr'n lass'n und mir beim ersten Glas zug'rufen: 'Und nun, lieber Freund, trinken wir auf das Wohl Ihres Werkes.'" Dabei brachte Wagner selbst ein Glas zu Bruckner, worauf dieser ausrief: *"Aber Meister, so ein Kellner!"* Es war auch Eva Wagner noch als ganz kleines Mädchen mit dabei. Bruckner erzählte dann oft noch gerne, daß, als er mit Eva spielte und diese ihm zulächelte, Wagner sie scherzweise Bruckners Braut genannt habe.

"Später hab' i' alle die schön' Bilder von Wagner bewundert, die umag'hängt san. Da sagte der Meister: 'Das Bildnis meiner Frau ist mir viel lieber als meines!' -

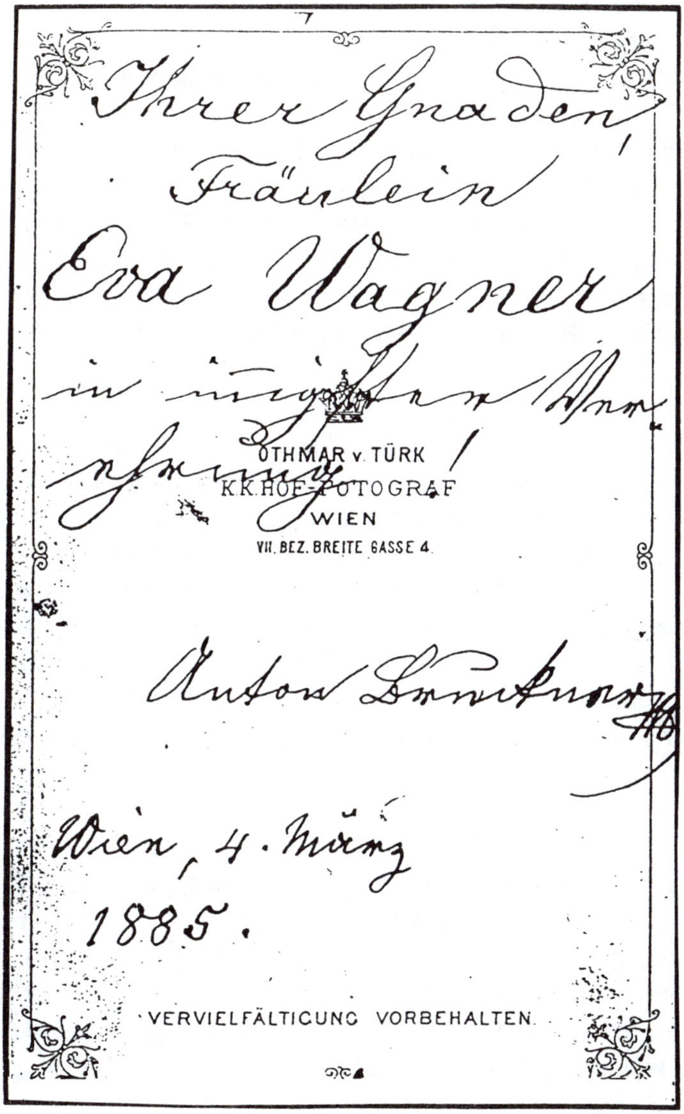

Abb. 17 Widmung auf der Rückseite einer Photographie

Es is' dann viel von die Wiener Musikzuständ' g'sproch'n word'n und der Wagner war sehr auf'bracht über die Verhältnisse beim Hofoperntheater, die er 'ruppi' g'nennt hat. - I' hab' aba 'n Herbeck fest verteidigt, obwohl's nix g'nutzt hat. - Auch über'n Hanslick, der ja bald danach auch mei' Scharfrichter word'n is, hat der Meister sich köstli' auslass'n."
Am folgenden Tag waren Bruckner Zweifel aufgestiegen, welche der beiden Symphonien der Meister angenommen habe. Er war außer sich darüber und ließ schließlich bei Wagner in aller Früh anfragen, indem er auf einen blauen Briefbogen des Hotels mit dem Aufdruck, "W. Köhler, Zum goldenen Anker, Bayreuth", schrieb: *"Sinfonie in D-Moll, wo die Trompete das Thema beginnt? A. Bruckner."* Bald darauf brachte der Diener den Zettel zurück, auf welchen Wagner unter Bruckners Anfrage die Worte geschrieben hatte: "Ja, ja! Herzlichen Gruß! Richard Wagner." (Göll.-A. 4/1, S. 232-236)

314 (1873)

Als Bruckner in Bayreuth weilte, vergaß er beim Betrachten des Baues zum Theater die festgesetzte Stunde, für die ihn Wagner bestellt hatte. Aufgeregt rief er, als er sein Verschulden bemerkte: *"Putzt's mi ab, Leutln, putzt's mi ab!"* und eilte nach Wahnfried. Über seinen Besuch berichtet Bruckner: *"Zuerst hat er gar nicht g'redt, nur um den Hals ist er mir g'fall'n und abküßt hat er mich ein übers andere Mal. Ich hab' natürlich gleich weinen müssen und das ist auch dann nicht besser geworden, wie er mir endlich g'sagt hat: Lieber Freund, mit der Dedikation hat es seine Richtigkeit. Sie bereiten mir mit dem Werke ein ungemein großes Vergnügen!"* (*Morgenpost*, Brünn 26. 7. 1937)

315

Ein anderesmal war Bruckner bei Wagner zu Gast geladen. Es ist bekannt, wie unbeholfen und linkisch sich Bruckner in großer Gesellschaft benahm. Und nun gar bei Wagner! Bescheiden hielt er sich im Hintergrund oder stand wortlos da. Nur seine Blicke und Gesten sprachen von der großen Verehrung, die er für Wagner hegte. Am allerwenigsten war er dazu zu bewegen, auch nur eine kleine Erfrischung vom Buffet zu nehmen. Als Wagner dies bemerkte, brachte er seinem Gast selbst ein Glas Wein entgegen.
Da ist Bruckner ganz außer sich, halb vor Staunen, halb vor Entzücken. Mit einer ungeschickten Verbeugung nimmt er das Glas entgegen, und gezwungen, nun endlich doch etwas zu sprechen, platzt er heraus: *"A so a Kellner! Aber Herr v. Wagner - a so a Kellner!"* (Unbezeichneter Zeitungsausschnitt, ABIL)

316

So berichtet der schon erwähnte Schüler des Meisters, Bernhard Oehn, der sich ihm in Bayreuth 1882 eine Woche lang den ganzen Tag mit Aufopferung zur Verfügung gestellt hatte, über ein Gespräch beider in Wahnfried. Wagner trat auf den bescheiden im Hintergrund stehenden Bruckner zu und fragte, wie es ihm gehe. Bruckner: *"So gangs ma nöt schlecht, aber die Verfolgung der Feinde, - mit meinen Werken geht's halt furchtbar langsam."* Darauf Wagner: "Lieber Bruckner, Sie brauchen gar keine Angst zu haben, Sie haben die Jugend für sich und wer die Jugend hat, hat den Sieg!" ...
Eine rührende Begebenheit spielte sich vor dem Königsbau des Festspielhauses ab, deren Zeuge der Wiener Universitätsprofessor Alois Höfler[168] war und die Bruckner selbst in einem Brief vom Jahre 1884 Baron Hans von Wolzogen[169] in seiner kindlichen Art folgendermaßen schildert:
"Anno [1]882 sagte mir der damals schon leidende Meister, indem er mich bei der Hand hielt: 'Verlassen Sie sich, ich selbst werde die Sinfonie u. alle Ihre Werke aufführen.' Ich sagte: O Meister! darauf erwiderte der Meister: Waren Sie schon im Parsifal? Wie gefällt er Ihnen? Weil mich Hochselber bei der Hand hielt, ließ ich mich auf die Knie, Hochseine Hand an meinen Mund drückend und küssend und sagte: O Meister, ich bethe Sie an!!! Der Meister sagte hierauf: Nur ruhig - Bruckner - gute Nacht!!! Dieß war das letzte Wort des Meisters zu mir. Am andern Tage erhielt ich noch eine Drohung vom Meister, Hochwelcher im Parsifal hinter mir saß, weil ich so heftig applaudierte. Hl. [sic] Baron bitte dieß wohl zu bewahren. Mein liebstes Vermächtnis!!! - b i s   d o r t   o b e n!!!" (Göll.-A. 4/2, S. 40 f.)

317 (1885/86)

Auch Wagner hielt viel von Bruckner, der in der Villa Wahnfried wie ein Sohn des Hauses ein- und ausging. So klopfte er ihm einst auf die Schulter mit den Worten: "Wir zwei sind jetzt die ersten, ich in der dramatischen Kunst, Sie in der Symphonie!" Ein anderesmal äußerte Wagner: "Nur einen kenne ich, der an Beethoven heranreicht, und das ist Bruckner!" Auch nach dem Tode Wagners[170] rechnete es Bruckner sich bei Besuchen in Bayreuth zur besonderen Ehre an, vom Herrn Schnappauf, dem einstigen Leibfriseur Wagners, rasiert zu werden. Als er ihm dabei einmal von den Erfolgen seiner

---

168 Alois Höfler (1843 - 1922), Philosoph, Pädagoge, durch Wagners Kunstwerk stark geprägt.
169 Hans von Wolzogen (1848 - 1938), Schriftsteller, Redakteur der *Bayreuther Blätter*, Freund Richard Wagners.
170 Wagner starb in Venedig am 13. 12. 1883.

VII. Symphonie erzählte, platzte dieser heraus: "Es ist also doch wahr, was der tote Meister gesagt hat!" *"Ja, was hat er denn gesagt?"* forschte Bruckner erregt. "Der Meister meinte, daß Sie der Welt noch etwas erzählen werden!" erwiderte Schnappauf. *"So, das hat der Meister über mich gesagt!"* jubelte Bruckner wie ein Kind in die Hände klatschend, überglücklich und fügte hinzu: *"Sehn S', wann i mi jetzt bei Ihna net rasiern laß, erfahr i das mein Lebtag nia!"* (Commenda S. 72 f.)

318 (1882)
In den letzten vierzehn Jahren seines Lebens lag stets ein unansehnlicher Ziegelbrocken auf Bruckners Schreibtisch. Mit ihm hatte es folgende Bewandtnis: Nach der zweiten Bayreuther "Parsifal"-Aufführung[171] sammelte Bruckner die im Sonderzug eingetroffenen jungen Wiener Akademiker, führte sie ins Festspielhaus zurück und dort in die tiefsten Erdgeschosse des Bühnenraumes hinunter. Dann war er auf einmal verschwunden. Auf das allseitige Rufen: "Herr Professor, Herr Professor!" antwortete schließlich eine schwache Stimme: *"Da bin i ja eh!"* und Bruckner tauchte lehmbeschmiert und schweißtriefend aus einem tiefen Loch im Boden auf, wo er einen Ziegelbrocken herausgewühlt hatte. Über das schallende Gelächter, das ihn empfing, höchlichst ergrimmt, hielt er den *"Gaudeamusern"* eine flammende Standrede. Sie täten besser daran, mehr Idealisten zu sein, notabene an jenem geweihten Orte, wo der Meister bei der Grundsteinlegung persönlich geweilt habe, und sich auch ein Andenken nach Hause mitzunehmen, wie er es eben getan. Und damit schwenkte er den Ziegelbrocken triumphierend in die Höhe: *"Den nimm i mit nach Wean, der kimt auf mein Schreibtisch und dort bleibt er!"* schloß er. Also geschah es denn auch. (Commenda S. 96)

319
Der Bildhauer Kietz bringt in seinen "Erinnerungen an Richard Wagner"[172] auch eine köstliche Episode, in der Bruckner die Hauptrolle spielt. Es war im Jahre 1875. Wagner kehrte von seiner Konzertreise - er dirigierte unter anderem auch zwei Konzerte in Wien - nach Bayreuth zurück. Hier suchte ihn in der Villa Wahnfried der Bildhauer Kietz auf, um Wagners Büste zu modellieren.

---

171 Die erste Aufführung des *Parsifal* fand am 26. 7. 1882 statt. Das Werk wurde, solange es geschützt war, nur in Bayreuth aufgeführt.
172 Gustav Adolph Kietz, *Richard Wagner in den Jahren 1842 - 1849 und 1873 - 1875. Erinnerungen* ... Aufgezeichnet von Marie Kietz. Dresden. Carl Reissner 1905. Bruckner-Erinnerung S. 183 f.

Während Kietz an der Büste ohne Modell arbeitete, kamen Wagner, dessen Frau und Anton Bruckner. "Ich hörte nur, daß von Musik gesprochen wurde", erzählt Kietz. "Bruckner wollte seine Begeisterung über den Lohengrin aussprechen. Wagner sagte aber abwehrend: 'Ach, lassen Sie das, ich kenne das, da kommt ein Schwan mit einem Ritter - das ist einmal etwas Neues und anderes - hier, trinken Sie lieber, das ist ein herrlicher Trank, Weihen-Stephan', und dabei hielt ihm Wagner ein großes, volles Glas hin - 'auf Ihr Wohl!' - *'Um Gottes willen, Meister, das kann ich nicht, es wäre mein Tod, ich komme ja soeben aus Karlsbad!'* - 'Ach was', rief Wagner, 'das macht Sie gesund, trinken Sie!' - Er schenkte von neuem das Glas voll, und der gute Bruckner trank und trank, trotz Jammer und Gegenwehr, die seine musikalischen Gespräche immer von neuem in komischer Weise unterbrachen; ich mußte lachen über die drollige Szene, und Cosima sagte lächelnd zu mir: 'Das ist ein echtes Wiener Kind.'" (Gräflinger S. 32 f.)

Als ich früh am andern Morgen in meinem Hotel im Gastzimmer beim Frühstück saß, trat Anton Bruckner herein. Sowie er mich erblickte, stürzte er auf mich mit den Worten: *"Ach, Herr Hofrat, welches Glück, daß ich Sie sehe - ich bin der unglücklichste Mensch! Sie haben doch gestern gehört, daß ich dem Meister mehrere Sinfonien zur Auswahl für eine Widmung geschickt habe, und nun bin ich in der fürchterlichen Lage, daß ich mich durchaus nicht besinnen kann, welche davon der Meister gewählt hat. O, das Bier, das schreckliche Bier!"*
"Es tut mir sehr leid, daß ich Ihnen nicht helfen kann", sagte ich, "ich habe bei meiner Arbeit nicht auf das Gespräch achten können. Ich entsinne mich nur, daß ich von einer Sinfonie in D-moll sprechen hörte, weil ich sofort dachte, es sei von der Neunten von Beethoven die Rede, und dann wurde auch einmal von einer Trompete gesprochen. Da kam wieder das echte Wiener Kind heraus. Bruckner umarmte mich stürmisch, küßte mich und rief immer dazwischen: *"Ach, Herr Hofrat, lieber Herr Hofrat* (wie ich zu diesem Titel kam, weiß ich heute noch nicht)*, wie danke ich Ihnen! Jawohl, die D-moll hat ja der Meister angenommen; ach welches Glück, daß ich nun weiß, welche von den dreien; ach, wenn Sie wüßten, was für ein höchstes Aufsehen es in Wien machen wird, wenn die Herren dort erfahren, daß der Meister eine Sinfonie von mir zur Widmung angenommen hat; wie danke ich Ihnen, mein lieber Herr Hofrat!"* - Diese Geschichte hat mir Vergnügen gemacht, so oft ich daran gedacht habe. (Gustav Adolph Kietz, *Richard Wagner in den Jahren 1842 - 1849 und 1873 - 1875. Erinnerungen ...* Aufgezeichnet von Marie Kietz. Dresden: Carl Reissner 1905, S. 184 f.)

Abb. 18 1. Akt "Götterdämmerung" (Schattenbild von Otto Böhler)

320

Über einen ... Opernbesuch berichtet Franz Marschner: "Im Sommer 1884 war ich mit ihm einmal nach unserer Kontrapunktstunde, also erst in der 9. Stunde, in eine Aufführung von Wagner's 'Siegfried' gegangen. Im Foyer begegneten wir dem langsam und einsam promenierenden Intendanten, Baron Hofmann[173], der Bruckner sehr gnädig grüßte. Wir lösten uns Karten auf die vierte Galerie und Bruckner verfolgte nun, teils auf der Treppe sitzend, teils stehend und zusehend - das Operntheater war gesteckt voll - die Vorstellung mit höchstem Interesse. Ich sehe ihn immer noch vor mir, wie er bei der Drachenszene in höchstem Enthusiasmus über die ihn berauschenden Klänge wiederholt mich mit blitzenden Augen ansah, in denen sich helles Entzücken spiegelte. Als ich einmal meinte, auf mich hätten von den vier Teilen der Trilogie die 'Walküre' und die 'Götterdämmerung', den größten Eindruck gemacht, sagte er, ihm seien die beiden andern Teile die liebsten. Aus seinen Reden ging hervor, daß er nur die Götterdämmerung-Partitur sich zu eingehendstem Studium gekauft hatte." (Göll.-A. 4/2, S. 575 f.)

321 (1886)

(Friedrich Eckstein erzählt:) Die erste Begegnung zwischen ihm [Hugo Wolf] und Bruckner war von stiller, halb unterdrückter Herzlichkeit, und bald war ein lebhaftes Gespräch aller mit allen hin und wider im Gang. Wolf mußte natürlich neben Bruckner sitzen und sie sprachen eifrig über alle die vielen gemeinsamen Kümmernisse, Zurücksetzungen und sonstigen Leiden der damaligen Tage, über Brahms und die philharmonischen Konzerte, über den von uns allen vergötterten Hans Richter und seine Haltung Bruckner und Wolf gegenüber. Dann kam Wolf auf Bruckners *E-Dur-Symphonie* zu sprechen und auf die Schwierigkeiten, die er am Anfang gehabt hatte, in das Werk tiefer einzudringen. Dann wandte sich das Gespräch der Opernkomposition zu. ...

Nun begann auch Wolf im Erzählen von geistreichen Anekdoten und Schnurren über den Genannten[174] mit Bruckner zu wetteifern, so daß diesem selbst und uns alsbald vor Lachen die Tränen über die Wangen liefen. ...

Fortan wurde Wolf ein gern gesehener Gast bei Bruckner, den besonders die Urwüchsigkeit und die kühne Harmonik von dessen Schaffen interessierte. Jetzt nach Wagners Hingang schätzte er Wolf als den einzigen wirklich genia-

---

173 Leopold Frh. von Hofmann (1822 - 1885), Beamter, seit 1880 Generalintendant der Hoftheater in Wien; Förderer Richard Wagners.
174 Gustav Schönaich (1840 - 1906), Wiener Musikschriftsteller und -kritiker.

len Komponisten seiner Zeit. Er beneidete auch den *"Wolferl"*, wie er ihn nannte, daß er für seine Kunst volle Freiheit hatte, während er seine kostbare Zeit mit Stundengeben vergeuden müßte. (Göll.-A. 4/2, S. 482-486)

322 (1884)

"Bruckner? Bruckner? wer ist er? wo lebt er? was kann er? Solche Fragen kann man in Wien zu hören bekommen und zwar von Leuten, die regelmäßig die Abonnements-Konzerte der Philharmoniker und auch die der Gesellschaft der Musikfreunde besuchen. Trifft sich nun Einer, dem der Name nicht ganz fremd ist, so erinnert er sich wirklich, daß Bruckner Professor der musikalischen Theorie am hiesigen Konservatorium ist und Orgelvirtuose, ergänzt vielleicht ein anderer und wirft dem Halbgebildeten einen triumphierenden Blick zu, während ein Dritter bereits glaubt, ein Vierter schon weiß, ein Fünfter sogar behauptet und ein Sechster endlich darauf schwört, daß Bruckner auch Komponist sei, freilich kein besonderer, kein klassischer Komponist; ein Kenner meinte und schüttelte bedächtig sein edles Haupt, daß er kein formgewandter Komponist sei, ein Liebhaber beklagt die Verwirrtheit des musikalischen Ideenganges in seinen Kompositionen, ein anderer die schlichte Instrumentation, die Herren Rezensenten finden aber alles scheußlich und somit basta. Noch Einer bleibt übrig, der Kapellmeister und in der Tat! er spricht sich für seine Werke aus, trotz der dagegen geifernden Kritik, er schlägt dieselben zur Aufführung vor, wem? Nun seinen Untergebenen, dem Orchester. Da aber kommt er schon an. Legen die Tribunen des Orchesters gegen den Beschluß des Dirigenten ihr Veto ein, dann mag der Dirigent Himmel und Erde in Bewegung setzen, seinen Antrag durchzubringen - umsonst. Diktatorische Gewalt besitzt der Dirigent nun einmal nicht und so muß er sich gefallen lassen, was der Orchesterkörper für sich beschließt. Also schwindet auch die letzte Hoffnung und Bruckner, dieser Titane im Kampf mit den Göttern, ist nun angewiesen, vom Klaviere aus dem Publikum sich verständlich zu machen; eine recht mißliche Sache, aber immer noch besser, als gar nicht gehört zu werden. Und wenn man im Unglück noch das Glück hat, zwei so begeisterte Interpreten zu finden, wie die Herren Löwe und [Josef] Schalk, so mag diese erfreuliche Wahrnehmung wohl einigermaßen dazu angetan sein, Herrn Bruckner in Anbetracht des höchst ungerechten Vorgehens von Seite unserer tonangebenden Musikkreise zu entschädigen." - - - "Es lohnt sich wohl die Mühe, diesem genialen Stürmer etwas mehr Aufmerksamkeit, als dies bisher geschehen ist, zuzuwenden und es ist ein wahrhaft erschütternder Anblick, diesen außerordentlichen Mann aus dem Konzertsaale verbannt zu sehen, ihn, der unter den jetzt lebenden Komponisten (Liszt natürlich ausgenommen) den ersten und größten Anspruch hat, aufgeführt und bewundert zu werden."

Mit diesen Sätzen enthüllt Hugo Wolf zwei Tage vor dem großen Sieg[175] in Leipzig, am 28. Dezember 1884, im "Salonblatt", im Anschluß an die Klavierinterpretationen Schalks und Löwes, die Lage um Bruckner in Wien. (Göll.-A. 4/2, S. 230 ff.)

323 (um 1870)

Hugo Wolf kam einmal in späteren Jahren dazu, als Bruckner wie alle Tage zwischen 6 und 7 Uhr abends, da er erst gegen zehn Uhr zur eigentlichen Abendmahlzeit ausging, eine Riesen-Portion Nockerlsuppe schlürfte.

"Na, Herr Professor", meinte Wolf erstaunt, "ich gratulier' zu der Portion".

Bruckner hörte gleich zu essen auf und ließ die Suppe hinaustragen. Zu Kathi aber sagte er *"Den Flegl lassen's ma nimmer eina, der ist a steirischer Lümmel."* (Göll.-A. 4/1, S. 124)

---

175 Gemeint ist die erfolgreiche Uraufführung der *Siebenten Symphonie* (WAB 107) am 30. 12. 1884.

Abb. 19
R. G., Bruckner arbeitet an seinem Persönlichkeitsbild
(nach Hans Schließmann)

Aus dem Nachleben

324

Damals, es dürfte 1943 gewesen sein, begleitete ich im Rahmen meiner beruflichen Tätigkeit als Kriminalbeamter eine höhere Persönlichkeit aus Berlin zum Gauleiter u. Reichsstatthalter (das war Titel) [August] Eigruber in seine Amtsräume. Als Begleitschutz mußte ich immer in unmittelbarer Nähe dieser Persönlichkeit sein und konnte folgendes Gespräch miterleben. Im großen Amtsraum im Linzer Landhaus stand eine Büste des Anton Bruckner auf einem 1.50 m hohen Sockel. Im Laufe der Unterhaltung zwischen dieser Persönlichkeit und Eigruber blieb der Gast vor der Büste stehen und sagte zu Eigruber: "Ja wen haben Sie denn da stehen?" Darauf Eigruber: "Was, Sie kennen unsern Bruckner nicht?" Darauf der Gast: "Ja, ja freilich, das ist ja der Parteigenosse Bruckner, den kenne ich schon, ich hätte ihn bald nicht erkannt!" (ORF 15, Anton Glinz, Linz)

325 (1922)

Als die Wiener Philharmoniker auf ihrer südamerikanischen Tournee[176] auch in Buenos Aires gastierten, spielten sie als Hauptwerk die *"Romantische"* von Bruckner. Nach der Aufführung empfing der Solohornist Stiegler[177] eine Deputation begeisterter Zuhörer, die sich in ihrem Lob Bruckners (der aus einer oberösterreichischen Bauernfamilie stammte) und seine herrlichen Interpreten bis in die höchsten Regionen aufschwangen. Da sagte Meister Stiegler ganz schlicht: "Sehen Sie, meine Herren, so hat bei uns ein ganz gewöhnlicher Bauer komponiert. Jetzt können Sie sich vorstellen, wie bei uns erst die richtigen Komponisten komponieren!" (Unbezeichneter Zeitungsausschnitt, ABIL)

326 (1991)

Frage: Wie viele Anekdoten über Bruckner gibt es eigentlich?
Antwort: Gar keine - alles ist wahr!

---

176 Südamerika-Tournee im Jahre 1922, 40 Konzerte in Rio de Janeiro, Buenos Aires und Montevideo.
177 Karl Stiegler, von Gustav Mahler 1899 in das Orchester aufgenommen; Solohornist, Professor an der Wiener Musikakademie, Mitglied der Hofkapelle; gestorben am 2. 10. 1932.

Abb. 20
Ernst Schrom, "Großes Gloria". Lasierte Tuschzeichnung

Erich Wolfgang Partsch

KRITISCHE GEDANKEN ZUR BRUCKNER-REZEPTION

Vom Unbehagen an Künstlerbildern und Anekdoten

*"Zu was mögen wohl Anekdoten gut seyn? Zur Unterhaltung? Nachdem un-
ser, ewige Veränderungen liebender, Geschmack beynahe alle litterarischen
Vergnügungsarten durchgekostet hat, so mußte freylich auch die Reihe an die
Anekdoten kommen. Wenn sie nur immer amüsierten, wie ein Feenmährchen,
ohne weiter zu schaden, so verdienten sie noch wohl einen Plaz im Gebiethe
der schönen Wissenschaften. Allein sie zeichnen uns keine Gegenstände der
idealischen Welt, erzählen von wirklichen, und wenn sie öffentlich gedruckt
werden, von wichtigen Personen, und in dieser Rücksicht verdienen sie wohl,
daß man über ihre Natur und ihren Werth etwas sage."*[1]
Der anonyme mit A. C. K. signierende Autor, der sich im *Teutschen Mercur* vom Jahre 1784 mit dem Phänomen der Anekdote beschäftigte, war zweifellos ein kritischer Geist. Aufklärerisch beeinflußt, wußte er geschickt das
Mißtrauen gegenüber jener *"litterarischen Vergnügungsart"* zum Ausdruck
zu bringen. Eine Anekdote sei ein höchst unsicheres Anzeichen für die tatsächliche Persönlichkeit des betreffenden Menschen, heißt es konkret weiter
unten. Als Hauptgründe läßt A. C. K. die Einseitigkeit der Betrachtungsweise
und die damit verbundene Episodenhaftigkeit durchschimmern, die er farbig
illustriert: *"Ein Mann, beurtheilt nach einer jene Eigenschaften schildernden
Anekdote, erscheint gut und edel, ohne es wahrhaft zu seyn. Auch der Wüthe-
rich kann nach einem Freudenmahle am wallenden Busen einer reizenden
Buhlerin gütig und gerecht seyn. Ist er darum tugendhaft? Wir werden ihn dafür halten, wenn wir ihn nach einer solchen oder mehrern unter ähnlichen
Umständen entlockten Handlungen beurtheilen."*[2]
Was hier erstaunt, ist nicht bloß die genaue Begründung des Mißbehagens,
sondern vor allem die Nähe zu modernen Erklärungsmodellen (Situationsbe-
dingtheit, subjektive Position des Betrachters). Wenn auch A. C. K. vor dem
unkritischen Umgang mit Anekdoten warnte, konnte er dennoch ihre Popula-
rität nicht in Abrede stellen. Ähnlich ist die heutige Situation: Der Verbreitung und Verwendung von Künstlerepisoden und -legenden steht die wissen-
schaftsorientierte Ablehnung gegenüber.

---

1 A. C. K., *Ueber den Werth der Anekdoten*, in: *Der Teutsche Mercur vom Jahre 1784.
Zweytes Vierteljahr.* Weimar 1784, S. 82.
2 Ebenda S. 83.

Zwischen A. C. K. und uns liegt das entscheidende 19. Jahrhundert, in dem sich eine neue Sicht des Künstlers manifestierte.[3] Ausgehend von den gesellschaftlichen und soziokulturellen Veränderungen am Ende des 18. Jahrhunderts entwickelte sich ein neuer, auf dem deutschen Idealismus basierender Kunst- und Geniebegriff, der noch bis in die unmittelbare Gegenwart nachwirkt.[4] Der sich aus dem adeligen Dienstverhältnis allmählich loslösende Künstler geriet auf seinem Weg zur Autonomie in ein Spannungsverhältnis zu bürgerlichen Normen und Werthaltungen. Der subjektivistisch-schöpferische Freiraum des "Originalgenies" einerseits, dessen zunehmende Verstrickung in öffentliche Marktmechanismen (Absatz, Verkaufsstrategie, Geschmacksrichtungen des anonymen Publikums u. a. m.) andererseits führten zu der bekannten prekären Situation des Künstlers, die approximativ durch Antinomien wie Kunst/Leben bzw. Künstler/Gesellschaft umrissen wurde. Schrankenlose Freiheit in jeder Lebenslage und kümmerliches Dasein mit Brotberuf ("Verkannt-Sein") bilden - vereinfacht gesprochen - Eckpfeiler dieser romantischen Sicht.

Natürlich beinhaltet diese Idealisierung und Verabsolutierung des Künstlers literarisch ergiebige Motive: *"Es ist ein Lieblingsmotiv romantischer Autoren, den Komponisten als Einsiedler auf einer seligen Insel darzustellen, während um ihn geschäftiges Alltagsleben hintreibt oder ein Krieg tobt. Mit diesem Motiv der Abgeschiedenheit des Komponisten von seiner Mitwelt verbindet sich manchmal die Entgegenstellung genialen Schaffens gegen die handwerkliche Seite des Komponierens und gegen die praktische Realisierung der Werke in ihren Aufführungen."*[5]

Nicht zufällig erlebt der große historische Künstlerroman von 1850 an eine Blütezeit, in der das romantische Künstlerbild bereits zunehmend als vergangener Topos bemüht wird. Die Palette der Schilderungen reicht hiebei vom Privatleben bis zu Momenten des Schaffensprozesses.[6] Die in einer Ausein-

---

3 Für einen historischen Aufriß siehe das Kapitel *Die Stellung des Künstlers im Wandel der Geschichte* in: Arnold Hauser, *Soziologie der Kunst.* München 1978, S. 261-329.
4 Vgl. Jochen Schmidt, *Die Geschichte des Genie-Gedankens in der deutschen Literatur, Philosophie und Politik 1750 - 1945* 2. Darmstadt 1985. - Grundlegend Edgar Zilsel, *Die Geniereligion. Ein kritischer Versuch über das moderne Persönlichkeitsideal, mit einer historischen Begründung.* Hrsg. Johann Dvořak. Frankfurt/Main 1990.
5 Walter Wiora, *Die Musik im Weltbild der deutschen Romantik,* in: *Beiträge zur Geschichte der Musikanschauung im 19. Jahrhundert.* Hrsg. Walter Salmen. Regensburg 1965, S. 43. - Siehe ferner Ganka Naidenova-Stoilova, *Die romantische Gestalt der schöpferischen Persönlichkeit.* Sofia 1968, S. 281 ff.
6 Vgl. Sylvia Leskowa, *Das Bild des historischen Künstlers in der österreichischen Literatur des späten 19. und frühen 20. Jahrhunderts (unter besonderer Berücksichtigung der Gattung des Romans).* Mschr. Diss. Wien 1985, S. 76.

andersetzung mit der realen Umwelt entstandene *"metaphysische Steigerung des Künstlertums"*[7] bot einen großen Spielraum für die Phantasie der Autoren. Wie aus der aufschlußreichen Studie *Die Legende vom Künstler* von Ernst Kris und Otto Kurz hervorgeht, sind die begrifflichen Bestimmungen des romantischen Künstlerbildes nicht neu. Vielmehr handelt es sich um Varianten und Modifikationen älterer überlieferter Typen. So weisen gewisse Bezüge bis in Mythos und Sage zurück. Der Künstler als isoliertes Individuum und die Vorstellung, daß Schaffen im Zeichen göttlicher Begeisterung und materieller Gewinn miteinander unvereinbar seien, sind der Antike wohlvertraut.[8]

Bei näherer Betrachtung solcher Künstlerdarstellungen sieht man sich meist der Ausgestaltung fixer Schemata gegenüber. Hinzu kommt, daß wir als Leser häufig den Hang haben, uns mitgeteilte Schicksale allein durch ihre emotionale Komponente besonders intensiv (und in der Wirkung nachhaltig) aufzunehmen. Dieses unmittelbare Ansprechen des Gefühls setzt einen Lernprozeß in Gang, der jedoch fatale Folgen haben kann. Da der Mischung aus Dichtung und Wahrheit im allgemeinen die Forderung nach literarischem Effekt zugrunde gelegt wird, sind sogenannte "Künstlerschicksale" schon von vornherein trivialitätsverdächtig und die Schilderungen gleiten öfters auf die Ebene erfolgsorientierter Kitschliteratur ab: *"Es ist beliebt, sich beim Leser einzufühlen. Dann vor allem, wenn ein dargestelltes Leben farbiger abläuft als üblich. So etwas braucht dann nicht immer sieghaft zu sein, gar im billigen Sinn. Es packt den mitgenommenen Leser auch durch Leiden, sogar durch Scheitern, sofern das wiederum nicht lau ist."*[9] Es wird noch zu zeigen sein, wieweit dieser Aspekt unser Brucknerbild mitbestimmt.

Der Autor bringt demnach die historische Persönlichkeit so, daß sie gewissen emotional gefärbten Rollenstereotypen entspricht oder daß es gerade ihr "Schicksal" ist, diesen nicht zu entsprechen. Die geistige Entfernung des Künstlers von der weit unterlegenen Umwelt, sein Agieren in einer dem realen Alltag entzogenen schöpferischen Sphäre, führen zu Unverständnis,

---

7 Herbert Marcuse, *Der deutsche Künstlerroman,* in: Herbert Marcuse, *Schriften 1.* Frankfurt/Main 1978, S. 121. Interessanterweise nennt der Autor in diesem Zusammenhang die Möglichkeit des Katholizismus, was für uns als erste Verbindungslinie zur Bruckner-Rezeption gelten soll.
8 Vgl. Ernst Kris - Otto Kurz, *Die Legende vom Künstler.* Frankfurt/Main 1980, S. 145 f.
9 Ernst Bloch, *Philosophische Ansicht des Künstlerromans,* in: Ernst Bloch, *Gesamtausgabe 9.* Frankfurt/Main 1965, S. 263. - Zur *"Leidensnotwendigkeit"* im Zusammenhang mit der christologischen Begriffssprache siehe Hans-Heinrich Eggebrecht, *Zur Geschichte der Beethoven-Rezeption.* Mainz 1972, S. 24 ff. Dies als ein weiterer Vorausgriff auf die Problematik der Bruckner-Rezeption.

Scheitern und Isolation. Obwohl dies in einer Zeit des Individualismus weniger tragisch als mehr auszeichnend aufgefaßt werden könnte, bleibt die Position des Künstlers inmitten einer Masse von Ungläubigen und Ignoranten als feste tradierte Thematik erhalten: der Verkannte. Daß diese Einschätzung bereits zu Lebzeiten des Künstlers verfestigt sein kann, zeigt - jetzt konkret auf Bruckner bezogen - u. a. ein Zeitungsartikel von Paul Marsop.[10]

Die Identifikation mit dem Künstler geschieht dabei auf einer Ebene, die ich als "emotionale Rezeption" bezeichnen möchte. Wesentlichstes Merkmal ist in diesem Stadium das "Begreifen" durch gefühlsbesetzte Strukturen unter Vernachlässigung einer rationalen Kontrolle.[11] Sympathie für den Leidgeprüften - ein figurativer Bezug zu den Wirrnissen des Alltags - fungiert als eine primäre (scheinbare) Verstehensbasis. (Nebenher ergibt sich für den Kunstenthusiasten unserer Tage die Möglichkeit, das dem Künstler widerfahrene Unrecht aus der geschichtlichen Distanz heraus durch Mitleid oder Protest anzuprangern. Gerne mokiert man sich dann über die "armselige Existenz" des Betreffenden und das unverständliche Verhalten der Zeitgenossen.)

Überblickt man nur ein wenig den gegenwärtigen sorglosen Umgang mit historischen Persönlichkeiten in Massenmedien und Literatur, ist es nicht weiter verwunderlich, wenn populäre Darstellungen und Anekdoten von der Wissenschaftsseite her neuerlich in Verruf geraten sind. Banale, bekannte Klischeevorstellungen und publikumswirksame Zerrbilder werden eingesetzt, um Aufmerksamkeit und möglichst hohen Absatz zu garantieren. Im Gegensatz dazu steht der Wissenschaftler, der - besonders seit der "positivistischen Wende" - auf empirisch nicht begründbare Aussagen bzw. Sekundärquellen sensibel reagiert.[12]

Gerade die Anekdote illustriert dies deutlich. Als in der Regel nicht exakt belegbare Äußerung widerspricht sie dem Postulat nach historischer Verifizierbarkeit, einem Kernpunkt in der Rekonstruktion historischer Tatsachen.[13]

---

10 *Das Tedeum des Verkannten*, in: *Wiener Musikalische Zeitung* 9. Mai 1886, S. 74 f. und 17. Mai 1886, S. 91 f.

11 Die Zurückstellung des sachlichen Elements ist überhaupt für den Geniebegriff typisch. Siehe dazu Zilsel a. O. S. 124-159.

12 Vgl. dazu Herbert Schnädelbach, *Philosophie in Deutschland 1831 - 1933*. Frankfurt/Main 1983, S. 55 ff. - In der Geschichte der österreichischen Musikforschung ist die Wissenschaftsauffassung Richard Wallascheks ein schönes Beispiel dafür. Siehe Erich Wolfgang Partsch, *Von der Historie zur Empirie. Richard Wallascheks Entwurf einer reformierten Musikwissenschaft*, in: *Studien zur Musikwissenschaft* 36. Tutzing 1985, S. 87-110. - Ferner siehe auch Alfred North Whitehead, *Wissenschaft und moderne Welt*. Frankfurt/Main 1984.

13 Da ich hier nicht näher auf diese Problematik eingehen kann, sei auf das Kapitel *Die "historische Tatsache" als Problem der nachdialektischen Geschichtsphilosophie* in: Richard Schaeffler, *Einführung in die Geschichtsphilosophie*. Darmstadt 1973, S. 198 206, verwiesen.

Zumeist ohne Quellenvermerk reduziert die Anekdote eine komplexe Persönlichkeit und/oder ihr Schaffen auf eine Pointe.

> Als Bruckner den *"Germanenzug"* komponiert hatte und dem Dichter vorspielte, äußerte sich dieser ganz entzückt über das W e r k.
> Nur eines paßte ihm nicht recht daran: die vielen Wortwiederholungen.
> Aber da kam er bei Bruckner an den Unrechten. *"Wortwiederholungen?"* rief der Meister ärgerlich. *"Was hätt' i denn tun soll'n, Sie Viechkerl? Hätten S' halt mehr 'dicht't!"*

Nun ist natürlich nichts dagegen einzuwenden, wenn man sich über diese Anekdote amüsiert. Darin den "echten" Bruckner charakterisiert zu sehen oder gar einen Zugang zum Werk zu suchen, wäre freilich sinnlos. Und an jenem Punkt setzt die wissenschaftliche Kritik ein, da hauptsächlich Aussagen emotional wertenden Inhalts vorliegen und diese - allein für sich genommen - weder historisch zuverlässig noch einer rationalen Rechtfertigung zugänglich sind. Damit gelangen wir fast zur Beweisführung von A. C. K. zurück, nur daß sich die Sachlage durch die oben erwähnten Entwicklungen verschärft hat.

*

Im folgenden sollen einige allgemeine Überlegungen den Begriff "Künstlerbild" näher beleuchten.[14] Grundsätzlich ist zwischen dem "Künstlerbild" im allgemeinen und dem Bild über einen bestimmten Künstler ("Brucknerbild")

---

14 Da m. W. bislang eine umfassende "Theorie des Künstlerbildes" - bezogen auf eine Einzelpersönlichkeit (z. B. "Bruckner-Bild") - fehlt und die damit zusammenhängenden Begriffe wie Klischee u. a. in der Literatur uneinheitlich verwendet werden, muß ich an dieser Stelle einige für das Verständnis des vorliegenden Aufsatzes wesentliche Erklärungen anfügen. - Ausgehend vom Begriff der "Einstellung", der allgemein die Selektivität unserer Wahrnehmung betrifft, definiere ich "Vorurteil" im reinen Wortsinn, nämlich als subjektiv geprägte notwendige Instanz vor jedem Urteil (vgl. den "hermeneutischen Zirkel"). "Klischee" meint sodann eine positiv oder negativ gefärbte, generalisierende Einschätzungsform, die bei längerer zeitlicher Dauer zu einer schablonenhaften Sichtweise erstarrt, dem "Stereotyp". Die öffentlich rezipierte Gesamtheit der Dokumente, Berichte, überlieferten Klischees, Stereotypen usw. einschließlich der Werkrezeption ergibt ein an der soziokulturellen Umwelt und an den aktuellen Zeitverhältnissen orientiertes "Künstlerbild", wobei durch individuelle Reflexionen Retuschen möglich sind: Ein Künstlerbild ist demnach keinesfalls einheitlich aufzufassen. In bestimmten Situationen wäre daher besser von "Bildern" zu sprechen. - Der an dieser Materie interessierte Leser sei auf die entsprechenden Beiträge in Fachlexika und Handbüchern der Sozialpsychologie und Soziologie verwiesen. Zum Wandel des Künstlerbildes siehe Rudolf und Margot Wittkower, *Künstler - Außenseiter der Gesellschaft.* Stuttgart 1965, S. 280 ff.

zu unterscheiden. Es versteht sich von selbst, daß beide in Abhängigkeit zueinander stehen und diverse Wandlungen im Laufe der Geschichte erfahren. Ausgangspunkt für ein spezielles Bild - und um ein solches soll es im folgenden gehen - ist in der Regel eine markante Persönlichkeit: dies nicht allein auf ihre künstlerische Qualität bezogen, sondern ebenso auf signifikante Charakterzüge oder Lebensumstände, die bei einem größeren Publikumskreis Aufmerksamkeit im Sinne bestimmter überkommener Rollenerwartungen erregen bzw. zu Lebzeiten erregt haben (allgemeines Künstlerbild!) Selbstverständlich steht das soziale Rollenverhalten des Künstlers bis zu einem gewissen Grad in Wechselwirkung zu kulturellen Mustern - im Sinne einer Entsprechung oder Distanzierung - und wirkt seinerseits auf die herrschenden Typologien ein. Neben rein empirischen Fakten (Dokumente oder Werke), die quasi einen Bezugsrahmen bilden, beeinflußt vor allem die historisch schillernde Rezeptionsgeschichte des Künstlers und seiner Werke die Konstituierung eines Bildes. In diesen Bereich fallen sowohl Berichte von Zeitgenossen, Anekdoten als auch literarische und wissenschaftliche Darstellungen. Hiebei nehmen jene, die die Persönlichkeit schablonenhaft einfach und gefühlsmäßig ansprechend aufbereiten, eine Vorrangstellung ein. Im Laufe der Zeit bilden sich dann bewährte Konstanten heraus, die eine ökonomische und einprägsame Informationsaufnahme gewährleisten. Insgesamt handelt es sich somit um einen Reduktionsprozeß.

Gleichzeitig spielen zeitspezifische Faktoren - im Sinne soziokultureller Äußerungen - herein, deren Gesamtheit mit dem vagen, aber dennoch hilfreichen Begriff "Zeitgeist" umschreibbar ist.[15] Entscheidend ist damit nicht bloß die geistige und soziokulturelle Einstellung jener Epoche, in der der Künstler lebte, sondern die posthume Rezeptionsgeschichte sowie die persönliche und intersubjektiv vermittelte Einschätzung desselben durch den jeweiligen aktuellen Rezipienten. Zusammen mit dem gängigen Wissenschaftsbild und subjektiven Beweggründen (z. B. emotionales Engagement) werden Entscheidungen über Akzeptieren und Modifizieren der überlieferten Ansichten getroffen, die medial ganz unterschiedlich vermittelt sein können (Briefausgabe, Konzertaufführung, Künstlerroman, Zeitungsartikel). Grundsätzlich ist das bereits existente Vorwissen eine wichtige Basis für die persönliche Stellungnahme.

Fehleinschätzungen, bewußte Manipulationen, neu auftauchende Dokumente oder spezielle Präsentationsformen (z. B. Film) können zu Revisionen des an-

---

15 Zu diesem schillernden Begriff vgl. die Ansätze von Eugen Böhler, *Psychologie des Zeitgeistes.* Bern 1973, bes. S. 4 ff. und 72; Karl Baur, *Zeitgeist und Geschichte.* München 1978, S. 13-21 und Hans-Joachim Schoeps, *Was ist und was will die Geistesgeschichte. Über Theorie und Praxis der Zeitgeistforschung.* Frankfurt/M. 1970.

erkannten Bildes führen. Es handelt sich somit um einen dynamischen Prozeß, der sich sowohl von der Konfrontation der Einzelsicht mit der öffentlichen Meinung als auch vom Problem des historischen Perspektivismus her
begreifen läßt. In seinem Ansatz zu einer geschichtsphilosophischen *"Theorie
der Erfahrung"* hat Richard Schaeffler - mit dem Begriff *"Verstehenshorizont"* im Zentrum - auf den Wechsel der individuellen Weltorientierung und
der Formen der Intersubjektivität im Zusammenspiel mit gesellschaftlichen
Strukturveränderungen aufmerksam gemacht.[16] Das Künstlerbild ist davon
betroffen.

Grundsätzlich dominieren Persönlichkeitsmerkmale vor dem Werk, das sich
in der breiten Öffentlichkeit einem tiefgreifenden Verstehen weitgehend ent-
zieht. Auf Bruckner angewendet heißt das: Der *"Tonerl von Ansfelden"*, der
"Gottesmusikant", das *"Martyrium"* in der Großstadt Wien sind leicht faßli-
che Schlagworte, während die Bedeutung des symphonischen Schaffens für
die breite Masse unformulierbar bleibt. (Musiker sind aufgrund der Materie
wohl am schwierigsten künstlerisch erfaßbar.)

Heute ist das Dilemma besonders auffällig. Bemüht sich die Wissenschaft
auf der einen Seite um historisch authentische Darstellungen, versuchen Massenmedien und zum Teil Literaten auf der anderen, der erhöhten Reizbedürf-
tigkeit des Publikums mit alten und neuen Klischees und Sensationen - Hans-
Heinrich Eggebrecht würde von *"merkantilen Mechanismen der Sensationspresse"*[17] sprechen - aufzuwarten. Das so entstehende Künstlerbild ist selbstverständlich wieder nur ein Produkt aus tradierten Mustern und deren Reflexionen aufgrund des gängigen soziokulturellen Rahmens: in diesem Fall der
"Anti-Held". Die überlieferten "unpassenden" Strukturen werden im Sinne
der Zeit umgewandelt. Im Mittelpunkt steht heute eine "Entheroisierung" des
Künstlers, an der die Wissenschaft entscheidend mitgewirkt hat. Es bot sich
hier nämlich die günstige Gelegenheit, dem lange spürbaren Unbehagen am
romantischen Künstlerbild mit einem gegenteiligen Schema zu begegnen. Die
Themenkreise *Der unanständige Mozart* oder *Der Syphilitiker Schubert*
mögen zur Demonstration dienen. Damit ist insgesamt natürlich keine höhere
historische Wahrscheinlichkeit getroffen, sondern lediglich die Sichtweise anders gelenkt.[18] Allgemeinen Trends der Zeit folgend, werden negative, "allzu
menschliche" Eigenschaften akzentuiert, um den Künstler "verständlicher",
aber auch attraktiver zu machen.

---

16 Schaeffler a. O. S. 223 ff.
17 Eggebrecht a. O. S. 20.
18 Mit diesem Umstand hat sich Thomas Leibnitz in seinem Buch *Die Brüder Schalk und
Anton Bruckner*. Tutzing 1988, S. 9-21 auseinandergesetzt.

Daß dabei die künstlerische Leistung durchaus weiter romantisch-irrational bleibt (besser vielleicht: bleiben muß), weil lediglich das Leben "normalisiert" oder pervertiert wird, fällt merkwürdigerweise kaum störend ins Gewicht. Als treffendes Beispiel läßt sich Peter Shaffers Erfolgsstück *"Amadeus"* anführen. Person und Werk bilden zusammen absichtsvoll einen unlösbaren Widerspruch, so daß der Theater- (oder Film-)besucher Mozart zwar als Menschen "begreift", das musikalische Schaffen aber nach wie vor als rätselhaft empfinden muß. In der Darstellung des Komponisten knüpfte Shaffer deutlich an die alte metaphysisch orientierte Vorstellungswelt an.[19] Man könnte jetzt einwenden, daß es nicht die literarische Absicht des Autors gewesen sei, Mozart in seiner musikalischen Bedeutung zu zeigen; vielmehr stehe ja die psychologische Charakterstudie Salieris als Gegenposition (Talent - Genie) im Vordergrund. Zugegeben, trotzdem scheint die Präsentationsform des Künstlers in *"Amadeus"* signifikant zu sein. Verfolgt man die ungeheure, teils massenpsychologisch erklärbare Wirkung des Stückes in der filmischen Realisation - jeder Mozartforscher könnte sich über einen Bruchteil jener Aufmerksamkeit freuen -, so wurden offensichtlich Inhalte und Motive vermittelt, die unseren derzeitigen Denkschemata entsprechen: Die Demaskierung des Genies - in ihren Wurzeln auf die psychoanalytische Kunsttheorie rückführbar - ist hochaktuell.

Zusammenfassend sollen drei Thesen das Begriffsfeld "Künstlerbild" umreißen, in unserer kritischen Auseinandersetzung mit der Anekdote als Leitgedanken dienen und auf ihre Relevanz hin geprüft werden.

1. Aus alten überlieferten Klischees bzw. Stereotypen werden in Wechselwirkung zu zeitbedingten geistigen und soziokulturellen Faktoren neue Klischees gebildet, aber ebenso bestimmte alte weiterhin fixiert. In der Gesamtheit der zu berücksichtigenden Aspekte entsteht jeweils ein von den Zeitgenossen zumindest in groben Zügen anerkanntes Künstlerbild.[20] Es geht dabei weniger um eine Korrektur alter Vorstellungen (im Sinne einer historischen Richtigstellung), sondern vielmehr um die Produktion neuer Klischees, die

---

19 Vgl. Peter Shaffer, *Amadeus*. Frankfurt/Main 1982, S. 42 f. (Genie und Virtuosität) und S. 121 f. (Komposition des "Requiems"). - Allgemein dazu siehe Gernot Gruber, *Mozart und die Nachwelt*. Salzburg 1985, S. 289 f.
20 Hier steht der Singular, obwohl sich im weiteren Verlauf der Überlegungen herausstellen wird, daß aufgrund unserer subjektiven Anschauungsformen und sozialer Interaktionen verschiedene Bilder existieren. Deutliche Widersprüche können zwischen "populären" und "wissenschaftlichen" Bildern auftreten. - Siehe dazu auch Michael Karbaum, *Wandlungen des Wagner-Bildes zwischen 1920 und 1970*, in: *Bruckner-Symposion Linz 1984. "Bruckner, Wagner und die Neudeutschen in Österreich"*. Bericht. Hrsg. Othmar Wessely. Linz 1986, S. 11.

nun als wahrscheinlich bzw. wahr gelten, weil sie dem herrschenden "Zeit-geist" entsprechen. Kurz: Wandlungen eines solchen Bildes sind als ein Ad-aptationsprozeß an die aktuellen Bedingungen beschreibbar.

2. Die Ansprüche an unser Informationsverarbeitungssystem und dessen Or-ganisation lassen die Frage, ob ein Denken ohne Klischees und Stereotypen möglich sei, inadäquat erscheinen. Allein das Problem der Aufnahmekapazi-tät oder die fachliche Spezialisierung in den Wissenschaften machen gewisse didaktische Vereinfachungen notwendig. Gefahren treten spätestens dann auf, wenn diese Modelle absolut gesetzt werden, wenn - um an vorhin anzuschlie-ßen - der *Tonerl von Ansfelden* als Indikator für die komplexe Persönlichkeit des Komponisten Bruckner zitiert wird.

Die Auswahl und Hierarchisierung der Schlagworte, die der Nicht-Fach-mann mit Personen oder Begriffen assoziiert, ist keine zufällige. Emotional gefärbte Merkmale, die beim Rezipienten greifbare (konkrete) Vorstellungen wecken, behaupten stets eine Vorzugsstellung. Daher lassen sie sich auch kaum korrigieren; man muß in der Öffentlichkeit schon fast die gegenteilige Meinung massiv vertreten, um solche Merkmale in Frage stellen zu kön-nen.[21] Im Laufe der Tradierung kommt es zu einer immer weiteren zeitlichen Entfernung von der Primärerfahrung und zum Auftreten von Störfaktoren (negative Kolportagen, Mißverständnisse), die die Kommunikation erschwe-ren.

Dennoch ist meist ein konstanter Kern an Information die Rezeptionsge-schichte hindurch wie ein roter Faden zu verfolgen, der - bei Korrelierbarkeit zu verläßlichem Quellenmaterial - nicht unterschätzt werden sollte. Bei vor-sichtigem Umgang kommt solchen Konstanten durchaus Aussagekraft zu.

3. In der gegenwärtigen Künstlerdarstellung überwiegt eine Entheroisierung der früheren Idealgestalt, ein Umstand, der die radikalste Form einer Abkehr von der romantischen Sicht zeigt. Diese Entheroisierung kann als Reversseite der apologetischen Darstellung begriffen werden. Die heute vorherrschenden Zeitströmungen - unterstützt durch Marktinteressen der Medien - führen zum Entwurf eines "pervertierten" Künstlers, der lediglich auf schöpferischem

---

21 Im Jahr 1987 ereignete sich folgendes: Ein ibf-Bericht über den *"unfrommen"* (!) Bruckner geisterte in größerem Format durch diverse Zeitungen. Alleinige Grundlage hie-für war ein Interview, aus dem Details herausgegriffen und negativ kolportiert wurden. Es ist bemerkenswert, daß man dieser "Revision" in Journalistenkreisen ein erstaunlich gro-ßes Augenmerk schenkte, handelte es sich doch um eine publikumswirksame Meldung, die das Gegenteil einer fest eingefahrenen Vorstellung beinhaltete. Siehe dazu die Berichte im *Kurier* vom 15. April 1987, in den *Salzburger Nachrichten* vom 14. April 1987 und im *Linzer Volksblatt* vom 14. April 1987.

Gebiet hervorsticht. Während er als Mensch die Grenze des als normal Empfundenen unterschreitet, wird hingegen häufig im Schöpferischen die metaphysische Sphäre nicht angetastet. Die Identifikation gelingt in erster Linie
durch den biographischen Kontext - hier fühlt sich der Durchschnittsbürger
überlegen. Vielleicht erscheint unter diesem pointiert formulierten Blickwinkel die Problematik Künstlerbild/Anekdote besonders deutlich: Während sich
ein neues zeit- und betrachterabhängiges Klischee konstituiert, müssen überlieferte Erinnerungen und Anekdoten zwangsläufig in Verruf geraten, da sich
ihre Strukturen mit den veränderten Ansprüchen nicht mehr decken und daher
als unwahrscheinlich eingestuft werden.

Anekdote - Erinnerungsbericht

Im Einleitungskapitel wurde eine Verständigung über den Begriff "Anekdote" stillschweigend vorausgesetzt. Dennoch muß nun auf Bedeutung und Verwendungsweise näher eingegangen werden, um Entstehungsprozesse und Wechselwirkungen zu Erinnerungsberichten bzw. Klischees besser beleuchten zu können.

Schlägt man fünfzehn Bücher auf, wird man vermutlich fünfzehn unterschiedliche Definitionen des Begriffs "Anekdote" finden. Da hier nicht der Ort ist, eine sechzehnte einzuführen, sollen vorerst nur die immer wiederkehrenden, grundlegenden Charakteristika festgehalten werden.

"...ursprünglich eine mündlich überlieferte Einzelheit zur Kennzeichnung einer Person" lautet die Erklärung im Großen Brockhaus. Als Eigentümlichkeiten sind "knappe Form und meist scharfe, oft witzige Pointierung"[22] genannt. Im Laufe der Zeit konzentrierten sich die - in der Grundbedeutung: nicht herausgegebenen (= an-ekdidomi) - Informationen verstärkt auf prominente Persönlichkeiten, deren Eigenart an einem "episodischen, doch typischen Fall"[23] demonstriert wurde. Mittels einer pars pro toto-Technik erscheint dabei die betreffende Person blitzlichtartig durch einen prägnanten Ausspruch oder eine dementsprechende Verhaltensweise typisiert, wobei die gesamte Situation zumindest den Anspruch der historischen Wahrheit suggeriert.[24]

Nach der Argumentation Walter Ernst Schäfers wird der Mensch hiebei als komplexe Einheit aufgefaßt, die in eine große Anzahl von Trieben, Motiven und Charaktereigenschaften zerfällt.[25] Die Isolierung eines solchen Bausteines ermöglicht eine rasche Identifikation mit dem Dargestellten (Grobcharakteristik) und deutet - neben dem Unterhaltungswert - ein oberflächliches Verstehen an. Da die Pointe häufig heiterer Natur ist, erzielt sie große Wirkung; es kommt zu dem von Manfred Wagner herausgestellten "Popularisierungseffekt".[26]

Bei diesem Prozeß spielt unsere Denkstruktur bzw. unser Informationsverarbeitungssystem eine tragende Rolle. Je mehr (emotionale) Vorstellungen

---

22 Artikel *Anekdote,* in: *Der große Brockhaus in zwölf Bänden* 1. Wiesbaden 1977, S. 251.

23 Artikel *Anekdote,* in: Gero von Wilpert, *Sachwörterbuch der Literatur.* Stuttgart 1979, S. 27.

24 Siehe ebenda. - Weiters Heinz Grothe, *Anekdote.* Stuttgart 1984, S. 13.

25 Siehe Walter Ernst Schäfer, *Anekdote - Antianekdote.* Stuttgart 1977, S. 17.

26 Siehe Manfred Wagner, *Gefahr der Anekdote,* in: *Bruckner Symposion Linz 1977. Bericht.* Hrsg. Franz Grasberger. Linz 1978, S. 31.

eine Information in uns hervorruft, desto besser prägt sie sich ein. Ein origi-
nelles Bonmot Bruckners wird weit rascher und nachhaltiger aufgenommen
als etwa Erläuterungen zu einer Symphonie.

Die Anekdote kann dem Witz sehr nahe stehen. Allerdings besitzt der Witz
in der Regel keinen historischen Bezug und zerstört eine im Leser oder Hörer
aufgebaute Erwartungshaltung.[27] Die Anekdote ist persönlichkeitsspezifisch
aufzufassen. Indem sie eine treffende Pointe (auch Verhaltensmuster) der bekannten Person überliefert, kann deren neuartige Sicht (z. B. im kunstfeindli-
chen Alltag) durchaus witzig wirken. Die Identifikation mit dem Betroffenen
wird dabei erleichtert, da er seiner irrationalen Sphäre für Momente enthoben
erscheint.

Und der Zweck des Ganzen? Die einschlägigen Materialsammlungen über
Bruckner geben relativ genau Auskunft darüber. *"Möge das Büchlein 'Liebes
und Heiteres um Anton Bruckner' dazu beitragen, den Menschen Bruckner in
seiner naiven, ungeschminkten Art, in seinen natürlichen Schwächen und Ei-
genarten, seiner humorvollen Laune und Geradheit kennen und verstehen zu
lernen"*, so formulierte es Franz Gräflinger.[28] Und Hans Commenda charak-
terisierte seine *"frei den Quellen nacherzählten"* Geschichten folgendermaßen: *"Auf diesem mühseligen Erdenwallen sollen ihn nun die folgenden kleinen Geschichten begleiten. Sie sind alle gut belegt, wenngleich nicht immer
wörtlich zu nehmen [!]. Sie klingen meist heiter, lassen aber den ernsten
Grundton nie ganz vergessen. Sie bleiben jede für sich selbständig, bilden indes zusammen eine natürliche Einheit."*[29]

In diesen beiden Zitaten sind bereits wesentliche Punkte angesprochen, die
im folgenden immer wieder anklingen werden.

*

Insgesamt lassen sich mindestens sechs Kennzeichen auflisten, die mit dem
Begriff "Anekdote" verbunden sind:

1. episodische Struktur,

2. interessanter bzw. amüsanter Handlungszusammenhang oder Situation
(eventuell mit Neuigkeitsgehalt),

3. Charakterisierung durch zugespitzte Formulierung oder Verhaltensweise,

4. (zumindest teilweiser) Anspruch auf historische Wahrheit,

---

27 Bei der Anekdote kann die Zerstörung einer Erwartungshaltung auftreten, wenn beispielsweise ein anerkanntes Genie in einer alltäglichen Situation als Versager o. ä. darge-
stellt wird (Pointe). Dennoch ist die Anekdote aufgrund ihres komplexen Gehalts nicht mit
dem Witz gleichzusetzen. Siehe allgemein dazu Lutz Roehrich, *Der Witz*. Stuttgart 1977.
28 Wien 1948, S. 8.
29 *Geschichten um Anton Bruckner*. Linz 1946, S. 4 f.

5. Reflexionslosigkeit und

6. (meist) anonyme Überlieferung.

Ein Spezialfall wäre die sogenannte "Wander-Anekdote", die die Möglichkeit einer Übertragbarkeit zeigt. So wird etwa eine Anekdote nicht nur von Bruckner, sondern auch von Gustav Mahler berichtet.[30] In diesem Fall besitzt die Mitteilung offensichtlich so wenig Eigensubstanz und Profil, daß sie austauschbar wird (siehe die Klammer-Ergänzung bei Punkt 2). Die Entscheidung, wer nun original gemeint ist, fällt schwer. Naturgemäß stehen jene Anekdoten auf historisch sehr schwankendem Boden und man kann im Zweifelsfalle getrost auf sie verzichten. Ebenso gibt es allgemein gängige Scherzworte, die einem Prominenten in den Mund gelegt werden können. Einen solchen Fall stellen etwa die Anekdoten Nr. 116 f. dar. Hier kommt zusätzlich hinzu, daß umgangssprachlich "nicht angezogen" im Sinne von "nicht angemessen gekleidet" gemeint ist.

Mit der Übertragbarkeit von Anekdoten wird zugleich deren Anonymität angesprochen. Meist ist es ja so, daß sie zwar von einem Autor gesammelt oder erzählt werden, die Originalquelle bleibt allerdings - im Gegensatz zum Erinnerungsbericht - unbekannt. Da es um eine allein auf das Subjekt ausgerichtete markante Charakterisierungsformel geht, scheint die Nennung des originalen Gewährsmannes nicht vonnöten. Die erfolgreiche anonyme Tradierung - das Möglich-Scheinende verstärkt sich durch sie im Laufe der Zeit - ersetzt hier gleichsam den Quellennachweis und die Formel gewinnt zuweilen den Rang eines biographisch akzeptierten Details.

Eine genaue Durchsicht der Bruckner-Anekdoten zeigt, daß solche "austauschbaren" Gemeinplätze nicht häufig vorkommen. Meist sind Handlung bzw. Pointe mit historisch nachweisbaren Persönlichkeitszügen verknüpft, nur sind diese durch Verzerrungen und Zutaten verstellt. Ein illustratives Beispiel für eine mögliche Maskierung scheint mir beispielsweise der Bericht Nr. 313 zu sein. Der Ausspruch *Putzt's mi' ab, Leutl'n* ist durchaus im Zusammenhang mit den Bauarbeiten zu sehen. Daß Bruckner in den Mörtel hineingefallen ist - man stelle sich das bildlich vor -, ist wohl eine erfundene handfeste Begründung für seinen Ausspruch. Diese Darstellung entspricht vollkommen dem Bild des tolpatschigen, weltfernen Künstlers. Selbst ein so scharfer Gegner von Anekdoten wie Manfred Wagner muß in Hinblick auf Bruckners überlieferte Dialekt- und Formelsprache vermerken: *"Beide Ausdrucksformen sind Belege für einen g e w i s s e n Zug in Bruckners Persön-*

---

30 Zu Mahler siehe Bruno Walter, *Gustav Mahler.* Berlin 1957, S. 30.

lichkeit, keinesfalls aber dürfen die Äußerungen vereinzelt und für sich allein gestellt, mit jenem Gewicht versehen werden, das ihnen in der Literatur zukommt."[31]

Damit stellt sich die Frage: Wie verhalten sich Anekdoten und Erinnerungsberichte zueinander? Nicht selten beinhalten auch (ernst gemeinte) Mitteilungen von Zeitgenossen eine markante Bemerkung am Schluß - wo ist da die Trennlinie? Eines vorweg: Eine genaue Trennlinie wird wohl nie anzugeben sein. Allerdings muß in diesem Zusammenhang der oben angeführte Punkt 5 herangezogen werden. Während Anekdoten in erster Linie anonym auf die Pointe (auf den heiteren Kontext) hin ausgerichtet sind - also "reflexionslos" informieren -, bringt der Erinnerungsbericht in den meisten Fällen eine Stellungnahme, ein "erklärendes Umfeld". Durch diesen Kommentar - eine subjektive Einbettung - kann auch die Pointe relativiert werden. Ich schlage daher vor, auf diesen reflexiven (oder nicht-reflexiven) Charakter der Mitteilung zu achten.

Der Leser hat sicher im ersten Teil des Bandes oft erstaunliche Parallelen zwischen Anekdoten und Erinnerungsberichten entdeckt. So existieren beispielsweise anekdotische Fortspinnungen eines von Siegfried Ochs überlieferten Berichts.[32] Andererseits hat Prinzessin Hohenlohe dem Komponisten durchaus zugetraut, seinen Besuch beim Kaiser phantasievoll ausgeschmückt zu haben; die darauf bezogene Textpassage bei Ludwig Moser scheint dafür ein Beweis zu sein.[33]

Anders formuliert: Eine große Anzahl von Anekdoten basiert auf historischen Prämissen, die je nach Absicht(en) des Erzählers und Verwendungszweck(en) sehr vielgestaltige Formen annehmen können. So können aus Erinnerungen Anekdoten gewonnen werden - in jenem Reduktionsverfahren, über das schon gesprochen wurde. Daher tritt häufig ein fließender Übergang zwischen Anekdote und Erinnerungsbericht auf.

Was den Rezeptionsvorgang betrifft, ist fast an Claude Levi-Strauss' bildhafte Erklärung seines strukturalistischen Konzepts zu denken: Alle auf transparenten Blättern aufgezeichneten Überlieferungsvarianten einer Handlungsweise Bruckners werden so übereinandergelegt, daß die relativ einfache, allen

---

31 Wagner a. O. S. 30 (Sperrung von mir). Es ist grundsätzlich kein Widerspruch darin zu sehen, daß sich Bruckner schriftlich und mündlich verschieden ausdrückte. Nach Erinnerungsberichten seiner Studenten fand ein solcher Wechsel der Sprachebenen auch im Unterricht statt. Das Mißtrauen gegenüber tradierten Äußerungen im Dialekt hängt mit der bekannten sozialen Wertigkeit des Sprachverhaltens zusammen.
32 Siehe Nrn. 121-125.
33 Siehe Nr. 158.

Schichten gemeinsame Grundfigur durchschimmert.[34] Es handelt sich hiebei um einen Rekonstruktionsversuch, im Rahmen dessen Verzerrungen - in der Kommunikationstheorie als "Rauschen" bekannt - auf ein Minimum reduziert werden müssen. (Diese Verzerrungen sind in der Regel an markanten Persönlichkeitszügen, Verhaltensweisen, Aussprüchen o.ä. orientiert und wurden im Laufe der Zeit verabsolutiert und publikumswirksam eingesetzt.)

In seiner Monographie schreibt Wagner, bevor er die gängigen Bruckner-Assoziationen aufzählt: *"Die Hauptzüge von Bruckners Charakterbild wurden demnach schon zu seinen Lebzeiten und erst recht nach seinem Tode zu einer Persönlichkeitsstruktur verwoben ... "*[35] Dies bedeutet aber nicht, daß die Konstituenten historisch falsch sind. Bloß eine Verschiebung der Akzente tritt in den Vordergrund. Denn die vom Komponisten gesetzte Verhaltensweise x kann ohne weiteres historisch wahr sein, nur ist sie in der uns vorliegenden Fassung eben entstellt. Diese Problematik führte bei Wagner zu der strengen Forderung, Anekdoten - und damit auch einen Teil der Brucknerliteratur - völlig aus der wissenschaftlichen Forschung zu verbannen.[36]

Folgt man den bisherigen Überlegungen, müßte sich jedoch eine Möglichkeit ergeben, weder - aufgrund der radikalen Sicht - alle Anekdoten bzw. einen Großteil von Erinnerungsberichten zu ignorieren noch auf mögliche Manipulationen hereinzufallen. Bei Korrelation zu historisch verifizierbarem Dokumenten- und Quellenmaterial erhielten Anekdoten im Rahmen der Persönlichkeitsforschung einen - wenn auch begrenzten - Aussagewert als ergänzende Materialien (Sekundärquellen). Diese Form einer Rekonstruktion wäre - im Sinne einer Verbreiterung der Erkenntnis (auch auf Bruckners Umfeld bezogen) - durchaus in die Forschung miteinzubeziehen.

---

34 Vgl. dazu Franz Koppe, *Grundbegriffe der Ästhetik*. Frankfurt/Main 1983, S. 43 f.
35 Manfred Wagner, *Bruckner*. Mainz 1983, S. 9.
36 Zu dieser radikalen Position siehe Wagner, *Gefahr der Anekdote* a. O. S. 32. - Daran anschließend Mathias Hansen, *Anton Bruckner*. Leipzig 1987, S. 15.

Facetten des Brucknerbildes

Verwendet man ein isoliertes Merkmal oder eine Reaktion eines Menschen unreflektiert und verallgemeinernd für dessen Darstellung, bildet sich ein Klischee aus: ein einseitiger, formelhafter Ausdruck. Vermag sich dieses Klischee aufgrund seines publikumswirksamen, leicht faßlichen Gehalts (der gesellschaftliche Außenseiter, Lebensschicksal, Bizarrerie in persönlichen Dingen) über längere Zeiträume hinweg zu halten, erstarrt es und gehört schließlich zum fixen Inventar des Persönlichkeitsbildes. Das singulär rezipierte Merkmal von oben ist zum Stereotyp geworden, das als Leitbild dient.[37] Solche Leitbilder finden sich in Anekdoten und Erinnerungsberichten; auch die wissenschaftliche Literatur ist keineswegs davon frei.

Das Stereotyp zeichnet sich durch seine Schablonenhaftigkeit aus. Es handelt sich dabei um ein sogenanntes *"übervereinfachtes Konzept"*[38], das einem Gruppenurteil entspricht, weil es von einer größeren Anzahl von Leuten - nicht zuletzt durch die historische Beständigkeit - als richtig akzeptiert wird. Die bloße Funktion ersetzt zunehmend die ursprüngliche Bedeutung. Damit weist sich gleichzeitig das Stereotyp als *"Verkehrsmittel der öffentlichen Meinung"* aus. Auf den damit verbundenen Konformitätsdruck hat Elisabeth Noelle-Neumann in ihrem nicht unumstrittenen, aber zweifellos anregenden Buch *Die Schweigespirale* hingewiesen, wobei hier zu ergänzen wäre, daß ebenso Einflüsse durch fachwissenschaftliche Meinungen (Trends, Sichtweisen) als Teilspektrum vorliegen.[39]

Bekanntestes Beispiel für ein Stereotyp bei Bruckner ist wohl die Bezeichnung "Musikant Gottes". Basierend auf einer Komponente in Bruckners Weltanschauung, diesbezüglichen Aussagen darüber und deren Aufnahme durch Zeitgenossen manifestierte sich ein Topos, der das Brucknerbild im Grunde genommen bis heute noch dominiert.[40]

Manchmal tritt eine Verschränkung von Individual- und Rollen-Stereotypen auf. So lautet etwa ein geographisch eingeengtes Rollen-Stereotyp *"oberöster-*

---

37 Zur Terminologie siehe Anm. 14. - Weiters Uta Quasthoff, *Soziales Vorurteil und Kommunikation.* Frankfurt/Main 1973, S. 45 (hierin auch der Ansatz Peter R. Hofstätters).

38 Ebenda S. 28. - Siehe außerdem Artikel *"Stereotyp"* in: *Lexikon der Psychologie* 3. Freiburg/Breisgau 1972, Sp. 461 ff.

39 Elisabeth Noelle-Neumann, *Die Schweigespirale. Öffentliche Meinung - unsere soziale Haut.* München 1980. - Weiters siehe Adam Schaff, *Stereotypen und das menschliche Handeln.* Wien 1980, S. 45 und - bezogen auf Klischees - die Auseinandersetzung mit Anton C. Zijderveld in: Haimo L. Handl, *Das Klischee im Film.* Mschr. Diss. Wien 1984, S. 70 ff. - Ferner Carl Dahlhaus, *Grundlagen der Musikgeschichte.* Köln 1977, S. 255 f.

40 Näheres dazu im zweiten Beitrag ab S. 235.

reichischer Mostschädel". Demzufolge bekundete sich Bruckners "Dickschädel" bereits in der Jugend (vgl. Anekdote Nr. 31). Und der erste Biograph Franz Brunner begründete die künstlerische Eigensinnigkeit damit, daß ja Bruckners Wiege *"in unserem gesegneten Mostlande"*[41] gestanden sei. Offenbar äußerte sich aber der Komponist selbst in diesem Sinne. Anna von Gyurkowich überlieferte nämlich seine Bemerkung ihren Schwestern gegenüber: *"Ja wissen Sie denn net, daß i' a oberösterreichischer Mostschädel bin!"*[42]

In der Tat erweist sich Bruckners oberösterreichische Herkunft als vielzitierte Konstante in der Rezeptionsgeschichte. Die Titulierung als *"mystischer Bauersmann"*[43] wäre dazu - im Vorfeld des Dritten Reiches als umfunktionierter Katholizismus interpretierbar - eine neue Kopplungsvariante. Sie resultiert aus der bekannten Überzeugung heraus, daß die Landbevölkerung (im Gegensatz zu Städtern) stärker religiös eingestellt sei und bemüht das Bild des urwüchsigen, "natürlichen" Genies, ohne spezifisch auf Katholizismus zu insistieren. "Mystik" also hier im Sinne einer irrationalen Erscheinung.

An diesem Punkt verkompliziert sich die Sachlage, weil neben der angesprochenen Denkökonomie - Stereotypen als bequeme Beschreibungsformeln[44] - diverse Manipulationsmöglichkeiten hereinspielen. Ein Schüler Bruckners etwa akzentuierte vorsätzlich eine Episode, um einen bestimmten Zweck (z. B. Anerkennung) zu erreichen; seine Einstellung führte zu einer Verzerrung, die zugleich seine eigene Biographie betrifft. Oder um an das obige Beispiel anzuknüpfen: Ideologie wird bemüht, um Bruckner gezielt einen bestimmten Standpunkt im Geistesleben zu geben.

Es ist also stets nicht nur der Inhalt der Mitteilung weitgehend an Quellen zu messen, sondern ebenso muß der Überliefernde kritisch gesehen werden. Dieser Gedanke führt zu einem wichtigen Themenkreis, zur Subjektivität der menschlichen Wahrnehmung und Erkenntnis.

*

Um die Frage, wieweit unser Erkenntnisvorgang subjektiv getönt sei, kreisen - grob gesprochen - philosophische Bemühungen von der vorsokratischen Schule bis in die unmittelbare Gegenwart. Spätestens seit Immanuel Kants erkenntnistheoretischem Pessimismus wurde konkret die Auffassung vertreten, daß uns das *"Ding an sich"* verschlossen bleibt, wir also bloß dessen Erschei-

---

41 Franz Brunner, *Dr. Anton Bruckner.* Linz 1895; unveränderter Nachdruck als Jahresgabe 1974 der Österreichischen Gesellschaft für Musikwissenschaft. Graz 1974, S. 37.
42 Zit. n. Göll.-A. 4/1, S. 27.
43 Leo Perry, *Anton Bruckner, der mystische Bauersmann,* in: Österreichische Volkspresse 10. Oktober 1936.
44 Zur Denkökonomie siehe Schaff a. O. S. 39 f.

nungen wahrnehmen können. Als "Gefangene" unseres Erkenntnisapparates sind wir gezwungen, unsere Umwelt durch eine "Brille" zu sehen. In den letzten Jahren brachten in kritischer Auseinandersetzung mit älteren Positionen vor allem Kulturanthropologie, Biologie und Vertreter des sogenannten Konstruktivismus[45] neue Anregungen in die Debatte mit ein. So wurde die Voreingenommenheit des erkennenden Subjekts betont.[46]

Unsere Wahrnehmung wird demnach von (angeborenen) biologischen Dispositionen, dem kulturellen Überbau und individuellen Lebenserfahrungen gesteuert. Die an sich trivial anmutende Feststellung zieht auch für unser Thema Konsequenzen nach sich. Insofern ist kein Urteil ohne Grundlage (ohne "Vorurteil" im Sinne eines notwendigen Vorverständnisses) möglich. Um überhaupt erkennen, erforschen usw. zu können, muß eine primäre Information vorhanden sein: *"Niemals vollzieht sich eine Erkenntnisleistung an individuellen Gegenständen der Erfahrung so, als ob diese erstmalig vorgegeben wären als noch gänzlich unbekannte Substrate. Welt ist für uns immer schon eine solche, in der bereits Erkenntnis in der mannigfaltigsten Weise ihr Werk getan hat ..."*[47] Edmund Husserl hat anschaulich von einer *"Horizontstruktur der Erfahrung"*[48] gesprochen.

Damit wird jede Information aus der Umwelt gefiltert wahrgenommen, was nicht zuletzt ökonomische Zwecke verfolgt. Alles Anschauen bzw. Wahrnehmen ist somit schon Interpretation.[49] Diesen subjektiven Aufbau unserer Wirklichkeit untersucht der oben genannte Konstruktivismus. Wenn man auch nicht die radikalste Auffassung teilt, daß nämlich die Erkenntnis *"ausschließ-*

45 Siehe dazu *Die erfundene Wirklichkeit. ... Beiträge zum Konstruktivismus.* Hrsg. Paul Watzlawick. München 1984. - Ferner Colin Cherry, *Kommunikationsforschung - eine neue Wissenschaft.* Hamburg 1967, S. 313 ff. und Gerhard Rusch, *Erkenntnis, Wissenschaft, Geschichte. Von einem konstruktivistischen Standpunkt.* Frankfurt/Main 1987.
46 Zu diesem aus der Philosophiegeschichte wieder aufgegriffenen Ansatz siehe beispielsweise Konrad Lorenz, *Die Rückseite des Spiegels.* München 1985, S. 12 f. und Peter Berger - Thomas Luckmann, *Die gesellschaftliche Konstruktion der Wirklichkeit.* Frankfurt/Main 1970, S. 18 f. (die Autoren sprechen in diesem Zusammenhang von *"angeborenen Brillen"*). Ferner siehe Erwin Schrödinger, *Geist und Materie.* Wien 1986, S. 74. - Zum Problem Objektivität/Subjektivität in der Musikgeschichtsschreibung siehe Hans-Heinrich Eggebrecht, *Objektive Musikgeschichtsschreibung. Überlegungen am Beispiel von Jacques Handschins "Musikgeschichte im Überblick",* in: *Musicologica Austriaca* 6. *Gedenkschrift Guido Adler.* Hrsg. Josef-Horst Lederer. Föhrenau 1986, S. 69-73.
47 Edmund Husserl, *Erfahrung und Urteil.* Hamburg 1954, S. 26 f. (§ 8).
48 Ebenda S. 27 (§ 8). - Siehe dazu auch Karl R. Popper, *Objektive Erkenntnis.* Hamburg 1973, S. 373 f. und Lorenz a. O. S. 220 f.
49 Vgl. dazu Rupert Riedl, *Die Spaltung des Weltbilds.* Berlin 1985, S. 23. - Weiters in bezug auf die "öffentliche Meinung" Noelle-Neumann a. O. S. 210-214 und hinsichtlich der Historiographie Arthur C. Danto, *Analytische Philosophie der Geschichte.* Frankfurt/Main 1980, S. 166.

lich die Ordnung und Organisation von Erfahrungen in der Welt unseres Erlebens" betreffe[50], wird die Bedeutung für die Rezeptionsproblematik deutlich.

Der erkenntnistheoretische Exkurs - die komplexe Materie konnte hier natürlich nur angerissen werden - sollte die subjektive Prägung unseres Erkenntnisvorganges untermauern und uns vergegenwärtigen, daß wir immer nur einen Ausschnitt der gesamten Wirklichkeit betrachten können. Was bedeutet dies für den "Fall Bruckner"?

Zweifelsohne gehen wir an ihn mit bestimmten Vorurteilen heran. Der subjektive Faktor im Erkenntnisprozeß entscheidet wesentlich darüber, was wir an neuen Informationen in unser Bild einfügen, was uns völlig unglaubwürdig erscheint usw. Parallel dazu treten Wechselwirkungen zur sozialen Umwelt und der zeitspezifischen Weltanschauung ("Zeitgeist") auf. Durch die historische Distanz - es sind bekanntlich annähernd hundert Jahre - haben sich subjektive Motive, Mißverständnisse, neue Ideologien, Änderungen in den gesellschaftlichen Normen u. ä. dazwischengeschoben, die unsererseits subjektiv verarbeitet werden. Unter anderem hat Karl Stierle auf die Umbildung "narrativer Gestalten" in der Historiographie hingewiesen, die eine relativ große Streubreite an Sichtweisen ermöglicht.[51] Grundsätzlich sind daher individuell divergierende Bilder nebeneinander existent. Sie stehen allerdings in Beziehung zueinander bzw. gehen zum Teil in übergeordneten Schemata auf.

Eine Skizze soll das Problem des historischen Perspektivismus (die historische Wandelbarkeit von Interpretationen eines Gegenstandes, präziser: einer "historischen Tatsache") und der subjektiven Interpretationen veranschaulichen.[52]

Nehmen wir an, Bruckner hätte 1887 eine Verhaltensweise x gesetzt und wäre von einem Schüler A beobachtet worden. Durch mündliche Überlieferung erfuhr sie der Musikkritiker B, der dieses Verhalten x 1894 in einem Würdigungsartikel zu Bruckners 70. Geburtstag schriftlich in einer Zeitung fixierte. Viele Jahre später - wählen wir 1940 - grub ein Journalist C den alten Artikel aus und verwendete das Verhalten x für einen eigenen Beitrag in seiner Zeitung. 1991 lesen nun wir (D) im Rahmen unserer Forschungen diesen Beitrag von 1940. Was ist streng genommen passiert?

---

50 Ernst von Glasersfeld, *Einführung in den radikalen Konstruktivismus*, in: Watzlawick (Hrsg.), *Die erfundene Wirklichkeit* a. O. S. 23.
51 Näheres dazu siehe resümierend Gebhard Rusch a. O. S. 294.
52 Für anregende Diskussionen und Hinweise - vor allem auf dem Gebiet der Kommunikationswissenschaft - danke ich meinem Freund Dr. Christian Perzl herzlich.

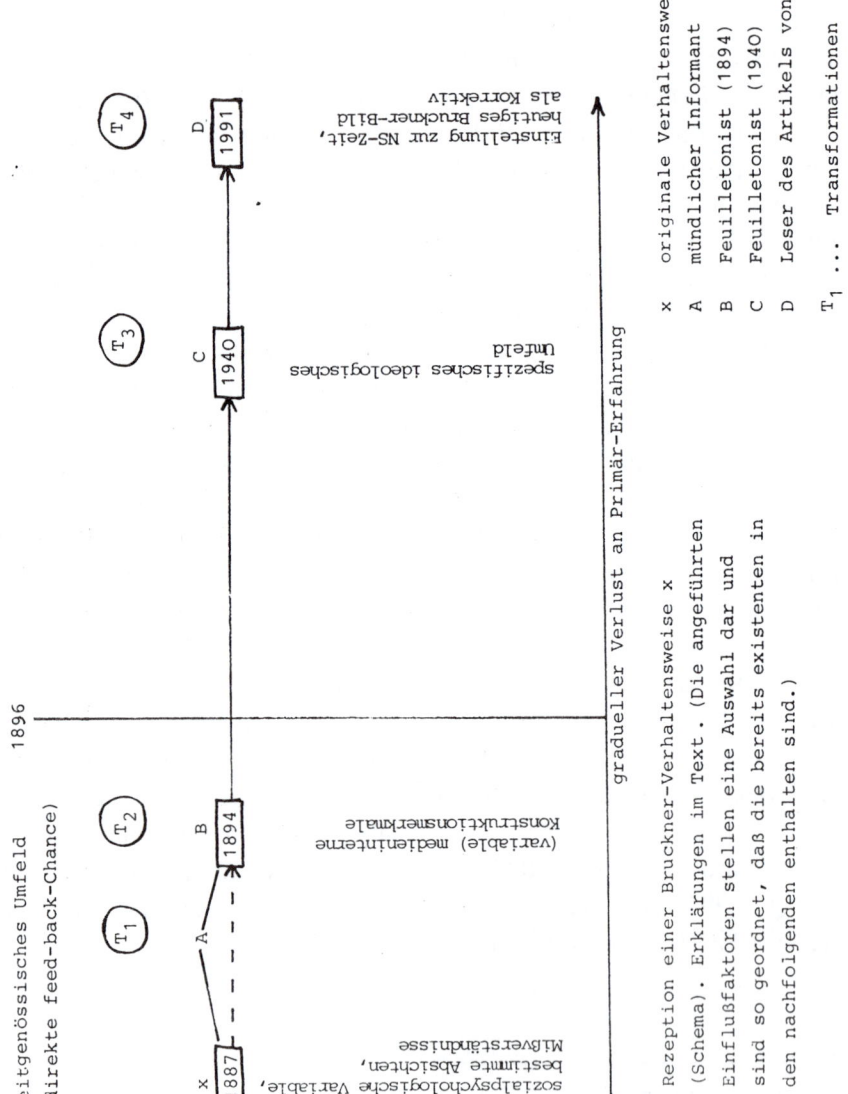

zeitgenössisches Umfeld 1896
(direkte feed-back-Chance)

T₁ T₂ T₃ T₄

x 1887 B 1894 C 1940 D 1991 A

sozialpsychologische Variable,
bestimmte Absichten,
Mißverständnisse

(variable) medieninterne
Konstruktionsmerkmale

spezifisches ideologisches
Umfeld

Einstellung zur NS-Zeit,
heutiges Bruckner-Bild
als Korrektiv

gradueller Verlust an Primär-Erfahrung

Rezeption einer Bruckner-Verhaltensweise x
(Schema). Erklärungen im Text. (Die angeführten
Einflußfaktoren stellen eine Auswahl dar und
sind so geordnet, daß die bereits existenten in
den nachfolgenden enthalten sind.)

x   originale Verhaltensweise
A   mündlicher Informant
B   Feuilletonist (1894)
C   Feuilletonist (1940)
D   Leser des Artikels von C (1991)

T₁ ... Transformationen

1. A hat x subjektiv erlebt und aus seinem Blickwinkel heraus verbal weitergegeben (1. Transformation zu x1).

2. B hat x1 im Lichte seines Bruckner-Verständnisses aufgenommen und zusätzlich unter journalistischen Bedingungen ("medieninternen Konstruktionsmerkmalen") weiterverwendet (2. Transformation zu x2).

3. C hat 46 Jahre danach x2 aufgegriffen, wobei neben subjektiven massive ideologische Einflüsse (Propaganda) eingewirkt haben (3. Transformation zu x3).

4. Wir (D) lesen 1991 x3, d. h. mit unserem speziellen Vorverständnis, was Bruckner, aber ebenso die Kunstauffassung in der nationalsozialistischen Ära betrifft (4. Transformation zu x4).

Fazit: Die originale Verhaltensweise x hat - allein vor unserer Kenntnisnahme - schon drei Umwandlungen durchgemacht, die von subjektiven Anschauungsformen der Informanten und übergeordneten Variablen (Mediengesetzlichkeiten, ideologischer Hintergrund) geprägt wurden. Daher ist es notwendig, die einzelnen Stadien zu erkennen und in Rechnung zu stellen.

Das Todesjahr Bruckners 1896 markiert die zeitliche Grenze, nach der keine positive Rückkopplung ("feedback-Chance") mit dem Dargestellten mehr möglich war. (Theoretisch hätte der Komponist gegen einen zu Lebzeiten publizierten Artikel Einspruch erheben können, wenn er seiner Meinung nach falsche Aussagen beinhaltete. Diesbezügliche Klagen Bruckners sind ja nicht unbekannt. Hingegen ist z. B. Hans Klesers Bericht über Bruckners "entrücktes" Orgelspiel noch zu Lebzeiten des Komponisten in Franz Brunners Biographie verwendet worden; siehe dazu schon Nr. 211.)

Andererseits lohnt es, die divergierenden Erscheinungsformen und Bewertungen Bruckners zu studieren; sowohl konstante Strukturen als auch Verschiebungen im Brucknerbild bieten aufschlußreiche Belege für die oftmals verschlungenen Wege der Rezeptionsgeschichte. Neuerlich bestätigen sich Zeitgebundenheit und Klischeehaftigkeit, natürlich auch für die Gegenwart. Daß sich emotional besetzte, wertende Merkmale den Wirrnissen der Zeitgeschichte gegenüber als auffallend resistent erweisen, ist aufgrund ihrer Appellstruktur an das menschliche Gefühl nicht weiter verwunderlich, ja sie werden geradezu als attraktive Muster gerne bemüht.

In der Praxis stechen die spezifischen "Zutaten" rasch hervor. Effektvolle, dick aufgetragene Formulierungen, ideologische Bezüge oder sentimentale Verstärkungen gehören zum Repertoire an Verfremdungsarten, so daß sich teils eine Verkehrung des ursprünglichen Sinnes ergeben kann. Einleuchtend demonstriert dies die Anekdote Nr. 190. Sie kann ironisch oder ernst aufgefaßt werden, was ausschließlich von ihrer Präsentationsform abhängt. Die

Überschrift *"Doppelsinnig"* lenkt unsere Aufmerksamkeit bereits in eine beabsichtigte Richtung (ironischer Unterton), während die Adjektive *"ernst und bedenklich"* dem ganzen Ausspruch eine sentimentale Note verleihen. Die zweitgenannte Fassung schließt unmittelbar an das romantische Künstlerbild an: der dem irdischen Glück entsagende Meister (siehe Nr. 191).

Diese kleine Anekdote macht deutlich, wie sehr individuelle Interessen bzw. journalistische Gestaltungsweisen das Brucknerbild zu steuern imstande sind: Erstens der bauernschlaue Komponist mit Mutterwitz, zweitens hingegen der asketische, "himmelwärts" orientierte Bruckner. In der Kitschliteratur, die bekanntermaßen von publikumswirksamen Vorstellungen und Floskeln lebt, hört sich dies folgendermaßen an: *"Ja, der Franzel! sinnt Anton Bruckner, ich kenne ihn nicht, aber er hat sich das Glück gesichert, das ich immer versäumt habe: Weib und Kind. Müdigkeit will ihn befallen; als aber Anna das Gesicht hebt und ihn ansieht mit dem hellen Glanz in den Augen empfindet er Freude - nichts als Freude, weil sich sein 'liabs Kinderl' freut. 'Ich spiel euch den Hochzeitskantus', sagt er heiter. Dann küßt er das Mädchen leicht auf die Stirn. "*[53]

Die phantasievolle Benützung von Individual-Stereotypen Bruckners vor dem Hintergrund des romantischen Künstlerbildes, in eine intime Spielhandlung à la *Dreimäderlhaus* versetzt und unter dem empfindsamen Titel *Altes Herz in St. Florian* herausgegeben, mag als belletristischer Endpunkt einer Entwicklung gelten, die (historisch wahr!) bei Bruckners eigentümlichem Verhältnis zu Frauen, seinem Junggesellendasein und diesbezüglichen Bemerkungen darüber begonnen hatte. Selbst nach dieser entstellten Fassung lassen sich gewisse historische Tatsachen rekonstruieren.

Die anfangs zitierte Anekdote Nr. 304 paßt in den vorliegenden Zusammenhang, denn gleichfalls wechselt ihre Präsentationsart. Folgende Schlußformulierungen Bruckners liegen vor (nach Wirkungsgrad geordnet):
1. *"Was hätt' i denn tun solln? Hätten S' halt mehr dicht!"*
2. *"Was hätt' i denn tun soll'n, Sie Viechkerl? Hätten S' halt mehr 'dicht't!"*
3. *"Sö Viechkerl, hätten S' halt mehr dicht!"*
4. *"Hättn S halt mehr gdichtet, Se Hallawachel, Se grauslicher!"*

Abgesehen von Änderungen in der Diktion wechselt je nach Fassung auch die Beschreibung von Bruckners Reaktion gegenüber dem Textdichter:
ad 1. *"Doch da fuhr Bruckner ihn ärgerlich an ..."*
ad 2. *"'Wortwiederholungen?' rief der Meister ärgerlich. ..."*

---

53 Ingemarie Nicolai, *Altes Herz in St. Florian*, in: *Der Mühlviertler* 25. Juli 1946.

ad 3. *"'Wortwiederholungen?' schnaubt Bruckner auf. - ..."*
ad 4. *"Bruckner wird krebsrot und brüllt: 'Ah. das ist nit schlecht: zu viel Wortwiederholung!!' ..."*

Die Beispiele sprechen für sich. Festzuhalten wäre ungefähr folgende Entwicklung: Aus dem scheuen, leicht indignierten Bruckner wird ein tobender, *"krebsrot brüllender"* Naturbursch. Der Ausspruch in Fassung 1 ließe sich durchaus als gut plaziertes und historisch annehmbares Bonmot verstehen, das mit Lieblingsausdrücken des Komponisten und theatralischem Beiwerk angereichert wurde.

*

Ernst Decseys Beiträge bieten eine wahre Fundgrube für unseren Themenkreis. Da sie infolge signifikanter subjektiver Verzerrungen eine Mittelstellung zwischen Erinnerungsbericht und Anekdote einnehmen, sei zum Abschluß ein konkretes Beispiel herausgegriffen: die Schilderung der ersten Unterrichtsstunde bei Bruckner. Sie existiert in mehreren Versionen, die eine kontinuierliche Akzentverlagerung aufweisen - vom unbedeutenden Harmonielehre-Schüler bis herauf zum von Bruckner bewunderten kleinen Genie. Der Einfachheit halber habe ich zwei Versionen ausgewählt, 1920 *(Neues Wiener Journal)* und 1932 *(Neues Wiener Tagblatt).*[54]

Die Grundhandlung ist leicht überschaubar: Decsey wollte 1890 die Aufnahmsprüfung im Konservatorium machen und traf kurz vorher in einem Kaffeehaus einen Schüler Bruckners, der ihm dessen Fragen über Sechters Theorie verriet. Einem Gelingen der "Aufnahmsprüfung" stand somit nichts mehr im Wege. - Wenden wir unsere Aufmerksamkeit ausschließlich der Überlieferung von Bruckners Reaktion auf die richtige Beantwortung der Frage zu:

> 1. "Der Hut fällt ihm herunter. (Dies, historisch, die erste Bewegung.) Er reißt die Arme auf, dringt hinauf zur Tafel, packt, umarmt mich, entzückt sich, fast johlend, goliathhaft: *'Du bist die Perle des Jahrhunderts!'* Verbeugt sich, lädt mich [sic], nimmt mich unter den Arm.
> War doch noch Ironie dabei? War es ganz kindhaft (daß jemand Sechter wußte), ahnte er den Schwindel, wollte nur erst einmal wilder Mann sein? Ich weiß es nicht."

---

54 Ernst Decsey, *Pilgerfahrt zu Anton Bruckner,* in: *Neues Wiener Journal* 4. April 1920 bzw. derselbe, *Anekdoten um Anton Bruckner. Zur Tagung der Bruckner-Gesellschaft,* in: *Neues Wiener Tagblatt* 16. Oktober 1932. - Es ist nicht uninteressant, daß der Autor seinen Erinnerungsbericht 1932 unter dem Generaltitel *Anekdoten* veröffentlichte.

Zwölf Jahre später sieht Bruckners Verhalten etwas anders aus:

> 2. "...- und ihm fiel sozusagen dabei der Unterkiefer herab. *'Groß-artig!'* Er öffnete die Arme, zog mich an seine Brust, drückte mich ans Herz und rief: *'Du bist die Perle des Jahrhunderts!'*
> Ich mußte mich an die Schultafel setzen, ganz oben auf den Ehren-platz neben ihm. Er bewunderte mich. Ein Mensch, der Sechter kannte! Daß mir das ein Mitschüler einfach verraten hatte, darauf kam dieser nur die größten Intervalle denkende Geist in seiner Ein-falt nicht!"

Keine Ironie, nur mehr Bewunderung...

Ob nun Bruckner der Hut oder der Unterkiefer herabfällt, mag Geschmack-sache sein. Deutlich sind aber Bereicherungen an Phrasen und kleinen Details erkennbar, durch die der Mitteilende selbst an Bedeutung gewinnt. Aus der Trivialliteratur entlehnte Techniken sind fixe Bestandteile der Schilderung. So münden die Erinnerungen in unglaublichen Kitsch, wenn Decsey den Dialog zwischen Bruckner und ihm mit Instrumentenangaben (Posaune/Oboe) ver-sieht oder der (angeblich) vom erbosten Komponisten zunächst ins Gesicht geschleuderte Hut *"köstlichen Schmerz"* verursacht. Die Beziehung Bruckner-Decsey - zwischen dem Künstler und dessen hingebungsvollen, aber durchaus nicht unegoistischen Apologeten - erscheint in zart rosa schimmerndem Licht: eine Aufhellung der eigenen Biographie. (Anzumerken wäre, daß der Roman-cier Ernst Decsey noch tief in der Tradition der romantisch ausschmücken-den Künstlerdarstellungen wurzelt, deren Stil uns heutige Rationalisten schon nach kurzer Lektüre befremdet bzw. belustigt.)

Aber noch aus einem anderen Grund ist die oben zitierte "anekdotische Er-innerung" von Belang. Die übertrieben präsentierte tolpatschige Reaktion Bruckners liefert die Voraussetzung für das bekannte Bruckner-Stereotyp "großes Kind". Tatsächlich schließt die erste Fassung Decseys mit einem diesbezüglichen Verweis, in der zweiten wird die "Einfalt" dezidiert ange-sprochen. Aus einer ins Triviale gezogenen Episode ergibt sich die Bestäti-gung einer stereotyphaften Annahme: Mußte sich nicht Bruckner genau s o - nämlich seinem anerkannten Bild gemäß - verhalten?

Die Manipulationsmöglichkeiten sind deutlich genug. Wenn Decsey auch vielleicht einen besonders krassen Fall darstellt[55], ist doch der Zweck der

---

55 Zum verzerrend-belletristischen Erzählstil siehe auch Ernst Decsey, *Bruckner. Versuch eines Lebens.* Stuttgart 1922 und derselbe, *Warum ich Bruckner liebe,* in: *Musica Divina* 12 (1924) S. 93.

Veränderung - milder ausgedrückt: der anderen Interpretationsweise - klargeworden, diesmal *"um sein eigenes Persönchen recht breitspurig in den Vordergrund zu stellen"*.[56]

Alle diese Facetten und Varianten dürfen selbstverständlich innerhalb einer kritischen Anekdotenbetrachtung nicht außer acht gelassen werden. Haben sich schon Differenzen bei ein- und demselben Autor gezeigt, so ist die Streubreite bei einer Überlieferung durch mehrere Informanten längere Zeiträume hindurch wesentlich größer. Dennoch muß der Inhalt - siehe das Decsey-Zitat - keineswegs frei erfunden sein.

*

Wir können derzeit folgendes subsumieren: Unsere Vorstellung (unser Bild) von Bruckner stellt ein Konglomerat aus historischen Dokumenten, "seriösen" Erinnerungsberichten, Anekdoten, manipulierten und im Laufe der Rezeptionsgeschichte zu Stereotypen verfestigten Urteilen sowie persönlichen, aber ebenso indirekt vermittelten Erfahrungen mit dem Werk dar, gebrochen durch unsere heutige - mehr oder minder verbindliche - Weltauffassung ("Zeitgeist"). Diese fungiert als zentrale Bezugsebene für unsere eigene (subjektive) Interpretation der tradierten Inhalte.

Manche Handlungen erscheinen in ihrem Licht als merkwürdig, ja fremd. Andere wiederum erhalten neues Gewicht. Es liegt auf der Hand, daß das Leserpublikum von 1932 den anekdotischen Erinnerungsbericht von Decsey anders aufgenommen hat als wir heute. Oder zu einem anderen Beispiel: Uns Individualisten der Gegenwart springt die Formelhaftigkeit der Briefe Bruckners sofort ins Auge. Forscher haben hier beschwichtigend mit Fachaufsätzen einzugreifen und müssen uns davon überzeugen, daß diese Ausdrucksform damals keine Ausnahme bildete bzw. spezifisch gesehen werden müsse.[57]

Im ausgehenden 19. Jahrhundert assoziierte das bürgerliche Publikum mit dem Künstler den Gesellschaftsmenschen und Salonlöwen. Die damalige dem Virtuosenkult verpflichtete Anschauung kollidierte unweigerlich mit der Erscheinung eines Künstlers vom Schlage Bruckners, der - von ländlicher Umgebung nach Wien übersiedelt - in "sonderbarem" Aufzug durch die Großstadt marschierte. Er vertrat den Typus des Originals, das *"den Näherstehenden so rührend erschien und Fernstehende abhielt"*.[58] Was Max Auer, Ver-

---

56 Carl Hruby, *Meine Erinnerungen an Bruckner*. Wien 1901, S. 5.
57 Siehe dazu Manfred Wagner, *Zum Formalzwang im Leben Anton Bruckners*, in: *Österreichische Musikzeitschrift* 29 (1974) S. 423 f. und Othmar Wessely, *Bruckners Persönlichkeit*, in: *Bruckner-Vorträge Budapest 1983/84. Bericht*. Hrsg. Othmar Wessely. Linz 1985, S. 37.
58 Max Auer, *Anton Bruckner*. Wien 1934, S. 12.

fechter eines sentimentalen Brucknerbildes, etliche Jahre nach dem Tod des Komponisten niederschrieb, ist in Umrissen bereits 1896 vorhanden: *"Die Einfachheit und Schlichtheit seines Gemüthes verstand sich nie auf Fühlung-suchen mit der Außenwelt. Er war ein Greis geworden und ein Kind geblie-ben, naiv in seinem Empfinden, arglos und geradeaus in seinem Denken, frommgläubig in seinem Herzen, ungeschminkt in seinem Wesen - und unver-dorben in seinen Wünschen. Ein langes Menschenalter ist er durch die Welt gewandert, ohne mit ihren Formen vertraut zu werden."*[59]

Die Antithese Kunst/Leben klingt an, wobei Bruckner das natürliche, "rei-ne" Prinzip im Gegensatz zur selbstgenügsamen, überzivilisierten Gesell-schaft verkörpert: das "Naturkind" im Getriebe einer zerrütteten Gesellschaft. Es liegt nahe, daß sich Bruckner besonders eignete, Prototyp eines solchen Künstlerbildes zu werden, eine Annahme, die einiger Ergänzungen zu einem späteren Zeitpunkt bedarf.[60]

Die Kennzeichnung als "Außenseiter" oder "Spinner" drängte sich - vom epochenspezifischen Blickwinkel heraus - förmlich auf. Daß diese zweifellos vorhandene Position Bruckners neuerdings eine ideologische Interpretation erfährt, ist hingegen ein typisches Produkt unserer Zeit. Bruckner als "Anti-Bürger", in geschichtsphilosophische Mechanismen eingespannt: *"Bruckner war kein Anti-Bürger um der Provokation willen. Er wurde dazu aus histori-scher Notwendigkeit, die Gesellschaft war reif geworden für die erste ent-scheidende Bedrängnis. Anton Bruckner war diese Aufgabe zugedacht."*[61]

Bruckner - vormals "Meister Antonius" und das "große Kind" in einem - wird nun zur Schlüsselfigur in der Konfrontation mit dem saturierten Wiener Spätbürgertum hochstilisiert. Der früher spöttisch angesehene, naive "Bau-erntölpel" erscheint als ideologisch hochnotwendiger Deus ex machina; in seiner Außenseiterrolle liegt gerade die Auszeichnung. Dies bedeutet nichts weniger, als daß die Unangepaßtheit Bruckners - zu Lebzeiten sowohl positiv als auch negativ bewertet - fast hundert Jahre später aufgrund verschiedenar-tiger Quellen eine neue mögliche Interpretation erfährt. Ohne eine allgemein akzeptierte Meinung darzustellen, erscheint sie uns dennoch als wahrschein-lich, weil sie in ungefährem Gleichklang mit zeittypischen Auffassungen (Ein-stellungen) steht.

59 K. Anders, *Dr. Anton Bruckner +*, in: *Wiener Allgemeine Zeitung* 12. Oktober 1896.
60 Siehe besonders den anschließenden Beitrag ab S. 235.
61 Johannes-Leopold Mayer, *Musik als gesellschaftliches Ärgernis - oder: Anton Bruck-ner, der Anti-Bürger*, in: *Anton Bruckner in Wien. Eine kritische Studie zu seiner Persön-lichkeit.* Hrsg. Franz Grasberger. Graz 1980, S. 111.

Ähnlich verhält es sich mit Bruckners Charaktereigenschaften. Was seit urdenklichen Zeiten als Stereotyp übernommen wurde, gilt nicht mehr und wird neu interpretiert. "Bescheidenheit" wandelt sich zu Unbescheidenheit und Aufdringlichkeit, "edle Demut" verkehrt sich zu kühl berechnender Unterwürfigkeit, Gottesmusikantentum entpuppt sich als ein mit frommen Redensarten geschmückter Opportunismus. Zugegeben: Es sind hier nur Tendenzen in der neueren Bruckner-Literatur herausgegriffen. Dennoch zeigt sich deutlich ein Wandel.

Wer hat recht? Wenn wir annehmen, daß unser gegenwärtiger Wissensstand der historischen Wahrheit im wesentlichen entspricht - ist es dann gerechtfertigt, die Zeitgenossen des Komponisten als Kolporteure im negativen Sinne abzutun? Soll der positivistisch geschulte Forscher von vornherein Anekdoten aufgrund ihrer Verzerrungen meiden? Vielleicht haben manche Autoren, deren Berichte so unglaubwürdig klingen, den Komponisten gerade so erlebt? Oder hat vielleicht Bruckner selbst (durch Äußerungen und Verhaltensmuster) zu gewissen spezifischen Einschätzungsformen und Fehlschlüssen beigetragen? Auf diese Frage wird später noch einzugehen sein.

Aus der Forderung nach einem neuen, revidierten Brucknerbild ergibt sich die logische Schlußfolgerung, alten, unkritisch rezipierten Ballast abzuwerfen. Als bemerkenswert möchte ich anführen, daß aber die Vorgangsweise hiebei jener unserer Vorgänger nicht unähnlich ist. Bestimmte isolierte Merkmale werden betont, andere als "unwahrscheinlich" übergangen. Handelt es sich um reinen Zufall, wenn der Brief von Prinzessin Marie von Hohenlohe an August Göllerich, in dem sie den devoten Gesten Bruckners Berechnung unterstellt, in den letzten Jahren nahezu zum "Bestseller" in Fachkreisen geworden ist?[62] In Göllerich-Auers Biographie als Anmerkung untergebracht, dient der Brief heute als klassischer Beleg für eine Facette des neuen Brucknerbildes. Die Antwort auf die Frage, warum die (ebenfalls subjektive) Äußerung der Prinzessin bedeutend mehr Geltung besitze als eine des Informanten Y, ergibt sich aus dem Zusammenhang: weil sie das erwünschte Bild fundiert. Tempora mutantur - "Bruckner mit dem berechnenden Hofknicks". Ist damit aber nicht wieder ein neues (zeitgemäßes) Klischee entstanden?

Bei näherem Hinsehen erweist sich, daß der "selbstbewußte" bzw. "egozentrische" Bruckner keine Neuentdeckung unserer Zeit darstellt. So muten Äu-

---

62 Siehe die Verweise in Theophil Antonicek, *Anton Bruckner und die Wiener Hofmusikkapelle*. Graz 1979, S. 13 f. und Manfred Wagner, *Bruckner in Wien*, in: *Anton Bruckner in Wien* a. O. S. 19. - Anzumerken ist, daß Antonicek dem scheinbar so unantastbaren schriftlichen Dokument korrigierend *"nur einen begrenzten Aussagewert"* zuschreibt (S. 10).

ßerungen von Josef Kluger und Friedrich Klose erstaunlich modern an: *"Es blieb immer ein ungelöstes Rätsel in Bruckners Charakterbild: seine tiefe Demütigkeit (ich wähle absichtlich dieses Wort) neben seinem stolzen Selbstbewußtsein. Ja, diese beiden Seiten seines Charakters traten manchmal so unvermittelt stark nebeneinander, daß sie gerade dadurch in auffallender Größe erscheinen mußten und deshalb an Bruckner manchen irrewerden ließen, der dann das eine für Einfalt, das andere für Eitelkeit zu nehmen geneigt war."*[63] Nur wurden Äußerungen dieser Art lange Zeit im großen und ganzen ignoriert, weil sie als "Einzelstimmen" nicht das offizielle Brucknerbild zu übertönen vermochten.

Abermals wird - von anderer Warte aus - deutlich, daß sich heute bloß die Akzentuierung und Bewertung durch den Übergang in einen anderen Verstehenshorizont gewandelt hat. Blieben vereinzelte Stimmen früher unberücksichtigt, werden gerade jetzt die oben zitierten Eigenschaften herausgestrichen. Daß sich Massenmedien und Belletristik stets des rührenden "Tonerl von Ansfelden" annahmen, darf über die prinzipielle Vielfalt der Sichtweisen nicht hinwegtäuschen. Andererseits ist logisch nicht einzusehen, warum deshalb alle Facetten des traditionellen Brucknerbildes falsch sein sollen. Liest man die Erinnerungsberichte und Anekdoten, trifft man auf Konstanten, die sich fast wie ein roter Faden über längere Zeiträume durch unterschiedliche Texte hindurchziehen. Schon Klugers Bericht deutet konkret auf eine P o l a r i t ä t im Charakterbild hin.

Vermutlich - dies als These - liegt überhaupt für die heutige Brucknerforschung in der objektbezogenen Vermittlung z w i s c h e n den verschiedenen Einschätzungsformen die große Chance, die Persönlichkeit des Komponisten "neu" zu sehen. Dies wird aber nur mit Einschluß der populären Rezeptionsmuster möglich sein, denn die Konzentration auf den revolutionären, rücksichtslosen oder berechnenden Bruckner ist ähnlich eindimensional wie die sentimentale Sicht der Vorgänger. Die Differenz zwischen konstanten (Topoi) und variablen Inhalten in der Rezeptionsgeschichte wirft vor dem Hintergrund exakten Quellenmaterials neues Licht auf die historische Persönlichkeit und bietet zugleich die Möglichkeit, vom derzeitigen anerkannten Brucknerbild zu abstrahieren. Widersprüche, aber ebenso Parallelen zwischen Dokumenten und nicht genau Belegbarem (der "fable convenue") müs-

---

63 Josef Kluger, *Anton Bruckner und das Stift Klosterneuburg*, in: *In Memoriam Anton Bruckner*. Hrsg. Karl Kobald. Wien 1924, S. 121 f. - Zu Klose siehe im vorliegenden Band Nr. 148.

sen miteinbezogen werden, gründet sich letzteres doch meist auf historische Grundlagen.

Um an dieser Stelle Vorwürfen und Mißverständnissen vorzubeugen: Ich leugne keineswegs, daß die derzeitige Sicht Bruckners ihre Richtigkeit hat. Nur darf im empirisch ausgerichteten Forschungseifer nicht vergessen werden, daß dies nur eine Teilsicht sein kann und letztlich die subjektive Interpretation erheblich mitentscheidet: Eliminierung des unpassenden Materials (bzw. dessen Ablehnung oder Verharmlosung) und Forcierung der adäquaten Quellen.

Je nach Kontext setzen Verschiebungen ein. Einerseits präsentiert die heutige Forschung überlieferte Kardinaltugenden als Chiffren für negative Eigenschaften, andererseits intellektualisiert sie den vormals "naiven" Bruckner. Auch hier spielt der "Zeitgeist" herein: In einer Ära des freien Bildungsangebotes ohne Sozialvorurteile darf es dem als Komponisten Anerkannten nicht an Bildung im herkömmlichen Sinn mangeln. Folglich konzentriert sich die Forschung darauf, entweder fehlende Bildung durch "Bauernschläue" zu ersetzen, Entschuldigungsgründe vorzubringen, warum Bruckner wirklich nicht sehr belesen war oder sogenannte "einfältige" Bemerkungen als Tarnverhalten zu interpretieren.[64]

Die angeführten Beispiele ließen sich leicht vermehren. Kehren wir aber zu den am Ende des ersten Kapitels aufgestellten Thesen zurück, ergibt sich folgendes:

1. Die Vermutung, daß aufgrund subjektiver Anschauungsformen und zeitbedingter Faktoren ein Bildwechsel eintritt, hat sich eindeutig erhärtet. Zentral ist die Neuinterpretation der Quellen, die in Konkordanz zu geistigen bzw. soziokulturellen Strömungen der Zeit erfolgt (und erfolgen muß). Der streng empirische Anspruch kann den Prozeß auf Seite der Rezipienten, bestimmte (d. h. passende) Prämissen zu akzentuieren und andere (d. h. unpassende) zu relativieren, nur beschränkt außer Kraft setzen. Aus dem Zeitverständnis heraus werden diese Prämissen demnach als "wahrscheinlich" und "unwahrscheinlich" eingestuft.

---

64 So hat Wilhelm Furtwängler in seiner Bruckner-Rede auf eine *"Mischung von Kräftigst-Primitivem und hoher Geistigkeit"* hingewiesen, eine Geistigkeit, die auf eine Art "künstlerische Intelligenz" weist. Siehe dazu Furtwängler, *Johannes Brahms. Anton Bruckner.* Leipzig 1942, S. 37 f. - Zur Interpretation als Tarnverhalten siehe Hansen a. O. S. 225 f. Der Autor geht hier ausschließlich vom Entwurf der Antrittsrede für die Wiener Universität aus: *"...wer in der Lage ist, ein solch bestechend klares Konzept zu entwickeln, kann sich bei drastischen Unterschreitungen eines dementsprechenden intellektuellen Niveaus nur verstellen."* M. E. wird hier - vom Einzelfall ausgehend - eine prinzipielle Mehrschichtigkeit in der Persönlichkeitsstruktur ignoriert.

Wenn Vergangenes nur mittelbar im *"Rekurs auf die eigene Lebenserfah-rung"*[65] erschlossen werden kann, läßt sich formulieren: Durch individuelle Rezeptionsmuster prägen sich nebeneinander verschiedene Bilder aus, die - auf Basis des "Zeitgeistes" und diversen sozialen Konstellationen (Außenseiterrolle des Forschers, massive Akzeptanz u. a.) - in übergeordnete Schemata eingebunden werden: Brucknerbild der Massenmedien oder etwa das Brucknerbild der Forschung. Dabei ist möglich, daß der Impuls für die Konstitution eines solchen übergeordneten Schemas von einer Einzelperson mit hoher Überzeugungskraft ausgehen kann bzw. Querverbindungen zwischen den einzelnen Bildern auszumachen sind. Ebenso typisch ist der berühmte Fall einer (möglichen) Kluft zwischen populärem und wissenschaftlichem Künstlerbild.

Darüber hinaus macht die historische Wandelbarkeit von Interpretationen deutlich, daß es nie ein einziges richtiges und abgeschlossenes Bild geben kann, nur ein dem jeweils herrschenden Verstehenshorizont assimiliertes. Dieser dynamische Rezeptionsvorgang bewirkt daher eine grundsätzliche Offenheit der Einschätzung.

2. Eine Vielzahl von Stereotypen besitzt eine Grundstruktur, die auf tatsächliche Persönlichkeitsmerkmale oder Verhaltensweisen Bruckners hinweist. Dies zeigen eindrucksvoll Vergleiche zwischen Anekdoten und dokumentarischem Quellenmaterial. Der historische Kern ist durch emotional wertende Zusätze verschleiert, die als Ergebnis individuellen Erlebens, bewußter Manipulationen (Kritik, Ehrgeiz, falsch verstandener Missionseifer u. a.) und/oder medieninternen Konstruktionsmerkmalen gedeutet werden können.

Konsequenz: Wenn man die im Verlauf des graduellen Verlusts an Primärerfahrung auftretenden Störfaktoren und Außenschichten kritisch durchleuchtet bzw. abträgt, wird selbst eine Anekdote als Sekundärquelle im Sinne einer Verbreiterung des Erkenntnisinteresses brauchbar. Sie ermöglicht so neben Fakten das Wissen um sehr persönliche Verstehenszugänge, die in ein umfassendes Brucknerbild ebenfalls zu integrieren sind. Noch wichtiger erscheint mir dieser Umstand bei jenen Texten zu sein, die ich als "anekdotische Erinnerungsberichte" bezeichnet habe. Ihre Berücksichtigung sagt einiges über das Verhältnis Subjekt - Informant aus und zielt dadurch wiederum auf das Subjekt, d. h. seine Stellung in der persönlichen Umwelt und seiner Zeit zurück.

3. Die von einer Entheroisierung geprägte Künstlerdarstellung der Gegenwart (s. a. Mozart oder Schubert) läßt sich an Bruckner genauso gut demon-

---

65 Vgl. dazu Karl-Georg Faber, *Theorie der Geschichtswissenschaft*. München 1982, S. 40 f.

strieren. Die Zeichnung und vor allem die Bewertung seiner Eigenschaften kann als zeittypisch aufgefaßt werden. Mittels der unter Punkt 1 angeführten Verfahren tritt er für uns heute verständlich in Erscheinung. Nur ist ein Akzentwechsel beobachtbar, da - grob formuliert - die Intellektualisierung des Bauerntölpels Konsequenzen nach sich zieht. Aus dem naiv-frommen Bruckner wird ein kalt berechnender, fast revolutionärer Aufsteigertyp. Die negative Beurteilung wurde aber nur auf eine andere zeitgemäße Ebene verlagert; der bereits zitierte *"Popularisierungseffekt"* ist latent erkennbar - allerdings unter geänderten Vorzeichen. Zugleich kann diese Sichtweise zumindest rudimentär als neue Form der Apologetik bezeichnet werden - Bruckner war also nicht naiv -, haften diesem Bild doch Züge zeitgemäßer Lebenskunst an. Gleichzeitig ist wohl der Wunsch vorhanden, das musikgeschichtliche Image Bruckners aufzupolieren, ein Umstand, den die Medien ihrerseits in verwandelter publikumswirksamer Form aufgreifen.[66]

---

66 Als eines der jüngsten Fallbeispiele sei erwähnt Manfred Pichler, *Mein Gott, Anton*, in: *Merian. Oberösterreich.* 31. Jg., Nr. 2, Februar 1988, S. 98-101. Hier wird die krampfhafte Aktualisierung, ja Überzeichnung alter Stereotypen überdeutlich; daneben ein Beweis für die *"merkantilen Mechanismen der Sensationspresse"* (s. Anm. 15).

Anstatt eines Epilogs

Es wurde nun soviel über Tradierungsprozesse und Problematik von Anekdoten gesprochen, daß ein systematischer Überblick nicht unnütz erscheint. Die diskutierten Faktoren sollen daher in einem an sozialpsychologischen Fragemustern orientierten Schema aufgelistet werden.[67]

A. Informant
    1. Vertrauenswürdigkeit und Kompetenz
    2. Beziehung zum Komponisten
    3. (erkennbare) Absicht(en)
B. Mitteilung
    1. Inhalt
    1.1 Stil
    1.2 Appell an das Gefühl (Emotionsgehalt)
    2. Originalität bzw. Neuigkeitsgehalt
    3. Korrelierbarkeit zu Fakten
    4. Überlieferungsform
C. Medium
    1. Art
    2. journalistische Gestaltungsweise (im weitesten Sinn)
    3. Distanz zum Komponisten bzw. zur Originalquelle

Drei Ebenen sind festzustellen:
A. Wie oben diskutiert, hängt eine Mitteilung und deren Aussage eng mit der Person des Informanten zusammen. Gehörte er zum langjährigen Freundeskreis? War er eine außenstehende Zufallsbekanntschaft? Existieren von ihm andere (z. B. belletristische) Schriften? Die Beziehung zu Bruckner (Schüler, Gegner, Vorgesetzter), aber auch erkennbare Absichten (Apologetik, Wichtigtuerei) bilden weitere essentielle Anhaltspunkte.
B. Neben dem konkreten Inhalt (persönliches Erlebnis, Bonmot, allgemeiner Witz) muß der Erzählstil beachtet werden. Eine Reihe von Autoren disqualifiziert sich fast ausschließlich durch die kitschige, erfolgheischende Aufma-

---

67 In Anlehnung an Rudolf Bergius, *Sozialpsychologie*. Hamburg 1976, S. 143 (Untersuchung der Wirkung von Informationsvermittlung und verbaler Kommunikation). Es versteht sich von selbst, daß es hier um keinen sozialpsychologischen Test geht, sondern um eine Orientierungshilfe im Umgang mit Anekdoten bzw. anekdotischen Erinnerungsberichten.

chung ihrer Mitteilung. Desgleichen wirken direkte, plakative Appelle an unser Gefühl (Rührung, Mitleid, Spott) verdächtig. Die auf starke emotionale Beteiligung hin ausgerichteten Aussagen verdienen besonderes Augenmerk: Ist die Schlußpointe mit einer konkreten Absicht des Autors (siehe A. 3) verknüpft?

Originalität bzw. Neuigkeitsgehalt verstehen sich von selbst. Unter diesen Punkt fallen Schablonen (mit dem Merkmal der beliebigen Reproduzierbarkeit) und Wander-Anekdoten. Bei aller Vorsicht (A. 1!) könnte man sagen: Je "origineller" eine Mitteilung, desto höher ist ihre Wahrscheinlichkeit (abgesehen von reiner Erfindung). Hier nimmt Punkt B. 3 eine zentrale Position ein. Die im Vorwort zu diesem Band vertretene Ansicht, daß Informationen, die sich mit historischen Quellen (annähernd) abdecken lassen, einen höheren Wahrscheinlichkeitsgrad besitzen als die übrigen, wurde im ersten Teil durch Beispiele belegt. (Sind verschiedenartige, möglichst unabhängige Quellen existent, reduziert sich auch die Gefahr, bloße Abschriften ein- und desselben Schemas vor sich zu haben.)

Ein letztes Kriterium ist die Überlieferungsform. Mündlich tradierte Inhalte sind naturgemäß stärker Kommunikationsstörungen unterworfen als schriftlich fixierte.

C. Unter Art des Mediums soll verstanden werden, ob der Bericht eigenständig, in einer frühen Biographie, einer Tageszeitung, einer modernen Kunstzeitschrift usw. erschienen ist. Wiederum lassen sich verschiedene Grade an Verläßlichkeit ablesen. Die damit verbundene journalistische Gestaltungsweise umspannt ein weites Feld: die örtliche Position (Kulturrubrik, Unterhaltungsbeilage), die Aufbereitung (wenn etwa der Original-Informant frei zitiert wird oder eine Schlagzeile Neugierde erwecken soll) und natürlich das gesamte Arsenal an medieninternen Konstruktionsmerkmalen. C. 3 schließlich trägt dem fortschreitenden Verlust an Primärerfahrung Rechnung.

Setzt man diese Kriterien in Relation zum "Zeitgeist" - zweifelsohne sind Mitteilungen aus der Bruckner-Zeit anders aufzufassen als etwa jene aus unseren siebziger Jahren -, erhält man einigen Aufschluß über die komplexe Situation; im weiteren auch Lösungsvorschläge für das Problem: Wieweit kann diese Sekundärquelle herangezogen werden?

Zugleich ergibt sich - quasi spiegelbildlich - für die Forschung eine wesentliche Facette innerhalb der Rezeptionsgeschichte: *"Oft liegt der Wert solcher Anekdoten für den Historiker darin, daß man Aufschluß über jene Zeit bekommt, in der diese Anekdoten erzählt oder veröffentlicht wurden."*[68] Ergän-

---

68 Diese Bemerkung Bernhard Denschers zitiert nach: *31. Historikertag. Österreichs Geschichte im Spiegel von Anekdote, Sprichwort, Witz und Satire*, in: *Österreich in Geschichte und Literatur mit Geographie* 28 (1984) H. 4, S. 228. - Siehe ferner den Hinweis auf

zend ist der oben genannte Rekurs auf die betreffende erzählende Persönlichkeit (Informant) selbst anzuführen.

Anekdoten und Erinnerungsberichte erhellen ihr soziokulturelles Umfeld und machen Bedingungen und Entstehungsmechanismen eines Künstlerbildes transparenter.[69] Wie aus dem Bericht Rosa Papier-Paumgartners (siehe Nr. 278) hervorgeht, kursierten Bruckner-Anekdoten schon zu seinen Lebzeiten. Die populären Einschätzungsformen Bruckners machen genauso einen Teil des Ganzen aus. Sie bilden, sofern nicht völlig frei erfunden, als Variationen über historische Prämissen eine Ergänzung zu den wissenschaftlichen Forschungen, die ja auf einem relativ kleinen Dokumentationsbestand basieren (dessen Selektion bzw. Verwertung selbstverständlich wiederum subjektiven Kriterien folgt).

Treten irgendwann gehäuft Anekdoten auf, sollte dieser Popularisierungstendenz nachgegangen werden. Ein solcher Fall ist bei Bruckner in den dreißiger und vierziger Jahren unseres Jahrhunderts zu beobachten. Unter anderem führten ideologische Intentionen zur massierten Neuauflage des Bildes vom ländlich-urwüchsigen Genie. Korrekturen - etwa die Stellenwertverschiebung durch den Katholizismus - erweisen sich ebenso als zeittypisch; insgesamt ein Thema, das durchaus einer näheren Untersuchung wert wäre.

Die Popularisierung einer signifikanten Persönlichkeit, aber auch ihr teilweises oder gänzliches Verschwinden von der Bildfläche während einer Zeitepoche ist daher stets in einem größeren Zusammenhang zu sehen. Gerade die ernsthafte Auseinandersetzung mit Anekdoten kann dazu beitragen. Und wenn diverse Mitteilungen auch sicher nicht genau der Wirklichkeit entsprechen, verraten sie dennoch eine - unter Umständen aufklärungsbedürftige - Identifikation mit ihrem Darstellungsobjekt. Bei Bruckner erweist sich die üppige Popular-Rezeption als beachtenswerter Ergänzungsfaktor für die Forschung, da dieser Bereich offensichtlich eng mit persönlichen Grundzügen des Betroffenen (Erscheinungsbild, Verhalten, Aussprüche) verknüpft ist.

---

die Bedeutung der Anekdote in der franzisko-josephinischen Zeit als mnemotechnisches Hilfsmittel. So wurde beispielsweise versucht, die habsburgischen Familienverhältnisse didaktisch aufzubereiten: Bernhard Denscher, *Die fröhliche Apokalypse. Die franzisko-josephinische Zeit in Anekdote, Witz und Satire*, in: *Österreich in Geschichte und Literatur mit Geographie* 30 (1986) H. 5, S. 291.

69 Innerhalb der jüngsten Brucknerforschung hat m. E. Hansen am deutlichsten auf den prekären Verlauf der Rezeptionsgeschichte hingewiesen (a. O. S. 9). Gerade dies sollte aber, anstelle das Problemfeld auszuklammern, zu gezielten Überlegungen Anlaß geben, da unser Bild - selbst im Zeichen einer wissenschaftlich fundierten Historiographie nicht von solchen Überlieferungsformen losgelöst betrachtet werden kann bzw. zum Teil neuen Klischees (als zeitbedingten Aussagen) unterliegt.

Erich Wolfgang Partsch

DER "MUSIKANT GOTTES" - ZUR ANALYSE EINES STEREOTYPS

"Vogl hatte sich erschöpft niedergelassen und leerte nacheinander Schwinds und Schuberts Glas. 'Jetzt werden alle Menschen, die im Konzert gewesen sind, deine Lieder kaufen!', der Sänger ereiferte sich immer mehr, 'und du wirst weiter hungern und darben.' Schubert wandte sich ab und griff lächelnd in die Tasten. 'Ich werde einmal wie ein blinder Harfener von Tür zu Tür gehen', sagte er leise, 'und um einen Teller Suppe bitten.' 'Spielmann Gottes', murmelte Vogl. "[70]

Was zunächst auffällt, ist wohl der Umstand, daß sich die Floskel vom "Spielmann Gottes" hier einmal nicht auf Bruckner bezieht. Es ist allerdings wahrscheinlich, daß sich die vorliegende Redewendung vom isolierten, einzig für Gott Schaffenden direkt von der Bruckner-Rezeption herleitet.

Trotz künstlerischer Anerkennung finanzielle Not - so lautet die Prophezeiung Vogls in Werner E. Mischlers Roman, die der Komponist resigniert *"lächelnd"* zur Kenntnis nimmt. Wie erwähnt steckt in diesem sentimentalen Topos etwas von der altgriechischen Vorstellung, daß echtes Schaffen und Entgelt einander ausschließen. Schubert befindet sich im obigen Beispiel aber noch in der tröstlichen Lage, daß Publikum im Konzert war. Die klassische Ausweglosigkeit heißt nämlich: verkannt und arm (oder in der zutreffenden Kausalbeziehung: arm, weil verkannt).

In der Gesellschaft gilt aufgrund fest eingefahrener Anschauungen häufig als ausgemacht, daß wahre Kunst an Entbehrungen, Armut und Nachruhm gebunden sei. Der mit Attributen des Numinosen ausgestattete Künstler wird in Armut bzw. Isolation getrieben, die eine Art von Entfremdung darstellt: er strebt nämlich allgemeine Ziele seiner gesellschaftlichen Umwelt nicht an, sondern ist von einer irrationalen Macht "berufen".[71] Zuletzt - d. h. nach dem Scheitern in der Realwelt - bleibt nur mehr diese irrationale, göttliche Sphäre als Schutz und tröstende Instanz übrig. Hier schließt sich der Kreis von einander bedingenden Faktoren, die sowohl das Selbstbild des Künstlers

---

70 Werner Ernst Mischler, *Der Spielmann Gottes*. Berlin-Schöneberg 1942, S. 196.
71 Vgl. Bruce A. Watson, *Kunst, Künstler und soziale Kontrolle*. Köln 1961, S. 23. Durch die Genie-Auffassung im 19. Jahrhundert wurde die Ausnahmeposition des Künstlers präzisiert.

als auch dessen Erscheinung in der Gesellschaft formelhaft betreffen. Überlieferte Erwartungshaltungen provozieren Reaktionen, die ihrerseits wiederum unreflektierte Vorstellungen zu bestätigen scheinen und dadurch ähnliche Erwartungen hervorrufen usw. (Es braucht nicht eigens hervorgehoben zu werden, daß diese Assoziationskette nur einem bestimmten Künstlertypus zugeordnet auftritt. Eine eher unauffällige Biographie und einige kritische Äußerungen zu Lebzeiten genügen meist, um Vorstellungen vom "stillen Dulders" oder "Leidgeprüften" zu wecken. Sodann gelingt - quasi von der Kehrseite aus - eine "Heroisierung" mühelos.)

*

Ein Sonderfall einer Heroisierung läßt sich in der Bruckner-Rezeption nachweisen: die Gleichsetzung des Komponisten mit einem "Musikanten Gottes". Dieses göttliche Moment stellt einen fixen, nicht wegzudenkenden Faktor innerhalb des Brucknerbildes dar und tritt bekanntlich bei keinem anderen Künstler in derartig dominierender Weise auf. Die Vorstellung des göttlich inspirierten Künstlers erhält nämlich bei Bruckner eine neuartige Begründungsebene durch dessen engen Konnex zur katholischen Konfession. Bruckners dokumentierte Gläubigkeit zieht somit Konsequenzen nach sich: Die göttliche Sphäre bietet dem verkannten Genie nicht bloß eine ideelle Zufluchtsstätte, sondern Bruckners Schaffen steht wirklich im Zeichen göttlichen Wirkens.

Das entscheidende Stadium ist mit der Widmung der *Neunten Symphonie* erreicht. Spätestens ab hier konnte sich das Bild von dem durch und für Gott Schaffenden konkret manifestieren. Entrücktheit und Isolation erhielten eine neue Interpretationsgrundlage, weil sich die alte, in der Belletristik viel verwendete Vorstellung vom Künstler als *"göttlichem Werkzeug"*[72] erstaunlich mit dem empirischen Subjekt deckte. Pointiert formuliert: Göttliches und künstlerisches Moment erwiesen sich für den oberflächlichen Beobachter als nahezu ident. In der Bruckner-Rezeption erfuhr daher die Auffassung des

---

72 Vgl. dazu Kris - Kurz a. O. S. 74 f. Ferner Axel Gehring, *Genie und Verehrergemeinde*. Bonn 1968, S. 5 ff. - Anzumerken wäre, daß der Seher ("vates") bzw. Künstler der Antike - wie u. a. Passagen bei Horaz zeigen - zwar göttlich inspiriert ist, jedoch als Vermittler zwischen Gottheit und Menschen auftritt. Demnach stellt Bruckner einen Extremfall dar, da seine Kunst auf Gott (rück)gerichtet erscheint. In diesem Sinne ließe sich auch die von Hubert Reitterer jüngst aufgeworfene Genetiv-Problematik in der Charakterisierungsformel "Musikant G o t t e s" interpretieren: sowohl Besitzer- als auch Objektsgenetiv. Denn der von Gott inspirierte und quasi "zu Gottes Besitz" gehörige Bruckner komponiert auch für diesen. Siehe dazu Hubert Reitterer, *Anton Bruckner und Alois Höfler Zwei Universitätslehrer*, in: *Bruckner-Symposion Linz 1989. "Anton Bruckner als Schüler und Lehrer". Bericht* (in Druck).

Künstlers als Darsteller der Idee Gottes eine neuartige, sehr wirksame Ausprägung.

Nicht zufällig stellt sich an diesem Punkt die Frage nach den Grundlagen eines solchen Prozesses.

Erstens: In welcher Weise kann der Komponist selbst zu seiner Klassifizierung als "Musikant Gottes" beigetragen haben?

Zweitens: Welche Rolle hat die Rezeption samt allen Mißverständnissen und Fehleinschätzungen gespielt?

Drittens: Welche Konsequenzen ergaben sich aus diesem spezifischen Rezeptionsmuster heraus?

Zur ersten Frage eine überblicksartige (unvollständige) Zusammenfassung von überlieferten Verhaltensweisen und Aussprüchen Bruckners, die das Begriffsfeld "Religion/Glaube" umspannen:

a) Widmung der *Neunten Symphonie* (dem *"lieben Gott"*)

b) Verwendung der Devise des Jesuitenordens *"O.a.m.D.g."* (= Omnia ad maiorem Dei gloriam) als Zusatz bei Kompositionen

c) die im engeren Schülerkreis bekannten Gebetsaufzeichnungen[73]

d) Unterbrechung des Unterrichts während des Angelusläutens

e) enger biographischer Bezug zur Kirche (Ausbildung, Domorganist)

f) *"Das, was ich geschaffen, das danke ich dem lieben Gott; er schenkte mir diese Gaben. Ich suchte meinen Dank ihm gegenüber auch zum Ausdrucke zu bringen, indem ich ihm, dem Allmächtigen, mein letztes Werk, das Te Deum, widmete. Ob er sie angenommen hat, meine schwache Menschenleistung, ich weiß es nicht; ich will aber weiterwirken, damit mich einst bei der großen Abrechnung der liebe Gott nicht beim Schopfe nehmen und zu mir sagen kann: 'Lump, warum hast du dein Pfund nicht ausgenützt, das ich dir einst gab?'"*[74]

g) *"Die wollen, daß ich anders schreibe. Ich könnt's ja auch, aber ich darf nicht. Unter Tausenden hat mich Gott begnadigt und dies Talent mir, gerade mir gegeben. Ihm muß ich einmal Rechenschaft ablegen. Wie stünde ich dann vor unserem Herrgott da, wenn ich den anderen folgte und nicht ihm!"*[75]

h) *"Religion allein ist mein Trost, warum sollte ich ihr untreu werden."*[76]

---

73 Siehe dazu Franz Kosch, *Der Beter Anton Bruckner*, in: *Bruckner-Studien*. Hrsg. Franz Grasberger. Wien 1964, S. 67-73. Weiters in Vorbereitung: *Anton Bruckners Taschennotizkalender*. Kommentierte Faksimile-Ausgabe von Renate Grasberger und Elisabeth Maier.

74 Zitiert nach Göll.-A. 4/3, S. 175.

75 Zitiert nach ebenda S. 115.

76 Zitiert nach Göll.-A. 3/1, S. 21.

i) "Er betete eine Anzahl Vater Unser und Gegrüßest seist du und schloß oft mit einem ganz freien Gebet wie: *'Lieber Gott, laß mich bald gesund werden, schau, ich brauche ja meine Gesundheit, damit ich die Neunte fertigmachen kann'* usw."[77]

j) "Warum haben Sie denn gerade j e t z t ein Te Deum komponiert?" fragte ihn ein höhnischer Feind seines Schaffens. *"Aus Dankbarkeit gegen Gott"*, war die Antwort, *"weil es meinen Verfolgern noch immer nicht gelungen ist, mich umzubringen."* Bei Erzählung dieser Frage setzte er abends am Biertische noch hinzu: *"Der Hellmesberger hat g'moant, i' soll's Te Deum 'n Kaiser widmen. I' hab' aber g'sagt: Dös is' nimmer frei, i' hab's scho D e m da ob'n g'widm't - aus Dank für die in W i e n ausg'standenen Leid'n."*[78]

k) "Wenn er sprach, so brachte er seine Rede in devotestem Tone vor und begleitete dieselbe mit dem lebhaftesten Mienenspiel, welches man dem sonst fast schüchternen Manne nicht zugetraut hätte. Wenn er auf den lieben Gott zu sprechen kam oder auf den *'Meister'* (unter diesem verstand er immer seinen angebeteten Richard Wagner), so wurde er ganz feierlich oder sprach im Flüsterton."[79]

Liest man das aufgelistete Material durch, erscheint es gar nicht verwunderlich, wenn sich im Volksmund und in der Literatur das Bild des der Gottheit tief verpflichteten und verbundenen Künstlers festsetzte. Der Terminus "Musikant Gottes" war dann lediglich eine bequeme Formel, die eine ökonomische Verständigung über die Persönlichkeit ermöglichte (und bis heute noch ermöglicht.) Zugleich wurde dadurch dem irrationalen Schöpfungsvorgang ein (nicht minder irrationaler) Erklärungsversuch zugeordnet. Varianten, die ähnliche Assoziationen erwecken, sind vor allem in der belletristischen Literatur der dreißiger und vierziger Jahre leicht zu entdecken: *Der große Beter*[80], *Anton Bruckner, der mystische Organist*[81], *Gottsucher von St. Florian*[82], *Der Göttliche in der Musik*[83] u. ä.

---

77 Zitiert nach Göll.-A. 4/3, S. 524 (Bericht des Arztes Dr. Heller).
78 Zitiert nach Göll.-A. 4/2, S. 142.
79 Zitiert nach Göll.-A. 4/3, S. 105 (Bericht von Mathilde Helm).
80 Theodor Walter Elbertzhagen, *Der große Beter*, in: derselbe, *Göttliche Stunden. Ein musikalischer Novellenkranz.* Düsseldorf 1947, S. 179-204.
81 Leo Perry, *Anton Bruckner, der mystische Organist*, in: *Neues Wiener Journal* 4. Oktober 1936.
82 Hans Hauptmann, *Gottsucher von St. Florian*, in: *Hamburger Fremdenblatt* 4. September 1944.
83 F. H. Pohl, *Der Göttliche in der Musik*, in: *Deutsche Zeitung in Norwegen* 4. September 1944. - Zu dieser tendenziösen Tradierung ("Te Deum laudamus", "Der Sänger Gottes" u. ä.) siehe allgemein Renate Grasberger, *Bruckner-Bibliographie (bis 1974).* Graz 1985.

Ist es den Rezipienten grundsätzlich zu verübeln, wenn sie in Bruckner das sahen, was er offenbar selbst - sogar in der *"bedenklichen Verwendung frommer Redensarten"*[84] - zu bestätigen schien? Der von Theophil Antonicek vertretenen Ansicht, daß am Brucknerbild eine nicht zu unterschätzende Selbststeuerung durch den Komponisten beteiligt sei[85], mangelt es nicht an Beweisen. Die schwierig zu treffende Entscheidung über bewußt oder unbewußt ändert nichts am Umstand, daß die Aufmerksamkeit der Zeitgenossen durch Bruckners Verhalten und Aussagen in eine ganz bestimmte Richtung gelenkt wurde. Im Verhältnis zu geschichtlich verwurzelten Künstlertypologien bedeutet dies: Bruckners Auftreten lieferte entsprechende empirische Grundlagen, die den Erwartungen bezüglich eines göttlich inspirierten Genies, das seinerseits künstlerische Priesterfunktion ausübt, entgegenkamen und nicht erst mühsam konstruiert werden mußten.

Neben eindeutig auf Bruckners Gläubigkeit basierenden Tatsachen (vgl. Punkte a-e) traten Äußerungen, die Freunde und/oder Schüler durch die subjektive Unmittelbarkeit zweifellos in ihrer Einstellung zum Komponisten beeinflußten. Diese Äußerungen besaßen erklärende und verstärkende Wirkungen. Manche können doppeldeutig aufgefaßt werden (siehe j), so daß Leopold M. Kantner mit Recht feststellte, die Aufrichtigkeit hinter manchen frommen Redensarten sei sehr schwierig zu beurteilen.[86] Angesichts der Verknüpfung mit Begriffen wie "Verfolgung" und "Leid" - starken emotionalen Komponenten - erhebt sich die Frage, ob Bruckner nicht Hinterabsichten (z. B. Aufforderung zu Mitleid) hatte. Eine relativ verläßliche Antwort wird hier nur gelingen, wenn man überlieferte Persönlichkeitszüge miteinbezieht. Die Konvergenz und Divergenz des Brucknerbildes der jüngeren Brucknerforschung zu Dokumenten von Zeitgenossen wurde bereits aufgezeigt. Aus heutiger Sicht ist man daher geneigt, Aussagen obigen Stils als absichtsvoll zu bewerten, liegt ja in der vorgebrachten Relation Hilfe-Widmung quasi schon ein Stück "Geschäftsgeist", eine durchaus reale Bewältigungsform alltäglicher Probleme.

Von der Sozialpsychologie her wissen wir, daß soziale Rollen durch kulturelle Muster erheblich verstärkt werden können. Halten sie sich über längere Zeiträume hinweg ziemlich konstant (Rollenstereotypen), entstehen - nach der Theorie der "sozialen Kontrolle" - normative Erwartungshaltungen, die bis zu

---

84 Leopold M. Kantner, *Die Frömmigkeit Anton Bruckners*, in: *Anton Bruckner in Wien* a. O. S. 268 f.
85 Vgl. Antonicek, *Anton Bruckner und die Wiener Hofmusikkapelle* a. O. S. 10 f. und derselbe, *Ein neues Bruckner-Bild?*, in: *Bruckner-Vorträge Budapest* a. O. S. 21-24.
86 Siehe Kantner a. O. S. 264.

einem hohen Grad Vorhersagen möglich machen und individuelles Verhalten beeinflussen: *"In dem Maße, in dem ein Mensch sich so sieht, wie andere ihn sehen, also proportional zur Übereinstimmung von Selbstbewußtsein und Realität, wird er sich erwartungsgemäß verhalten."*[87] Umgekehrt können gesellschaftliche Erwartungen durch markante persönliche Merkmale, sofern sie eindrucksvoll, attraktiv usw. sind, modifiziert werden. Sogenanntes "nicht-normgerechtes" Verhalten hängt im wesentlichen von Situationsdefinition, Selbstbewußtsein und Kommunikationsprozeß ab.[88] Es geht also um einen fortwährenden Anpassungsvorgang, der aufgrund individueller Faktoren (Charaktereigenschaften, Talent u. a.), Selbsteinschätzung und sozialem Kontext funktioniert. Es ist evident, daß gerade bei der Genese des Stereotyps "Musikant Gottes" solche dynamischen Kommunikationsprozesse eine nicht unbedeutende Rolle gespielt haben.

Klammert man etwa das unbezweifelbare Faktum "Gläubigkeit" aus, bleiben eine gewisse *"Theatralik"*[89], gezielte Äußerungen und spezifische Verhaltensformen innerhalb der Vermittlung desselben übrig, die sich konkret auf das Gesagte beziehen lassen. Und hier wird zugleich die eigentümliche Note des Künstlertypus bei Bruckner deutlich. Die irrationale Komponente der romantischen Künstlerauffassung erhält durch empirische Belege mehr Gewicht, ebenso die Vorstellung eines Naturgenies. Biographisch von den Erscheinungsformen eines Beethoven, Wagner oder Liszt weit entfernt, begünstigte Bruckners Rollenverhalten die Ausprägung einer Variante: der "naive", unverbildete, im Natürlich-Ursprünglichen wurzelnde[90] und im katholischen Glauben versenkte Komponist. Was für eine Reihe von Künstlern in der öffentlichen Meinung übervereinfacht einem Schema angepaßt wurde, erwies sich hier als kommunikativ erlebte Tatsache. Vor allem der religiöse Konnex wurde sozusagen greifbar - Glaube als erklärter höchster persönlicher Wert. Zugleich ließ auch die Kombination mit dem "Ländlich-Naiven" aufhorchen. Bruckner stellte inmitten einer als überzivilisiert und verroht empfundenen Umwelt für seinen Kreis - die Gegner argumentierten natürlich konträr - eine ethisch makellose Idealfigur dar.

Die bereits angesprochenen Begriffsfelder "Verkannt-Sein", "Leid" und "Armut" bilden Verbindungsglieder zum traditionellen Künstlerbild der Ro-

87 Watson a. O. S. 18.
88 Siehe ebenda.
89 Siehe Kantner a. O. S. 258.
90 Die Vorstellung vom "naiven Naturgenie" läßt sich von der ländlichen Herkunft herleiten und wurde bekanntlich in der Literatur häufig benützt. Sie war schon allein deshalb signifikant, weil sie kaum mit dem herrschenden Typus des Künstlers im 19. Jahrhundert in Einklang gebracht werden konnte.

mantik. Die Kontroversen mit Johannes Brahms und Eduard Hanslick, teils gehässige Bemerkungen über Bruckners Äußeres oder künstlerische Mißerfolge ergaben die Basis für die publikumswirksame Apostrophierung als "Märtyrer". So verlegten diverse Literaten die Anerkennung trostreich ins Jenseits:

"Was scherte ihn der Welt Getümmel
Mocht' Gottes Wille nur geschehn:
Den Bruckner würden bald im Himmel
Die droben besser wohl verstehn!"[91]

Leid überfällt eher den gewissenhaften Biographen, wenn er einen Berg ähnlich gestalteter Texte vorfindet. Berühmtes Beispiel bei Künstlern war stets die Armut, so auch bei Bruckner gerne herbeizitiert. So ist immer wieder über dessen finanzielle Not zu lesen. Bekanntlich wurde aber nachgewiesen, daß die Einnahmen keineswegs gering waren und nur die aus der Jugendzeit stammende Angst, einmal mittellos zu sein und ein damit indirekt verbundener Altersgeiz Anlaß zu Verfälschungen gaben. Neuerlich läßt sich eine immer wiederkehrende starre Meinung innerhalb der Popular-Rezeption auf ein "Rollenverhalten" zurückführen, das von einer großen Zahl Autoren tradiert, zum Teil auch weidlich ausgeschlachtet wurde, fundierte es doch überkommene Vorstellungen vom Künstler schlechthin.

Arm nicht bloß im materiellen Bereich, sondern besonders im Lebensalltag: Auch das gängige Bild vom "Verfolgten" stützt sich auf tradiertes Material. Neben der oben angeführten "Te Deum-Episode" (siehe j) ist ein Ausspruch bemerkenswert, den Carl Hruby überlieferte. Demnach soll Bruckner in einer Vorlesung gesagt haben: *"Wenn i' amol nimmer bin, dann derzählt's der Welt, wos i' g'litt'n hob' und wia i' v'rfolgt word'n bin!"*[92] Betrachtet man diese einzelne Aussage eines Schülers jedoch im Zusammenhang mit Lamenti über Hanslick u. ä., dürfte Bruckner den vorherrschenden Eindruck unter den Zeitgenossen wenn nicht initiiert, so doch mehr bekräftigt als abgeschwächt haben. (Bei Studenten ist natürlich einzukalkulieren, daß sie in gewisser Abhängigkeit zu ihrem Lehrer standen. Trotzdem ist dies kein Beweis, die zitierte Bemerkung als erfunden abzustempeln. Selbst wenn Studenten aus taktischen Gründen "mittlitten", mußte sich dieses Mitleid zumindest auf eine reale Grundlage beziehen, die dann in der Literatur übertrieben präsentiert wurde.) Wieweit solche Gegebenheiten später hochstilisiert auftraten, hat Eli-

---

91 Rudolf Moißl, *Die Gottes-Symphonie*, in: *Musica Divina* 12 (1924) S. 94.
92 Zitiert nach Carl Hruby, *Meine Erinnerungen an Anton Bruckner*. Wien 1901, S. 26.

sabeth Maier eindrucksvoll belegt.[93] So resümierte August Göllerich 1924 als Autorität (!) innerhalb der Brucknerforschung: *"Kaum einem zweiten Künstler knüpfte die Norne so viele Knoten in den Lebensfaden."*[94]

Mag Bruckner auch seine Lebenssituation subjektiv so empfunden haben, fundierte er damit selbst das Bild vom armen, an der Umwelt leidenden Künstler, dessen einziger Trost eben im "Gottesmusikantentum" bestand. Informationen in Sammelbänden oder Zeitungen - man denke an Titel wie *Bruckners Leidensweg*[95] und *"Bitte innigst, retten Sie mich."* *Eine Episode von Anton Bruckners Leidensweg*[96] - sind dann der Niederschlag auf der Rezipientenseite, der zusätzlich bestätigend wirkte. (Es liegt auf der Hand, daß manche spätere Autoren die wahren Umstände zum Teil überhaupt nicht kannten und sich gängigen Meinungen einfach anschlossen.)

Daß Bruckner durch sein Verhalten bzw. einschlägige Bemerkungen die Aufmerksamkeit seiner Umgebung (unbewußt?) auf bestimmte Aspekte zu lenken verstand, wird weiters bei Durchsicht der Tagebücher Cosima Wagners deutlich. Nur zwei Passagen darin betreffen ihn, diese sind aber mehr als auffällig. Einmal ist die Rede vom *"armen Organisten aus Wien"*[97], das zweite Mal - Jahre später - von einem Traum Richard Wagners, in dem er den Papst in einer Bruckner ähnlichen Erscheinung (!) erlebte.[98] Nachdem die Konversation zwischen den beiden Komponisten nicht aufgezeichnet ist, kann man nur Mutmaßungen anstellen. Fest steht, daß der Besucher aus Wien entweder entsprechende Äußerungen und/oder ein Verhalten an den Tag gelegt haben muß, das Assoziationen dieser Art zuließ. Welche Erklärungsmöglichkeit bestünde sonst? War das bekannte populäre Brucknerbild um 1880 schon ausgebildet?

Besonders eigenartig wirkt Wagners Traum: Was führte zu dieser Gleichsetzung, zur Annahme einer Schlüsselfigur des katholischen Glaubens? Spätestens an diesem Punkt muß man die Meinung, daß der "Musikant Gottes" bloß eine Kolportage aus späterer Zeit sei, revidieren. Der Prozeß der Stereotypisierung und Trivialisierung beruht unbezweifelbar auf realen Tatsachen. Anders formuliert: Der gläubige Komponist steuerte sein Bild aktiv mit, so

---

93 Siehe Elisabeth Maier, *Anton Bruckners Arbeitswelt*, in: *Anton Bruckner in Wien* a. O. S. 184 f.

94 August Göllerich, *Zum fünfundzwanzigsten Todestage Anton Bruckners*, in: *In Memoriam Anton Bruckner* a. O. S. 67.

95 Josef Kluger in: *Musica Divina* 12 (1924) S. 67-72.

96 Franz Gräflinger in: *Linzer Tagblatt* 1946, Nr. 214.

97 Cosima Wagner, *Die Tagebücher* 1. 1869 - 1877. Ediert und kommentiert von Martin Gregor-Dellin und Dietrich Mack. München 1976, S. 894.

98 Siehe ebenda 2. 1878 - 1883. München 1977, S. 729.

daß eine Verabsolutierung möglich wurde und die starre Vorstellung vom "göttlichen Genie" nach sich zog. Nicht zu unterschätzen dürften Besuche von Persönlichkeiten aus dem Bruckner-Kreis in Bayreuth sein. Wie Andrea Harrandt aufgrund von Fremdenlisten nachweisen konnte, haben etliche (Göllerich, Klose, Ochs) den Festspielort in den achtziger Jahren besucht und wohl auch entsprechende Informationen über Bruckner beigesteuert.[99]

"Tief gläubig" - "einfach, natürlich (und naiv wie ein Kind)" sind die beiden Pole, die im Laufe der Rezeptionsgeschichte in Wechselbeziehung zueinander gebracht wurden und diese dominierten. Der von den Wirrnissen des Alltags bedrängte Künstler konnte nur im tiefen Vertrauen auf Gott seine "himmlische" Musik schaffen. Bruckners Persönlichkeitsmythos fügte sich allerdings nicht problemlos in die Vorstellungen des romantischen Zeitalters ein, sondern beanspruchte - neben Beethoven oder Wagner - einen eigenen Platz. Das Brucknerbild - jenes eigentümliche Geflecht aus ländlichem Ambiente, Naivität, Märtyrertum[100] und katholischem Glauben als Inspirationsquelle - ergab eine völlig neue Facette innerhalb der romantischen Künstlertypologie.

*

Setzt man sich mit dem Stereotyp "Musikant Gottes" näher auseinander, darf jenes Schlüsselwerk, in dem die einschlägigen Begriffsfelder kulminieren, nicht übergangen werden: das Theaterstück *Der Musikant Gottes* von Victor Léon und Ernst Decsey. Es wurde 1924 in Klagenfurt uraufgeführt und - wie dem Textbuch zu entnehmen ist - über hundertmal nachgespielt. Als gesichert kann gelten, daß der zur Diskussion stehende Ausdruck nach Entstehung (und Erfolg) dieses Bühnenwerkes seine vollständige Festigung erfuhr. Léons und Decseys "Verdienst" ist nun nicht, den "Musikanten Gottes" kreiert, aber existente empirische Belege und überkommene Vorstellungsmuster sentimental übersteigert in eine leicht rezipierbare Form gepreßt zu haben. Bibliographische Hinweise beweisen, daß diese Bezeichnung erst ab Mitte der zwanziger Jahre gehäuft verwendet wurde.[101]

Die Autoren stellen ein verkitschtes Zerrbild auf die Bühne. Platitüden und emotional geladene Floskeln wechseln einander im Gartenlaube-Stil ab, dazwischen eingestreute Phantasieprodukte. Das Verhängnis beginnt schon mit dem Untertitel, der auf die Lebensnähe hinweist: *Vier volkstümliche Bilder aus dem Leben Anton Bruckners*. Hier ist - neben der Erfolgsorientierung -

---

99 Ein Band zum Thema *Anton Bruckner in Bayreuth* wird von Andrea Harrandt vorbereitet.
100 Es muß nicht eigens hervorgehoben werden, daß dieses Begriffsfeld von religiösen Einstellungen hergeleitet ist.
101 Siehe dazu wieder Renate Grasberger, *Bruckner-Bibliographie (bis 1974)* a. O.

ein didaktischer Gedanke mit im Spiel, nämlich Bruckner dem Volk näher zu bringen. Zielstrebig haben Léon und Decsey das trivialste Bruckner-Porträt angefertigt, das nur irgend möglich war. Die Wirkung des entsagend-verklärten, aber doch auch bodenständigen Künstlers auf die breite Masse blieb nicht aus.

Das Schlußbild des Theaterstückes endet mit Bruckners Niederschrift des *Te Deum*. Noch ein letztes Mal schießen sentimental angereicherte bekannte Vorstellungsbilder zusammen:

> Bruckner (während er weiterschreibt): *'s wird immer schöner ... immer schöner ...* (er unterbricht sich im Schreiben), *als ob das Firmament sich auftun möcht! ..., und da stehen d i e d r e i , d i e himmlischen Wächter ..., der Gabriel, der unseren Heiland verkündet hat ..., der Raphael, der mich auf meiner irdischen Pilgerfahrt beschützt, und der starke deutsche Michel ...* (Sein Gesicht verklärt sich, er greift stark ins Harmonium, spielt und singt. Siehe Musikbeilage Nr. 9.) *Non confundar in aeternum!* (Spricht, steht auf, hält aber den Akkord bis zum Schluß aus.) *Ich werde nicht verworfen sein in Ewigkeit!*
>
> E n d e [102]

Leider gilt das "non confundere" ebenso für das in diesem Bühnenwerk vermittelte Brucknerbild. Es ist - ohne Übertreibung - als eine der extremsten Ausformungen zu bezeichnen und gab aufgrund der Publikumswirksamkeit (und "Verständlichkeit") zahlreiche Impulse, den Komponisten weiterhin so zu sehen und zu charakterisieren. In diesem Sinne ist das Stück ein entscheidender (negativer) Orientierungspunkt innerhalb der Bruckner-Rezeption, der es eine Zusammenfassung von einprägsamen Vorstellungen lieferte. Daneben bietet sich für den an der Wirkungsgeschichte Bruckners Interessierten die Möglichkeit, anhand dieses Textbuches nahezu alle Faktoren des populären (zum Teil auch wissenschaftlichen) Brucknerbildes um 1925 kennenzulernen; Faktoren allerdings, deren reale Grundlagen durch die kitschige Präsentationsart überdeckt wurden.[103]

*

---

102 Victor Léon - Ernst Decsey, *Der Musikant Gottes. 4 volkstümliche Bilder aus dem Leben Anton Bruckners.* Musik aus Kompositionen Anton Bruckners. Wien 1924, S. 95.
103 Zur Bedeutung des Theaterstückes für die Rezeptionsgeschichte siehe Erich Wolfgang Partsch, *Anton Bruckner als Bühnenheld. Zur Popular-Rezeption Bruckners in Leon-Decseys Theaterstück "Der Musikant Gottes"*, in: IBG Mitteilungsblatt Nr. 31 (Dezember 1988) S. 9-17.

Nun kommt wohl der heikelste Punkt in der Rezeptionsgeschichte des "Musikanten Gottes", nämlich die Übertragung (mehr oder minder verzerrter) biographischer Fakten auf den ästhetischen und ethischen Bereich des Schaffens. Denn was rasch auffällt und Konsequenzen nach sich zog, ist der allzu leichtfertig unternommene Sprung auf das musikalische Werk des Komponisten.

Das Studium diverser Publikationen zum vorliegenden Thema zeigt, daß eine große Zahl von Autoren versuchte, die Gläubigkeit Bruckners durch seine Musik zu verifizieren. Die Palette reicht von eher allgemeinen, in der Regel nebulosen Feststellungen bis hin zu konkreten Hinweisen auf musikalische Strukturen. Jene, die sich mit dem religiösen Kontext nicht identifizieren konnten, bogen den Gehalt ins "Kosmische" oder einfach "Transzendentale" um und lenkten auf diese Weise das Augenmerk des Lesers auf eine nicht rational faßbare Ebene des Schaffens, die den kreativen Vorgang miteinschloß. Wesentlich dabei ist festzustellen, daß diese Versuche nicht allein auf Presse und Belletristik beschränkt blieben, sondern gerade ein Kennzeichen der Bruckner-Rezeption in der allseitigen Verwendung solcher Topoi liegt.[104] Das populäre Bild vom "Musikanten Gottes" bot die Möglichkeit, das Wissen um eine persönliche Grundüberzeugung auf das Werk zu übertragen. Am Schaffen wurde sozusagen das "Unbeschreibbare" dingfest gemacht. Die Religiosität wurde nicht nur als Hilfe zum "leichteren" Musikverständnis benützt, sondern dezidiert - manchen Äußerungen Bruckners gemäß - zum alleinigen Inhalt seiner Kunst erhoben. Damit überwogen subjektive Vorstellungen der einzelnen Autoren über Glauben; reale musikalische Interpretationen führten ein Schattendasein.

Aus Bruckners Kommentaren ist einwandfrei zu schließen, daß er als gläubiger Katholik komponierte und sich als ein von Gott Berufener fühlte. Problematisch wurde diese Einstellung erst in dem Augenblick, als man Bruckners Werke in summa "heiligsprach". Dabei handelte es sich um die riskante Konsequenz, aus einer höchst privaten Anschauung heraus ein hermeneutisches Modell für Bruckners Kunst zu konstruieren. Die Feststellungen, daß seine Symphonien *Messen ohne Text*[105] oder *Sprossen einer Himmelsleiter*[106] seien, sind typische Produkte dieser Auffassung. Kantner wies auf

---

104 Das Problem der Bruckner-Literatur liegt größtenteils darin, daß am Anfang fast nur Freunde und Verehrer über den Komponisten schrieben und sich dadurch ein verklärend-idealistischer Stil fern von sachlicher Argumentation breitmachte.
105 Kritisch dazu siehe Franz Grasberger, *Anton Bruckner zwischen Wagnis und Sicherheit. Aspekte einer Bildrevision*, in: *Bruckner-Symposion Linz 1977. Bericht* a. O. S. 16.
106 Diese Formulierung zitiert nach Göll.-A. 4/1, S. 565.

den Umstand hin, daß wir vom "Musikanten Gottes" vergleichsweise nicht allzuviel Kirchenmusik besitzen und begründete dies mit Bruckners (weltlichem) Bemühen um künstlerische Anerkennung, die primär im Konzertsaal zu holen war.[107] Überdies geht aus einem häufig zitierten Brief hervor, daß der "Musikant Gottes" seinen *Lebensberuf als Symphoniker*[108] sah.

Folgt man dem bisher Gesagten, wird verständlich, warum Freunde bzw. spätere Autoren dem umfangreichen symphonischen Werk heiligmäßige Bedeutung zusprachen: Es wäre miteinander unvereinbar gewesen, hätte Bruckner als Idealfigur des Katholizismus den größten (und bekanntesten) Teil seines Schaffens der profanen Musik gewidmet.

Die oftmalige, immer neu aufgelegte "Heiligsprechung" der Musik basiert nicht zuletzt auf überliefertem biographischen Material. Zu dem bereits Vorgebrachten seien ergänzend Göllerich-Auer zitiert: *"Der Hochwürdigste (Bischof R u d i g i e r) entschuldigte sich beim Concerte und erzählte, daß ihn die Aufführung in der K i r c h e so interessierte, daß er während derselben nicht gebetet habe."*[109] Ausgehend von dieser Bemerkung zur d-Moll-Messe sprossen verschiedenste Varianten im Laufe der Zeit hervor: Rudigier hätte etwa zu beten vergessen, denn diese Musik sei ja Gebet[110] oder der wunderliche Bericht, nach dem ein frommer Priester immer vor der Aufführung der *Neunten Symphonie* zur Beichte ging.[111] Extrem übersteigert erscheint Wolfgang Reiters Formulierung in *Der christliche Ständestaat*: *"Und in jedem seiner Adagiosätze gibt es Stellen, an denen man sich in die Kirche versetzt fühlt und d i e h e i l i g e W a n d l u n g zu sehen glaubt."*[112] Angesichts solcher Ausdrucksformen wird man den Verdacht nicht los, daß es hier weit mehr um eine Legitimation allgemeiner religiöser Interessen in einer politisch schwierigen Zeit ging und Bruckner ein willkommenes Leitbild und Musterbeispiel christlich-sozialer Einstellung für die Rezipienten darstellte.

---

107 Siehe Kantner a. O. S. 267 f.
108 Brief Bruckners an Univ.-Prof. Dr. Reinisch vom 19. Oktober 1891 (Photostat im Photogrammarchiv der Musiksammlung der Österreichischen Nationalbibliothek, Wien).
109 Zitiert nach Göll.-A. 3/1, S. 296.
110 Die unreflektierte, bestenfalls eine Metapher darstellende Formel, wonach Werke eines gläubigen Komponisten einer religiösen Handlung gleichkämen, taucht in jüngster Zeit wiederholt in Beiträgen über Olivier Messiaen auf. So hieß beispielsweise die Überschrift einer Kritik des Orgelzyklus *Livre du Saint Sacrement* unter Bezugnahme auf das Programmheft *"Diese Musik i s t ein Gebet"*. Siehe *Kurier*, Wien 1. März 1987.
111 Vgl. Max Auer, *Anton Bruckner, der katholische Mensch und Künstler*, in: *Heimat-Kalender für Oberösterreich*. Ried 1947, S. 43.
112 Wolfgang Reiter, *Anton Bruckner, der urösterreichische Katholik*, in: *Der christliche Ständestaat* 4. Juli 1937.

Die Gleichsetzung seiner Musik mit einer religiösen Handlung brachte die Paradoxie mit sich, daß seitens der Rezipienten das Begriffsfeld "Kunstreligion" eine neue Deutung erhielt. Denn die Deckungsgleichheit von heiligem Werk und empirischem Subjekt lieferte einen beachtenswerten Aspekt: Das religiöse Bekenntnis verwandelte sich gleichsam in Kunst; die Ersatzfunktion der letzteren fiel weg. Damit wurde auch die ursprüngliche Auffassung Friedrich Schleiermachers, daß das Unendliche durch ästhetische Kontemplation erfaßt werden könne, rekonstruiert.[113] Der Komponist selbst garantierte als überzeugende Persönlichkeit für diese Synthese. Erst jüngst (1987) hieß es in einer geistlichen Ansprache: *"Wenn es einen Kirchenkomponisten gibt, bei dem tiefste Glaubensüberzeugung und eine geradezu kindliche Frömmigkeit von niemandem bezweifelt wird, so ist es Anton Bruckner: das Vorbild eines katholischen Kirchenmusikers. Der Gedanke, ihn durch die Kirche kanonisieren zu lassen, ist nicht neu. Wer sich mit dem Menschen und Künstler Anton Bruckner befaßt, kommt zu der Erkenntnis, daß wir in Anton Bruckner das Bild eines heiligen Künstlers vor uns haben."*[114] Die Okkupierung des Komponisten zur Unterstreichung (eigener) weltanschaulich-religiöser Ziele ist evident. Zurückkehrend zum vorhin besprochenen Überlieferungsproblem bedeutet dies nichts weniger, als daß biographische Fakten hier absichtsvoll eine tendenziöse Interpretation erfahren haben.

*

Im folgenden seien einige Textpassagen angeführt, um zu demonstrieren, wie die religiöse Sphäre des "Musikanten Gottes" in seinem musikalischen Werk beschrieben wurde.

1924 formulierte Otto Seifert seine bildreiche Vision Bruckners im Himmel: *"Schier könnt' man's erraten, was da zu Meister Antons Ehr' gespielt wird. Wenn's nicht der gewaltige Schlußchoral der V. ist, so mein ich, wird's vielleicht sein Te Deum oder das Credo aus der F-moll-Messe sein. Oder das göttlich schöne Adagio seiner VIII.?"*[115] Während das Phantasieprodukt Seiferts mehr einen stimmungsvollen Rahmen abgibt, wird Louise George Bachmann schon konkreter: *"In ihr [der Fünften Symphonie] erreicht der Mystiker*

113 Vgl. Gunter Scholtz, *Schleiermachers Musikphilosophie.* Göttingen 1981, S. 45 ff. und Carl Dahlhaus, *Die Idee der absoluten Musik.* Kassel 1978, S. 91 f.
114 Johannes Overath, *Anton Bruckner - ein heiligmäßiger Künstler,* in: *Osservatore Romano* 29. Mai 1987. - Zu einem weltanschaulich motivierten Propagandaversuch im Amerika der Zwischenkriegszeit siehe ferner den Artikel *Anton Bruckner in Amerika* im *Linzer Volksblatt* vom 8. Januar 1932.
115 Otto Seifert, *Eine Bruckner-Weis!,* in: *Monatshefte für katholische Kirchenmusik* 6 (1924) H. 6, S. 12 f.

Anton Bruckner die erste Stufe der Vollendung. Von da ab neigt sich ihm Gott selber zu. Die Freude an der Welt versinkt allmählich, sein Leben wird vergeistigt und verklärt. Heilige Sammlung entrückt ihn mehr und mehr den irdischen Interessen. Nun berührt ihn der Haß seiner Feinde gegen seine Werke kaum mehr. "[116]

Das entsagende, der Verklärung entgegenschreitende Genie ist plastisch gezeichnet. Die von Heiligkeit durchdrungene Symphonik bietet dem Komponisten gleichzeitig Schutz vor irdischen Anfechtungen. Die (bereits vertrauten) Topoi werden hier von katholisch bestimmten Kreisen bewußt eingesetzt, um das Stereotyp "Musikant Gottes" zu tradieren bzw. weiter zu festigen.

Ein anderer Autor sah eine Verbindung von Mystik und *"Sinnlichkeit des Älplers"*[117] in den Symphonien (eine Kopplung mit dem naiv-urwüchsigen Bruckner), für einen weiteren Autor war die Musik *"eingehüllt in den mystischen Schleier von Weihrauchwolken"*, den es zu durchdringen galt, um das *"Fluidum einer völlig unproblematischen, naiven und wahrhaft wundertätigen Gottseligkeit"*[118] wahrzunehmen. Umfassender vertraten Göllerich-Auer die Ansicht: *"Bruckners Gesamtwerk, ob Kirchenmusik oder Symphonie, ist ein einziger Hymnus an die Gottheit, ein einziges Te Deum laudamus, das nur getrennt von anderen Werken, nur für sich allein gestellt seine volle Wirkung üben kann. "*[119]

Eines haben die Autoren miteinander gemeinsam: Daß ihre Aussagen rationaler Grundlagen entbehren, sich damit jeglicher Konkretion entziehen und auf den Bereich schwärmerischer Bewunderung verweisen. Die Stilisierung zum "Musikanten Gottes" fungierte als Instrument der Apologetik. Aber selbst jene Versuche, den außermusikalischen Inhalt des Religiösen in musikalischen Strukturen aufzusuchen, verblieben vielfach auf derselben Ebene, ja sie wirken zum Teil noch unglaubwürdiger. Als Beispiel möge ein Zitat von Erich Schwebsch über musikalischen Formablauf und Pausengestaltung dienen: *"Und bricht er [Bruckner] scheinbar ab, ist es nur, um einem eigentlich unfehlbaren Gleichgewichtsinstinkt zu folgen, der ganze Planetensysteme in ein gegenseitig sich tragendes Gleichgewicht setzt. Dies s c h w i n g e n d e G l e i c h g e w i c h t ist der Pulsschlag seiner Seele, einer Seele, die jenes*

---

116 Louise George Bachmann, *Der Mystiker Anton Bruckner*, in: *Die Furche* 2 (1946) Nr. 31 (*Die Warte*).
117 Siehe Emil Petschnig, *Anton Bruckners Wesen im Spiegel seiner Symphoniethemen*, in: *Neue Musik-Zeitung* 45 (1924) S. 280 f.
118 Siehe Heinrich Kralik, *Der Weg zu Anton Bruckner. Zum 60. Todestag des "Musikanten Gottes"*, in: *Die Presse* 7. Oktober 1956.
119 Göll.-A. 4/3, S. 642.

goethische 'Ruhen in Gott dem Herrn' fand, das seine Welt nun so voller innerlicher Gesundungskräfte schwingen läßt."[120] Oder die lakonische Erklärung: "*Selbst die Brucknerschen Generalpausen haben ihren Ursprung im Gottesdienst - Schweigen der Orgel und des Gesanges während der heiligen Wandlung.*"[121]

Manchen wird auch die folgende Interpretation überraschen: "*Wer sich nie Gott nahe fühlte, dem werden die feierlichen Klänge bloßer Weihrauch sein, wer nie spürte, daß Gott die Hand von ihm zurückzog, dem werden die Schlußquinten des ersten Satzes der Neunten nur eine schrille Leere bedeuten.*"[122]

Hier schlagen eindeutig Apologetik und Missionseifer als Absichten durch. Die emphatischen Gebärden demonstrieren zwar die rührige Tätigkeit der Verehrergemeinde[123], brachten aber entscheidende Nachteile mit sich. Nüchternen bzw. kritischen Geistern wurde der Kult um die künstlerische Idealfigur des katholischen Glaubens verdächtig. Es scheint nicht übertrieben zu behaupten, daß die Sentimentalisierung und Irrationalisierung Bruckners - vor allem im Bereich des musikalischen Schaffens - Widerwillen und keineswegs nur ästhetisch fundierte Ablehnung erregte, da die Musik semantisch zu einseitig festgelegt wurde. An dieser Stelle sei auf den im ersten Beitrag diskutierten Vorgang einer Verabsolutierung und deren Folgen verwiesen.[124] Diese einseitige Festlegung - nur scheinbar Konkretion - führte zu einer Entfernung vom realen Subjekt (und seinem künstlerischen Verstehen).

Der kryptische Charakter vieler Werkdarstellungen erschwerte die in Hinblick auf den "Musikanten Gottes" vorurteilslose Kenntnisnahme des Symphonikers. Wieweit wissenschaftliche Persönlichkeiten aus früherer Zeit davon abgehalten wurden, sich mit dem Komponisten näher und ernsthaft zu beschäftigen, wäre noch zu untersuchen.[125] Franz Grasbergers pointierter Bemerkung, daß Rudolf Hans Bartsch ("Schwammerl") und Ernst Decsey ("Der Musikant Gottes") den Komponisten Schubert und Bruckner keinen guten Dienst erwiesen hätten[126], ist vollends zuzustimmen. Dabei sind diese Stereo-

---

120 Erich Schwebsch, *Zu Anton Bruckners 100. Geburtstag*, in: *Neue Musik-Zeitung* 45 (1924) S. 265.
121 Otto Seifert, *Durchchristete Musik*, in: *Musica Divina* 12 (1924) S. 86.
122 Leopold Weismann, *Anton Bruckners menschliche Bedeutung*, in: *Oberösterreichische Nachrichten* 11. Oktober 1956.
123 Zum allgemeinen Problem der Künstlerverehrung siehe Gehring a. O.
124 Siehe besonders S. 204 f. und 216.
125 Siehe dazu die Anm. 104.
126 Siehe Franz Grasberger, *Anton Bruckner zum 150. Todestag. Ausstellungskatalog*. Wien 1974, S. 40.

typen als Verfestigungen von unter weltanschaulichen Vorzeichen manipulierten historischen Fakten aufzufassen.

*

Am Beginn des Aufsatzes sollte eine Liste biographischer Details und überlieferter Äußerungen Bruckners nachweisen, daß das Bild des "Musikanten Gottes" reale Tatsachen besitzt. Aufgrund dieser wurde Bruckner zu einer nahezu literarischen Figur stilisiert. In das Gottesmusikantentum konnten weitere Rezeptionskonstanten integriert werden: der "naiv-ländlich-urwüchsige" Bruckner, der "stille Dulder". Die Apologetik seitens der Bruckner-Verehrer verlor sich ins Nebulose: *"Bruckner, in seinem Leben und Werk wie ein leibhafter Parsifal anmutend, gab sich selbst."*[127]

Die weitere Übertragung des Stereotyps auf das musikalische Werk war folgenschwer: Indem gezielt Außermusikalisches in die Debatte eingebracht wurde - der Versuch einer Verifikation des "Musikanten Gottes" im Notentext sozusagen -, entfernte sich diese Debatte zusehends von der Musik, da ursprüngliche Beimengungen (Verehrung, Verteidigung, religiöse Identifikation) und subjektive Wertvorstellungen zum Mittelpunkt gerieten.

Es mutet merkwürdig an, daß selbst so kritische Persönlichkeiten wie Ernst Bloch oder Georg Knepler dem Stereotyp aufgesessen sind.[128] Während einerseits Bloch im das *Te Deum* beherrschenden quintgeteilten Oktavsprung einen *"Hall von Cherubstimmen reflektiert"*[129] zu hören glaubte, vermerkte andererseits Knepler zur musikalischen Struktur im Finale der *Fünften Symphonie* lakonisch: *"Dem Zweifler weist Gott den Weg."*[130] Pointiert kommentiert: Auch hier wird die musikalische Interpretation auf eine weltanschauliche, nicht näher faßbare Ebene transferiert, ohne auf eine ernsthafte Diskussion einzugehen. Stellvertretend für viele, die den Notentext allein von der Gläubigkeit Bruckners her zu interpretieren suchten, sei noch abschließend Fritz Skorzeny zitiert: *"Ganz anders der langsame Satz bei Bruckner. Er ist immer irgendwie ein Näherrücken zur Gottheit. Manchmal ein stilles Gebet wie in der zweiten und dritten Sinfonie oder - im Adagio der 'Achten', der tiefsten sinfonischen Musik nach Beethoven - ein von leidenschaftlichem Glauben durchglühtes Bekennen, Suchen und Erkennen."*[131]

127 Georg Gräner, *Bruckner und der Geist des "Jonny"*, in: *Allgemeine Musikzeitung* 54 (1927) S. 1216.
128 Siehe Josef Laßl, *Anton Bruckner als literarische Figur*, in: *Oberösterreichische Nachrichten* 23. März 1974 (Festbeilage Brucknerhaus).
129 Siehe Ernst Bloch, *Das Prinzip Hoffnung* 3. Frankfurt 1959, S. 1268.
130 Georg Knepler, *Musikgeschichte des 19. Jahrhunderts* 2. Berlin 1961, S. 698.
131 Fritz Skorzeny, *Anton Bruckner im Lichte deutscher Auferstehung*, in: *Die Musik* 30 (1937/38) S. 312.

Das kleine unscheinbare Wort *"irgendwie"* erhält zentrale Bedeutung. Damit drückte Skorzeny (unabsichtlich) aus, was viele Autoren hinter ihrer Emphase verbargen: daß sich nämlich ihre "hermeneutischen" Ansätze auf höchst schwankendem Boden befanden. Ausgehend von der bekannten Lebensgeschichte wurden isolierte Merkmale in der Musik "entdeckt" oder einfach musikalische Sachverhalte mit subjektiv rezipierten Topoi übereingestimmt. Nur das Wissen um die Einstellung Bruckners bzw. um das Stereotyp "Musikant Gottes" ermöglichte die soeben zitierte Auffassung der langsamen Symphoniesätze. Bei einem anderen zugrundeliegenden Komponistenbild würde die Interpretation dementsprechend anders aussehen, denn Vorwissen und Vorerfahrungen beeinflussen die Werkrezeption in einer nicht zu unterschätzenden Weise.

Der Frage, ob und inwiefern das musikalische Schaffen Bruckners religiöse Bezüge aufweise, sind erst Forscher in jüngerer Zeit ernsthaft nachgegangen. Dabei standen anregende, nachvollziehbare semantische Überlegungen - fern von pathetischen Assoziationen - im Vordergrund. Wenn sich auch über Transhumanes versinnbildlichende Strukturen diskutieren läßt, so hat Walter Wiora dennoch in seiner Studie auf wesentliche Aspekte (Vortragsangaben, Tonsprache in der kirchlichen Vokalmusik u. a.) aufmerksam gemacht.[132] Ähnlich verfuhr Constantin Floros in seiner Analyse des *Adagio* aus Bruckners *Neunter Symphonie*.[133]

Ausgehend von solchen Überlegungen könnte man vorsichtig formulieren: Bruckners religiöse Überzeugung hat einzelne, greifbare musikalische Spuren hinterlassen[134], die aber nicht mit den in der Literatur häufig anzutreffenden versponnenen Allerweltsfloskeln oder völlig subjektiven Assoziationen gleichzusetzen sind. Die in manchen Sätzen erfahrbare meditative Grundhaltung ist je nach persönlicher Anschauung und Erfahrung interpretierbar, festlegen läßt sie sich nicht. "Cherubstimmen", "Ewigkeit" oder auch "Mystik" a priori in die Partituren (vor allem der Symphonien!) hineinzugeheimnissen, weil es doch um den "Musikanten Gottes" gehe, bedeutet nichts weniger als die vorhandene subjektive Note im Erkenntnisprozeß noch zusätzlich zu verstärken.

---

132 Vgl. Walter Wiora, *Über den religiösen Gehalt in Bruckners Symphonien*, in: *Religiöse Musik in nicht-liturgischen Werken von Beethoven bis Reger*. Hrsg. Walter Wiora u. a. Regensburg 1978, S. 161 ff.
133 Constantin Floros, *Zur Deutung der Symphonik Bruckners. Das Adagio der Neunten Symphonie*, in: *Bruckner-Jahrbuch 1981*. Hrsg. Franz Grasberger. Linz 1982, S. 89-96.
134 Zum religiösen Gehalt siehe weiters Elisabeth Maier, *Der Choral in den Kirchenwerken Bruckners*, in: *Bruckner-Symposion Linz 1985. "Anton Bruckner und die Kirchenmusik". Bericht*. Hrsg. Othmar Wessely. Linz 1988, S. 111-122.

Gerade die Einbeziehung der Mystik hat - aufgrund der Definitionsproblematik und der irrationalen Erscheinung - viel zur Verunklarung beigetragen.[135] Das Resultat ist - konzis ausgedrückt - eine Projektion eigener, individueller Werthaltungen und Einstellungen in Bruckners Musik. Zu dem Problemkreis bemerkte Franz Grasberger treffend anläßlich des ersten Bruckner-Symposions: *"Musik und Religion unterliegen derselben Sensibilität. Der musikalische Vertiefungsprozeß bei Bruckner erhält eine Entsprechung in der Religion: das Gebet als Meditation oder als Mittel der Selbstbesinnung übt eine tragende Funktion aus. Trotzdem finden Verflechtungen nicht statt: das heißt, man soll nicht den Geist des Religiösen in die Symphonien hineininterpretieren."*[136]

In diesem Zusammenhang muß auch die häufig angesprochene "ethische" Bedeutung des Komponisten sine ira et studio aufgefaßt werden. Zieht man Erinnerungsberichte, Anekdoten, aber genauso Dokumente und neuere Forschungsergebnisse heran, wirkt eine Bezeichnung wie *"Erzieher zu geistiger Zucht"*[137] eher befremdend. Rechnet man zeittypische Faktoren (etwa Formulierungen) ab, fällt dennoch die Nähe zum "Musikanten Gottes" auf. Die Anschauung, daß Bruckner durch eben diese Position eine große Vorbildfunktion besitze, läßt sich in der Literatur gut verfolgen. Sie wurde sogar didaktisch verwertet. In Norbert Tschuliks Roman *Spielmann seines Herrn* aus den sechziger Jahren wurden bereits Schulkinder mit der sentimentalen Sphäre des Stereotyps vertraut gemacht[138] und dadurch auf ganz bestimmte Rezeptionsmuster gelenkt.

Schon weitaus früher taucht der Gedanke auf, den Komponisten als Idealfigur innerhalb der Wirrnisse der Zeit zu betrachten. Bruckners *"Musik ist den Nervenreizungen, den Krämpfen, den körperverbundenen Leidenschaften, den*

---

135 *"Der schwer fixierbare Begriff Mystik meint im strengen religionswissenschaftlichen Sinn die das gewöhnliche Bewußtsein und die verstandesmäßige Erkenntnis übersteigende, unmittelbare Erfahrung der göttlichen oder transzendenten Realität"*, schreibt Th. Ohm im *Lexikon für Theologie und Kirche* 7. Hrsg. Josef Höfer und Karl Rahner. Freiburg 1962, Sp. 732. Es versteht sich von selbst, daß die Einbringung des Begriffes die Diskussion auf unwegsames, kaum greifbares Terrain leitet. Noch dazu soll in Erinnerung gerufen werden, daß von Bruckner keine einzige diesbezügliche Äußerung existiert.
136 Grasberger, *Anton Bruckner zwischen Wagnis und Sicherheit* a. O. S. 16.
137 Siehe Heinrich Jacobs, *Anton Bruckner als Erzieher zu geistiger Zucht*, in: *Musica orans* 4 (1951/52) H. 3, S. 12. - Ferner Franz Xaver Müller, *Anton Bruckner von seiner ethischen Seite*, in: *Oberösterreichische Nachrichten* 23. Juli 1946.
138 Siehe Norbert Tschulik, *Spielmann seines Herrn*. Wien 1966. - Daß selbst der Biertrinker Bruckner als Leitfigur für die Jugend erscheinen kann, soll der Heiterkeit wegen erwähnt sein: *"'Dös Bier hat heut ganz b'sonders die richtige Temperatur', lobte Bruckner, 'Und der Schaum is auch, wie er sein soll.'"* Fast beschwörend setzt der Autor allerdings hinzu: *"Aber nie, selbst in flottester Gesellschaft nicht, hatte Bruckner ein Räuschchen"* (S. 104). Siehe dazu die Nrn. 35 ff.

sensationellen Absichten, den hungrigen Lüsten der Selbstsucht, dem Lärm, dem Fieber, der verlogenen Glanzkomödie der Zeit und Zivilisation so völlig enthoben, daß sie in prachtvoll gesundem Gleichgewicht in einer Erde und Himmel, Zeit und Ewigkeit verschmelzenden Harmonieregion schwebt", formulierte Georg Gräner 1927 in einem Artikel mit dem beachtenswerten Titel *Bruckner und der Geist des "Jonny"*.[139] Er stellte darin Bruckners Welt gegen die Zeitmoden: gegen *"Atonalität, Vierteltonmusik, neue Sachlichkeit, neuen Hellenismus, Jazzsinfonie, Jazzoper"*. Die Annahme einer ethischen Wirkung geht daraus klar hervor.

Läßt man diese extremen Fälle beiseite, zeigt sich trotzdem, daß die Verlagerung auf die ethische Ebene eine Veränderung in der Urteilsbildung (Bewertung) miteinschließt. Auf einen Nenner gebracht: Ein Werk etwa, das dem lieben Gott gewidmet ist, kann nicht schlecht komponiert sein. Ganz in diesem Sinne wurde formuliert: *"Solche Haltung* [Ehrfurcht] *ziemt sich auch Bruckners Neunter gegenüber."*[140] Entscheidungen über Qualität, über Gefallen/Mißfallen sind demnach hinfällig; eine andersartige Form der Rezeption wird postuliert. Damit ist die Musik - im Grunde genommen - jeder realen Kritik entzogen, wenigstens für die Apologeten. Das Werkverständnis basiert auf weltanschaulichen bzw. ethischen Kriterien.

Die Ansicht, daß ein auf Musik bezogenes (notwendigerweise subjektives) Werturteil durch außermusikalische Bedingungen suspendiert werden könne, ist natürlich ein Fehlschluß[141], dem mittlerweile viele Studien entgegenstehen, deren Aussagewert jenseits religiöser oder ethischer Prämissen liegt. Trotzdem bildet dieser Gedanke so etwas wie einen roten Faden innerhalb der Bruckner-Rezeptionsgeschichte. Die um den "Musikanten Gottes" aufgebauten Vorstellungen wurden zu Kriterien für die Werkbetrachtung umfunktioniert, wobei der religiöse und - davon abhängig - der ethische Gesichtspunkt von vornherein die Bewertung festlegten und im ideologischen Kampf gegen Bruckner-Feinde nahezu als Trumpf ausgespielt wurden. Gerade im "Fall Bruckner" besaßen vorgefaßte Meinungen eine besonders große Bedeutung. Letztlich ging es um eine unreflektierte Bestätigung des bereits Bekannten, denn eine Reihe von Bruckner selbst initiierter Inhalte und Muster wurde einfach weitertradiert. Dieser Prozeß ist heute noch - gar nicht ausschließlich im Popularbereich - zu verfolgen. So halten manche kirchliche Kreise nach wie vor an dem Stereotyp fest, stellt Bruckner doch das markante Beispiel eines

---

139 Siehe Gräner a. O.
140 Leopold Nowak, *Anton Bruckner. Musik und Leben.* Wien 1964, S. 85.
141 Siehe dazu Carl Dahlhaus, *Analyse und Werturteil.* Mainz 1970, S. 11 f.

"katholischen Musikers" (im Vergleich zu dem gern herbeizitierten Johann
Sebastian Bach) dar. Auf den Umstand, daß dieses Bild entscheidend ideologisch in den christlich-sozial geprägten zwanziger Jahren unseres Jahrhunderts fundiert wurde, habe ich bereits hingewiesen.[142]

Der "Musikant Gottes", jenes Konglomerat aus biographischen Tatsachen,
nebulosen Begriffen und subjektiven musikalischen "Heiligsprechungen", hat
wohl wie kein zweites Komponisten-Stereotyp die Werk-Rezeption nachhaltig
beeinflußt. Dies gehört eindeutig zu den Gründen, warum Bruckner mitunter
so heftig zwischen die Fronten geriet: Primär ging es um weltanschauliche
Differenzen, sekundär um ästhetische. Wie bereits angedeutet konnten viele
mit den metaphysischen Interpretationsversuchen nichts anfangen, ja stellten
sich regelrecht dagegen. Die subjektiven Verformungen der historischen Persönlichkeit, aber auch schon der Typus des katholischen Künstlers an sich
wurden zum Hindernis bei der Werkbetrachtung. Pro und Kontra Bruckner
wurden im wesentlichen von ideologischen Auseinandersetzungen gelenkt.

In der Zusammenschau und Berücksichtigung der historischen Überlieferung und divergierender wissenschaftlicher bzw. populärer Positionen liegt
heute die Chance, Persönlichkeit und Werk möglichst adäquat zu erfassen,
natürlich (wiederum) nur aus dem Blickwinkel unserer Zeit heraus. Der vorliegende Band soll eine Fülle von Material und einige Reflexionen darüber
beisteuern. Anhand einer bedeutsamen Facette in der Rezeptionsgeschichte
habe ich zu zeigen versucht, daß populäre Einschätzungsformen keinesfalls
außer acht gelassen werden dürfen, da sie gerade bei Bruckner und dem Verständnis seiner Musik gegenüber eine große Rolle spielen. Die bereits ange-
regte kritische Sicht muß dabei stets erfolgen.

An der Genese des Stereotyps war deutlich eine Intensivierung des emotionalen Gehalts beobachtbar. Während zunächst die Zeitgenossen Erscheinung
und Äußerungen Bruckners subjektiv modelliert tradierten, gerieten viele Rezipienten zweiten und dritten Grades ins uferlose Schwärmen. (Auch hierin
zeigt sich, daß immer wieder zeitgenössische Berichte herangezogen werden
müssen, da ihnen die späteren Übermalungen noch fehlen.) Es ist evident,
daß in erster Linie die Generation der zwanziger und dreißiger Jahre reale
Gegebenheiten mit Kitsch, falsch verstandener Apologetik und mystischen
Vorstellungen[143] anreicherte bzw. verdeckte. Diese Phänomene fallen ebenso
in das Gebiet der Brucknerforschung, denn die merkwürdig verschwomme-

---

142 Siehe Partsch a. O. S. 16 f.
143 Auch heute sind (wieder) Ansätze zu erkennen, Bruckner als Mystiker zu deuten. Vgl.
besonders Peter Gülke, *Brahms. Bruckner. Zwei Studien.* Kassel 1989.

nen Vorstellungen waren bekanntlich lange Zeit zumindest im Popularbereich Leitbilder für das Verständnis des Menschen und Künstlers Bruckner. Sie waren gleichzeitig der Ausgangspunkt für eine rege belletristische Literatur. Hinweise auf außermusikalische Erfahrungen sollten hiebei das Verständnis erleichtern und umgekehrt eben diese außermusikalische Schicht legitimieren und beweisen.

Der Stellenwert des Stereotyps "Musikant Gottes" spiegelt das historische Umfeld wider und zeigt, wie sehr Bruckner im Feld der Anhänger und Gegner von außermusikalischen Kriterien her beurteilt und damit als Künstlertypus für weltanschauliche Strömungen okkupiert wurde. In diesem Ausmaß ist der vorliegende Tatbestand bei keinem zweiten Komponisten feststellbar - der "Fall Schubert" liegt anders akzentuiert vor. Das Epitheton ornans "Musikant Gottes" stellt das Schlagwort in einem komplexen Kommunikationsprozeß dar, der vom Spannungsverhältnis zwischen Bruckners Selbstbild/Verhalten und dessen (teils bewußt gelenkter) Rezeption im Laufe der Geschichte dominiert wurde.

Wenn man heute an Bruckner möglichst nüchtern herantreten will, muß man sich dennoch bewußt sein, daß stets subjektiv getönte zeitgebundene Sichtweisen das Ergebnis sind. (Was für das hier Gesagte selbstredend ebenso gilt.) Niemand sollte sich dadurch irritieren lassen. Die Vielfalt an Dokumenten, wissenschaftlichen Darstellungen, Erinnerungsberichten, Anekdoten, mündlichen Überlieferungen und populären Schriften ergibt ein reichhaltiges Bild, das erst eine umfassende Zusammenschau - und damit Erweiterungen unserer Erkenntnis über den Komponisten - möglich macht. Ein Blick auf die nahezu hundertjährige Rezeptionsgeschichte Bruckner beweist dies.

Erich Wolfgang Partsch

NACHWORT

Eine folgenschwere Pressekonferenz
oder
"Anton Bruckner als Vater"

Einige Zeit nach Fertigstellung der beiden Aufsätze fand eine Pressekonferenz des Anton Bruckner Institutes Linz (ABIL) statt. Die Ereignisse rund um diese Veranstaltung passen erstaunlich gut in den vorliegenden Problemkreis, ja sie scheinen die vertretenen Thesen und Überlegungen von der Praxis her zu untermauern. Deshalb sollen sie hier kurz geschildert werden.

Am 1. Dezember 1988 lud das ABIL anläßlich seines zehnjährigen Bestandes zu einer Pressekonferenz nach Linz ein, wo über die Geschichte des Institutes, abgeschlossene Forschungsarbeiten und Projekte informiert werden sollte. Der Anlaß bot zugleich die Möglichkeit, das damals neue *Bruckner-Jahrbuch 1984/85/86* zu präsentieren, in dem u. a. sich zwei Autorinnen (Renate Bronnen und Beatrix Weißgärber-Fröhlich) mit der Möglichkeit einer Vaterschaft Bruckners positiv bzw. negativ auseinandersetzten.[144] Uns beschäftigt hier nicht die Frage der historischen Richtigkeit, sondern ausschließlich die Rezeption dieser Mitteilungen, von denen erwartungsgemäß jene von Renate Bronnen am meisten Staub aufgewirbelt hat.

Zwei Punkte erscheinen hiebei wesentlich:

1. Die in meinem ersten Beitrag diskutierte Wirkung eines "Gegenmodells" zum landläufigen Brucknerbild.

2. Was bedeutet - im Rekurs auf den zweiten Beitrag - die Konfrontation des "Musikanten Gottes" mit einer (möglichen) Tochter?

Ad 1. Unbestritten handelt es sich hier um biographisches Neuland; Erwartungshaltungen werden zerstört. Dementsprechend übersteigert und verzerrt fand auch die Darstellung in den Medien statt. Mit Artikeln relativ großen Umfangs - einmal sogar die Mitteilung als Schlagzeile auf dem Titelblatt! - reagierte die oberösterreichische Presse darauf. Bemerkenswert ist, daß das

---

144 Siehe Renate Bronnen, *Die Weißgärber-Geschwister. Ein Kapitel aus dem Leben Anton Bruckners?* und Beatrix Weißgärber-Fröhlich, *Vorfahren meines Vaters*, beide in: *Bruckner Jahrbuch 1984/85/86.* Linz 1988, S. 27-52 bzw. S. 25 f.

Mögliche journalistisch sofort in eine Tatsache umgewandelt wurde[145] und die Gegenmeinung kaum Berücksichtigung fand (vgl. medieninterne Konstruktionsmerkmale).

Das biographische Detail brachte für die Öffentlichkeit die Sensation, daß das "göttlich inspirierte, entrückte Genie" durchaus sehr irdisch zu agieren vermochte: Grund genug jedenfalls, ein Ergebnis der biographischen Forschung derart hochzuspielen. Sicher haben auch lokalpatriotische Gründe mitgewirkt. An den Reaktionen (einschließlich einer Rundfunksendung des Landesstudios Oberösterreich) sind Macht und Beharrungsvermögen eines Künstlerbildes gut demonstrierbar, ebenso rezeptionsgeschichtliche Retuschen und ihre Gründe.

Ad 2. Um es vorwegzunehmen: Viele haben die mögliche neue Facette des Brucknerbildes trotz des Überraschungseffekts akzeptiert (manche vielleicht sogar erleichtert und beruhigt über das Allzumenschliche). Daneben dürfen aber massive kritisch-ablehnende Stimmen nicht überhört werden. Was die einen tolerierten, war für andere ein Rühren an Tabuzonen des "Musikanten Gottes". Dieses jüngste Ereignis bestätigt die Annahme, wonach Bruckner als künstlerische Persönlichkeit (noch heute) weitgehend von außermusikalischen, ethischen Kriterien her aufgefaßt wird.

Während einige Leser in Briefen an das ABIL über eigene persönliche Verwandtschaftsbeziehungen zu Bruckner spekulierten - die "neue Tatsache" diente wohl als Ermutigung, Begeisterung und "Seelenverwandtschaft" auf eine reale Grundlage zu stellen -, erschien anderen wiederum die Idealfigur gestürzt: eine "Entheroisierung"? Die unüberbrückbare Kluft ist offensichtlich. Im gleichen Maße, in dem für die breite Öffentlichkeit Neugier und Identifikationsmöglichkeiten zunahmen, verringerte sich für Anhänger des "Musikanten Gottes" die Beweiskraft, ja fand eine Zerstörung der Idealgestalt statt. Da der Diskurs auf stark emotionaler Ebene ablief - aufgrund der weltanschaulichen Orientierung verwundert dies nicht -, waren Polemiken die Folge. In einem Leserbrief ist sogar von einer *"atheistischen Ecke"* die Rede, aus der das "Gerücht" stammen sollte.[146]

Der Kampf gegen dieses biographische Detail ist gleichbedeutend mit dem Versuch, etwas nicht in das gängige Brucknerbild Passendes zu eliminieren. Dieser Versuch schlägt im Grunde genommen ins Leere, da in Wirklichkeit keine Kritik (oder besser: Herabsetzung) Bruckners vorliegt. Hier tritt neuer-

---

145 Siehe *Oberösterreichische Nachrichten 2. Dezember 1988* und *Neues Volksblatt 2. Dezember 1988.*
146 Siehe Leserbrief in: *Oberösterreichische Nachrichten*, Neujahrsmagazin 1988/89.

lich die Problematik des Stereotyps hervor. Paradox formuliert: Wenn eine Bruckner-Tochter historisch verifizierbar wäre, würde dies in den Auswirkungen weit mehr die Rezeptionskonstante "Musikant Gottes" betreffen als die historische Persönlichkeit selbst.

Letztlich veranschaulicht der Konflikt zwischen Verstehenshorizonten eine grundsätzliche Offenheit des Brucknerbildes und dessen steten Wandel in der aktuellen Auseinandersetzung mit Quellen, vielfältigstem Rezeptionsmaterial, neuen wissenschaftlichen Erkenntnissen - und dem Werk.

ANTON BRUCKNERS LEBENSDATEN

Kindheit und Jugend 1824 - 1845

4. 9. 1824 geboren in Ansfelden, Oberösterreich - 1835/37 Unterricht in Orgelspiel und Generalbaß beim Cousin und Firmpaten Johann Baptist Weiß in Hörsching - 7. 6. 1837 Tod des Vaters - 1837/40 Sängerknabe in St. Florian - 1840/41 Präparandie in Linz, Unterricht in Harmonie- und Generalbaßlehre, Choralgesang und Orgelspiel bei Johann August Dürrnberger - 1841/43 Schulgehilfe in Windhaag bei Freistadt - 1843/45 Schulgehilfe in Kronstorf bei Steyr.

St. Florian 1845 - 1855

1845/55 Lehrer in St. Florian - seit 28. 2. 1850 provisorischer Stiftsorganist - 1852 Besuch bei Ignaz Assmayr in Wien - 9. 10. 1854 Orgelprüfung vor Ignaz Assmayr, Simon Sechter und Gottfried Preyer in Wien (Piaristenkirche) - 25./26. 1. 1855 Hauptschullehrerprüfung in Linz - seit Juli 1855 Schüler von Simon Sechter in Musiktheorie (bis März 1861) - Sommer 1855 angebliche Bewerbung um die Domorganistenstelle in Olmütz - 13. 11. 1855 Probespiel für die Domorganistenstelle in Linz, danach provisorischer Dom- und Stadtpfarrorganist - 24. 12. 1855 Einzug in die Dienstwohnung im "Mesnerhäusl" am Pfarrplatz.

Linz 1856 - 1868

25. 1. 1856 Probespiel im Alten Dom, daraufhin definitiver Domorganist (25. 4. Anstellungsdekret) - 1858/61 immer wieder Reisen zu Simon Sechter nach Wien (Harmonielehre, Kontrapunkt, Kanon, Fuge) - 12. 7. 1858 Prüfung im Orgelspiel in Wien (Piaristenkirche) und Zeugnis von Simon Sechter - 7. 11. 1860 Erster Chormeister der *Liedertafel "Frohsinn"* in Linz - 11. 11. 1860 Tod der Mutter - 26. 3. 1861 letztes Zeugnis von Simon Sechter - 22. 6. 1861 erfolglose Bewerbung um die Direktorenstelle am Dommusikverein und Mozarteum in Salzburg - 19. 11. 1861 Prüfung am Konservatorium der Gesellschaft der Musikfreunde in Wien - 21. 11. 1861 Orgelprüfung in der Piaristenkirche mit Zeugnis vom 22. 11. 1861 - 1861/63 Studium bei Otto Kitzler, Linz (Formenlehre, Instrumentation, Komposition) - September 1862 erste Pläne, an die Hofmusikkapelle in Wien berufen zu werden - 1863/65 Studien bei Ignaz Dorn - Mai/Juni 1865 Reise zur 3. Aufführung von *Tristan und Isolde* nach München und Begegnung mit Richard Wagner - 5. 6. 1865

Uraufführung des *Germanenzugs* beim oberösterreichischen Sängerfest in Linz; Bruckner erhält den 2. Preis - August 1865 Reise nach Budapest zur Uraufführung von Liszts *Legende von der hl. Elisabeth* - Dezember 1866 hört Bruckner Berlioz' *Fausts Verdammnis* in Wien - 10. 2. 1867 Johann Herbeck führt Bruckners *d-Moll-Messe* mit dem Komponisten an der Orgel in der Wiener Hofburgkapelle auf - 8. 5. bis 8. 8. 1867 Kur in Bad Kreuzen (schwere Nervenkrise) - 10. 9. 1867 Tod Simon Sechters - 14. 10. 1867 Gesuch Bruckners um Aufnahme in die Hofmusikkapelle - Gesuch vom 2. 11. 1867: Bruckner möchte Lehrer für musikalische Komposition an der philosophischen Fakultät der Universität Wien werden - 29. 3. 1868 weitere erfolglose Bewerbung um Domkapellmeisterstelle und Direktorstelle am Mozarteum in Salzburg - 4. 4. 1868 Gründungskonzert des *"Frohsinn"*: Bruckner dirigiert den Schlußchor aus Wagners *Meistersingern* (Uraufführung) - Ende Juni 1868 vielleicht bei einer Aufführung der *Meistersinger* in München - 6. 7. 1868 Anstellungsdekret als Professor für Harmonielehre, Kontrapunkt und Orgelspiel am Konservatorium der Gesellschaft der Musikfreunde in Wien - August bis September 1868 neuerlicher Kuraufenthalt in Bad Kreuzen - 4. 9. 1868 *"Exspectierender k. k. Hoforganist"* in Wien.

Wien 1868 - 1896

1. 10. 1868 Beginn des Unterrichts am Konservatorium - April/Mai 1869 Orgeltriumphe in Nancy und Paris - 1870 Hilfslehrer für Klavier an der Lehrer(innen)bildungsanstalt St. Anna (bis 1874) - 22. 11. 1870 Ehrenbürger von Ansfelden - Juli/August 1871 Orgelkonzerte in London (Albert Hall, Crystal Palace) - August/September 1873 Reise nach Karlsbad, Marienbad und Bayreuth, dort Besuch bei Richard Wagner und Widmung der *Dritten Symphonie* - 18. 4. 1874 Gesuch an das Ministerium um eine Anstellung als Lehrer für Musiktheorie an der Universität Wien - 18. 11. 1875 Lektor für Harmonielehre und Kontrapunkt an der Universität Wien - 24. 4. 1876 Antrittsvorlesung - August 1876 in Bayreuth bei der 3. Aufführung des *Ring des Nibelungen*, erste Begegnung mit Wilhelm Tappert - 7. 1. 1877 erfolglose Bewerbung um den Kapellmeisterposten an der Kirche am Hof - 28. 10. 1877 Tod Johann Herbecks - 19. 1. 1878 Ernennung zum wirklichen Mitglied der Hofmusikkapelle - 9. 8. 1880 erfolglose Bewerbung um die Stelle des 2. Chormeisters beim Wiener Männergesang-Verein - August/September 1880 Reise nach Oberammergau und in die Schweiz - 12. 1. 1882 Bewerbung um Ehrendoktorat der Universität Cambridge (vielleicht nie abgeschickt) - 26. 7. 1882 in Bayreuth bei der Uraufführung des *Parsifal* - 13. 2. 1883 Tod Richard Wagners - Ostern 1884 Orgelspiel in Prag - Herbst 1884 Besuch bei Franz

Liszt im Wiener Schottenhof wegen geplanter Widmung der *Zweiten Symphonie* - 22. 1. 1885 Ehrenmitglied des *Wiener Akademischen Wagner-Vereins* - 24. 3. 1885 Gesuch um Ehrendoktorat der Universität Philadelphia (vielleicht nie abgeschickt) - 11. 3. 1885 Bruckner-Porträt von Hermann Kaulbach, München - 8. 7. 1886 Ritterkreuz des Franz Joseph-Ordens - 4. 8. 1886 in Bayreuth Organist beim Requiem für Franz Liszt - 23. 9. 1886 Audienz bei Kaiser Franz Joseph I. - 22. 1. 1889 Ehrenmitglied des *Wiener Akademischen Gesangvereins* - Dezember 1889 Bewerbung um die Kapellmeisterstelle am Wiener Burgtheater - seit 12. 7. 1890 krankheitshalber vom Konservatorium beurlaubt - 30. 10. 1890 Gewährung einer jährlichen Ehrengabe von 400 Gulden durch den Oberösterreichischen Landtag - 15. 1. 1891 Ehrenmitglied der Gesellschaft der Musikfreunde - 7. 11. 1891 Ehrendoktor der Universität Wien; Viktor Tilgner beginnt die Arbeit an seiner Bruckner-Büste - 1892 Gesundheitszustand verschlechtert sich zusehends - Juli 1892 letzter Besuch in Bayreuth - 28. 10. 1892 Beendigung des Dienstes an der Hofmusikkapelle - 22. 9. 1893 Ehrenmitglied des Wiener Männergesang-Vereins - 10. 11. 1893 Testament - 2. 3. 1894 Ehrengabe der philosophischen Fakultät der Universität Wien von 1.200 Gulden jährlich statt der Lektoratsremuneration - 11. 7. 1894 Ehrenbürger von Linz - 25. 9. 1894 Kodizill zum Testament - November 1894 letzte Vorlesung an der Universität Wien - 28. 11. 1894 bewilligt der Unterrichtsminister für 1894 eine Subvention von 150, für 1895 einen Ehrensold von 600 Gulden - 4. 7. 1895 Übersiedlung in das Kustodenstöckl des Wieners Schlosses Belvedere - 11. 10. 1896 Tod Bruckners - 14. 10. 1896 Einsegung in der Wiener Karlskirche und Überführung nach St. Florian - 15. 10. 1896 Beisetzung in der Gruft unter der großen Orgel in der Stiftskirche.

LITERATURVERZEICHNIS
(Im Text gekürzt zitierte Quellen)

Bayer, Jula: *Anton Bruckner in Steyr.* Steyr: Vereinsdruckerei 1956. 69 S.

Brunner, Franz: *Dr. Anton Bruckner. Ein Lebensbild.* Linz: Oberösterreichischer Volksbildungsverein 1895. 43 S.

Commenda, Hans: *Geschichten um Anton Bruckner.* Gesammelt und frei den Quellen nacherzählt. Linz: Verlag H. Muck 1946. 160 S.

Eckstein, Friedrich: *Erinnerungen an Anton Bruckner.* Wien: Universal-Edition - Wiener Philharmonischer Verlag 1923. 62 S. (Universal-Edition 7459; Philharmonia Bücherei Nr. 440)

Fellner, Anton: *Aus dem Leben Anton Bruckners. Anekdoten*, in: Fellner, *Unser Oberdonau*. Berlin: Verlag Die Heimbücherei 1944, S. 116-118.

Die schönsten Gebete der Welt. Zusammengestellt von Christoph Eininger. 2. Aufl. München: Südwest-Verlag 1965. 180 S.

Göll.-A. - Göllerich, August - Auer, Max: *Anton Bruckner. Ein Lebens- und Schaffensbild.* 4 Bde. Regensburg: Gustav Bosse Verlag 1922 - 1937. Unveränderter Nachdruck ebenda 1974.

Gräflinger, Franz: *Liebes und Heiteres um Anton Bruckner.* 1.-3. Ts. Mit 6 Bildtaf. Wien: Wiener Verlag 1948. 128 S.

Grun, Bernard. - *Grun's beste Musiker-Anekdoten.* 4. Aufl. München-Wien: Langen-Müller 1983. 269 S.

Herzfeld, Friedrich: *Adagio und Scherzo. Kleine Geschichten um große Meister.* Wien: Frick-Verlag 1944. 244 S.

In Memoriam Anton Bruckner. Hrsg. im Auftrag des Österreichischen Unterrichtsministeriums von Karl Kobald. Zürich-Wien-Leipzig: Amalthea 1924. 246 S. (Amalthea-Bücherei 43/44)

Klose, Amalie: *Meine Begegnungen mit Anton Bruckner*, in: *Zeitschrift für Musik* 103 (1936) S. 1200-1202.

Kluger, Josef: *Anton Bruckner und das Stift Klosterneuburg*, in: *In Memoriam Anton Bruckner* S. 121 f.

Mahler, Alma: *Gustav Mahler, Erinnerungen und Briefe*. Amsterdam: Allert de Lange 1940. 472 S.; auch Ullstein 1971.

Schwanzara. - Anton Bruckner, *Vorlesungen über Harmonielehre und Kontrapunkt an der Universität Wien*. Hrsg. Ernst Schwanzara. Wien: Österreichischer Bundesverlag 1950. 287 S.

Zimmermann, Reinhold: *Heiteres vom Dreigestirn. Bruckner - Stelzhamer - Reiter*, in: *Der Frankenburger* 1 (1941) S. 176 ff.

Bildnachweis

DIE INFORMANTEN
(Die Zahlen beziehen sich auf die Nummern der Berichte)

ABIL, Unbezeichnete Zeitungsausschnitte   20, 28, 32, 95, 120, 122 ff., 126, 141, 154, 160, 162, 190 ff., 219, 242, 263, 266, 275, 277, 302-305, 312, 315, 325
Das Anton Bruckner Institut Linz (ABIL) erhielt vor einigen Jahren eine Sammlung von Zeitungsausschnitten über Bruckner, von denen manche leider ungenau oder gar nicht näher bezeichnet sind. Diese Sammlung ist als eigener Bestand geordnet.

Aigner, Karl   225
(Reichenau, Oberösterreich 24. 4. 1863 - St. Florian 30. 9. 1935), Freund und Mitarbeiter Bruckners, fertigte Abschriften von Bruckners Werken als Druckvorbereitung an, z. B. von der *Achten Symphonie* (WAB 108); hauptberuflich Beamter der Sparkasse in St. Florian, Organist, Musiklehrer der Sängerknaben. Dr. Reisch, der Testamentsvollstrecker Bruckners, übersandte Aigner auf Wunsch Ignaz Bruckners das Autograph des *"Vexilla regis"* (WAB 51).

Almeroth, Carl   38, 127, 215, 226, 307
(Wien 9. 12. 1852 - Wien 4. 10. 1906), Fabrikant, Freund Bruckners; veranlaßte verschiedene Persönlichkeiten, Bruckner finanziell zu unterstützen. Er begleitete ihn auf manchen Reisen, führte ihn in Steyr und Umgebung mit seinem Wagen, weshalb ihm Bruckner auch den Spitznamen "Wagerl" gab. Almeroth war der Initiator der Bruckner-Büste von Viktor Tilgner, und seine erste Frau ist als Muse auf dem Bruckner-Denkmal von Fritz Zerritsch verewigt. Bruckner war Taufpate des Söhnchens Anton. Der 1878 komponierte Chor *Abendzauber* (WAB 57) ist dessen Vater gewidmet.
Bücher: *Wie die Bruckner-Büste entstand. (Zum Bruckner-Denkmal).* Wien: Privatdruck Emil M. Engel 1899. 14 S. - *Anton Bruckners Himmelfahrt. Ein Silvester-Traum.* Wien: Privatdruck 1898.
Artikel: *Das Bruckner-Denkmal in Steyr*, in: *Der Alpenbote* 44 (1898) Nr. 45, S. 3. - *Von zwei Wiener Meistern: Zur Enthüllung des Bruckner-Denkmals*, in: *Wiener Bilder* 29. 10. 1899.

Anderle, Johann Gabriel   266
Artikel: *Anton Bruckner besucht Beethoven. Zwiesprache über Raum und Zeit. Zum 125. Geburtstag Bruckners am 4. September* (unbezeichneter Zeitungsausschnitt ABIL, Sonntag, 4. 9. 1949, Nr. 36)

Auer, Max   siehe Göllerich
(Vöcklabruck 6. 5. 1880 - Bad Ischl 24. 9. 1962); siehe Göllerich.

Batka, Richard   244, 301, 311
(Prag 14. 12. 1868 - Wien 24. 4. 1922), Musikschriftsteller, Musikkritiker im *Fremdenblatt*, Professor an der Staatsakademie für Musik in den Fächern Geschichte der Oper, Geschichte der Lautenmusik und Gitarre.
Artikel: *Anton Bruckner und Richard Wagner*, in: *Prager Tagblatt* 20. 10. 1906; *Neues Wiener Journal* 24. 10. 1906. - *Bruckners Neunte*, in: *Der Kunstwart* 22 (1908/09) S. 36-40. - *Anton Bruckners Vordringen*, in: ebenda 25 (1911/12) 1. Viertel, S. 397-400. - *Zum Protest gegen eine Bruckner-Biographie*, in: *Fremdenblatt* 8. 8. 1911, S. 12. - *Amüsante Bruckner-Anekdoten*, in: *Signale für die musikalische Welt* 64 (1906) S. 1167. - *Bruckneriana*, in: *Tagespost*, Linz 26. 9. 1901, 23. 4. 1911. - *Geschichten vom alten Bruckner*, in: *Prager Tagblatt* 14. 8. 1906.

Bayer, Franz Xaver   siehe Bayer, Jula
(Lambach 25. 6. 1862 - Steyr 14. 7. 1921), Regens chori und Musikdirektor in Steyr. Er nahm sich dort sehr um Bruckners Werk an und führte dessen *d-Moll-Messe* (WAB 26) nach 26 Proben am Ostersonntag, dem 2. 4. 1893, auf.

Bayer, Jula   14, 38, 62, 99
Zweite Frau von Franz Xaver Bayer.
Bücher: *Anton Bruckner in Steyr.* Steyr: Vereinsdruckerei 1956. 69 S. - *Die Orgel der Stadtpfarrkirche Steyr.* Steyr: Stadtpfarramt 1962. 12 S.
Artikel: *Anton Bruckners d-Moll-Requiem,* in: *Chorblätter* 6 (1951) H. 5, S. 19. - Julius Bayer, *Anton Bruckner, Franz Bayer und Steyr,* in: *Festschrift der Gesellschaft der Musikfreunde Steyr 1838-1963.* Linz 1963, S. 63-73.

Bayern, Amélie (Amalie) Maria Herzogin   152
(München 24. 12. 1865 - Stuttgart 26. 5. 1912), älteste Tochter von Herzog Karl Theodor in Bayern, erhielt Kompositionsunterricht von Hermann Levi. Sie lernte Bruckner 1886 in München kennen. Seit 1892 Herzogin von Urach.

Bayreuther Tagblatt   64

Beranek, Gertrud   173
Vöcklabruck; ORF 39.

Blasl, Cäcilie   60, 233
Linz; ORF 17.

Braun-Prager, Käthe   113 f.
(Wien 12. 2. 1888 - Wien 18. 6. 1967), Lyrikerin, Malerin, Schwester des Dichters Felix Braun.
Artikel: *Bruckner, der Freier,* in: *Deutsche Musiker-Zeitung* 58 (1927) S. 912 f. - *Anton Bruckner in London,* in: *Wiener Zeitung* 15. 8. 1958. - *"Mei liebe Lady, dös is nix!",* in: *Neues Österreich* 4. 8. 1957. - *Der fröhliche Bruckner,* in: *Kunst und Kultur im Bruckner-land.* Beilage zum *Tagblatt* anläßlich der Oberösterreichischen Festwochen 25./26. 7. 1935. - *Bruckner-Anekdoten,* in: *Die Zeit,* Wien 5. 9. 1904; *Neues Wiener Journal* 21. 9. 1913; *Tagespost,* Linz 8. 10. 1921.

Brunner, Franz   211, 247, 259, 262
(Oberhaid, Böhmen 19. 19. 1856 - Linz 5. 2. 1941), seit 1889 k. k. Übungsschullehrer, Lehrer für Musikfächer und Hauptlehrer für Schulpraxis an der Lehrerbildungsanstalt in Linz. Verfasser der ersten umfassenderen Bruckner-Biographie.
Buch: *Dr. Anton Bruckner. Ein Lebensbild.* Linz: Oberösterreichischer Volksbildungsverein 1895. 43 S.

Charwat, Franz   44
Lehrer an der Realschule im 5. Bezirk in Wien, Freund Bruckners. Saß mit Bruckner am Stammtisch in der Paniglgasse (4. Bezirk); siehe auch Lassmann.

Commenda, Hans   7, 9, 12 f., 19, 43, 47 f., 58, 63, 67, 71, 74, 77, 89, 98, 100, 102, 104 f., 116, 119, 127-130, 132, 136, 156, 159, 187 f., 198, 203, 213 ff., 217, 222, 224 f., 228, 246, 251, 256, 261, 273, 295, 308, 317 f.
(Linz 5. 2. 1889 - Linz 25. 1. 1971), Volkskundler, Direktor des Bundesrealgymnasiums Linz, 1945-1954 Volksbildungsreferent für Oberösterreich. Herausgeber von Bruckner-Anekdoten, zum Teil auf Berichten des mit Bruckner bekannten Vaters Hans Commenda

(1853-1939, Realschuldirektor, Kustos am Oberösterreichischen Landesmuseum für Mineralogie und Geologie) beruhend.
Buch: *Geschichten um Anton Bruckner. Gesammelt und frei den Quellen nacherzählt.*
Linz: Verlag H. Muck 1946.
Artikel: *Anton Bruckner und der Oberösterreichische Sängerbund,* in: *Linzer Volksblatt*
1933, Nr. 150. - *Bruckner als Sänger und Chormeister,* in: *Mitteilungen des Oberösterreichischen Sängerbundes* 1935, Folge 6/7. - *Sängeranekdoten über Anton Bruckner,* in: *100 Jahre Oberösterreichisch-Salzburgischer Sängerbund 1864.* Linz 1964, S. 66-69. - *Linz zur Zeit des 1. Sängerbundesfestes des OÖSSB vor 100 Jahren,* in: *Der Sänger* 6 (1966)
Nr. 1/2, S. 1 f.

Cossmann, Alfred   171
(Graz 2. 10. 1870 - Wien 31. 3. 1951), Graphiker und Kupferstecher; schuf u. a. Exlibris
mit Bruckner-Abbildungen.
Buch: *Ein Wiener Künstlerleben.* - Wien 1946, S.54.

Decsey, Ernst   174, 201
(Hamburg 13. 4. 1870 - Wien 12. 3. 1941), Schriftsteller und Kritiker, 1889 einer der
letzten Konservatoriumsschüler Bruckners; Autor zahlreicher Bruckner-Artikel und Bücher. Er schrieb mit Victor Léon das Bühnenstück *Der Musikant Gottes.* Wien: Steiermühl 1924. 107 S.
Bücher: *Bruckner. Versuch eines Lebens.* Berlin: Schuster & Löffler 1919. 213 S. (mehrere Auflagen). - *Die Spieldose. Musikeranekdoten.* Wien: E. P. Tal & Co 1922. Bruckner
S. 24 f., 53 f., 88-91, 132 f., 165 f. - *Du liebes Wien.* Roman. Berlin: Schuster & Löffler
1911. 364 S.
Artikel: *Ein Gesuch Anton Bruckners,* in: *In Memoriam Anton Bruckner.* Wien 1924, S.
36-43. - *Anton Bruckner,* in: *Österreichische Musikzeitschrift* 1 (1946) S. 9 ff. - *Bruckner und seine Welt,* in: *Die Musikwelt* 2 (1922) Nr. 1, S. 1-4. - *Feuilleton "Vierzig Jahre nach dem Tod",* in: *Neues Wiener Tagblatt* 1. 10. 1936. S. 2 f. - *Anton Bruckner als Chormeister,* in: *Neues Wiener Tagblatt* 7. 8. 1936. - *Anton Bruckner als Lehrer der Sechsterschen Theorie. Erinnerungen und Beiträge,* in: *Die Musik* 6/4 (1906/07) S. 191-204. - *Der Tanz in der Symphonie,* in: *Österreichische Musikzeitschrift* 5 (1950) S. 65 ff. - *Anton Bruckners Verkündigung in Sinfonien,* in: *Die Propyläen* 29 (1932) S. 354; *Tagespost,* Linz 3.
11. 1933. - *Der unsterbliche Unterlehrer. (Anton Bruckners Verkündigung in Sinfonien),*
in: *Der Türmer* 35 (1933) S. 432 ff. - *Das Hauptthema der Romantischen Symphonie,* in:
Neue Musikalische Presse 13 (1904) S. 367-370. - *Das Notenhaus am Schottenring. Zum Brucknertag,* in: *Neues Wiener Tagblatt* 4. 9. 1924. - *Anekdoten um Anton Bruckner,* in:
Österreichische Musikzeitschrift 1 (1946) S. 312 f.; *Neues Wiener Tagblatt* 16. 10. 1932. -
Meister Antonius, in: *Leipziger Neueste Nachrichten* 11. 10. 1921. - *Falsche Bruckner-Anekdoten,* in: *Bruckner-Bund* 1 (1922) H. 1, S. 5. - *Der vernaderte Gottesmusikant,* in:
Neue Musik-Zeitung 46 (1925) S. 289 f. - *Die Perle des Jahrhunderts. Erzählung aus den achtziger Jahren,* in: *Österreichische Rundschau* 20 (1918) S. 124-135, 172-179, 223-
230. - *Wie der 'Musikant Gottes' entstand,* in: *Neues Wiener Tagblatt* 26. 1. 1924. - *Warum ich Bruckner liebe,* in: *Musica Divina* 12 (1924) S. 93.
Lit.: Erich Wolfgang Partsch, *Anton Bruckner als Bühnenheld. Zur Popular-Rezeption Bruckners in Léon-Decseys Theaterstück "Der Musikant Gottes",* in: *IBG Mitteilungsblatt*
Nr. 31 (Dezember 1988) S. 9-17.

Deißinger, Hans   15
(Wien 19. 7. 1890 - Salzburg 28. 2. 1986), Schriftsteller und Journalist.
Artikel: *Anton Bruckner. Eine Legende seines Lebens. (Zum 100. Geburtstag),* in: *Deutsche Arbeit* 24 (1924/25) S. 10-15, 45-76, 101-105, 129-133. - *Erinnerungen an Anton Bruckner,* in: Leipziger Neueste Nachrichen 26. 7. 1929. - *Das Hutfutter. Eine Bruckner-Erinnerung,* in: *Völkischer Beobachter* 10. 9. 1940; *Tagespost,* Beilage "Welt und Hei-

mat", Linz 15. 11. 1941. - *Ein Musiker - ein Dichter - eine Dichterin. Seltsamkeiten aus dem Leben Bruckners, Ibsens und Katharina Kochs,* in: *Völkische Frauenzeitung* 8 (1940) S. 41.

Dimitz, Ludwig   16
(1881-1965), Wiener Neurologe, Psychiater, Assistent bei Wagner-Jauregg; siehe auch Dr. Itha Winkler.

Dopf, P. Hubert SJ   59
(Roitham, Oberösterreich 30. 7. 1921), Professor für Kirchenmusik an der Hochschule für Musik in Wien, Komponist liturgischer Choräle und Gesänge, trat 1939 in den Jesuitenorden ein, wurde 1950 zum Priester geweiht und lebt derzeit im Jesuitenkollegium Wien-Kalksburg.

Eckstein, Friedrich   68, 79, 107, 248, 257, 287, 321
(Perchtoldsdorf 17. 2. 1861 - Wien 10. 11. 1939), Publizist, Philosoph, Industrieller; war seit 1880 Schüler am Konservatorium und seit 1884 Privatschüler Bruckners, übernahm mit 21 Jahren die Pergamentfabrik des Vaters in Perchtoldsdorf. Bruckner nannte ihn "Samiel". Er war ein Freund Bruckners, der sich auch finanziell für ihn einsetzte. Er bezahlte den größten Teil der Druckkosten für das *Te Deum* (WAB 45) im Verlag Theodor Rättig.
Bücher: *"Alte unnennbare Tage!" Erinnerungen aus siebzig Lehr- und Wanderjahren.* Wien-Leipzig-Zürich: Reichner 1936. 300 S. - *Erinnerungen an Anton Bruckner.* Wien: Universal-Edition 1923 (UE 7459), mit dem Erstdruck des Männerchores *Am Grabe* (WAB 2).
Artikel: *Aus Anton Bruckners religiösem Leben,* in: *Anbruch* 17 (1935) S. 49 ff. - *Bruckner als Pädagoge,* in. *Die Musik* 23 (1930/31) S. 550 f. - *Die erste und letzte Begegnung zwischen Hugo Wolf und Anton Bruckner,* in: *In Memoriam Anton Bruckner.* Wien 1924, S. 44-59. - *Anton Bruckner, der "Sonnenhymnus" und der "Deutsche Michel",* in: *Neues Wiener Tagblatt* 1. und 2. 2. 1935. - *Bruckner, Brahms und Wolf,* in: *Die Musik* 24 (1931/32) S. 632 f. - *Anton Bruckner in London,* in: *Neues Wiener Tagblatt* 5. 12. 1936. - *Mit Anton Bruckner in Mayerling (Besichtigung),* in: *Neue Freie Presse* 2. 10. 1935. - *Mit Anton Bruckner in München,* in: *Die Propyläen* 27 (1930) S. 187. - *Reisen mit Anton Bruckner,* in: *Tagespost,* Linz 1930, Nr. 132. - *Hugo Wolf und Anton Bruckner. Ihre erste und letzte Begegnung,* in: *Neues Wiener Tagblatt* 28. und 29. 10. 1930.

Egsch, Karl siehe Kerschagl

Fellner, Anton   27, 42, 163, 221, 227
Artikel: *Aus dem Leben Anton Bruckners. Anekdoten,* in: Fellner, *Unser Oberdonau.* Berlin: Die Heimbücherei 1944, S.116 ff. - *Festkonzert des Linzer Musikvereines,* in: *Tagespost,* Linz, 19. 12. 1921. - *Eine notwendige Feststellung zur Bruckner-Pflege,* in: *Oberdonau* 2 (1942) F. 1, März-Mai.

Fraenkel (Fränkel), Alexander   29, 35 f.
(Jassy, Rumänien 9. 11. 1857 - Hinterbrühl b. Wien 16. 1. 1941), Studium in Wien, Operateur an der Klinik Billroth, Chirurg an diversen Spitälern. 1895-1929 Vorstand der Chirurgischen Abteilung der Wiener Allgemeinen Poliklinik, 1890 Habil. Chirurgie, 1917 tit. o. Prof., Schriftleiter der *Wiener klinischen Wochenschrift* und Autor wissenschaftlicher Werke. War ein Freund Bruckners aus der Ärzte-Runde im *"Riedhof".*

Führich, Carl (Karl)   184 f.
(Jamnitz, Mähren 24. 10. 1865 - Wien 30. 4. 1959), Komponist und Chordirigent, Schüler Bruckners am Konservatorium der Gesellschaft der Musikfreunde, später Chormeister

an der Wiener Singakademie und Regens chori der Basilika "Maria Treu" (Piaristenkirche). Er komponierte vor allem Chöre.

Fürstenberg, Vincenz Landgraf   86, 149
(Weitra 1. 8. 1847 - Enns 25. 12. 1896), verkehrte in den Kreisen der Linzer *"Meistersinger-Innung"*, wo er mit Bruckner bekannt wurde. Er war auch Mitglied der Tafelrunde beim *"Gause"*; einige Briefe Bruckners an ihn sind bekannt.

Furrer, Maria   140 f.
(1870 - 5. 3. 1956), lebte und starb in Sierning. In einem nicht näher identifizierbaren Zeitungsartikel *Von Bruckner geliebt und verehrt. Eine 83jährige plaudert über die mit Bruckner verlebten Stunden* (ORF 49) wurden ihre Erinnerungen an Bruckner geschildert. Siehe Garstenauer und Hutterer.

Die ganze Woche   65

Garstenauer, Auguste   140
Tochter Maria Furrers. Sierning; ORF 42 und 49.

Glinz, Anton   324
Linz; ORF 15

Göllerich, August   281, 292 f., 295; siehe auch Göll.-A.
(Linz 2. 7. 1859 - Linz 16. 3. 1923), Musikpädagoge, Dirigent des Musikvereins in Linz seit 1896, wo er auch die Leitung des Schubertbundes übernahm. Von Bruckner als Biograph erwählt, sammelte er eine Unmenge von Material. Nach seinem Tod führte Max Auer die vierbändige Biographie - Göllerich gab nur den 1. Band heraus - zu Ende (= Göll.-A.). Auch zu Franz Liszt hatte Göllerich eine enge Beziehung und schrieb über ihn zwei Bücher (Leipzig 1887 und Berlin 1908 mit Werkverzeichnis).
Buch: Göllerich-Auer (August Göllerich - Max Auer), *Anton Bruckner. Ein Lebens- und Schaffensbild.* Von August Göllerich, nach dessen Tod ergänzt und herausgegeben von Max Auer. Bd. 1 (1922) - 4 (1937) (= 9 Bde.) Regensburg: Gustav Bosse Verlag. Nachdruck 1974.
Artikel: *Aufruf zur Schaffung eines Bruckner-Denkmales in Linz.* Linz 1914. 2 Bl. - *Anton Bruckner,* in: *Neue Musikalische Rundschau* 1 (1896/97) S. 113-116; *Tagespost,* Linz 20. 10. 1896. - *Anton Bruckner +,* in: *Tagespost,* Linz 25. 10. 1896; Auszug: *Neue Musikalische Presse,* Wien 25. 10. 1896, S. 3. - *Dr. Anton Bruckner,* in: *Linzer Montagspost* 19. 10. 1896; *Harmonie,* Hannover 18. 11. 1899. - *Anton Bruckner. (Zur zehnten Wiederkehr des Todestages),* in: *Die Wage* 20 (1916/17) Nr. 40/41. - *Anton Bruckner. Zum 71. Geburtstage Richard Wagners,* in: *Deutsche Worte* 1884, S. 145-150; Göll.-A. 1 (1922) S. 14-29. - *Anton Bruckner,* in: *Bruckner-Bund* 1 (1922) H. 1, S. 1-4. - *Zum 25. Todestage Anton Bruckners,* in: *Bruckner-Bund* 1 (1922) H. 1, S. 1-4. - *Anton Bruckner. Die beim Bruckner-Commers nicht gehaltene Festrede,* in: *Deutsches Volksblatt* 13. und 15. 12. 1891. - *Zum fünfundzwanzigsten Todestag Anton Bruckners. Erinnerungen,* in: *In Memoriam Anton Bruckner.* Wien 1924. S. 66-83. - *Ein Fest musikalischen Fortschrittes,* in: *Deutsches Volksblatt* 1889, Nr. 58, S. 1 f., Nr. 62, S. 1 f., Nr. 63, S. 1 f. - *Anton Bruckner. 114. Psalm ...,* in: *Die Musik* 6/1 (1906/07) S. 36-45. - *Über Anton Bruckners "Te Deum". Entstehungszeit und Würdigung,* in: *Musica Divina* 9 (1921) S. 388 ff. - *Zur Erstaufführung des "Andante", einer Schularbeit Anton Bruckners,* in: *Tagespost,* Linz 21. 11. 1913, S. 10. - *Bruckners d-moll-Symphonie. Ein Beitrag zu ihrer Leidens- und Ruhmesgeschichte,* in: *Deutsche Zeitung,* Wien 10. 4. 1900. - *Das ursprüngliche Scherzo der "Romantischen". Thematische Darlegung,* in: *Der Merker* 3 (1912) S. 467-471. - *Ein Fest musikalischen Fortschrittes (Bruckners 7. Symphonie),* in: *Deutsches Volksblatt* 2. und 7. 3. 1889. - *Aufruf an alle Freunde Anton Bruckners (zu einer Bruckner-Biographie),* in:

Die Musik 1 (1901/02) S. 892; *Wiener Abendpost* 5. 3. 1902; *Deutsche Kunst- und Musik-zeitung* 29 (1902) Nr. 11, S. 85. - *Zur Einführung in das erste Linzer "Bruckner-Concert". 1. Bruckner-Concert. Brucknerstiftung des Gemeinderathes der Landeshauptstadt Linz. Programm.* 20. 3. 1898. - (Mit Gisela Göllerich) *Errichtung eines Bruckner-Denkmals*, in: *Zeitschrift für Musik* 100 (1933) S. 619 ff.

Göllerich, Franziska   72, 133
(geb. vor 1900), heiratete im Jahre 1924 August Göllerich jun. und verbrachte ihre Sommerurlaube im Hause der Schwiegereltern in Micheldorf a. d. Krems.

Göll.-A. (Göllerich-Auer)   1-4, 6, 8, 10, 18, 23 f., 29 f., 35 ff., 39 ff., 51, 53 f., 69 f., 75 f., 79, 81, 83-88, 90-94, 106-109, 111 f., 118, 121, 149-153, 155, 157, 166-170, 175 ff., 179 f., 182, 201 f., 204-210, 212, 223, 226, 239 ff., 248 ff., 254, 258, 260, 264 f., 267-271, 279 ff., 284, 287-294, 296 ff., 300, 306 f., 310, 313, 316, 320-323

Gräflinger, Franz   5, 15, 25, 31, 46, 49 f., 55, 61, 66, 97, 101, 103, 125, 131, 138, 143, 172, 174, 178, 183 f., 194 ff., 199 f., 216, 220, 230, 244, 253, 257, 285 f., 299, 301, 309, 311, 319
(Linz 26. 11. 1876 - Bad Ischl 9. 9. 1962), studierte an der Linzer Musikvereinsschule, wo er auch später als Lehrer wirkte. Er gehört zu den wichtigsten Brucknerforschern und veröffentlichte mehrere grundlegende biographische Werke.
Bücher: *Anton Bruckner. Bausteine zu seiner Lebensgeschichte.* München: Piper & Co 1911. 160 S. - *Anton Bruckner. Leben und Schaffen. (Umgearbeitete Bausteine).* Berlin: Hesse 1927. IV, 383 S. (Max Hesses illustr. Katechismen 84). - *Anton Bruckner. Sein Leben und seine Werke.* Regensburg: Bosse 1921. 150 S. (Deutsche Musikbücherei 20). - *Anton Bruckner, Briefe.* Ges. und hrsg. Regensburg: Bosse 1924. 172 S. (Deutsche Musikbücherei 49). - *Liebes und Heiteres um Anton Bruckner.* Wien: Wiener Verlag 1948. 128 S. - *Karl Waldeck. Komponist und Domkapellmeister in Linz. Mit Briefen von Anton Bruckner.* 2. Aufl. Linz: Mareis 1905. 23 S. (die 1. Aufl. erschien ohne Angabe des Verfassers).
Artikel: *Anton Bruckner als Briefschreiber*, in: *Die Musik-Woche* 4 (1936) Nr. 41, S. 7 f. - *Aus Bruckners Briefen*, in: *Musica Divina* 12 (1924) S. 87-91. - *Ein unbekannter Bruckner-Brief*, in: *Zeitschrift für Musik* 84 (1917) S. 7. - *Vier unveröffentlichte Briefe Anton Bruckners. Aus dem Kampf des Meisters um Anerkennung der Welt*, in: *Neues Wiener Tagblatt* 29. 1. 1939. - *Der Briefwechsel zwischen Bruckner und Herbeck*, in: *Münchner Neueste Nachrichten* 27. 11. 1922. - *Bruckner und sein Kopist. Mit sechs unveröffentlichten Briefen*, in: ebenda, Unterhaltungsbeilage *"Die Einkehr"* 13. 10. 1921, S. 230 f. - *Unbekannte Bruckner-Akten*, in: *Neues Wiener Tagblatt* 12. 1. 1943. - *Unbekannte Bruckner-Briefe. Bruckner an Hans Puchstein*, in: *Allgemeine Musikzeitung* 66 (1939) S. 450 f. - *Unbekannte Bruckner-Briefe*, in: *Die Furche*, Beilage *"Die Warte"* 2 (1946) Nr. 32. - *Unveröffentlichte Bruckner-Briefe*, in: *Neue Musikalische Presse* 14 (1905) Nr. 3, S. 38 f. - *Unbekannte Bruckner-Dokumente*, in: *Neue Musik-Zeitung* 46 (1925) S. 413-416. - *Anton Bruckner, seine Verleger und Honorare*, in: *Schweizerische Musikzeitung* 92 (1952) S. 408-412. - *Ein unbekanntes Brucknerbild*, in: *Zeitschrift für Musik* 96 (1929) S. 695 f.; *Bruckner-Blätter* 2 (1930) S. 51; *Das Orchester* 7 (1930) S. 121. - *Wie die Bruckner-Büste von Tilgner entstand*, in: *Oberösterreichische Nachrichten* 1949, Nr. 142; *Salzkammergut-zeitung* 64 (1958) Nr. 41. - *Anton Bruckner*, in: *Tagespost*, Linz, Unterhaltungsbeilage 1911, Nr. 13; *Zeitschrift der Internationalen Musikgesellschaft* 13 (1911/12) S. 209; *Monatshefte für katholische Kirchenmusik* 6 (1924) H. 6, S. 7 f. - *Beiträge zum Studium des Menschen Bruckner*, in: *Neue Musikalische Presse* 14 (1905) S. 244 ff., Forts.: *Ein Beitrag zum Studium des Menschen Bruckner*, S. 277 f. - *"Bitte innigst, retten Sie mich". Eine Episode von Anton Bruckners Leidensweg*, in: *Linzer Tagblatt* 1946, Nr. 214. - *Ehret euren Meister! Gedanken unläßlich des 25. Todestages Anton Bruckners*, in: *Tagespost*,

Linz 8. 10. 1921. - *Nachklänge zu Anton Bruckners Todestag*, in: *Oberösterreichische Nachrichten* 1946, Nr. 239. - *Anton Bruckners Bildungsgang*, in: *Zeitschrift für Musik* 88 (1921) S. 512-515. - *Bruckners Abstammung und Jugend (1824 - 1841)*, in: *Neue Zeitschrift für Musik* 78 (1911) S. 189-192. - *Ein unveröffentlichter Brief von Bruckners Vater*, in: ebenda 87 (1920) S. 146. - *Anton Bruckner und Hermann Levi. Sein "edelster Gönner und höchstberühmter Vater"*, in: *Österreichische Musikzeitschrift* 1 (1946) S. 301-304. - *Johann August Dürrnberger*, in: *Tagespost*, Linz, Unterhaltungsbeilage 15. 9. 1912. - *Die liebste Freundin Anton Bruckners gestorben (Marie Demar-Blaschek)*, in: *Oberösterreichische Nachrichten* 4. 7. 1946. - *Einstige Linzer Gesangsgrößen. (Josef Karl Weilnböck, Marie Kerschbaum)*, in: *Tagespost*, Linz 1913, Nr. 44 (Beilage). - *Otto Kitzler - Bruckners Lehrer in Linz*, in: *Linzer Volksblatt* 16. 3. 1934. - *Bruckners Lehrer in Linz. Zu Otto Kitzlers 25. Todestag*, in: *Neuigkeitsweltblatt* 28. 8. 1940. - *Anton Bruckners Widmungen*, in: *Österreichische Musikzeitschrift* 6 (1951) S. 278-281. - *V. J. v. Wöß über seine Erinnerungen an Anton Bruckner*, in: *Linzer Volksblatt* 13. 2. 1934. - *Karl Zappe. Der Begründer der öffentlichen Linzer Kammermusik*, in: *Linzer Volksblatt* 19. 2. 1938. - *Anton Bruckner in Linz und St. Florian*, in: *Österreichische Reisezeitung* 1931, März, S. 6-9, 15. - *Bruckner in St. Florian*, in: *Tagespost*, Linz 25. 5. 1928. - *Anton Bruckner und das Salzkammergut*, in: *Salzkammergutzeitung* 52 (1946) Nr. 41. - *Kunst und Kultur im Brucknerland: Bruckners Umwelt in Linz*, in: *Anbruch* 18 (1936) S. 101 f.; *Linzer Volksblatt* 11. 7. 1936. - *Anton Bruckner als Landschafter*, in: *Neue Musik-Zeitung* 42 (1921) S. 391 f. - *Anton Bruckner und seine Werke*, in: *Neue Musik-Zeitung* 30 (1909) S. 11-14. - *Bruckners Landschaft im Werk*, in: *Anbruch* 17 (1935) S. 162 f. - *Bruckners Werke in kultureller und geschichtlicher Beleuchtung*, in: ebenda 19 (1937) S. 178-182. - *Eine verschollene Festkantate von Anton Bruckner*, in: *Neue Musik-Zeitung* 31 (1910) S. 402 f. - *Messe D-Moll von Bruckner*, in: *Bruckner-Blätter* 2 (1930) S. 82 f. - *Die Heimat in Bruckners Symphonien. Zum heutigen Beginn des Brucknerfestes in Linz*, in: *Neues Wiener Tagblatt* 30. 6. 1939. - *Bruckners 8. Symphonie*, in: *In Memoriam Anton Bruckner*. Wien 1924, S. 100-113. - *Verschollene Jugendarbeiten Bruckners*, in: *Musica Divina* 9 (1921) S. 72 f. - *Ein Bruckner-Fund*, in: *Die Furche* 4 (1948) Nr. 39, S. 10. - *Ein neuentdecktes Werk Anton Bruckners*, in: *Münchner Merkur* 7. 9. 1949. - *Prof. Max Auer, der große Bruckner-Forscher aus Vöcklabruck*, in: *Linzer Tagblatt* 1950, Nr. 107. - *Die boykottierte Bruckner-Biographie. Ein Wort zur Abwehr an alle Bruckner-Freunde*. Wittenberg 1911. 14 S. - *Bruckner-Hundertjahrfeier in Klosterneuburg*, in: *Zeitschrift für Musik* 91 (1924) S. 644 f. - *Kunst und Kultur im Brucknerland*, in: *Signale für die musikalische Welt* 93 (1935) S. 502 f. - *Brucknerfest in Linz*, in: *Signale für die Musikalische Welt* 94 (1936) S. 476 f. - *Die Bruckner-Feststadt Linz a.d.D.*, in: *Oberösterreich* 3 (1936) S. 4-7. - *"Kunst und Kultur im Brucknerland." Österreichisches Bruckner-Fest in Linz*, in: *Anbruch* 18 (1936) S. 11 f. - *Donau-Festwoche. Brucknerfest in Linz-St. Florian-Steyr. (16. - 21. 7. 1937)*, in: *Münchener Neueste Nachrichten* 25. 7. 1937. - *Kunst und Kultur im Brucknerland. Bruckners Werke in kultureller und geschichtlicher Beleuchtung*, in: *Anbruch* 19 (1937) S. 178-182. - *Bruckner-Gedenktafel-Enthüllung in Kronstorf*, in: *Neue Zeitschrift für Musik* 80 (1913) S. 413. - (Mit Max Ebermann) *Ein tönendes Denkmal für Bruckner. Ein Aufruf*, in: *Neues Wiener Tagblatt* 4. 9. 1924. - *Als Anton Bruckner Modell stand*, in: *Neues Österreich* 14. 10. 1951. - *80. Gründungsfest des "Sängerbund Frohsinn"*, in: *Tagespost* Linz 8. 4. 1925. - *(Ein unbekannter Sinfoniesatz Bruckners)*, in: *Tagespost*, Linz 22. 11. 1913. - *Anton Bruckners letztes Wohnhaus in Linz*, in: ebenda 18. 1. 1923. - *Bruckner-Denkmalenthüllung in Ansfelden*, in: ebenda 21. 5. 1924. - *Ehrt euren Meister. Gedanken anläßlich des 25. Todestages Anton Bruckners*, in: ebenda 8. 10. 1921.

Grazer Sängerfest-Zeitung   189

Groeber, Heinrich   268
(Innsbruck 10. 3. 1850 - Wien 29. 9. 1934), Oberfinanzrat, Dr. iur., Karikaturist; siehe Abb. *"Küss d'Hand"* S. 91.

Hohenlohe-Schillingsfürst, Constantin Prinz 49, 153
(Schloß Wildek, Hessen 8. 9. 1828 - Wien 14. 2. 1896), trat 1848 in die österreichische Armee ein, 1875 Feldmarschalleutnant, 1883 Inhaber des Infanterieregimentes Nr. 87. Neben seiner militärischen Laufbahn 1865 Hofmarschall, 1866 provisorischer, seit 1867 definitiver Obersthofmeister als Nachfolger Fürst Liechtensteins und damit oberster Vorgesetzter der Hofkapell-Beamten. Er überbrachte Bruckner den mit einer Personalzulage von jährlich 300 Gulden verbundenen Franz Joseph-Orden am 9. 7. 1886 in die Heßgasse. Er hatte Bruckner als genialen Komponisten erkannt und ist Widmungsträger der *Vierten Symphonie* (WAB 104).

Hraby, Maria 145
Waidhofen; ORF 90.

Hruby, Carl 170, 239, 264, 283
(Wien 9. 8. 1869 - Wien 11. 8. 1940), Musikschriftsteller, Kapellmeister, Komponist; war Schüler Bruckners am Konservatorium der Gesellschaft der Musikfreunde in Wien. Buch: *Meine Erinnerungen an Anton Bruckner.* Wien: Friedrich Schalk 1901. 42 S. Artikel: *Meine Erinnerungen an Anton Bruckner*, in: *Österreichische Rundschau* 25. 2. 1901.

Huber, Anton 166
Schüler Bruckners.

Huber, Anton Paul 46
(Deutschkreutz 27. 10. 1852 - Groß-Stelzendorf 9. 2. 1936), Photograph Bruckners 1886, ca. 1890 und 1893 (vgl. Renate Grasberger, *Bruckner-Ikonographie. Teil 1: Um 1854 bis 1924*. Graz 1990, Nr. 22, 36 und 63); besaß mehrere Ateliers in Wiens Innenstadt.

Hutterer, Genoveva 140
Sierning; ORF 42.

Hynais, Cyrill 179, 270
(Wien 19. 3. 1867 - Wien 20. 12. 1913), Volksschullehrer in Wien; Komponist und Musikschriftsteller, 1883-1885 Kontrapunktschüler Bruckners am Konservatorium der Gesellschaft der Musikfreunde in Wien; Testamentszeuge Bruckners. Er bearbeitete den Klavierauszug von Bruckners *Symphonie f-Moll* (WAB 99) für die Universal-Edition, war Kopist der *Sechsten Symphonie* (WAB 106) und verfaßte außerdem die Klavierauszüge zum *150. Psalm* (WAB 38), zur *e-Moll-Messe* (WAB 27), zu *Helgoland* (WAB 71) sowie die erleichterten Klavierauszüge zur *Vierten* (WAB 104) und *Siebenten Symphonie* (WAB 107). Bruckner empfahl ihn für einen Lehrerposten am Konservatorium. Artikel: *Ein unbekannter Symphoniesatz von Anton Bruckner*, in: *Signale für die musikalische Welt* 71 (1913) S. 1561 ff.

Kachelmaier, Katharina 8, 30, 34, 88, 157
(Wien 17. 2. 1846 - Wien 23. 3. 1911), führte Bruckner in Wien nach dem Tod seiner Schwester Maria Anna den Haushalt und pflegte ihn in den Jahren seiner schweren Krankheit. Sie war eine einfache, praktische Frau, die sich durch seine Eigenheiten nicht abschrecken ließ.

Keldorfer, Max 235
(Salzburg 28. 4. 1864 - Wien 3. 1. 1939), Polizeidirektor; Schüler Rudolf Bibls und Bruckners, Ehrenchormeister des Wiedener Männerchores.

Kerschagl, Johann Nepomuk 254
Pseud. Karl Egsch; Hörer Bruckners am Konservatorium der Gesellschaft der Musikfreunde in Wien, Bürgerschullehrer.
Artikel: *Ein österreichischer Schulmeister. Biographischer Essay*, in: *Österreichische Schulzeitung* 7 (1894) Nr. 23, S. 385-390. - *Heitere Erinnerungen aus Bruckners Lehrstunden*, in: *Neue Musik-Zeitung* 32 (1911) S. 27.

Kietz, Gustav Adolph 319
(Leipzig 26. 3. 1824 - Laubegast b. Dresden 24. 6. 1908), Bildhauer, der mehrere Darstellungen Richard Wagners schuf, mit dem ihn eine herzliche Freundschaft verband. Seine 1873 modellierte Büste - in der Zeit, als er Bruckner kennenlernte - wurde nach Wagners Tod in der Villa Wahnfried aufgestellt. Seine Erinnerungen an Richard Wagner veröffentlichte er in dem Buch: *Richard Wagner in den Jahren 1842-1849 und 1873-1875. Erinnerungen* ... Aufgezeichnet von Marie Kietz. Dresden: Verlag Carl Reissner 1905. 225 S.

Kleinecke, Rudolf 164
Buch: *Musiker-Humor. Anekdoten und Geschichten von Künstlern und Bratlgeigern, von Hoftheatern und Schmieren, von Philharmonischen Konzerten und vom Fünfkreuzertanz.* Wien: Moritz Perles 1916.

Kleser, Hans 211
(1850-1901), Journalist in Köln, Verfasser des ersten größeren Aufsatzes über Bruckners Leben und Werk in einer deutschen Zeitung.
Artikel: *Anton Bruckner*, in: *Neue Musik-Zeitung* 7 (1886) S. 13 f.

Klose, Amalie 34
(Karlsruhe 13. 11. 1867 - Karlsruhe 29. 3. 1947), Pianistin und Musikpädagogin; Schwester des Bruckner-Schülers Friedrich Klose. Sie besuchte Bruckner in den Jahren 1887-1889 und 1895 häufig in seiner Wohnung.
Artikel: *Meine Begegnungen mit Anton Bruckner*, in: *Zeitschrift für Musik* 103 (1936) S. 1200 ff.

Klose, Friedrich 33 f., 41 f., 148
(Karlsruhe 29. 11. 1862 - Ruvigliana, Tessin 24. 12. 1942), 1886-1889 Privatschüler Bruckners, war später Kompositionslehrer in Basel (1906/07) und in München (1907-1919); seit 1919 lebte er in der Schweiz.
Bücher: *Bayreuth. Eindrücke und Erlebnisse.* Regensburg: Bosse 1929. 80 S. (Von deutscher Musik 43). - *Meine Lehrjahre bei Bruckner. Erinnerungen und Betrachtungen.* Regensburg: Bosse 1927. (Deutsche Musikbücherei 61).
Artikel: *Meine erste Begegnung mit Bruckner*, in: *Das Orchester* 7 (1930/31) S. 203-206; *Tagespost*, Linz 25. 7. 1931. - *Meine Lehrjahre bei Bruckner*, in: *Musica sacra* 57 (1927) S. 277-292. - *Mein künstlerischer Werdegang*, in: *Neue Musik-Zeitung* 39 (1918) S. 235-238. - *Zum Thema "Original und Bearbeitung" bei Bruckner* (tit. fict.) in: *Deutsche Musikkultur* 1 (1936/37) S. 222-225.

Kluger, Josef 2, 22, 92, 112
(Reitendorf, Mähren 24. 3. 1865 - Klosterneuburg 9. 11. 1937), 1885 Novize (1890 Priesterweihe) in Klosterneuburg, wo er Bruckner kennenlernte; Inskription an der Wiener Universität, 1896 Dr. der Theologie, 1903 Abt des Stiftes Klosterneuburg, später Generalabt.
Artikel: *Anton Bruckners Anteil an der Entwicklung der Kirchenmusik*, in: *Korrespondenzblatt für den katholischen Klerus Österreichs* 50 (1934) S. 77 f. - *Anton Bruckner*, in: *Musica Divina* 8 (1920) S. 25-31, 51-59. - *Anton Bruckner*, in: *Der Kunstgarten* 3 (1925) Nr.

6/7, S. 231. - *Anton Bruckner*, in: *Das Bundesblatt. Mitteilungen des Badischen Bruckner-Bundes* 3 (1935) Oktober; *Der Chorwächter* 61 (1936) S. 101-106. - *Bruckner in Klosterneuburg*, in: *Klosterneuburg, Stadt und Stift* 1928, S. 38. - *Anton Bruckner und das Stift Klosterneuburg*, in: *In Memoriam Anton Bruckner*. Wien 1924, S. 114-132. - *Meister Bruckner*, in: *Das neue Reich* 13 (1931) S. 501. - *Bruckners Leidensweg*, in: *Musica Divina* 12 (1924) S. 67-72. - *Schlichte Erinnerungen an Anton Bruckner*, in: *Jahrbuch des Stiftes Klosterneuburg* 3 (1910) S. 107-137; *Musica Divina* 8 (1920) S. 25-31, 51-59.

Krzyzanowski, Rudolf   25
(Eger 5. 4. 1862 - Graz 20. 6. 1911), Kapellmeister in Halle/Saale, Elberfeld, München, Prag, Hamburg und 1898-1907 in Weimar. Er war mit Gustav Mahler befreundet und gab mit ihm den Klavierauszug von Bruckners *Dritter Symphonie* (WAB 103) heraus.

Lanz, Engelbert   289
(Waizenkirchen 23. 9. 1820 - Linz 12. 10. 1904), Musiklehrer und Komponist, mit Bruckner befreundet, bereitete die Uraufführung der *e-Moll-Messe* (WAB 27) in Linz am 29. 9. 1869 am Domplatz vor und dirigierte auch die *Festkantate* (WAB 16) in Linz am 1. 5. 1862. Er vermittelte den Kontakt Bruckners zu Liszt.

Lanzenstorfer, Fritz   144
(Wien 1876 - Wien 3. 4. 1951), späterer Besitzer des Photoateliers Huber (zuletzt Wien 1, Rotenturmstraße). Er hat Bruckner um 1890 photographiert (als Mitarbeiter im Atelier Huber); siehe auch Gertrud Henisch-Komma.

Lassmann, Marianne   44
Linz; ORF 134; siehe auch Charwat.

Latzelsberger, Josef   166
(Allhartsberg, NÖ 11. 1. 1849 - Wien 27. 5. 1914), Komponist, seit 1875 Regens chori an der Kirche Maria vom Siege in Wien. Er war einer der frühesten Schüler Bruckners am Konservatorium der Gesellschaft der Musikfreunde in Wien.
Artikel: *Aphorismen über Prof. Dr. Anton Bruckner*, in: *Deutsche Kunst- und Musik-Zeitung* 27 (1900) S. 126, 138.

Leibenfrost, Franz   245
Traismauer; ORF 32.

Lichtenberg, Reinhold Frh. v.   3
(Fiume 15. 12. 1865 - Schloß Neubeuern/Inn, Bayern 28. 5. 1927), Kunsthistoriker.

Linzer Tagblatt   117

Linzer Volksblatt   165

Löschenkohl, Moritz   73
Ternberg; ORF 103.

Löwe, Ferdinand   41, 131, 167
(Wien 19. 2. 1863 - Wien 6. 1. 1925), Dirigent, studierte bei Bruckner am Konservatorium der Gesellschaft der Musikfreunde in Wien (GdM) und war seit 1884 dort Lehrer für Klavier sowie seit 1894 für Chorgesang. 1896-1898 Dirigent des Singvereins der GdM, 1897/98 Leiter des Münchner Kaim-Orchesters, 1898/99 Kapellmeister an der Wiener Hofoper, 1900-1904 Leiter der Gesellschaftskonzerte der GdM, Mitgründer und Chefdirigent (1900-1925) des Wiener Concertvereins-Orchesters, 1908-1914 Leiter des Münchner

Konzertvereins-Orchesters, 1919-1922 Direktor der Wiener Musikakademie. Von Löwe stammen mehrere Klavierbearbeitungen von Bruckner-Symphonien, zum Teil gemeinsam mit Josef Schalk bzw. Josef V. Wöß.
Artikel: *Über die Interpretation Bruckner'scher Symphonien*, in: *In Memoriam Anton Bruckner*. Wien 1924, S. 143 ff.; *Anbruch* 18 (1936) S. 103 f. - *Zum Wiener Bruckner-Fest. Erinnerung an Merkstellen der Bruckner-Literatur*, in: *Anbruch* 18 (1936) S. 177-181.

Loidol, P. Oddo OSB (Rafael)   249
(Alberndorf 30. 12. 1858 - Kremsmünster 31. 1. 1893), Komponist, Organist, besuchte 1879/80 die Vorlesungen bei Anton Bruckner an der Universität Wien und wurde einer seiner Lieblingsschüler. Er trat 1880 ins Stift Kremsmünster ein, und zur Primiz am 28. 5. 1885 widmete Bruckner ihm das *"Christus factus est"* (WAB 11) und das *"Locus iste"* (WAB 23). P. Loidol hat über die Besuche Bruckners im Stift Kremsmünster Aufzeichnungen hinterlassen.

Luze, Karl   234
(Altenmarkt 4. 8. 1864 - Wien 8. 2. 1942), Hofsängerknabe, besuchte das Piaristengymnasium und besuchte das Konservatorium der Gesellschaft der Musikfreunde in Wien als Schüler Bruckners. 1882 wurde er Bassist der Hofkapelle und der Wiener Hofoper, 1883 Korrepetitor, Chordirigent der Hofoper, wo er durch 42 Jahre wirkte. 1903-1918 Hofkapellmeister, Chormeister des Wiener Männergesang-Vereins.

Mahler, Alma   26, 110, 197
(Wien 31. 8. 1879 - New York 11. 12. 1964), Tochter des Wiener Malers Emil Schindler; heiratete 1902 Gustav Mahler, 1915 - nach einer leidenschaftlichen Beziehung zu Oskar Kokoschka - Walter Gropius und 1929 Franz Werfel, emigrierte mit ihm über Frankreich und Spanien 1940 in die USA.

Mahler, Gustav   197, 296
(Kalischt, Böhmen 7. 7. 1860 - Wien 18. 5. 1911), besuchte das Konservatorium der Gesellschaft der Musikfreunde in Wien und die Universität Wien, gehörte in seiner Wiener Zeit zum engsten Verehrerkreis Bruckners, setzte sich später - auch im Ausland - für dessen Werke ein und ermutigte ihn, sich nicht durch die Korrekturversuche der Brüder Schalk u. a. beirren zu lassen. Er arrangierte den Klavierauszug (4hdg.) der *Dritten Symphonie* (WAB 103) Bruckners zusammen mit Rudolf Krzyzanowski; siehe auch Mahler, Alma.

Marschner, Franz   12, 37, 76, 149, 169, 208, 241, 258, 270, 279, 288, 291, 310, 320
(Leitmeritz, Böhmen 26. 3. 1855 - Weißpyhra b. Pöggstall, NÖ 22. 8. 1932), Pianist, Organist, Komponist, 1883-1885 Schüler Bruckners am Konservatorium der Gesellschaft der Musikfreunde in Wien im Fach Kontrapunkt.
Artikel: *Erinnerungen an Anton Bruckner*, in: *Österreichisch-ungarische Revue* 30 (1903) S. 1-47. - *Hugo Wolf's Begräbnis. Anton Bruckners "Wiederkunft" (Aufführung der 9. Symphonie)*, in: *Neue Zeitschrift für Musik* 70 (1903) S. 259 f.
Lit.: Ernst Schwanzara, *Prof. Dr. Franz Marschner +. Ein hervorragender Schüler Anton Bruckners*, in: *Bruckner-Blätter* 4 (1932) S. 40 f.

Mayr, Mathilde   136

Meißner, Anton   81, 83, 271
(Wien 15. 10. 1862 - Wien 22. 9. 1945), Sohn eines Fleischhauers, besuchte die Handelsfachschule, 1876 Studien am Konservatorium der Gesellschaft der Musikfreunde in Wien

bei Bruckner zusammen mit Franz Schalk. In der Zeit der Krankheit Bruckners war Meißner dessen vertrauter Freund und Sekretär, der den Todestag Bruckners miterlebte.
Artikel: *Anton Meisners Bruckner-Erinnerungen. Aus den Aufzeichnungen Anton Meisners,* in: *Die Furche,* Beilage *"Die Warte"* 2 (1946) Nr. 42, S. 1 f.; *Die Furche. Jahrbuch 1947,* S. 78-87.
Lit.: Erich W. Partsch, *Anton Meißner, der letzte "Sekretär" Bruckners,* in: *Bruckner-Jahrbuch 1984/85/86.* Linz 1988, S. 63 ff.

Millenkovich-Morold, Max v. 8
(Wien 2. 3. 1866 - Baden b. Wien 5. 2. 1945), studierte Jus, Schriftsteller (Pseud.: Morold), wurde 1898 als Ministersekretär an das Unterrichtsministerium berufen, leitete die Kunstsektion und wurde als Nachfolger Hugo Thimigs 1917 für ein Jahr Direktor des Wiener Burgtheaters.
Buch: Morold, *Anton Bruckner.* Leipzig: Breitkopf & Härtel 1912. 63 S. (B. & H. Musikbücher 1. Kleine Musikerbiographien.)
Artikel: *Anton Bruckner,* in: *Zeitschrift für Musik* 103 (1936) S. 1177-1180. - *Anton Bruckner in Linz, Festansprache,* in: *Tagespost,* Linz 6. 5. 1932. - *Anton Bruckner und wir,* in: *Völkischer Beobachter* 30. 6. 1939. - *Der wahre Bruckner?,* in: *Zeitschrift für Musik* 103 (1936) S. 533-537. - *Die Bruckner-Fahrt der Wiener Meistersänger,* in: *Deutschösterreichische Tages-Zeitung* 16. und 22. 7. 1924. - *Meine Begegnung mit Bruckner,* in: *Der getreue Eckart* 18 (1940/41) Beilage, S. 82 ff. - *"Festspruch",* in: *Musica Divina* 12 (1924) S. 65 f. - *Das Bruckner'sche Finale,* in: *Die Musik* 6/1 (1906/07) S. 28-35. - *Noch einiges zur Bruckner-Frage,* in: *Zeitschrift für Musik* 103 (1936) S. 1187-1191. - *Vorbericht zum letzen Band der autorisierten Biographie Anton Bruckners von August Göllerich - Max Auer,* ebenda 101 (1934) S. 1266 f. - *Zum Gedächtnisse Anton Bruckners,* in: *Der Kunstwart* 20 (1906) H. 2, S. 98 ff. - *Zum 10. Todestage Anton Bruckners,* in: *Österreichische Rundschau* 8 (1906) S. 401-405.

Mittermayer, Maria (Karl) 17
Weyer; ORF 37.

Morgenpost, Brünn 115, 276, 314

Moser, Ludwig 158
(Linz 26. 8. 1869 - Wien 7. 3. 1938), Komponist, erhielt seine musikalische Ausbildung zuerst in Salzburg, dann in Wien am Konservatorium der Gesellschaft der Musikfreunde bei Bruckner. Er erblindete früh und wurde Lehrer der Kriegsblinden in Wien.
Im Fonds Gräflinger in der Musiksammlung der Österreichischen Nationalbibliothek finden sich seine ungedruckten Erinnerungen an Bruckner.
Artikel: *Bruckner-Erinnerungen.* Mschr. Wien: Österreichische Nationalbibliothek, Musiksammlung F 30 Gräflinger 615.

Mottl, Felix 199
(Unter St. Veit bei Wien 24. 8. 1856 - München 2. 7. 1911), Dirigent, Komponist, studierte am Konservatorium der Gesellschaft der Musikfreunde in Wien bei Bruckner, Hellmesberger u. a., leitete den Wiener Akademischen Wagner-Verein und wurde 1881 Nachfolger Otto Dessoffs in Karlsruhe, 1893 Generalmusikdirektor. Er dirigierte 1886-1906 in Bayreuth und war seit 1903 Generalmusikdirektor in München. 1904 übernahm er die Direktion der Kgl. Akademie der Tonkunst in München, 1907 wurde er Direktor der Münchner Hofoper.

Der Mühlviertler 80, 139

Müller, Franz Xaver   80
(Dimbach, OÖ 10. 5. 1870 - Linz 3. 2. 1948), Komponist und Organist in St. Florian, Nachfolger Josef Grubers. 1880-1883 Sängerknabe in St. Florian, wo er Bruckner kennenlernte. 1890 trat er als Chorherr in St. Florian ein, Priesterweihe am 28. 7. 1895.
Artikel: *Anton Bruckner*, in: *Oberösterreichische Männergestalten aus dem letzten Jahrhundert*. Linz 1926, S. 91-95, Abb. - *Anton Bruckner im Spiegel seiner Messen*, in: *Bruckner-Blätter* 4 (1932) S. 17 ff. - *Anton Bruckner und das Mühlviertel*, in: *Der Mühlviertler* 25. 7. 1946. - *Anton Bruckner von seiner ethischen Seite*, in: *Oberösterreichische Nachrichten* 23. 7. 1946. - *Persönliche Erinnerungen an Meister Antonius*, in: *Linzer Volksblatt* 12. 10. 1946. -*Bruckners Messen*, in: *Musica Divina* 20 (1932) S. 49-52. - *Der Musikant Gottes*, in: *Oberösterreich* 2 (1935) H. 1, S. 38 ff. - *Bruckners Requiem*, in: *Bruckner-Blätter* 2 (1930) S. 80 ff. - *Bruckners Umwelt in Linz*, in: *Linzer Volksblatt* 14. 7. 1936. - *Warum lieben wir Bruckner?*, in: *In Memoriam Anton Bruckner*. Wien 1924, S. 193-201.

Neues Österreich   113 f.

Newald-Grasse, Anny v.   50
(Wien 17. 2. 1875 - Wien 7. 2. 1952), Schriftstellerin und Pianistin. Langjähriger Aufenthalt in Melk, hat das Kulturleben in der Wachau als Musikpädagogin gefördert. War später Bezirksrätin in Wien und in der Fürsorge tätig.
Artikel: *Anekdotisches von Bruckner*, in: *Der Merker* 6 (1915) S. 190-194. - *Neue Bruckneriana*, in: *Neue Musikalische Presse* 15. 2. 1908.

Nicodé, Jean Louis   23
(Jerczik b. Posen 12. 8. 1853 - Langebrück b. Dresden 5. 10. 1919), wurde 1878 Lehrer für Klavierspiel am Dresdner Konservatorium. 1885-1888 leitete er die Dresdner Philharmonischen Konzerte, trat für die Moderne ein und war begeisterter Anhänger von Wagner und Bruckner. Er führte am 27. 8. 1895 Bruckners *Achte* (WAB 108) in Dresden auf; leider konnte Bruckner aus gesundheitlichen Gründen nicht mehr der Aufführung beiwohnen.

Oberdonau-Zeitung   236

Oberleithner, Max v.   175
(Mährisch-Schönberg 11. 7. 1868 - Mährisch-Schönberg 5. 12. 1935), Sohn eines reichen Fabrikanten, Opernkomponist, studierte an der Wiener Universität, war 1890-1895 auf Empfehlung von Felix Mottl Privatschüler Bruckners. Nach seinen Studien ging er 1895 nach Teplitz als Theaterkapellmeister, 1896/97 nach Düsseldorf und blieb danach meist in Wien. Bruckner widmete ihm seinen *Psalm 150* (WAB 38).
Buch: *Meine Erinnerungen an Bruckner*. Regensburg: Bosse 1933. 80 S., Taf.
Artikel: *Persönliche Erinnerungen an Bruckner*, in: *Neue Freie Presse* 4. 9. 1924.

Ochs, Siegfried   111, 121, 125, 260, 285
(Frankfurt/M. 19. 4. 1858 - Berlin 6. 2. 1929), Dirigent und Komponist, studierte zuerst Chemie, dann Musik in Berlin, wurde von Hans v. Bülow gefördert und gründete 1882 in Berlin den *Siegfried Ochs'schen Gesangverein*, der 1888 in *Philharmonischer Chor* umbenannt wurde. Dieser Chor führte Bruckners *Te Deum* (WAB 45) auf.
Bücher: *Geschehenes, Gesehenes*. Leipzig-Zürich: Grethlein & Co 1922. 427 S. Bruckner u. a. S. 306 ff., 313-317. - *Anton Bruckners Te Deum*. Berlin: Schlesinger o.J. 10 S.; auch in: *Bruckner's Symphonien (und Te Deum) erläutert mit Notenbeispielen*. Berlin-Wien 1908, S. 200-204.
Artikel: *Wie soll man Bruckner aufführen?*, in: *Organon* 4 (1927) S. 69 f.

Oehn, Carl Bernhard   316
(Linz 24. 7. 1858 - Wien 19. 5. 1923), studierte in Wien Handelswissenschaft und trat
1877 bei einer Sparkasse ein; er war Schüler Bruckners in Musiktheorie und gehörte dem
Wiener Akademischen Wagner-Verein an.

ORF (Österreichischer Rundfunk), "Gesucht: Anton Bruckner"   11, 17, 44 f., 60,
73, 134 f., 137, 140, 145 ff., 173, 231, 233 ff., 237 f., 245, 324
*ORF-Aktion für die Bruckner-Forschung im Zusammenhang mit dem Projekt "Radio
Bruckner" am 4. September 1977.*
Der Bestand befindet sich im Anton Bruckner Institut Linz (ABIL) und ist hier nach den
Familiennamen der Informanten aufgenommen.

Papier-Paumgartner, Rosa   52, 268, 278, 298
(Baden b. Wien 18. 9. 1858 - Wien 9. 2. 1932), verheiratet mit dem Pianisten und Musik-
referenten Hans Paumgartner, Mutter des Dirigenten Bernhard Paumgartner. Anläßlich
der Uraufführung des *Te Deum* (WAB 45) gab sie Bruckner Ratschläge für die Besetzung
der Gesangspartien. Sie war wegen eines Halsleidens nur bis 1891 Mitglied der Wiener
Hofoper und wurde dann Gesangslehrerin am Konservatorium der Gesellschaft der Musikfreunde in Wien.

Pascher, Hertha   147
Linz; ORF 116.

Pembaur, Josef   168, 204
(Innsbruck 23. 5. 1848 - Innsbruck 19. 2. 1923), wurde 1870 Schüler Bruckners am Konservatorium der Gesellschaft der Musikfreunde in Wien.
Artikel: *Ein Beitrag zum Studium des Menschen Bruckner*, in: *Neue Musikalische Presse*
14 (1905) S. 277 f. - *Messe in D-dur* [sic] *von Anton Bruckner*, in: *Musikalische Rundschau. Neue Wiener Musik-Zeitung* 7 (1892) Beilage *Blätter für Kirchenmusik* Nr.1, S.1 f.

Pietschmann, Grete, geb. Keldorfer   235
Wien; ORF 87.

Preibsch, Magda   137
Neuhofen; ORF 47.

Rabenlechner, Michael M.   176
(Wien 12. 7. 1868 - Wien 27. 10. 1952), Schriftsteller und Literaturhistoriker.
Artikel: *Erinnerung an Anton Bruckner*, in: *Linzer Volksblatt* 31. 8. 1935. - *Der Musikant
Gottes. Eine Bruckner-Erinnerung*, in: *Reichspost* 24. 4. 1926.

Richter, Walter   195, 229
Artikel: *Anekdoten um Bruckner*, in: *Tagespost*, Linz 3. 10. 1931.

Röckl, Anton   237
Klavierstimmer.

Roßboth, Magdalena und Vitus   232
Linz; ORF 135.

Schell-Noé, Margarete   186
(Wien 2. 6. 1905 - Herbst 1995), Schauspielerin, lebte zuletzt in Preitenegg, Kärnten.

Schiffner, Friedrich   242
(Enns 5. 6. 1824 - Waidhofen/Ybbs 13. 3. 1886), Komponist und Kapellmeister; Sohn
des Ennser Thurnermeisters Alois Schiffner, Freund Bruckners.

Lit.: Edmund Frieß, *Anton Bruckner und Friedrich Schiffner*, in: *Heimatgaue* 5 (1924) S. 260. - Elisabeth Maier - Franz Zamazal, *Anton Bruckner und Leopold von Zenetti* (Anton Bruckner. Dokumente und Studien 3). Graz 1980, S. 46, 106, 176, 179, 205.

Schneidergruber, Johann   11
Puchenau; ORF 29.

Die schönsten Gebete   82

Schöppl, M.   312

Schwanzara, Ernst   21
(Wien 18. 12. 1873 - Wien 21. 12. 1954), Ingenieur, Bau-Oberkommissär bei der Post- und Telegraphendirektion für Nierdrösterreich; 1891/92 Studienbeginn an der Universität Wien, Vorlesungen bei Bruckner über Harmonielehre und Kontrapunkt.
Buch: (Hrsg.) Anton Bruckner, *Vorlesungen über Harmonielehre und Kontrapunkt an der Universität Wien*. Wien: Österreichischer Bundesverlag 1950. 287 S., Beilage 31 S.
Artikel: *Anton Bruckner als Lektor für Harmonielehre und Kontrapunkt an der Universität Wien*, in: *Musikerziehung* 3 (1949/50) S. 7-11. - *Anton Bruckners musikalischer Bildungsgang* und *Anton Bruckner auf akademischem Boden*, in: Anton Bruckner, *Vorlesungen über Harmonielehre und Kontrapunkt an der Universität Wien*. Wien 1950, S. 17-21 und 34-98. - *Anton Bruckner und die reine Stimmung*, in: *Österreichische Musikzeitschrift* 4 (1949) S. 260-263. - *Neue Bruckner-Forschungen. Die Vorfahren stammen aus Niederösterreich*, in: *Neues Wiener Tagblatt* 9. 1. 1932. - *Das Bruckner-Haus bei Amstetten*, in: *Neues Wiener Abendblatt* 1933, Nr. 184. - *Prof. Dr. Franz Marschner +. Ein hervorragender Schüler Anton Bruckners*, in: *Bruckner-Blätter* 4 (1932) S. 40 f. - *Anton Bruckners Stamm- und Urheimat*, in: Göll.-A. 4/4, S. 135-222 (auch selbständig erschienen: Regensburg: Bosse 1937, 94 S. 6 Taf., Faks.) - *Anton Bruckners Urahnen - niederösterreichische Bauern. Richtigstellung eines Irrtums*, in: *Bruckner-Blätter* 5 (1933) S. 11 ff., 22. - *Die Urheimat Anton Bruckners im Amstettener Bezirk*, in: *Amstettner Nachrichten* 6. und 13. 8. 1933. - *Anton Bruckners erste Vorlesung*, in: *Neues Wiener Tagblatt* 2. 1. 1935.

Sechter, Moritz   54
Lehrer, Präsident des deutschen Böhmerwald-Bundes in Wien; Neffe Simon Sechters (1788-1867).
Lit.: *Neue Freie Presse* 13. 8. 1907.

Seling, Emil   207, 240
(Wien 25. 11. 1868 - ?), 1889/90 Privatschüler Bruckners, 1890 Gesangslehrer am Wiener Akademischen Gymnasium und Orgellehrer an der Theresianischen Akademie, später Musikdirektor in Karlsbad; 1927-1935 Lehrer an der Berliner Musikhochschule.

Sergl-Sorelli, Josef   135
(? - Sierning b. Steyr 8. 4. 1951), 1908 Sänger an der Wiener Volksoper, 1918-1920 und 1921-1936 Direktor des Stadttheaters Steyr; nach der Schließung (1936) arbeitete er bei den Steyr-Werken.

Stetten, Peppina v., geb. Kaulbach   287
Schliersee; Tochter des Münchner Malers Hermann Kaulbach.

Stöger, Sepp   18 f., 212
(Steyr 21. 1. 1869 - Steyr 30. 4. 1938), Friseur, Dialektdichter; seit 1895 eigener Salon in Steyr.
Buch: *"A so sán má."* Mundartdichtungen und Bruckner-Erinnerungen aus Ober-Österreich 2. Steyr: Vereinsdruckerei Steyr 1937. 116 S.

REGISTER

A. C. K. 201 f., 205
Abel, Heinrich SJ 60
Abheiter (Kapellmeister) 102
Admont 47 f.
-, Stift 47 f.
Admont, Prälat 47 f.
Aigner, Karl 135
d'Albert, Eugène 73
Almeroth, Carl 33, 51, 79, 130, 135,
 151, 184 f.
Altpernstein, Burg 53
Amalie von Bayern siehe Bayern
Amerika 19, 56
Anderle, Johann Gabriel 161
Anna ... (Tante Franziska Göllerichs) 81
Ansfelden 50, 145, 160
Antonicek, Theophil 227, 239
Anzengruber, Maria 87, 89
Armand, Bruder (Kremsmünster) 147
Arneth, Michael 27 f., 133
Attersee 141
Auber, Daniel François Esprit 130, 171
Auer, Max 20, 225, 227

B., F. Ritter v. 143
Bach, Johann Sebastian 123, 125, 176,
 254
Bachmann, Louise George 247
Bad Ischl 12, 98, 126
Bad Kreuzen 54
Bartsch, Rudolf Hans 249
Batka, Richard 145, 181, 186
Bayer, Franz 17, 33 f., 47 f., 66, 79
Bayern, Amalie Prinzessin 61, 92
-, Ludwig II. König 64, 69
-, Maximilian Emanuel Herzog 61
Bayreuth 13, 48 ff., 62, 115, 131, 178,
 187 f., 190 ff., 243
-, Evangelische Christuskirche 62
-, Festspielhaus 49, 187, 190 ff.
-, "W. Köhler. Zum Goldenen Anker"
 190
-, "Wahnfried" 49, 187 f., 190 ff.
Beethoven, Ludwig van 11, 23, 26, 66,
 82, 107, 109, 116, 125, 149 f., 154,
 157-161, 172, 181, 183, 186 f., 191,
 193, 240, 243, 250
Beranek, Gertrud 105
Bératon, Ferry 152
Berlin 72 f., 76 f., 173, 186, 199
-, Hotel "Kaiserhof" 72 f.
-, Philharmonischer Chor 76, 173

-, Singakademie 78
Berlin-Charlottenburg 74
Berlioz, Hector 161
Bernuth, Julius 180
Best, William Thomas 124
Bibl, Rudolf 138
Billroth, Theodor 32
Binder (Billeteur) 27
Biswanger, Oskar 88
Blaschek, Wilhelm 71
Blaschek-Demar, Marie siehe Demar
Blasl, Cäcilie 47, 140
Bloch, Ernst 250
Böhler, Otto 148, 193 f.
Bonn 186
Brahms, Johannes 11, 73, 136, 150, 161-
 167, 169 ff., 176, 180 f., 195, 241
Bronnen, Renate 257
Bruckner, Anton (Vater) 60
Bruckner, Anton: Werke
 (nach WAB-Nummern)
 Kirchenmusik allgemein 93, 125, 246,
 248
 Christus factus est (WAB 11) 146
 Locus iste (WAB 23) 146
 Messen allgemein 138, 245
 Messe d-Moll (WAB 26) 66, 246
 Messe e-Moll (WAB 27) 39
 Messe f-Moll (WAB 28) 60, 65, 247
 Missa solemnis b-Moll (WAB 29) 12
 Os Justi (WAB 30) 146
 Te Deum (WAB 45) 17, 22, 34, 39,
 62, 64 f., 73, 76 ff., 146, 150, 154 f.,
 173, 179, 186, 237 f., 241, 244, 247 f.,
 250
 Virga Jesse (WAB 52) 146
 Germanenzug (WAB 70) 181 f., 205
 Träumen und Wachen (WAB 87) 146
 "Vaterlandsliebe" siehe Vaterlandslied
 Vaterlandslied (WAB 92) 157
 Symphonien allgemein 65, 80, 82, 92
 f., 109 f., 117, 125, 146, 164, 169,
 176, 179, 187, 190, 245 f., 248, 251 f.
 1. Symphonie (WAB 101) 12, 80, 145
 2. Symphonie (WAB 102) 164, 177 f.,
 250
 3. Symphonie (WAB 103) 24, 80, 109,
 145 f., 167, 171, 187 f., 190 f., 193,
 250
 4. Symphonie (WAB 104) 80, 112,
 145, 176, 199
 5. Symphonie (WAB 105) 110, 247,
 250

Uhde, Fritz v. 184 f.
Urfahr siehe Linz-Urfahr

Venedig 191
Verdi, Giuseppe 186
Victoria, Tomás Luis de 65
Viertl (Hutmacher) 17
Vockner, Irene 57, 113, 166
-, Josef 57, 113, 126, 162, 166
Vöcklabruck 27, 45 ff., 92, 105, 134
"Vogerl" siehe Vogl, Theodor
Vogl, Johann Michael 235
Vogl, Theodor 111 f.
Von der Mattig, Heinrich (Pseud.) siehe
  Wallmann
Vornehm, Karl 82

Wachter, Amalie 140
"Wagerl" siehe Almeroth
Wagner, Cosima 178, 188 f., 193, 242
-, Eva 188 f.
-, Richard 18, 23, 41, 48 f., 60, 69, 82,
  89, 92, 110, 116, 120, 125, 145, 149,
  155, 163, 167, 169, 171 f., 174, 178,
  181, 184, 187 f., 190-193, 195, 238,
  240, 242 f.
Wagner, Manfred 211, 213, 215
Walcker (Orgelbauer, Ludwigsburg) 134
Wallaschek, Richard 205
Wallmann, Dr. Heinrich 32
Weber, Carl Maria v. 46
Weichesmüller, Roland 37, 81
Weimar 176 f.
Weißenbach/Attersee 46
Weißgärber-Fröhlich, Beatrix 257
Wels 94
Weltblatt 51
Wetti, Frl. (Köchin bei Hanslick) 172
Wien 11, 13 f., 16-19, 21, 25, 27, 36,
  38, 40, 44 f., 48 f., 55, 57, 60, 62, 65,
  67 ff., 71, 82, 92, 94, 97, 104, 108,
  110, 115, 117, 127, 134, 137, 140,
  143-147, 150, 154, 160, 167, 169 f.,
  172 - 175, 177 ff., 181, 183, 190,
  192 f., 196 f., 207, 238, 242
-, Ackerbauministerium 71
-, Akademie der Wissenschaften 33, 51
-, Allgemeines Krankenhaus 178
-, Belvedere 96
-, Burgtheater 35 f.
-, "Café Europe" 59
-, "Demel" (Konditorei) 140
-, Deutsches Volkstheater 102
-, Eisenbahnministerium 48

-, "Gause" (Gasthaus) 34 f., 38, 143,
  153, 157, 170
-, Gesellschaft der Musikfreunde 90,
  106, 109, 145 f., 162, 165, 196
-, Heinrichshof 102, 144
-, Hochschule für Musik siehe Wien,
  Musikakademie
-, Hofburg 92, 95
-, Hofkapelle 94 f., 125, 127, 140, 199
-, Hofoper 69, 102, 144, 149, 169, 190,
  195
-, Hotel Elisabeth 34
-, Institut Winterberg 71
-, Jesuitenkollegium an der Alten Univer-
  sitätskirche 61
-, Jesuitenkollegium Kalksburg 60
-, Konservatorium der Gesellschaft der
  Musikfreunde 16, 24, 27, 37, 67, 71,
  86, 92, 94, 101 f., 105, 111, 114-117,
  119 f., 123, 146, 149, 170, 181, 183,
  196
-, Künstlerhaus 184 f.
-, "Kugel" (Gasthaus) 27
-, Landesgericht 52
-, Lehrerinnenbildungsanstalt St. Anna 79
-, "Möbus" (Restaurant) 34
-, Musikakademie 199
-, Piaristenkirche 24, 140
-, Piaristenkonvikt 140
-, "Riedhof" (Gasthaus) 30, 32 f., 52
-, Ringtheater 56 ff.
-, "Rohrerhütte" 34
-, "Ronacher" siehe Stadttheater
-, St. Anna siehe Lehrerinnenbildungs-
  anstalt
-, St. Augustin 60, 126, 134
-, St. Peter 134
-, St. Stephan 98
-, Schottenhof 177
-, Spanische Hofreitschule 139
-, Stadttheater 57
-, Theresianische Akademie
-, Universität 33, 59, 65, 102, 105, 107,
  115, 119 f., 135 ff., 143, 155, 170 f.,
  181
-, Votivkirche 125, 134
-, Währing 158
-, Währinger Friedhof 158, 160, 181
-, Zentralfriedhof 158
-, Zivil-Mädchen-Pensionat 170
-, "Zum goldenen Sieb" (Gasthaus) 37
-, "Zum roten Igel" (Gasthaus) 162, 164,
  166 ff.
-, "Zur Stadt Brünn" (Gasthaus) 126

ANTON BRUCKNER

Herausgegeben vom Anton Bruckner Institut Linz (ABIL):

ANTON BRUCKNER. DOKUMENTE UND STUDIEN

BRUCKNER-VORTRÄGE

Herausgegeben vom Anton Bruckner Institut Linz (ABIL)
und der Linzer Veranstaltungsgesellschaft mbH (LIVA):

BRUCKNER-SYMPOSION. BERICHTE

BRUCKNER-JAHRBUCH

 **MUSIKWISSENSCHAFTLICHER VERLAG WIEN**